歷史筆記

II

本書出版蒙利希慎基金支持，謹此致謝

高華

歷史筆記

II

黄駿 編輯整理

OXFORD
UNIVERSITY PRESS

OXFORD
UNIVERSITY PRESS

Oxford University Press is a department of the University of Oxford.
It furthers the University's objective of excellence in research, scholarship,
and education by publishing worldwide. Oxford is a registered trade mark of
Oxford University Press in the UK and in certain other countries

Published in Hong Kong by

Oxford University Press (China) Limited
18th Floor, Warwick House East, Taikoo Place, 979 King's Road, Quarry Bay,
Hong Kong

First Edition published in 2014

ISBN: 978-0-19-944537-0 兩卷

5 7 9 10 8 6 4

歷史筆記
II

高華 著

黃駿 編輯整理

目　錄

第三編

「文革」研究

從「大破」走到「大立」
——文革中的「新生事物」

毛澤東發動「文革」包含了思想的動因，其中之一就是他要以他的思想來改變1949年後中國的現狀的某些重要方面，儘管這個現狀本身就是在他親自主導下產生並定型的，毛在文革初期就提出要「大破大立」，改變不適應經濟基礎的上層建築，於是一系列「新生事物」應運而生。

一、「五七幹校」

「五七幹校」是「文革」中審查、懲戒、「再教育」、分流處理機關幹部，包含多種功能的一個特殊場所，它的產生不是由中央或毛事先設計的，而是由地方發明，又符合中央的意圖，從而得到毛和中央的大力支持，在全國迅速推廣，成為解決文革中十分突出的幹部問題的一項重大的制度創設。

1. 幹部接受審查和「再教育」的營地

1968年5月7日，由潘復生主政的黑龍江省革委會在慶安縣成立了柳河五七幹校，將該省大批省屬機關幹部下放安置在此勞動。10月5日，《人民日報》發表文章，向全國進行推薦，稱讚黑龍江省為全國提供了「機關革命化」的新經驗，所謂「機關革命化」，是文革前的一個老口號，意指機關工作要突出政治，幹部要聯繫群眾，反對官僚主義，同時要精簡機構，幹部應參加勞動。五七幹校則完全是另一種形式，和文革前的「機關革命化」的性質完全不同，《人民日報》將其揉捏在一起，其目的是讓機關幹部能夠接受五七幹校這個「新生事物」。《人民日報》在發表黑龍江五七幹校經驗時專門配加了「編者按」，傳達了毛的「最新指示」：

> 廣大幹部下放勞動，這對幹部是一種重新學習的極好機會，除老弱病殘者外都應這樣做。在職幹部也應分批下放勞動。[1]

毛的指示裏迴避了五七幹校的最重要的一項功能，這就是審查幹部。在毛的這個指示下發後，中央和國家機關、各大軍區、各省市、地區、縣迅速創辦各級各類五七幹校，大批幹部被下放勞動，比較著名的五七幹校有：江西省進賢縣境內的中央辦公廳五七幹校；湖北省咸寧縣境內的文化部五七幹校。原中宣部的「五七幹校」設在寧夏，團中央的「五七幹校」則在河南信陽的潢川縣。軍委總參的「五七幹校」也設於河南。江蘇省革委會將省級機關幹部組成「一〇四」兵團(為紀念新華社傳達毛指示的10月4日)，第一批黨群口，宣傳口的幹部1800人，僅十三天後，於10月17日就開赴金壇縣勞動，江蘇省公檢法系統800多人，到溧陽縣農場勞動。南京市要武區(玄武區)於10月7日，「脅逼207名區街機關幹部(佔機關幹部總數86%)和189名區公檢法幹警、業餘工大、業餘職工學校的教師」去了幹校，在「那裏接受『教育』、『批

1 〈柳河「五・七」幹校為機關革命化提供了新的經驗〉，《人民日報》1968年10月5日。

鬥』和所謂勞動改造」，[2]到10月18日止，全省縣以上的機關幹部下放人數已達25000餘人，與此同時，江蘇省高校的8000多名師生也下放到農村和農場。[3]這也反映了當年毛的極大的權威以及主政各地工作的軍隊幹部落實毛指示的巨大效率。到1969年底，江蘇省省級機關已有近萬名幹部進入五七幹校。在這些幹部下放後，隨着勞動建校和參加農業勞動的過程，大規模的審查幹部的工作就在五七幹校展開。

建國後中國各級黨政機關和企事業單位的工作人員和大、中、小學(公辦)的教師，統稱「國家幹部」，其來源有三：建國前參加革命的老幹部，又分根據地幹部和地下黨幹部；建國後陸續由組織和人事部門分配至機關或學校工作的大中專畢業生，這批人為數較多，統稱「新幹部」；以及建國前在國統區學校畢業或從外國留學歸來，有專業技能，較多集中在文教科衛部門工作的幹部。所有這些幹部又可分為兩類：政工幹部和業務幹部(技術幹部)。除了從根據地來的老幹部和建國後從基層提拔進機關的幹部，大多數機關幹部，包括原地下黨幹部都是所謂「知識分子」。在毛時代，「審幹」是常規現象，每隔幾年都會來一次，在50年代後的歷次政治運動中，幹部群體尤其是知識分子幹部，都是審查重點，一大批幹部在「肅反」運動，「反右」運動和「四清」運動中已被淘汰出「幹部隊伍」。

文革初期，在中央的號召下，受社會學生和工人造反運動的影響，各地機關幹部也在1966年12月中下旬後進入造反

2 中共南京市玄武區委黨史辦公室、南京市玄武區檔案館編：《中國共產黨南京市玄武區歷史大事記》(1949.4–1987.12)，(南京：1992)，頁162。

3 中共江蘇省委黨史工作辦公室：《中共江蘇地方史》，第二卷(1949–1978)(徵求意見稿)(南京：2001)，頁588。

狀態，成立各種機關幹部造反組織，是謂「後院起火」，例如：上海市委寫作組的徐景賢，江蘇省委統戰部長高嘯平，青島市副市長王效禹等紛紛宣佈造反，矛頭直指所在地區的主要領導幹部。機關造反的主要內容就是揭發各級領導幹部的「三反罪行」和「腐朽的資產階級生活」，[4]由於機關幹部掌握較多的內幕，他們的「揭發」往往造成轟動，也使那些老幹部狼狽不堪。進入1967年後，隨着各級黨政機關的倒台，各類幹部都不同程度捲入運動，甚至公安系統的幹部也成立了造反組織，一時間，機關幹部造反和學生造反、工人造反合流，構成1967年上半年文革的高潮。至1967年下半年，毛開始重拾山河，對機關幹部的清理也就被提上議程，五七幹校正好提供了這樣一個相對封閉的審幹的環境。

在五七幹校受審查的幹部有兩類：

1. 罪不至進「秦城監獄」的有問題的老幹部。文革初期，為數不少的中央級高級幹部，包括文革前已遭貶謫的前高幹，都被集中關押在北京遠郊的秦城監獄，大批省一級或之下的領導幹部則被集中在各地的五七幹校接受審查，例如：江蘇省的前省委書記處書記劉順元、陳光、前省長惠裕宇等都是先由軍隊將其集中在軍隊農場看管，後移至五七幹校「監督勞動」。老幹部在五七幹校除了參加勞動就是寫檢查交待材料，並接受軍代表組織的「五七學員」的批鬥。

4 文革期間群眾對揭發老幹部「腐朽的資產階級生活方式」的大字報或印刷品最感興趣，這些材料往往誇大其詞，重點描繪老幹部及其親屬如何不學習毛主席著作而只關心衣食住行等所謂「特權享受」，諸如：劉少奇女兒劉濤的《造劉少奇的反，跟毛主席幹一輩子革命》以及《彭真罪惡史》、《大淫棍、大流氓陳丕顯的腐化生活》、《賀龍同志的女兒的揭發材料》、《我要控訴反黨篡軍大頭目賀龍》、《血淚控訴反黨分子羅瑞卿的滔天罪行》等等。

2. 機關幹部中的「造反派頭頭」。在1968年的「清隊」運動和「深挖五一六」運動，造反派都是重點清查對象，這批在文革初期衝鋒陷陣揪鬥老幹部的機關造反派頭頭此時已淪為被批鬥的對象。

五七幹校的另一功能是收容，安置幹部。1967年初各地軍管會成立後，一批領導幹部被揪鬥，只有少數老幹部被吸收參加「業務組」或「抓革命，促生產火線指揮部」，大部分幹部或參加機關造反組織，或在家中當「逍遙派」，革委會成立後，情況仍未改變，五七幹校的成立，正好為這批幹部提供了出路。

五七幹校的基本管理模式就是一切由軍代表當家，實行與地方隔絕的封閉性的軍事化管理，在軍代表之下，起用一些幹部中的「積極分子」分別擔任連、排、班長，這也是體現毛的「丘八管秀才」的原則。

機關幹部接受「再教育」不是知青落戶農村，「接受貧下中農的再教育」，而是作為知識分子而接受大多為農民出身的軍代表的「再教育」。因為機關幹部多為知識分子背景，身為知識分子又被認為有思想上的「先天不足」，需經「再教育」始能重新為人民服務。受到社會上反知識分子主流思想的影響，一般情況下，文化程度較低的軍代表對機關幹部身上的「臭知識分子味兒」特別反感，因此「再教育」的一項基本內容就是打擊那些「臭知識分子」，一方面讓他們參加繁重的體力勞動，同時還經常組織「五七學員」進行「互相揭發」和「鬥私批修」。

五七幹校帶有鮮明的懲戒性質，一是它的高強度勞動，所謂「汗水洗私心，勞動挖修根」，第二，只有所謂「表現好」，

「沒問題」的幹部才會被挑選回原單位工作，而「表現好」，「沒問題」都無明確的標準，只憑上級領導和軍代表決定。

2. 對「五七幹校」的不同的記述

「五七幹校」所為文革期間影響數百萬幹部群體工作和生活方式的一項制度安排，在多數經歷者那兒，幹校的那段歲月是不愉快甚至是屈辱的，和80年代後的一些當年的知青經常回味插隊生活，並且發出「青春無悔」的聲音完全不同，當年的幹部很少用詩意的筆調回首在幹校時期的生活。一般可見的對「五七幹校」的敘述有三種：

(1) 一些共產黨老幹部用鮮明的批判的態度，強烈的筆觸譴責幹校對幹部的迫害和摧殘。

1986年，共產黨老幹部、老作家黃秋耘將他的回憶錄《風雨年華》中的一章〈荒原中的狼群——五七幹校生活雜紀〉交《隨筆》雜誌發表，作者在當時「思想解放」的社會氛圍下，以親身經歷和所見所聞詳細描述了在粵北山區英德黃陂的幹校歲月，他寫道：

> 對於我們一般的「五七戰士」來說，幹校相當於流放地，對於「牛鬼蛇神」來說，幹校簡直就是集中營，甚至比集中營還要糟。一般的集中營還允許生病的犯人休息，還有簡易的醫療設備，可是五七幹校對待「牛鬼蛇神」，就連這點最起碼的人道主義也不講的……五七幹校既是十年動亂的產物，對於受害者來說，它就是牢獄和刑場。
>
> 幾乎每一間五七幹校的附近都有幾座甚至十多座枉死鬼的新墳，這些人有的是由於長期患病得不到治療，被疾病折

磨致死的，有的是由於在審訊過程中受到拷打和慘無人道的虐待，不堪忍受，最後死於自殺的。

在揪「五一六分子」運動中，我所在的連隊關起兩個人，(一個)就在「疲勞審訊」中昏死過去……另一個被折騰得特別厲害，假釋回家不久就病死，(他的妻子)當時就瘋了，脫光了上衣大喊大叫。

黃秋耘進而進一步分析了幹校中的人與人之間的關係，將其稱之為「荒原上的狼群」：

有人賣友求榮，有人落井下石，有人栽贓陷害，有人打小報告，有人搞小動作……形形色色，極盡陰謀詭計之能事。

幹校的各級領導人大都是知識分子，他們當中有好些人還是吃過十年動亂的苦頭在不久之前才剛剛被「解放」出來的，可是對待自己的同行和同事，也同樣一點兒也不心慈手軟。

假如拿古代奴隸社會來比擬，幹校的領導幹部和軍代表是貴族，我們一般學員是自由民，而尚未「解放」的「牛鬼蛇神」全都是奴隸。

我們的五七幹校，在某種意義上來說，也是一個個分散在荒原上的狼群。[5]

(2) 一些「從舊社會過來」，經過長期的思想改造，深知革命專政威力的大知識分子避免用很激烈的態度批評「五七

5　黃秋耘：〈荒原中的狼群——五七幹校生活雜紀〉，載黃秋耘：《風雨年華》(第四卷)(廣州：花城出版社，1999)，頁 224–227。

幹校」，他們把那段時光看成是一種不得不面對的境況，盡量用平和的，日常的態度去適應它，例如費孝通，吳文藻、謝冰心夫婦，錢鍾書、楊絳夫婦等。

費孝通，吳文藻、謝冰心夫婦是隨中央民族學院下放到湖北省潛江縣的沙洋幹校，這裏原是一個勞改農場，費孝通等和其他下放幹部一起參加了建校勞動，有一篇回憶文章詳細描述了他們的幹校歲月：

> 挖井工程過後，我們班又轉去搞基建蓋房子。壯實年輕一點的教師調去拉沙子和泥，年老的、女同志當小工，將拉到工地附近的磚，一塊一塊的傳到砌牆師傅的手中。一天干下來，對費孝通、林耀華這樣的老先生們來説絕不輕鬆，即使年輕一點的教師，也累得腰痛手疼，不願動彈。這種繁重的勞動持續了一段時間。我們這個班，除了費孝通、林耀華這樣的老人外，後來又從北京和湖北咸寧兩地將吳文藻、謝冰心夫婦也調來編在我們班裏，參加蓋房子的勞動。大家在學校沒有很多機會能「四世同堂」(指從吳文藻先生傳承到費孝通、林耀華先生再傳到我們，共四代師生關係)，可是沙洋幹校的特殊環境，卻把幾代師生聚攏到一起，朝夕相處，同吃同住同勞動同學習，大家互相照顧、互相鼓勵體貼，成了一個大家庭。患難出真情。勞動中，班裏的老弱婦孺組織起來，年輕的幫助年老的，大家協手照顧説笑不斷，感情更加融洽，勞動效率也漸漸高起來。費孝通、林耀華雖已年近花甲，可是在老師吳文藻、師母謝冰心面前，仍是小學生。傳磚時，費先生不忘關心照顧他的老師，主動站在吳先生的前邊，每遞一塊

磚，就多走兩步，湊到老師身邊，將磚送到吳先生手裏，用此辦法減少老師的勞累。他還時常到謝老太(在幹校時大家都這樣稱呼謝冰心先生)那裏問寒詢暖，送去吃的，生怕師母有個閃失。這種無言的尊師風範，讓我看在眼裏，記在心上。在別人看來他們這些「反動學術權威」或許缺少人之常情，但是幹校的相處，讓我看到了他們身處逆境，彼此間的師生情誼非比尋常，即使在一些細微的事情上，都自然地顯露出那種待人誠懇大度和為別人着想助人為樂的傳統美德。

除了在幹校勞動外，費孝通等還被安排到附近的人民公社的生產隊去「插隊鍛煉」，「接受貧下中農的再教育」，「每天都要和生產隊的老鄉一起拿上農具下田勞動」：

收工時，老鄉們個個背簍裏滿滿的棉花，可我們僅摘了一二十斤。經過幾天的磨煉，我們的兩手變得靈巧了，精神也放鬆了許多，摘的速度加快了。有一天費先生竟摘了40斤棉花。40斤重的棉花背簍，對長年勞動者背起來不算什麼。然而對費先生來説，卻是不輕的負擔，社員們看到他很費勁，搶着幫他，他不幹。我想他是怕在老鄉面前丟面子，不肯接受幫助，當離開人群過溝坎時，我想去接過他的棉花簍，他也不肯，偷偷地説：「非要自力更生闖過這一關。」説話間，他背着棉簍下田溝，陷到泥漿中，我焦急地放下自己肩上的幾十斤棉簍去拉他，他卻笑嘻嘻指着兩隻不停頓掙扎的泥腳説：「劉曉你看，真個越陷越深，拔不出來了，但我一定要拔出來！」看到他的樣子，聽到他所說，我先是心中一酸，很快轉念接過他背上的背簍，使勁地拉他。當他走出泥溝，又笑着打趣地說：「有驚無險！有驚無險！又過了一關！」

費孝通說的「過關」不僅是「勞動關」，還有和貧下中農打成一片的「感情關」：

農村的生活，老鄉們樸素熱情對我們的照顧，很快使我和費先生由拘束變得活動自如了，慢慢地我們主動走進老鄉當中，和他們談家常，談生產，說國家大事。彼此感情親近起來，有的老鄉告訴我們說：你們剛來時，大家都傳着說這一批新來的勞改犯比過去的有錢，你看他們「穿的破，吃的好，光着膀子戴手錶」。可生產隊給我們介紹說：「你們不是勞改犯，是北京下放來的。」有的乾脆就直問：「你們都是幹部，在北京當大官的吧？為什麼跑這麼遠來幫助我們幹活？」有的婦女還湊到我的耳邊問我：「這老人(指費)是你的長輩吧！是不是親戚？」我和費先生解釋說：我們都是學校教書的，不是當官的，毛主席說知識分子要接受貧下中農再教育，所以下來要向你們學習。說的他們都搖頭不認可。說我們沒講實話，但都認為我們都是好人，老實人，將來會官復原職回到北京。

為什麼費孝通樂於和農民相處，以後他說了這樣的話：

「農民是識貨的，他們雖然質樸無華，其實他們最懂得份量」。還說「仁者樂山，智者樂水，我喜歡水、喜歡住在水邊，因為住在水邊的農民，人際關係與人為善，所以我願意和他們交往。」[6]

(3)個別老知識分子，如臧克家高調讚美「五七幹校」，並表示對幹校有一種強烈的依戀之情。

如果說，費孝通的幹校經驗是樸實、低調的，那麼詩人臧克家的記述就是高調和激昂的了，臧克家在1969年11月，隨文化部、中國作家協會機關下放到湖北咸寧五七幹校勞動，1972年回京，1978年出版詩集《憶向陽》，收錄了他回憶咸寧五七幹校(向陽湖)生活的詩歌。和其他多數幹部的被動心態不一樣，臧克家把去幹校看成是克服身心危機的一種手段，他寫道：

> 響應偉大領袖毛主席的號召，我於一九六九年十一月三十日到了湖北咸寧幹校。這個日子，我永生不能忘。它是我生命史上的一座分界碑。這以前，我把自己局限於一個小天地裏，從家庭到辦公室，便是我的全部活動場所。身體萎弱，精神空虛。上二樓，得開電梯，憑打針吃藥過日子。為了思想改造，為了挽救身心的危機，我下定決心，換個新環境，去嘗試、鍛煉。
>
> 當一腳踏在大江南岸向陽湖畔的土地上，一個完全不同的新天地展開在我的面前。眼界頓時寬大了，心境也開闊了。乍到，住在貧農社員家裏，他們甘願自己擠一點，把好房子讓給我們。我們推謝，他們一再誠摯地解說：「不是聽毛主席話，請也請不到你們到向陽湖來呵。」從樸素

6 劉曉：〈費孝通在五七幹校〉，載《炎黃春秋》2006年第1期，頁43–45。

> 的話裏聽到了赤誠的心。同志們床連床的頂着頭睡，肩並肩的一同勞動，心連心的彼此關懷。一切等級、職位的觀念，統統沒有了，大家共有一個光榮稱號：「五七戰士」。小的個人生活圈子，打破了，把小我統一在大的集體之中。在都會裏，睡軟床，夜夜失眠，而今，身子一沾硬板便鼾聲大作。胃口也開了，淡飯也覺得特別香甜。心，像乾枯的土地得到了及時的雨水一樣滋潤。

在臧克家的筆下，幹校沒有鬥爭，沒有批判大會，也沒有「深挖階級敵人」，完全是一副美麗的田園風光的圖畫：

> 早晨，美麗鮮豔的早晨。早晨，勞動出工的早晨，早晨，新生命開始的早晨。
>
> 春天，忙着育秧，一夜起來幾次，觀察種子的冷暖燥濕，看它突嘴、抽苗，一寸兩寸……關心它像慈母關心幼兒一般。四月底，忙着插秧，一塊塊秧田像一方方明鏡。人，一排排，躬着腰，冒着微雨，把一把把秧苗插得橫如線、豎成行。微風吹來，柔苗婀娜弄姿。人的汗，滴在水裏。人的影子，印在塘裏。多動人的一幅社會主義勞動畫圖呵。「不插五月秧」，與季節爭先，把幾萬頃湖田，巧奪天工地變成了茸茸碧綠的錦繡。
>
> 最歡樂、最熱鬧的是金色的秋天。秋天，收穫的季節。熟透了的稻子，黃澄澄鋪一地黃金，頭微微低垂着。我們更忙了。忙着收割勞動的成果。泥水吞了半截大腿，移動一步也大難。把一把把稻子合成一堆堆。憑人的雙肩，憑旱地行船，紛紛把稻子運到場上去，堆成一個個綠的崗峰，

搶時間，大會戰，支援的隊伍來自四面八方的連隊，滿坡人影動亂，車如流水馬如龍，一場殲滅戰猛烈地進行，不到一天，金色飄香的稻子躺了一地，大野頓然空蕩蕩，白茫茫。中午，太陽似火球，戰友們赤膊光腳，身挨身的在涼棚底下午休，有的側身躲在我們稱之為「太和殿」的大棚子的草摭下，陰影不到一尺，僅能蔭庇半個身子。

粗碗扒飯，又香又甜。托身光地，合眼成眠。

臧克家用詩一般的語言敍述了進行思想改造，學馬列，接受貧下中農再教育的感受：

一天天，一年年。私心雜念，被汗水沖去了。過去漠不相關的同志，今天成了親密的戰友。知面知心，息息相關。不但人與人的關係變了，人與自然的關係也變了。我們用一雙雙手，把荒湖變成了良田。陰晴、寒暖，自然景物，也通過勞動發生了密切的聯繫。早晚仰望長空，預測天氣，如果是天晴，就得忙着曬穀，準備幾百擔塘水澆菜地；如果陰雨，就要圍好穀堆，查看水渠……。每天收工歸來，看大紅太陽滿面紅光，滾滾下山，好似勞動了一天，和我們結伴收工，相約明天早晨一齊早起。

每天早晨七點到八點，是學習毛選的時間。分組坐在光亮的場面上，旭日初升，霜痕在地，空氣新鮮，鳥聲時聞。這是一天最好的時光，大家凝神字裏行間，有時討論心得，語聲朗朗。晚間、工餘之暇、陰雨天氣，都把精力用在學習馬列、毛主席著作上面。過去，在北京，我們也經常學，但是覺得在勞動中學習，意義不同。過去在字面上懂了的東西，今天，在實踐上有了新的體會。毛主席諄諄告誡我們，要理論與實踐結合，今天，我們理解了這指示的深刻意義。

我們起初住在貧農家裏，日夕相處，他們的一舉一動，一言一語，就是對我們的身教。他們對毛主席崇敬、熱愛，感激之情，深如大海，長似大江。對毛澤東思想的感受，如春雨沁土。我們經常請貧農同志在大會上訴苦，話語不盡懂，可是，那悲痛的聲調，那憤怒的面色，那滾滾的淚珠，把舊社會的罪惡控訴得痛快淋漓，引起我們的共鳴，使我們深深地受到教育。回頭吃「憶苦飯」，糠餅入口，嚼着舊日的苦，想到今日的甜。黃連罐子，蜜糖罎子，兩種社會，兩種滋味。

特別難得的，當臧克家聽聞組織上調他回北京的消息，他的反應和絕大多數人完全不一樣：

一九七二年「十一」剛過，組織上讓我回北京。聽到這消息，心裏很難過。臨上路，同志們擁來送別，依依戀戀。幾步一回頭，泣不成聲。不只我是這樣，每個離開幹校的同志都是如此。這眼淚，不是表示情感的脆弱，而是反映思想的健康。淚有種種，它代表的思想感情也有種種。人，回到了北京，而心，還在咸寧。[7]

沒有任何證據顯示臧克家所敍述的「五七歲月」具有普遍

7 臧克家：〈高歌憶向陽(序)〉，載臧克家：《憶向陽》(北京：人民出版社，1978)，頁 1–13。

性，但是也沒有理由就否定這不是他進行「道德修身」的某種寫照，類似的還有郭小川的《團泊窪之歌》，反映的也是知識分子幹部以勞動進行思想改造所獲得的「思想進步」。

3. 是不是制度創新？

「五七幹校」在中共歷史上有過類似的前例，嚴格說，談不上是「新生事物」，更和「制度創新」無關，因為延安整風時期的中央黨校、抗大、西北公學、魯藝、行政學院等都曾一度是幹部審查的中心，受審查的幹部也需參加開荒、挖窯洞、紡線等勞動，但是不具五七幹校那樣帶有懲戒性質，那時的延安幹部為了解決經濟和物資供應的困難，都要參加生產勞動。從根本上講，五七幹校的建立和推廣，是出於審查幹部的歷史和現實表現以及安置、處理、淘汰幹部的需要。

中共的幹部隊伍事實上一直存在一種動態的淘汰機制，在文革前的歷次政治運動中，都根據當時的政治標準，將一批幹部或調整崗位，或直接清洗出幹部隊伍，在一般的情況下，被調整工作崗位的多是因家庭出身地富階級，或有海外關係，或直系親屬中有被「殺、關、管分子」和「五類分子」，這樣的幹部即使自己是共產黨員，也要被從黨機關和公安機關調出，另行分配至一般不具「要害」性的工作崗位。[8] 被清洗出幹部隊伍多屬在政治運動中「犯有嚴重錯誤」，或被打成「階級異己分子」和「階級敵人」，例如，在1964年「四清」運動中，原貴陽市委宣傳部長朱厚澤就

8　參見高華：《身份和差異：1949–1965 年中國社會的政治分層》(香港：香港中文大學，2004)，頁 26–28，30。同見本書。

被開除公職。[9]文革中經五七幹校而被淘汰出幹部隊伍，在總體上是不多的，主要是一些「有問題」的幹部經幹校而被調離出北京大機關，分配到基層單位。例如外交部一批幹部被定為在文革中犯了炮打陳毅的錯誤，雖經審查已排除了「五一六分子」的嫌疑，但還是被強制安置在湖南省等基層單位，不許返回外交部。[10]

1968年後，還有一大批幹部被以各種名目動員下放到農村，事實上被淘汰出機關體制，據不完全統計，在黑龍江、遼寧、江蘇、湖南、天津等七個省市將40多萬縣級以上的機關幹部下放到農村。另有一批幹部則被動員退職下鄉落戶，「從拿工資的革命者變為不拿工資的革命者」。[11]

五七幹校的形式也在一定程度上落實了毛對官僚體制的批判和改造的意願。50年代後，新中國建立起中國歷史上最嚴密的，自上而下的國家管理系統，形成了一支最龐大的幹部隊伍。作為國家幹部，他們享有固定的，數目不等的工資和免費醫療服務和其他的福利，高級幹部則享有高工資， 敞住房、小車、醫療保健、療養、公務員、信息獲知、外國文藝欣賞、幹部子弟小學等等特權待遇，遠遠超過工農和一般知識分子的生活水平。具有諷刺意味的是，在五七幹校勞動或接受批判的絕大多數幹部，按照國家有關規定都是「帶工資」的，他們在幹校附近的生活消費無不引起附近的貧下中

---

9 參見高華：〈在貴州「四清運動」的背後〉，載香港中文大學中國文化研究所主辦：《二十一世紀》，2006 年第 2 期。同見本書。

10 馬繼森：《外交部文革紀實》(香港：香港中文大學出版社，2003)，頁 259–261。

11 鄭謙、張化：《毛澤東時代的中國》(1949–1976)，第三卷(北京：中共黨史出版社，2003)，頁 192。

農的羨慕，因為那些「政治地位高」的貧下中農，在人民公社的體制下，經濟上普遍處於貧困狀態。

毛知道，國家運轉離不開官僚系統，但是他又十分反感官僚系統的膨脹和擴張，對官僚系統「脱離群眾」，「衙門作風」等的現象一直有尖鋭的批評。60年代初期後，伴隨毛對劉少奇不滿的加劇，毛對官僚系統的反感更加強烈，並採取了幾項措施：

1. 精簡幹部。毛從來就認為黨政機關不需要那麼多人，一再要求精簡幹部隊伍。1962年，一些縣級機關的幹部被動員退職返鄉務農。周恩來統管全國的經濟、外交等繁重事務，一度還兼管軍隊事務，他的總理辦公室就曾多次被「精簡」，1957年底至1958年初，周恩來的秘書「從十幾人減到六七人」。1964年後，毛澤東對周恩來説：你搞那麼多秘書幹什麼，讓秘書牽着鼻子走！」周恩來「就堅決改組了(總理)辦公室」，1965年1月，「只留一兩個人」，連總理辦公室也從國務院的建制中取消了，只留一個總理值班室。[12]

2. 要求幹部參加勞動。毛在年輕時代就曾受到當時流行的「泛勞動主義」思潮的影響，相信體力勞動可使人的思想和心靈純潔，[13] 以後這種思想影響又和「工農創造世界」的社會主義思想結合在一起，在以後的革命年代裏，再演變為「艱苦奮鬥」、「自己動手，豐衣足食」等概念和實踐，中

12 馬列：〈當翻譯卡殼的時候〉，載程華：《周恩來和他的秘書們》(北京：中國廣播電視出版社，1992)，頁233–234。馬列1950–1965年任周恩來外事秘書，1983–1985年任中國駐匈牙利大使)

13 參見毛澤東：〈青年之工作〉(1919年12月1日)，載中共中央文獻研究室、中共湖南省委《毛澤東早期文稿》編輯組編：《毛澤東早期文稿(1912.6–1920.11)》(長沙：湖南出版社，1990)，頁450–452，455–456。

共黨人長期戰鬥在農村，客觀形勢要求一切自己動手，毛的這些口號對革命黨人產生了深遠的影響和積極、正面的作用。及至50年代中期，中央推出老紅軍甘祖昌將軍自動返鄉務農的典型。1964年，毛又批轉浙江省委關於組織幹部參加生產勞動的報告，把幹部參加勞動上升到「反修防修」的高度，[14] 在這之後，機關幹部參加勞動已制度化。

3. 降低高幹的工資。1964年後，毛帶頭，一批高幹和著名演員主動降低工資。

4. 1965年取消軍銜制。毛對幹部官僚化的處理辦法的最高形式就是文革期間號召群眾造反，他也曾一度提出所謂「巴黎公社」的模式，即由群眾選舉或罷免政府官員，但此議很快就被毛自己放棄，於是週期性的幹部下放勞動，或五七幹校將幹部「連鍋端」的方式就成了毛應對幹部官僚化的基本方式。文革期間，毛也把身邊工作人員派往江西進賢的中央辦公廳五七幹校勞動，毛的女兒李敏、李訥也一度分別在國防科委和中央辦公廳五七幹校勞動。[15] 五七幹校雖然一時對緩解幹群矛盾有一定的效果，但反智主義和對科層制的衝擊，也嚴重破壞了政府對經濟社會生活的有序管理和科學、教育和文化的發展，這種方式並不能從根本上解決幹部官僚化的問題，1979年2月，國務院發出《關於停辦「五七」幹校有關問題的通知》，從此五七幹校進入歷史。

14　毛澤東：〈轉發浙江省七個關於幹部參加勞動的好材料的批語〉(1963年5月9日)，宋永毅主編：《中國文化大革命文庫》(香港：香港中文大學中國研究服務中心，2006)。以下「《文庫》2006版」。

15　李敏：《我的父親毛澤東》(瀋陽：遼寧人民出版社，2000)，頁369；另參見周福明口述，亓莉著：《毛澤東晚年生活瑣記》(北京：中央文獻出版社，1998)，頁81。

二、城鎮居民下放農村落戶

從1969年末開始，全國掀起一輪城鎮居民放棄城鎮戶口，直接下放農村落戶的「熱潮」，這是在意識形態的口號下為緩解城鎮商品糧供應的壓力，同時也是純化城鎮人口而採取的一項重大行動。

1. 甘肅發起，中央支持

1968年12月22日，《人民日報》發表《我們也有兩隻手，不在城裏吃閒飯！》的報導，稱：甘肅省會寧縣城鎮居民，從7月中旬到12月中旬，全縣688戶城鎮居民中有191戶，995人分別到13個公社的生產隊安家落戶的消息。[16] 他們發出「豪言壯語」：我們也有兩隻手，不在城裏吃閒飯！主動要求放棄城鎮戶口和糧油供應關係，到農村去安家落戶。從歷史上，甘肅就是貧困地區，特別是農村的大部分地區，自然條件較差，人民生活貧困，尤其在1959–1962年，在一千三百萬人口的甘肅省，因當時的省委第一書記張仲良的極左政策，大批甘肅農民因饑餓而「非正常死亡」，人數高達130萬，[17] 在一般情況下，對那段歷史有鮮明記憶的甘肅城鎮的居民是不會主動放棄國家保障的糧油供應，而要求前往連基本溫飽也無法保證的農村地區的，甘肅的這項經驗顯然是人工

---

16 〈在毛主席革命路線指引下，會寧縣部分城鎮居民紛紛奔赴農業生產第一線，到農村安家落戶。他們說：「我們也有兩隻手，不在城市裏吃閒飯！」〉，《人民日報》，1968 年 12 月 22 日。

17 丁抒：《人禍——大躍進與大饑荒》(香港：九十年代雜誌社，1991)，頁 185；上海交通大學曹樹基教授根據他的推算方法，認為甘肅省在大饑荒的年代「非正常死亡」人數為 102 萬，參見曹樹基：《大饑荒——1959–1961 年的中國人口》(香港：時代國際出版公司，2005)，頁 282。

引導的結果。文革期間，蘭州軍區第一政委冼恒漢長期主政甘肅，擔任甘肅省委書記和甘肅省革委會主任，積極推行極左政策，甚至有所發明，有所創造，城鎮居民直接下放農村落戶就是他的一項創新。

甘肅的經驗客觀上符合中央有關減輕城鎮人口壓力的精神，得到了中央的支持。文革後農村經濟沒有取得很大的發展，糧食產量更沒有突破，加之援外任務繁重，將城鎮人口動員一批到農村，可以改善糧食供應緊張的局面。而且週期性的下放城鎮居民並不是新鮮的事，1961–1962年，國家為改變大躍進以來農民大批湧進城市建設單位和減輕糧食供應壓力，曾經發起大規模的動員返鄉運動，總數達兩千萬人從城市回到了農村。[18]

從規模上講，1968年後的城鎮居民落戶農村，在人數上要大大小於1961–1962年的那次精簡城市人口。《人民日報》將甘肅的經驗推出後，甘肅自是一馬當先，「動員」了大批職工家屬下到農村。江蘇省從1969年秋冬起，在當時中央下發的「加強戰備，防止敵人突然襲擊」的「緊急指示」下，「立即掀起了大規模的幹部和城鎮居民全家下放去農村的熱潮」，具體的動員方法有兩種，互相交替使用：

1. 用敲鑼打鼓，送「喜報」，戴大紅花，開歡送會等形式批准幹部或職工的所謂「下放請求」；

2. 對內定下放人員辦「學習班」，「打通思想」，進行説服或批判，進而凍結糧油供應，代遷戶口，「威逼大批幹部和居民下放」。[19]

---

18 薄一波：《若干重大決策與事件的回顧》(修訂本)下卷(北京：人民出版社，1997)，頁1093。以下簡稱薄。

19 中共南京市玄武區委黨史辦公室、南京市玄武區檔案館編：《中國共產黨經由全力動員，截止1970年3月止，南京市玄武區有3056戶，14100名機關幹部、城鎮居民、及建築、交通、工商、文教衛生的職工「被迫下放農村」，其中1183戶人家被低價收購了原屬本人的私房。[20] 江蘇全省下放了全民所有制的職工28000人，城鎮居民和集體所有制人員25萬8千多人。[21] 在這些人中，有一些是因為給單位領導提了意見，或和領導屬不同的造反派，就被強制連同家屬子女一同下放農村，南京市的「下放戶」多被安排在經濟條件落後的蘇北的泗洪縣、洪澤縣、泗陽縣；無錫市的「下放戶」被安排在鹽城地區的大豐等縣。全國約60萬城鎮居民下放農村。

2.「不純」分子是下放的重點人群

在下放農村的人群中，有「歷史問題」或「五類分子」是重點對象，這也體現了國家長期以來奉行的「純化」城市人口的政策。在新中國成立後，有三次規模不等的驅趕「不純」分子到邊遠地區或農村的行動：

1. 1955年10月，北京市將「不純分子」628戶，共2696人遷往寧夏自治區各縣。在這批人中，真正的「階級敵人」只有15人，其餘是：「說書的」、「打花鼓的」；「舊職員」；「偽官吏及家屬」；「錢莊老闆」；「袁世凱的六姨太及孫輩」。[22]但都安置工作，享有工資和城鎮戶口。

南京市玄武區歷史大事記》(1949.4–1987.12)，(南京：1992)，頁 167。

20 中共南京市玄武區委黨史辦公室、南京市玄武區檔案館編：《中國共產黨南京市玄武區歷史大事記》(1949.4–1987.12)，頁 166–167。

21 中共江蘇省委黨史工作辦公室：《中共江蘇地方史》，第二卷(1949–1978)(徵求意見稿)(南京：2001)，頁 589。

22 新華社編：《內部參考》1955 年 10 月 15 日，第 220 期，頁 70。

2. 1957–1958年，各地都將大批右派放逐到農場和邊遠地區進行「勞動教養」，多數人保留了公職和城鎮戶口。

3. 1966年文革初期，北京市將一批「五類分子」、「敵對」分子驅逐出北京，也是多數安置在各地城鎮。上海市中學紅衛兵從1966年9月起，模仿北京紅衛兵，也搞起「驅趕黑六類到農村」，他們到街道、里弄和派出所，要求提供「黑六類」名單，然後按名單抓人，對「黑六類」人員進行毆打。該月上旬，「全市掀起了驅趕『黑六類』和打人的高潮」，一些機關單位對「驅趕」採取了配合行動，上海市商業二局系統，列入「黑六類」名單的有1630人，從9月上旬到10月19日止，共有511人，連同家屬371人，被趕回原籍農村和城鎮。上海市財政局系統，將18人遣送原籍改造，局機關有人聽説自己將被趕回原籍而跳樓身亡。上海市水產供銷公司第二批發部共有638名職工，大字報公佈驅趕出上海的人員為133人。據當時的統計，至10月10日止，全市共有9260人被驅逐出上海，遣送回鄉。[23]

4. 1968–1970年，各地將一批「五類分子」，連同家屬下放到農村，取消了城鎮戶口及糧油供應關係，南京市要武區有326名「四類分子」被遣送下放，[24] 連同家屬子女超過1500人，在南京市對四類分子遣送離城時，還派有軍警守衛現場，有公安人員押送前往蘇北農村。[25]

由此可見，「城鎮居民下放農村落戶」不是文革中產生的

---

23 《上海市文化大革命史話》(上海：上海市黨史辦，1993)，頁 101–102。

24 中共南京市玄武區委黨史辦公室、南京市玄武區檔案館編：《中國共產黨南京市玄武區歷史大事記》(1949.4–1987.12)，頁 167。

25 1970 年初筆者在南京市草場門外長江邊親眼目睹，當時一批四類分子及其家屬被用篷船押往蘇北泗洪縣農村，筆者一中學同學的全家也在其中。

「新生事物」，它由來已久，是國家應對經濟和社會問題的壓力，同時也是滿足革命意識形態的要求，週期性推出的一項制度安排。

三、知識青年「上山下鄉」

知識青年「上山下鄉」是文革期間廣泛涉及全國城鎮家庭，影響全社會的一項大規模行動，它是為了解決城市就業壓力和滿足革命意識形態要求而推出的重大政策安排，總數達1700萬城鎮知識青年「上山下鄉」造成嚴重的社會問題，但又在客觀上衝破了青年人長期所受的教條化的意識形態的束縛，幫助他們瞭解中國農村真實狀況和農民的真實生活，為未來的中國改革準備了人材和思想基礎。

1. 學生「上山下鄉」從50年代中期後就局部推行

新中國成立後，隨着全國城鄉中小學教育的發展，每年畢業的人數穩步增長，但是在農村的小學畢業生，許多因家境困難而不能升入中學。1953年12月《人民日報》發表社論《組織高小畢業生參加農業生產勞動》，動員家居農村的青年返鄉農村參加生產。1955年9月，毛澤東在《中國農村的社會主義高潮》一書的按語中指出：「全國合作化，需要幾百萬人當會計，到哪裏去找呢？其實人是有的，可以動員大批的高小畢業生和初中畢業生去做這個工作。」「農村是一個廣闊的天地，在那裏是可以大有作為的。」[26] 毛的這句話，在文

26 《建國以來毛澤東文稿》，第五冊(北京：中央文獻出版社，1991)，頁508、527。

革期間傳遍全國，成為動員廣大知青「上山下鄉」的最強音。

50年代中期開始的農村青年回鄉勞動並沒有遇到特別的阻力，因為隨着社會主義改造運動的完成和城鄉二元結構的形成，不能升學的農村家庭的中小學畢業生在城鎮完全沒有生存之路，除了回鄉種地別無他途。

1955年後，農民學生回鄉務農很快就發展到動員城鎮中小學畢業生到農村參加生產勞動。由於全國的大學和中學不能全部滿足畢業生的升學要求，中等技術學校發展滯後，特別1956年全面完成「社會主義改造」後，糧食供應已出現緊張，城鎮已開始了日常性的糧食節約運動，加之城市已不存在一個自發的就業市場，因此，從1956年開始，國家就已開始運用政治宣傳等手段，鼓勵、動員未升入中學的小學生將城市戶口轉移到農村，去農村參加生產勞動，其目的是緩解升學、就業以及糧農組織供應的壓力。1957年3月22日，劉少奇在長沙就中小學畢業生參加農業生產勞動問題發表長篇講話，他說，就全國說來，今後安排中小學畢業生的主要方向是從事農業。他還說，一切下鄉的青年學生，應當努力成為中國新一代有文化的新式農民，這個前途是光明的，偉大的。[27] 1957年4月8日，《人民日報》發表經劉少奇修改的社論〈關於中小學畢業生參加農業生產問題〉，全面闡述劉少奇講話的精神。[28]

劉少奇的講話很快就在全國各地落實，例如：1957年9月10日，南京市玄武區「根據國務院和市人民委員會關於動員

27　中共中央文獻研究室編：《劉少奇年譜(1898–1969)》下卷(北京：中央文獻出版社，1996)，頁 391。

28　同注 27，頁 393–394。

中小學畢業生參加農業生產勞動的安排」，批准該區第一批升學落榜的中小學畢業生26人去陵園區牌樓一社安家落戶。13日又批准第二批53人。臨行前，全區組織了萬人夾道歡送。[29]

1960年後，正值經濟嚴重困難時期，全國又興起新一輪的青年學生下鄉的活動，1961年，上海畢業學生2500人前往新疆建設兵團。從1961–1963年，中央先後動員兩千萬城市人口下放到農村，以減緩城市糧食供應和工資支出的壓力。國務院在1962年也制定了15年至18年的「全國知青上山下鄉規劃」。至1966年文革前夕，下放農村和農場的城鎮知青已近130萬人。這一次和1957年的下放農村有很大的不同，其一，下鄉的地點不再是原城市的附近，而是向邊疆地區轉移，下放的知青多數被安置在軍隊或地方農場，享有一定的工資和醫療福利；其二，增加了強烈的意識形態的色彩，這和1962年後毛的激進主義全面上升有密切聯繫，當時的口號是：知青到農村去是「培養和造就無產階級革命事業接班人、縮小三大差別」的重要措施；廣大青年要「一顆紅心，兩種準備」(考不上大學就下鄉)；「到農村去，到邊疆去，到祖國最需要的地方去」，「走與工農相結合的道路」等等。其三，因「家庭出身不好」而不被學校錄取的學生是支邊下放的首選人群，例如：上海知青約10萬去了新疆生產建設兵團，其中成份不好的就佔70%。[30] 也有少數知青是直接落戶到農村，

29 中共南京市玄武區委黨史辦公室、南京市玄武區檔案局編：《中國共產黨南京市玄武區歷史大事記》(1949.4–1987.12)，1992年印行，頁65。

30 劉小萌：〈遍地青年下夕煙〉(一)，載經濟觀察報主辦：《經濟觀察網》(http://www.eeo.com.cn/observer/eeo_special/2006/06/18/44942.shtml)。另，劉小萌提出文革前上海知青下放新疆建設兵團的人數為10萬人；朱政惠和金光耀提出是64000人，參見朱政惠、金光耀主編：《知青部落：黃山腳下的10，000個上海人》(上海：上海古籍出版社，2004)，頁9。

完全是憑「工分」生活，例如被樹為青年標兵的，放棄大學錄取的天津青年侯雋，河北青年邢燕子，志願返鄉務農的江蘇鹽城青年董加耕等，他們都受到中央的高度評價。

2. 1968年全國知青下放農村的經濟和政治原因

文革爆發後，大批下放建設兵團和農場的知青結隊從天南海北赴北京告狀，要求返回城市或解決他們的工作或生活問題，但是他們的要求都沒有被中央所接受，「下鄉知青為維護個人權力所進行的抗爭很快就以失敗告終」。[31] 1967年1月4日，周恩來在北京工人體育場，接見文藝、教育、新聞、體育工作者和上山下鄉知識青年大會上時專門針對下鄉青年說：「你們的崗位是在農村中，你們應和農民一起參加農村的無產階級文化大革命。你們可以做很多事情，在農村中為農民服務，宣傳毛澤東思想很好地抓革命、促生產。你們的困難，你們要解決的問題，我們將找你們的代表座談，幫助你們解決」。[32]

2月17日，中共中央、國務院發出《關於處理下鄉知識青年外出串聯、請願、上訪的通知》。通知要求，凡尚在外地進行串聯、請願、上訪的上山下鄉知識青年、支邊青年、農場職工應立即返回本單位抓革命、促生產；所設聯絡站，一律撤銷。[33] 6月29日，中央安置城市下鄉青年領導小組辦公室

---

31 劉小萌：〈遍地青年下夕煙〉(一)。

32 轉引自〈上山下鄉文獻及大事記(1967–77年)〉，華中科技大學中國鄉村治理研究中心主辦：《三農中國網》(http://www.snzg.cn/article/2007/0314/article_4946.html)。

33 〈中共中央、國務院關於處理下鄉上山知識青年外出串聯、請願、上訪的通知〉(1967年2月17日)，《文庫》2006版。

向國務院報告：5月以來，下鄉知青又大量進城，估計已達40萬人以上。[34] 7月9日 ，《人民日報》發表題為「堅持知識青年上山下鄉的正確方向」社論，要求逗留城鎮的下鄉青年迅速返回，參加農村的「文化大革命」，投入三夏戰鬥，搞好農業生產。[35] 1967年10月8日，中共中央、國務院、中央軍委、中央文革小組再次發出緊急通知，並要求將這份文件在全國城鄉廣為張貼，呼籲進城逗留的上山下鄉的知青迅速返回農村，就地鬧革命，積極投入農業生產勞動。[36]

就在已下鄉的知青爭取返城的時候，1967年10月，一批北京中學紅衛兵自發發起到邊疆到農村的行動，他們的行動和國家所面臨的解決畢業生的設想完全配合，因而迅速得到當局的支持，「截至1967年底，北京市已有4000名66、67屆中學畢業生前往東北、內蒙等地插隊、插場(國營農場)」。[37]

1968年後，安排因文革而滯留未分配大中學畢業生的去向問題已十分緊迫，1968年4月，中央發出文件，要求以「四個面向」(農村、邊疆、工礦、基層)做好畢業生的分配工作，在當時全面凍結工礦企業進人指標的情況下，所謂「四個面向」就剩下了去邊疆和農村。[38]

---

34 轉引自〈上山下鄉文獻及大事記(1967–77 年)〉。

35 〈堅持知識青年上山下鄉的正確方向〉，《人民日報》1967 年 7 月 9 日。

36 〈中共中央、國務院、中央軍委、中央文革小組關於下鄉上山的知識青年和其他人員必須堅持在農村抓革命促生產的緊急通知〉(1967 年 10 月 8 日)，《文庫》2006 版。

37 劉小萌：〈遍地青年下夕煙〉(三)，載《經濟觀察報》主辦：《經濟觀察網》(http://www.eeo.com.cn/eeo/jjgcb/2006/06/21/33657.shtml)。

38 〈中共中央、國務院、中央軍委、中央文革轉發黑龍江省革命委員會關於大專院校畢業生分配工作報告的批示〉(1968 年 4 月 4 日)，《文庫》2006 版。

5月2日，中央安置城市下鄉青年領導小組辦公室向國務院呈送《關於1968年城市知識青年上山下鄉的請示報告》。稱：全國66–68年三屆城鎮初、高中畢業生近400萬人，其中勢必有大批人要走上山下鄉這條路。下去要以插隊為主，安置方式可多種多樣。京、津、滬、浙需要跨省安排的，請國務院召開協作會議給予落實。《報告》還說：知識青年插隊落戶，受磨練最大，最能體現知識分子與工農群眾結合的光輝思想。但是阻力甚大，問題較多，工作確實艱巨。但不能動搖插隊為主的方針。1968年安置經費2.5億元，擬根據各地計劃分配下去，沒有完成計劃的，其剩餘部分安置費上繳中央，不再留給地方結轉使用，各省、市、自治區應儘早制定計劃。[39]

從1968春開始，新一輪的知青下放已被啟動，各地已經有組織地動員、安排中學畢業生下放農村。12月22日《人民日報》發佈了毛的一條「最新最高指示」：

> 知識青年到農村去，接受貧下中農的再教育，很有必要。要說服城裏的幹部和其他人，把自己初中、高中、大學畢業的子女送到鄉下去，來一個動員，各地農村的同志應當歡迎他們去。[40]

毛的這條最新指示發佈後，全國迅速掀起知青「上山下鄉」的高潮，各級政府立即開始了大規模的政治動員，先後成立了「知青辦公室」，用貼喜報、敲鑼打鼓，群眾在車站

---

39 轉引自〈上山下鄉文獻及大事記(1967–77年)〉。

40 《人民日報》，1968年12月22日。

夾道歡送等形式，全年上山下鄉的城鎮知識青年199.68萬人(不含大專畢業生)，其中，到人民公社插隊的165.96萬人，到國營農、林場的33.72萬人。到1970年，全國知青下放農村的人數達到400萬。部分省市知青下放的地區有：

北京：內蒙、山西、陝北

上海：黑龍江、雲南、安徽、江西

江蘇：內蒙

浙江：黑龍江

四川：雲南

1968年開始的大規模知青的「上山下鄉」是在高度政治化的空氣下進行的，其基本論述就是：「知青下放農村是反修防修的重大措施」，「貧下中農是最好的老師」，「要扎根農村幹一輩子革命」等等，完全迴避了促成知青下放的深刻的經濟、政治等方面的原因：

1. 城市聚集了數百萬已畢業的中學生，而單一公有制企事業單位完全不能滿足眾多學生的就業需求。1966年6月，中共中央宣佈推遲當年高考，以後事實上大學就長期停止招生，與此相聯繫，原有的高中、中專、中技學校也停止招生，從而使66、67、68屆的初、高中畢業生全部停居在家中。城市的就業體制本來就很僵硬和狹窄，過去多由人事部門從當年畢業的大學、中專、中技學校學生進行補充，也因文革而全面停擺，因此大批學生有待就業就成為一個巨大的社會問題。在這種形勢下，國家首先解決大學畢業生的安置問題。1968–1969年，全國的大學畢業生全部被送入軍隊或少數地方農場進行學習、改造，繼而按國家幹部的待遇分配到各基層單位工作。但是對於人數更多的廣大中學畢業生，除了將其安置在農村，國家沒有任何可供「消化」的手段。

2. 到1968年，全國的文革已進入到「收攤子」的階段，當年在毛支持下「大鬧天宮」的大中學生現在已成為可能影響新秩序建立的新的障礙，將他們全部趕到農村去，有助於建立和鞏固文革新秩序。

就在一片鑼鼓喧天和「走與工農相結合的道路」等強大的意識形態的宣傳聲浪中，知青「上山下鄉」的真正的背景就被遮蔽了。

3 農村帶給知青的強烈震撼

對於在正統教育下成長的城市中學生，他們對農村和農民的認識主要通過老師的課堂講授，以及教科書、報刊、電影和文藝作品等而獲得的，和大學生的情況完全不同，城市中學生幾乎完全無從瞭解農村的真實情況，自50年代中期「農業合作化」運動後，特別是反右運動後，中學教師中已沒有任何人敢於「攻擊社會主義新農村」，儘管60年代初大饑荒中農村中的「非正常死亡」現象極為普遍，但是，有關消息被絕對封鎖，加之中學教師們的守口如瓶，城市中的中學生對此情況基本不瞭解。大學生則因為不少人出身農民，尚知道若干局部情況。

來到農村「接受貧下中農再教育」的知青首先看到的是農村的「極度貧窮落後的現實」[41] 以及農民的貧困生活，這和他們原先對農民的認知「社員都是向陽花」，「新舊社會兩重天」，「貧苦農民翻身得解放」反差太大，其次就是當

---

41 徐友漁：〈上山下鄉鬧革命〉，載《自由的言說：徐友漁文選》(長春：長春出版社，1999)，頁 115。

時普遍在農村進行的「憶苦思甜」的活動，農民們不是去控訴「萬惡的舊社會」，而是大談1959–1961年「自然災害」期間，如何吃不飽，如何餓死人等等，如此等等都對知青的思想造成極大的震動。[42]

知青在到達農村，經歷了最初的新鮮和激動後，很快就對日復一日的重體力勞動產生厭倦，不少知青不顧農民的感受，沒有任何心理負擔地去偷搶農民的雞鴨。更多的知青盼望戰爭爆發，「沒人提及現代戰爭的可怕」，「反正自己在地獄的十八層，哪怕一場動亂使自己變到十七層，也是好事」。[43] 在年復一年沒有變化的單調日子裏，知青們發現未來毫無希望，心情越益悲觀、頹廢，加之又目睹社隊幹部違法亂紀，欺壓農民的現象，於是普遍產生了戀家思鄉的強烈情緒，1970年後，一首《我的家鄉》的歌曲(又名《南京知青之歌》)開始在全國知青中傳唱，在輾轉流播中被改名為《知青之歌》，甚至莫斯科廣播電台在對華廣播中也播出了這首歌的男生小合唱，並將其易名為《中國知青之歌》，《我的家鄉》的歌詞如下：

> 藍藍的天上，白雲在飛翔，美麗的揚子江畔是可愛的南京古城，我的家鄉。 啊，彩虹般的大橋，直上雲霄，橫斷了長江，雄偉的鐘山腳下是我可愛的家鄉 告別了媽媽，再見吧家鄉，金色的學生時代已轉入了青春史冊，一去不復返。
>
> 啊，未來的道路多麼艱難，曲折又漫長，生活的腳印深淺

42 徐友漁：〈上山下鄉鬧革命〉，頁 91–93。

43 徐友漁：〈精神檔案片斷〉，載《自由的言說：徐友漁文選》，頁 9。

在偏僻的異鄉。跟着太陽出，伴着月亮歸，沉重地修理地球是光榮神聖的天職，我的命運。啊，用我的雙手繡紅了地球、繡紅了宇宙，幸福的明天，相信吧一定會到來。告別了你呀，親愛的姑娘，揩幹了你的淚水，洗掉心中憂愁，洗掉悲傷。

啊，心中的人兒告別去遠方，離開了家鄉，愛情的星辰永遠放射光芒。寂寞的往情，何處無知音，昔日的友情，而今各奔前程，各自一方。

啊，別離的情景歷歷在目，怎能不傷心，相逢奔向那自由之路。

這首歌並沒有任何反對文革、反毛或反共的內容，相反，還有一些歌頌、讚美、順合當時政治符號的色彩，例如：「雙手繡紅了地球、繡紅了宇宙」，但是，作者又把「上山下鄉」稱之為「沉重地修理地球」，卻是當局不能容忍的，於是這首歌聲就被當局視為是「破壞上山下鄉運動的階級鬥爭新動向」。1970年2月19日，該歌曲的作者，南京下放知青任毅被逮捕，8月3日以「現行反革命罪」判處10年徒刑。[44]

4. 知青中的「讀書會」和思想異端

知青下放多以「集體戶」的形式集中居住，在勞動之餘還要進行密集的政治學習，一部分知青就從一般的書報學習發展到自發學習馬列原著，而這是知青自己也未感覺到的一

44 任毅口述，馮喬撰稿：〈《知青之歌》流傳與冤案始末〉，載中國人民政協協商會議上海市委員會主辦：《上海政協網》(http://shszx.eastday.com/node2/node4810/node4851/node4864/userobject1ai36032.html)。

種專屬知青享有的「特權」，因為在對毛個人崇拜的大環境下，書店不出售馬列書籍，學馬列是非常不合時宜的，一般都會受到批評和被強令制止，[45] 而非經組織批准的自發性學馬列的小組，在城市中更是一種可疑行為，會被當局懷疑是進行反革命活動而受到嚴懲。[46] 而在下鄉知青中，則很難將這類學習活動加以禁止，一是學馬列本來也是官方的號召，而知青下放在官方解釋中已被賦予高度的理論色彩，需要通過意識形態不斷加以「合法化」；其二，「知青點」的分散化也使得思想和閱讀監管相對困難，如果沒有專門的舉報，很難把讀馬列的知青當成「反革命小集團」予以逮捕。由於知青的身份具有兩重性，一方面他們是接受貧下中農「再教育」的對象；另一方面又是「毛主席派來的年青人」，加之來自城市，見多識廣，有一定的文化，使得當地的農村幹部和普通農民幾乎無從對知青進行管理或「再教育」，於是就在農村這個相對「自由」的環境裏，一些知青逐漸從思想蒙昧狀態中走出來。許多資料證明，一些知青就是從文革，從農村的現實以及馬列原著及其他理論著作的對照中，開始了對文革，進而對毛體制的初步懷疑。[47]

---

45 1968年，成都市的國營廢品收購站收有被抄家沒收的馬列著作，但需有市革委會文教組的證明方能購買，徐友漁持學校介紹信前往市革委會，被一位軍官接待，受到他的嚴厲批評，教導徐要不要買馬克思的書，讀毛主席的書就夠了，並要打電話給徐的中學調查徐的情況，嚇得徐友漁趕緊逃開。參見徐友漁：〈「新三屆」經歷〉、〈我親歷過的武鬥〉，載《自由的言說：徐友漁文選》，頁127–128；84–85。

46 例如寧夏「共產主義自修大學案」中的吳述森、魯志文、吳述樟三人在1970年被處死刑，立即執行，其餘成員被判長期徒刑，參見劉小萌：〈「文革」中知識青年的迷惘與覺醒〉，載季羨林主編：《我們都經歷過的日子》(北京：十月文藝出版社，2001)，頁508–510。

47 徐友漁：〈我親歷過的武鬥〉，載《自由的言說：徐友漁文選》，頁80–84。

僅僅學馬列還不能滿足這些知青的知識和思想追求，他們開始在周邊或更遠的「知青點」尋訪書本和朋友，於是一個個「讀書會」不斷擴大，而閱讀的書籍也從馬列著作延伸到文革前出版的各類讀物或「灰皮書」，這些「讀書會」也就成了思想的孤島或群落，[48] 其中一些活躍分子在1978年後考入大學，以後成為推動中國改革的各領域的代表人物。

當局對知青的「思想正確性」是高度關注的，針對知青中存在的大量問題，他們採取了許多應對方針：

(1)全面宣傳毛的「廣闊大地，大有作為」的思想，樹立正面的好知青的典型，引導知青向他們「看齊」。1969年全國掀起了向上海下放黑龍江的知青金訓華學習的熱潮，金訓華為搶救生產隊的財產，不幸落水而亡，他的事蹟被廣泛宣傳，特別是報刊上重點宣傳的金訓華的「豪言壯語」：「活着就要拼命幹，一生獻給毛主席」，已超越了單純知青經驗的局限，上升為對全體人民具有全面指導性的革命原則，更對全國知青具有示範作用。在這之後，當局又陸續推出一些「扎根農村，扎根邊疆」的知青典型，吸收他們入黨或擔任基層生產大隊或生產隊的幹部，個別人還被安排擔任中央候補委員，例如插隊在雲南愛伲山寨的上海知青朱克家。

(2)對於公開離經叛道，且有明確組織的知青「讀書會」，採取堅決鎮壓的態度，1970年，寧夏公開處決了「馬克思列寧主義自修大學反革命集團」，該成員主要由一批大學生組成，也有少數中學下鄉知青參加，他們因學習馬克思列寧主

48　朱學勤：〈思想史上的失蹤者〉，載《書齋裏的革命：朱學勤文選》(長春：長春出版社，1999)，頁 64–65，75–77。

義理論而對文革和現實採取批判態度，終遭滅頂之災。[49]

(3)成立了國務院知青辦公室，制定相關政策，採取一系列具體措施，幫助知青解決口糧、住房、醫療等方面的困難，在知青下鄉前的基本物資準備方面，也提供一些優惠，國家前後在這方面支出了200多億元的經費，[50] 這些政策和方針的推出，對緩和知青及其家庭的生活壓力有一定的作用。

5. 大學招生、招工、招兵對「上山下鄉」的衝擊

1970年後，大學開始在工農兵中招生，具體就是從城市工廠的青年工人、農村中的知青和軍隊的戰士中選拔一些人入學。一些城裏的工廠也開始在知青中招工，軍隊也在知青中招兵，這幾項措施極大地衝擊了官方宣傳給「上山下鄉」運動賦予的高調的政治含義，迅速引發了空前範圍的知青通過「走後門」、「拉關係」而讀大學、進廠當工人、當兵的社會現象。

在文革前的計劃經濟體制下，升學、招工等都是有一套嚴格的計劃、指標等程式的，組織或人事部門大致以家庭出身等政治和業務標準選定人選，除少數高幹子弟享有特權外，「走後門」的現象並不普遍。然而最具有吊詭的是，在政治化氣氛最強烈的文革時期，「走後門」卻因知青上調的問題而公開化，全面化和普及化了。在多數情況下，知青中能獲

49 劉小萌：〈文革中知識青年的迷惘與覺醒〉，載季羨林主編：《我們都經歷過的日子》(北京：十月文藝出版社，2001)，頁 508–510。

50 有兩個數字，一說是「200 多億元」，參見鄭謙、張化：《毛澤東時代的中國(1949–1976)》，第三卷(北京：中共黨史出版社，2003)，頁 191；另，廖蓋隆、莊浦明主編：《中華人民共和國編年史》提出的數字為「超過 100 億元」，參見廖蓋隆、莊浦明主編：《中華人民共和國編年史》(鄭州：河南人民出版社，2001)，頁 355。

得上調機會的，都是家庭有「關係」或「路子」的，其中又以幹部子弟為多數，包括一些被打倒尚未「解放」的幹部的子女，他們的父母雖然已失去官職，但仍有較多的社會關係，而組織部門對這些幹部的子女上調或當兵，多予以批准放行。與此相對照的是，出身「黑五類」的子女以及城市社會底層人員的子女，絕大多數無緣進大學，進廠或到部隊當兵。

從知青中選拔大學生等政策改變了知青「上山下鄉」運動的大方向，從而使「扎根農村一輩子」的口號事實上成為一句空話，知青下放運動的意識形態色彩的剝落，帶來複雜的後果：從知青的角度：人心開始渙散，在這以後，留在各地「知青點」的絕大多數不能上大學的知青們，謀求自己的上調機會已成為他們最關心的事情。從農村幹部的角度：一些人以掌握知青的上調的命運來勒索威逼知青，造成一系列嚴重的違法亂紀的事件。一些社隊基層農村幹部還克扣國家給知青配發的建房資金等生活資源，使得知青和當地幹部、農民的矛盾逐漸上升。與此同時，一部分知青在當地結婚，而越來越多的知青以探家、看病等理由重返城市，久久不歸，生活上完全依賴家庭。使知青問題成為一個影響全社會的嚴重的社會問題。

6.「上山下鄉」已成為一代人的集體記憶

1978年後，全國性的「上山下鄉」運動基本結束，十年間，共有1700萬知青從城市奔赴農村和邊疆。有論者指出：「大批知識青年下放農村……因為被迫中斷了學業，原本學到的一點科學文化知識走向退化。許多青年的人身權利得不到保障，首先是家庭出身不好的青年，受到歧視和迫害；女知青受到性侵犯的案件層出不窮。農村的艱苦環境，因無節制的繁重勞動、營養不良而罹患各種病症並累及終生的青年，不可勝數。」「知識青年給農村帶來的一些新氣象，不足以彌補農民的實際損失。知青下鄉，在許多地方不過是壯大了當地剩餘農業勞動力的隊伍。直接損害了農民的利益。」「國家花了許多錢，卻沒有真正解決勞動力就業問題。『文化大革命』以後，知識青年大舉返城。國家不得不為他們重新安排就業，以前的開支全部浪費。1978年，有人將上述問題歸納為『四個不滿意』，即知青不滿意，家長不滿意，農民不滿意，國家不滿意。」[51]

從另一個角度看，知青下放使他們第一次真正接觸和瞭解了中國農村和農民的情況，並且形成了和當時主流敍述完全不同的對農村和農民問題的認識或觀察，這是運動發起者所始料未及的。「曾經被寄予厚望的一代『共產主義事業的可靠接班人』，正是通過上山下鄉的曲折經歷，較早地開始反思，並成為幾代中國人中最具獨立意志和叛逆精神的一群。」[52] 許多知青在艱苦的勞動中，鍛煉了才幹，「插隊」生活成為他們以後人生的一份珍貴的財富。[53] 1978年後，知青基本都返回原來所在的城市，其中一批人，約43.9萬知青從農村考入大學，成為77、78、79級大學生。在1979年後的思想解放運動中，許多當年的知青都表達了他們對人民公社體制的批評性的看法，堅決支持鄧小平的有關農村改革的措施，成為改革的推動者。

---

51 劉小萌：〈遍地青年下夕煙〉(三)。

52 劉小萌：〈遍地青年下夕煙〉(三)。

53 秦暉：〈我的「早稻田大學」〉，載張承志等著：《秋華與冬雪》(南京：江蘇文藝出版社，2008)，頁 223–236。

知青下放影響了一代人的生活命運，1979年後「知青文學」興起，其中一些作品揭示了知青下放的歷史、社會背景，真切地反映了當年知青的生活和心理狀態，引起強烈的社會共鳴。與此同時，對知青「苦難」歲月的描述，也引起一些出生農家，後為大學生或幹部人群等的不滿，他們認為，並非就是農民該命中受苦，農民所受的不公正待續同樣也應給予解決，80年代的這些討論，不僅觸發了知識界對城鄉二元體制的質疑，也加強了知識界對政府發動農村改革的支持。自90年代末以來，在大陸和海外又出現了許多知青網站，出版了一批有關知青問題的紀實報告和知青歌曲的唱盤。當年知青對下鄉歲月的記憶也發生了變化，一些知青再次結隊重回當年下放的農村，以一種更開闊、更具人文性的眼光重新審視當年的知青歲月，他們看到的是農民的善良和樸實，也看到在艱苦歲月中人與人之間結下的友情的珍貴，他們的敍述已不單純是一種懷舊，也是對「苦難歲月訴苦型回憶」的超越。[54]

在「知青文學」之後，有關「知青史」的研究，也在學界悄然興起，定宜莊、劉小萌等對當年那場轟轟烈烈的上山下鄉運動做了多方位的反思，對留存知青史料也有重要作用。[55] 顧洪章主編的《中國知識青年上山下鄉始末》和《中國知識青年上山下鄉大事記》(1997)，這兩部書的編委都是原「國務

54 朱政惠、金光耀主編：《知青部落——黃山腳下的10,000個上海人》(上海：上海古籍出版社，2004)。

55 定宜莊：《中國知青史：初瀾(1953–1968年)》(北京：中國社會科學出版社，1998)；劉小萌：《中國知青史：大潮(1966–1980年)》(北京：中國社會科學出版社，1998)，劉小萌：《中國知青口述史》(北京：中國社會科學出版社，2004)。

院知青領導小組」辦公室的工作人員，作者比較熟悉上層決策過程，又佔有較多的歷史資料，使得這兩部書具有較高的價值。金大陸的《世運與命運》(1998)，運用了現代統計方法，結合問卷調查與訪談，就「老三屆」人的基本狀況、經濟生活、政治態度、人生態度、業餘生活以及與青年人的關係等問題收集了大量資料，作了深入的分析。

在有關「知青史」的研究中，陳意新的論文〈從下放到下崗〉佔有重要的地位，該論文從社會正義的角度，建議國家對當年因下放而失去學習機會，缺乏謀生技藝，如今又遭下崗的原知青給予賠償，[56] 陳意新的這篇文章被各網站轉載，引起了較大的社會關注，有的跟貼說：

> 感謝作者為下鄉知青呼籲，沒有這段經歷的人根本無法理解，只會説風涼話。我是老三屆知青，初中沒上完就被剝奪了受教育權，下鄉吃苦我不怕，只有這是我最接受不了的。我們學校當年是重點，全省學習好的孩子經過考試來到這裏，其中也有農民的孩子，都是當地百裏挑一的。一場惡夢從此改變了我們的人生。因為父親有歷史問題，不論我怎樣努力都不可能成為工農兵學員。恢復高考時，我們已到了結婚生孩子的年齡。由於父母都年老有病，不忍心撇下他們，只能放棄參加高考，最後選擇了業餘學習的艱難道路。為了圓自己的夢，我離了婚，一個人帶着年幼的孩子，照顧着年老有病的母親，在42歲的時候拿到了本科文憑。如今我還在上班，沒有下崗，要知道付出了怎

56 陳意新：〈從下放到下崗：1968–1998〉，香港中文大學中國文化研究所編：《二十一世紀》，1999年12月號。

樣的代價！如今的年輕人，根本無法理解我們。農村孩子如果吃得了我們這樣的苦，也一定會成功的。當年我們下鄉時，當地農民都覺得我們比他們可憐，我們畢竟是背井離鄉，在那樣人煙稀少的窮山溝裏。我們用自己不多的知識，幫助當地農民，教他們孩子讀書，給他們打針、扎針灸，把城裏的文明告訴他們。第一次招工開始，全部招了農村青年，知青一個沒有，據説是鍛煉年限還不夠。我現在只想告訴我的同齡人，相信吧，相信好人會有好報，如果你們有困難，只要我有能力，我一定會盡力。[57]

我是鞍山市的知青，在遼寧蓋縣楊屯插隊近5年，挨了5年大累。最難忘的是每年的4、5、6三個月沒糧吃。吃過豬食、馬料、野菜、樹葉。也全靠當地的貧下中農接濟我，經常給我一些粘點苞米麵的菜團、土豆、地瓜等吃的，才使我能活到今天。我舊社會的苦沒有嘗到，新社會的苦卻嘗個遍。我萬分感謝和懷念與我同舟共濟那苦難歲月的貧下中農大爺、大娘和兄弟姐妹們！借此新春佳節之際為他們送去我衷心的祝福！祝各位貧下中農大爺、大娘和兄弟姐妹們新年好！並在新的一年裏，五穀豐登，蘋果能賣個好價錢！[58]

也有跟貼表達了強烈的「憤慨」的情緒：

我是一個知青，我不知這一代人到底得罪了什麼人？世道總

57 〈網易論壇〉(http://comment.news.163.com/news2_bbs/14A3GK7M00011247.html)，2005 年 4 月 26 日

58 同注 57，2005 年 2 月 10 日。

跟我們過不去！當我們長身體時，趕上了大饑荒，吃糠咽菜與樹根，叟[瘦]的皮包骨頭。當我們長知識時，有人告訴我們讀書沒有用！看那臭老九，讀書就是那個樣！如今成了知識的白丁。當我們結婚時，被要求男女相加60歲……當我們上有老下有小，正累的喘不過氣時，被人一腳踢出工廠的大門！天啊，我們究竟得罪了什麼人?!?![59]

從50–70年代中國興起的知青下放運動在20世紀社會主義國家中並非是獨特現象，早期的30年代，有蘇聯青年開赴遠東地區建設共青城，50年代有赫魯曉夫動員蘇聯青年到哈薩克共和國進行墾荒，60年代有朝鮮「社會主義勞動青年聯盟」(即共青團)動員城市青年到合作農場落戶等等，但是所有這些國家，無論是青年開發邊遠地區，還是前去農村勞動，都沒有中國知青下放運動如此之規模，牽涉人數如此之廣大，而且超越了一般性的「支援國家建設」的目標而直達「改造世界觀」，「接受貧下中農再教育」的思想高度，並帶來極其複雜的社會後果，從而將長久被後人所追憶，所研究。

四、「教育革命」

文革是從教育界和文化界首先開始的，毛從60年代初就不斷表達了他對中國教育現狀的強烈不滿，認為中國的教育是由資產階級知識分子和國民黨在統治，[60] 在他和中央的強力推

59 同注57，2005年4月27日。

60 〈毛澤東在中央政治局擴大會議上的講話〉(1966年3月20日)，《文庫》2006版。

動下，文革前的中國教育已實現了充分的政治化，但是大、中、小學校大體還維持着正常的教學秩序，而這和毛對教育的理想仍存在着較大的距離。文革爆發後，在毛思想的鼓動下，在進駐各大、中學的工作隊或工作組的指導下，全國的大、中、小學立即掀起批鬥教師和校長的高潮，1966年6月後，全國大批教師被鬥死或被迫自殺。8月，在毛和中央的大力支持和鼓動下，從各中學和大學產生的紅衛兵衝向社會，到處「煽風點火」，衝砸搶燒，成為文革的「闖將」。但是隨着1968年文革的退潮，大中學畢業生「上山下鄉」，毛命令「工人毛澤東思想宣傳隊」(「工宣隊」)、「解放軍毛澤東思想宣傳隊」(「軍宣隊」)、「貧下中農毛澤東思想宣傳隊」(「貧宣隊」)開進大、中、小學，中國教育結構被徹底改造，開始了中國二十世紀教育史的最奇特的一場「教育革命」的實踐。

1. 新中國接受的教育遺產

新中國教育是在一定的基礎上形成的，它有三個來源，第一是1949年前「國統區」的教育制度；第二是前解放區的教育制度；第三是50年代初引進的蘇聯的教育制度，在這三個來源的基礎上，執政黨以馬克思列寧主義、毛澤東思想加以統合，首先對1949前的「舊教育」進行了劇烈的革命改造。

新中國在50年代初接收下的中國大中小學教育是近代中國社會變革的產物。20世紀初以來，隨着「教育救國」思潮的興起和不斷的傳播，中國在1904確立了「癸卯學制」，其中心意旨為「中體西用」，以日本為楷模，建立起初等(蒙養院、初等小學堂，高等小學堂)，中等(中學堂)，高等(高等學堂或大學預科)三段七級學制，以社會本位的價值觀為教育基本價值，1905年，學部成立，廢科舉制度後，新式學堂如雨後春筍般出現，直至民國初年，蔡元培先生提倡「五育並舉」(軍國民教育，實利教育，公民道德教育，世界觀教育，美感教育)，更提出教育以「養成共和國民健全之人格」為目標，「民國教育方針，應從受教育者本體上着想」，[61] 奠定了中國現代教育的思想基礎。1922年的「壬戌學制」，以美式「六三三」為基本學制，強調尊重學生的創造性，主動性，標誌着中國現代教育制度的確立。

五四以後，中國教育基本主旨是把「教育獨立」和民族復興，個性解放結合起來，具體的路徑就是以英美教育為楷模，以國家的力量為主導，結合社會力量興辦各類教育，促成國家的發展和現代公民的養成，從中央到縣一級都建立起教育主管機構，形成了學校教育為主幹，配之以社會教育和職業教育的教育網絡，而後兩者，主要由社會力量來主辦。在教育的分類上也有三種：公立教育、得到國家承認的私立教育和教會教育。

在一批傑出的教育家的努力下，1949年前的中國教育取得重大成就：

1. 20年代後，蔡元培在北大實踐的「思想自由，相容並包」的理念，梅貽琦在清華大學推行的「通才教育，教授治校，學術自由」的原則成為中國高等教育的主導意識，20年代初在各教會大學興起的「非基督教運動」也推動了教會教育的本土化。在30年代中期，中國就已建成幾個具有國際影響的大學，例如：北大、清華、交通大學，中央大學等，培養了

61　高平叔編：《蔡元培全集》第二卷(北京：中華書局，1984)，頁 262–263。

一批傑出專家和學者，這批人以後前往美英等國留學歸來為國服務，在某些領域，其專業水平已和國際一流學者接軌。

2. 初級師範有很大的發展，惠及許多底層民眾，從中也產生了許多共產黨人。

3. 在抗戰極為艱苦的環境下，中國的教育也沒有中斷，沿海地區高校的內遷在西南、西北傳播了現代文明的思想，推動了當地教育的發展。內遷的高校在戰時也獲得很大的發展，戰前，浙江大學只有3個學院，16個系，到了抗戰結束後的1946年，浙大已有7個學院，27個系。西南聯大更成為戰時中國高等教學的典範，在極艱苦的環境下，為國家培養了大批的專業人材。

建國前的中國教育也有不足的方面，這主要是受當時的經濟社會發展的狀況的制約，高校主要集中在大城市和沿海沿江地帶。其次，廣大內地和農村的教育非常落後，人口中的文盲佔大多數，教育的公平嚴重缺失，教育的一大社會功能就是通過教育，使社會的不公平有所減緩，但是人口中絕大多數得不到教育，無論從哪個角度講，都是有嚴重問題的。而在廣大農村，還是所謂「鄉紳文化」，「私塾文化」佔主導，和現代公民文化的要求相距甚遠。再則，在學科的佈局方面也嚴重不合理，大學中的文法工商專業過於集中，而理工農醫較為薄弱，和國家的現代化要求，有嚴重的脱節。更為嚴重的是，存在着國民黨的「黨化」教育觀對教育的干預，對「教育獨立」構成很大的外部干預。

新中國接受的另一塊教育遺產就是解放區的教育。這是和國統區教育完全不同性質的教育，它的思想背景是：認為教育是上層建築的一部分，教育權是跟着所有權走，無產階級的教育應服從於無產階級的解放鬥爭，教育要面向工農大眾。早在江西蘇區時期，中共就有了自己的教育實踐，到了延安時期，中共的「共產主義教育」就改變為「新民主主義教育」，把革命鼓動，思想政治的宣傳放在特別重要的地位，也傳授一些戰爭和生產、生活的知識。[62]

解放區教育和國統區教育的最大不同是，在中國歷史上第一次把教育分為三個層次：

第一層次是幹部教育；

第二層次是社會教育，例如，掃盲，鼓勵婦女放腳；

第三個層次是國民教育。這種分層是適合當時革命戰爭的環境需要的，它服從於革命戰爭和根據地建設，以普及為主。[63]

解放區的教育成就巨大，有力支援了革命戰爭，說明底層人民得到初步的文化知識，其不足方面是對教育的長遠發展關注較少，一切以實用為考量，在突出和優先工農的同時，表現出某種輕視知識分子的傾向，對教育的人文特性等方面持完全批判和否定的態度。

2. 1957年前中國教育的基本面貌

新中國教育就是從這兩種性質不同的傳統的基礎上起步的，新國家在很短的時間內，就建立起高度集中的全國教育體制。

第一步：接收了教會學校，收回教育主權，這個工作在

62　高華：〈延安教育的演變：教育是目標還是手段？〉，載《中國的自由教育》(香港：朗文香港教育出版公司，2001)，頁 169、172、176。同見本書。

63　同注 62，頁 173–174、176。

1951年完成，共收回20所高校、514所中學、 1133所小學。[64] 第二步：接辦私立學校，在1952–1956年，將1412所中學，小學8925所改為公辦。[65]

新國家面臨一個必須面對現實，這就是在西方國家的孤立和打壓下，如何快速實現國家的工業化的目標，新國家的領導人也在思考，中國教育應走什麼樣的道路，是走精英專才培養的道路，還是走全民普及文化的道路？當時的領導人試圖將兩者結合起來，即把專才培養和大眾文化普及相結合，這既符合強盛國家的目標，也和革命黨重視工農大眾的意識形態相一致。毛澤東等意識到建設國家，離不開知識分子的參與，但是他們又堅持「舊教育」必須改造，知識分子更應進行「思想改造」，他們並且提出，要大量培養無產階級知識分子，以滿足國家經濟建設的需要。

在50年代初新國家奉行新民主主義建國方針的短暫時期內，一批著名的教育家被政府委以重任，擔任了國家教育部門的負責人，例如，第一任教育部長是馬敍倫，1952年，教育部分家，馬敍倫復被任命為高等教育部部長，張奚若任教育部長。馬寅初擔任了北大校長，陳垣擔任了北師大校長，潘菽擔任南京大學校長。在那幾年裏，國家對著名教授和知識分子給予了很好的工作和生活條件。

國家在《共同綱領》的基礎上團結知名人士，得到廣大知識分子的支持和擁護。國家宣佈，中國現在是建設新民主主義，將來的前途是社會主義，目標是建立一個富強的新中

64 楊東平主撰：《艱難的日出——中國現代教育的20世紀》(上海：文匯出版社，2003)，頁120。

65 同注64，頁120–121。

國，具體實現的途徑就是社會主義的工業化，教育承擔着極其繁重的任務，但是卻和國家的要求和工業化的目標不相適應：

國家緊缺大量專門的人材，特別是工、國防、農、林、醫、師範類的人材，教育部門不能充分供應；

國家認為1949年新政權建立後，教育的指導思想還沒有完全確立，許多知識分子存有「教育清高」，「教育獨立」的思想，更有不少知名學者在冷戰中社會主義和資本主義的「兩個陣營」對立的環境下，對美國的思想和科學技術文化抱有好感，而大多數知識分子出身於剝削階級家庭，對勞動人民缺乏感情；

國家的教育佈局嚴重不合理，教育資源多集中在經濟發達地區。

為此，國家在50年代初，有兩項大規模的舉措，一是針對全國知識界發起「知識分子思想改造運動」，毛強調：「思想改造，首先是各種知識分子的思想改造，是我國在各個方面徹底實現民主改革和逐步實現工業化的重要條件之一。」[66] 運動強調從舊社會過來的知識分子，要全面轉變立場、觀點、方法，進行深入的思想改造。然而「思想改造運動」不單純是學習教育，而是通過思想批判和「組織清理」，建立黨在學校的領導，確立無產階級意識形態的指導地位和對美國為代表的西方文化的批判和排斥的立場。在這個運動中，新國家在學校同步開展「忠誠老實交清歷史的運動」，清理了學校中的「反革命分子」；第二，就是進行全國高校院系調整，具體方法就是全面學習蘇聯的教育制度和經驗，把綜合性的大學向着工藝技術性的單科學院的方向轉

66 《毛澤東選集》第五卷(北京：人民出版社，1977)，頁49。

變，至此，新中國的高等教育制度得以全面確立。

教育向蘇聯學習是和當時全國「各條戰線」都一致向蘇聯學習的形勢是一致的。毛在建國前夕就提出，新中國的外交的總方針是「對蘇一邊倒」，在經濟和文化教育領域，就是要「吸取蘇聯新的文化作為我們建設新中國的指標」。[67] 這也是當時國際環境決定的，因為朝鮮戰爭後，西方對中國實行全面禁運和封鎖，中國和西方，除了和英國有代辦級的外交關係，和西方各主要大國幾乎沒有任何聯繫，中國要發展，學蘇聯是的唯一選擇。

蘇聯的教育制度當然是馬克思列寧主義的，在另一方面，由於蘇聯較早提出「幹部知識化」的問題，在確保政治正確的前提下，比較強調教育的正規化和知識傳授的系統化。在「向蘇聯學習」的大環境下，「凱洛夫教育學」被全面引進中國，其著作在中國印了50萬冊，[68] 該教育學強調學校教育「以教師中心」，「以教材中心」，「教學大綱為中心」，把學生看成是被動的客體，[69] 重視知識傳授的系統性和正規化，這恰和死記硬背的中國傳統教學法形成了溝通，對教育的「教條化」起過較大的作用。同時，「凱洛夫教育學」又注重教育的完整性，對「教育正規化」也起到正面推動的作用。

在全面向蘇聯學習的1953–1957年，經過全國高校的院系調整，中國教育獲得了長足的進步，可以稱得上是新中國教育的「黃金時期」，國家建立了較為合理的高校佈局，新建

67　楊東平主撰：《艱難的日出——中國現代教育的20世紀》，頁87。

68　同注67，頁123。

69　同注67，頁123。

成聯繫了一些沿海高校到內地，推動了內地教育的發展，打破了教育資源不平衡的狀況；

但是1957年前的教育也有缺點或不足，這就是運用國家的強制性的力量「學蘇聯」，導致言必稱蘇聯，教條主義大流行，當時的口號是，要「全心全意地」，「系統地」學習蘇聯經驗，[70] 而對英美的科技文化一概排斥。從1952年秋季起，中國各大學一概採用蘇聯教學計劃和教學大綱，按蘇聯大學的體制設立專業，成立教研室，大量編譯蘇聯教材，從1953–1956年，出版蘇聯教材譯本1393本。[71] 從1954年起，中國的綜合性大學仿蘇制一律由四年改為五年，部分工，醫，外，師範也延長為五年學制。蘇聯沒有專修科，中國也在1955停辦專修科。我國從1951年開始，按蘇聯專家的要求，實行小學五年一貫制。教育部下令，從1954年起，開始從高中開始教俄語，規定初中一律不學外語，外語改以俄語為通用語，[72] 一直到60年代初，中蘇關係惡化才改教英語。1958年，劉少奇曾批評：在1954年，1955年，「無產階級教條主義很嚴重」。[73] 在50年代，學蘇聯有兩所「樣板」大學，北京的中國人民大學和哈爾濱工業大學。從1949–1960年，有861名蘇聯專家在中國教育部門工作。[74]

建國後，國家進行了大規模的掃盲運動，但是總的說來，

70　楊東平主撰：《艱難的日出——中國現代教育的20世紀》，頁124。

71　《人民日報》，1957年11月6日。

72　中央教育科學研究所編：《中華人民共和國教育大事記：1949–1982》(北京：教育科學出版社，1984)，頁221；另參見楊東平主撰：《艱難的日出——中國現代教育的20世紀》，頁124。

73　楊東平主撰：《艱難的日出——中國現代教育的20世紀》，頁125。

74　同注73，頁121。

投入上對農村教育重視不夠，教育的目標還是以城市為中心的，也是精英主義的。國家為了使教育向工農優先，採取許多措施，在中小學，工農子弟都佔了絕對的優勢，在1954年，在小學佔82%，在中學佔60%。[75] 1953年在大學招生中規定，在達到錄取標準時，優先錄取工人和革命幹部等。國家為此辦了許多工農速成班，速成中學，以及在大學中招收了大批「調幹生」，但是，能夠接受高等教育的還多是知識分子和幹部群體的子弟，這本來是一定歷史條件下的產物，只能通過發展教育來解決。但是在國家的發展方向上向左急劇轉變後，就把這視成為是一個大的政治問題，並且逐級發展到限制「敵對階級」子弟升入大學，造成教育的嚴重的不公平。

高等教育中的專才教育取代了通才教育，這對以後的中國教育帶來嚴重的消極影響。院系調整前，我國有綜合性大學55所，調整後只剩14所，[76] 嚴重影響了教育的均衡發展和教育的人文性，造成培養人才的人文素質的嚴重缺損。

3. 大躍進時期的「教育革命」是文革「教育革命」的前聲

1957年的反右運動對中國的教育造成極大的破壞，高教部副部長曾昭掄，教育部副部長柳湜、林漢達被打為「右派」，55萬右派中大中小學教師佔了相當的比例：河南省右派總數為7萬人，其中教師4.1萬人，佔總數58%。廣東全省右派3.7萬人，其中教師右派1.3萬人，佔總數35%。[77] 從此這些教師淪為「賤民」，受盡磨難和侮辱。為了加強「黨對教育

75 楊東平主撰：《艱難的日出——中國現代教育的20世紀》，頁153–154。

76 同注75，頁128。

77 同注75，頁146。

的領導」，國家在1957年後選派了約八千名「政治素質高」的幹部進入大中學校擔任領導工作，[78] 使得學校教育從此進入到「政治掛帥」的新時期。

反右運動後不久，1958年在全國大躍進的高潮中，全國興起了「教育革命」，其背景就是清除教育中的「資產階級思想的影響」和蘇聯教育模式的影響。所謂「資產階級思想影響」是指1957年前教育還沒有實現充分的「無產階級化」，大量的從舊社會過來的教師還是教師隊伍的主體；所謂蘇聯教育模式的影響就是追求教育的正規化，重視教育品質，「分數第一」等。

1957年後毛澤東要走自己的路，並認為這是優越於蘇聯模式的唯一正確的社會主義道路，毛的「中國道路」的特色表現在兩個方面，一是堅持「政治掛帥」，「思想領先」；第二，就是以群眾運動的方式，而不是蘇聯的那種「專家路線」的方式進行社會主義的革命和建設。如果說，在1957年前中國因需要蘇聯的幫助，毛一直控制自己對蘇聯模式的批判，那麼到了蘇共二十大赫魯曉夫批判斯大林，「揭開斯大林的蓋子」，蘇聯模式的弊端已昭然若揭，毛就沒必要再隱蔽自己對蘇聯的真實態度了，特別是毛認為，1956年中國的社會主義改造完成後，1957年又「打退右派的進攻」，「取得了政治和思想戰線的偉大勝利」，中國就更需要以自己的創造為世界共產主義運動指明方向，而開展「教育革命」就是其中重要的一環。

毛的「教育革命」是在確保教育高度行政化的前提下進行

78　中央教育科學研究所編：《中華人民共和國教育大事記(1949–1982)》，頁202。

的，具體的說法叫做「加強黨對教育戰線的領導」。新中國建立後，執政黨在較短的時間裏就建立起對全國大中小學的全面領導，學校中的各個運動從沒間斷，1954年後，新國家甚至在全國中學建立起新生檔案制度。各大學都是由共產黨員的書記做「第一把手」，個別民主人士如馬寅初、陳垣被安排擔任校長只具象徵意義。中國人民大學校長吳玉章、副校長成仿吾；先後擔任北大黨委書記的江隆基、陸平；清華大學校長蔣南翔；先後擔任過南京大學校長和中國人民大學書記的郭影秋；吉林大學、南京大學校長匡亞明；中山大學校長馮乃超；上海交大和西安交大校長彭康等等，都是著名的老共產黨員。經過革命改造，在各大學都建立起人事保衛制度、專職政工幹部制度和政治必修課制度，但是在1956年前，形式上還是採取「校長或院長負責制」，到了1956年就改為了「黨委負責制」。1958年，中國教育的目標更被確定是「為無產階級政治服務，和生產勞動相結合」，大學的任務就是培養有文化的勞動者和各類專業幹部，而教育者的思想改造始終被放在突出的地位。在1957年後，教育是作為一條「戰線」而存在的，即如「工業戰線」、「財貿戰線」、「文藝戰線」、「醫療衛生戰線」、「體育戰線」等一樣，都是具有高度行政性的集中統一的性質的。因而各類學校的黨政部門不單純是為教學或研究等服務，而主要是統領學校一切事務的領導機關。

毛對教育的政治化是積極推動的，但是他對高度集中管理的教育體制又有所不滿，更擔心中國的高等教育有可能造就一個「技術官僚階層」，他在1957年3月提出，不要搞全國統一教學計劃，要減少課程，要減輕學生的負擔。他還提出要方便農民子女就近上學，應當允許社辦，民辦學校。[79] 該年舉行的第三次全國教育行政會議甚至提出可以允許私人辦學。[80] 反右運動後，不再提「私人辦學」了，在「大躍進」運動中，毛提出「破除迷信」，「卑賤者最聰明，高貴者最愚蠢」的思想，很快就形成了對傳統教育秩序的強烈衝擊。

在1958年的「教育革命」中，毛號召「政治掛帥」，「全黨辦學」，「全民辦學」，為了「改變教師陣容」，到了1959年初，16個省市調派了13.45萬的幹部到各地中小學任校長。[81] 在「大躍進」中，全國新辦高校八百所，中央還提出每個縣都要辦一所大學，於是「紅專大學」遍地開花。聞名中外的「徐水縣不僅辦起了一個擁有12個系的綜合大學，而且縣下每個公社都有一個紅專大學」，有論者詳細描述了這類「紅專大學」：

> 這種大學是怎麼辦的呢？徐水，還有山西平遙的綜合大學，是把原來縣裏的中學掛上大學的牌子，中學的老師變教授，再配上些老農，算是土專家，教室原封不動，只是原來的教研組變成了系。
>
> 河南遂平衛星人民公社的紅專綜合有10個系，共有學員529人，這10個系分別是：1. 政治系，主要學習黨的政策和基本知識；2. 工業系，學習煉鋼鐵和機械和電氣，學生主要集中在工業區(煉鋼鐵的土高爐所在)和拖拉機

79 中央教育科學研究所編：《中華人民共和國教育大事記(1949–1982)》，頁190。

80 楊東平主撰：《艱難的日出——中國現代教育的20世紀》，頁160。

81 中央教育科學研究所編：《中華人民共和國教育大事記(1949–1982)》，頁208。

站；3. 農業系，學習農業基本知識，怎麼種高產作物；4. 財會系，學習財務管理；5. 文藝系，學習歌曲、戲劇、音樂，自編自演，在學習之餘，要上田頭演出；6. 衛生系，學習衛生保健和防疫以及接生知識；7、科學技術研究系，學習氣象、土壤、作物栽培、病蟲害防治、品種雜交，據説經常搞一些震驚中外的試驗；8、林業系，學習苗圃管理、果木雜交；9、文化系，所有各系的人員都是文化系的學員，按照各自的程度分為高小、初中班，大概專門為紅專大學的學員補習文化課的；10、政法系，學習黨的方針政策和政法文件，據説是專門培養各個生產隊公安幹部的。

學生都是各個生產隊選拔出來成份好，覺悟高的青年……土的教授可能連字都不識幾個，但是群眾推舉出來的能人，所謂的洋教授，就是原來的小學教師。上課，土教授有講不出來的時候，那就由洋教授講，土教授在旁邊操作，叫做土洋結合。

工業系的不少人學會了開拖拉機、鍋駝機，文藝系的編了很多快板、快書、相聲和戲劇，什麼「排山倒海」、「幸福燈」、「姑娘們的心」、「躍進老大娘」等等。政治系的當然錯不了，學會了怎麼「拔白旗」(大躍進時的術語，指批判或者掃除對躍進有抵觸情緒的人和事)，最為顯赫的是科學技術研究系……一畝芝麻上100斤化肥(極限是30斤)，據説畝產達到1000多斤(對芝麻而言，相當於稻米的畝產萬斤)，而且還搞了許多不可思議的嫁接，比如槐草接在稻子上、紅芋接在南瓜上、蓖麻接在芝麻上等等。[82]

82　張鳴：〈曾經有過的高校大躍進〉，載張鳴：《歷史的壞脾氣：晚近中國的顯而易見，在「教育革命」中的「工農兵上講台」，是對過去根據地教育的傳統的繼承和發展，其政治意義遠大於實際效果。

在1958年「教育革命」期間，在各類學校也曾一度停課大搞「煉鋼」，造成嚴重混亂，極大浪費了教育資源的，嚴重破壞了正常的教學秩序。但是更大的破壞是對知識體系的衝擊。「教育革命」的一項重要內容就是批判資產階級的「學術權威」，批判「白專道路」，報刊點名批判了一批著名的教授、專家，在黨委的領導下，各高校都有青年教師和大學生發揚「敢想敢幹」的「大躍進精神」，推倒舊教材，集體編寫新教材：

> 北京大學中文系一群學生(加上青年教師)，花了僅35天，就寫出一部78萬字的《中國文學史》……生物系40天編出一本《河北省植物志》……北大放了衛星，其他學校當然也不甘落後，北師大編出了100萬字的中國文學史(比着放衛星的味道出來了)，還編了100萬字的《中國現代文學史講義》和《蘇聯文學史講義》。中國人民大學弄出了一部100多萬字的《國際共產主義運動史》，據說，這部書加進了中國革命的基本經驗，下限寫到1958年，把大煉鋼鐵都寫進去了。新聞系寫出了《中國軍事報刊史》、《中國出版事業史》、《中國廣播事業史》。清華大學幾個月內，編出各種教材與專著作95部，其中《水工概論》、《農田水利工程》、《水利工程測量》、《工程水文學》、《水工量測及模型試驗》是10天工夫就寫出來

另類觀察》(北京：中國檔案出版社，2005)，頁 171–172。

的。最了不起要屬武漢大學物理系，人家成立了一個攻關小組，要在短時間內破除「舊」的物理體系，把從牛頓到愛因斯坦的所有定理、公式一掃而光，在幾周內「建立世界一流的具有武大獨特風格的新物理體系」。[83]

只是這些用「大躍進的速度」編寫的教材，沒能經得住時間的考驗，因其毫無學術品質，沒過幾年就被棄之不用了。

到了1960年下半年，大饑荒全面爆發，「教育革命」已難以為繼，只能偃旗息鼓。1961–1962年，國家不得不對教育作出調整，停辦了一些大躍進中興辦的學校，開設恢復秩序，1962年7月，教育部對前幾年搞運動受到打擊的高校學生進行甄別，據統計，「1958年至1961年的畢業生和在校的四、五年級學生約一百萬人，其中被批判、處分的學生15萬人，約佔學生總數的15%。以雙反交心、拔白旗、紅專辯證、教育革命、反右傾、反壞人壞事運動中批判的人最多，約佔被批判處分學生的70%以上。」[84] 這樣到了1962年下半年，全國教育的局面才穩定了下來。

4. 1963年後教育的全面政治化

1962年夏秋之後，毛重提階級鬥爭，緊接着，中蘇論戰走向高峰，毛又提出防止帝國主義「和平演變」，「反修防修」，「向雷鋒學習」，「培養無產階級革命接班人」等幾個重大命題，國家的航船被毛重新拉回到階級鬥爭的軌道，

83 張鳴：〈曾經有過的高校大躍進〉，載張鳴：《歷史的壞脾氣：晚近中國的另類觀察》(北京：中國檔案出版社，2005)，頁 172–173。

84 中央教育科學研究所編：《中華人民共和國教育大事記(1949–1982)》，頁 147–148。

中國教育隨之走向全面的政治化，在教育內容上，在數、理、化之外的知識傳授被完全納入政治宣教的體系，學生被系統灌輸對毛的崇拜及對「階級敵人」的仇恨，[85] 在極端政治文化的大環境下，各類學校培養的許多學生在知識結構和人格養成等方面都存在嚴重的缺失。

在毛對政治化、革命化越益強調的60年代初中期，他對中國教育現狀的批判也更加激烈。1961年後，隨着對大躍進失敗後國民經濟的調整，在1961–1962年，教育也曾一度向1957年前回歸，也就是教學的正規化的強調，以及在一個短時期內，提出要調動教師的積極性，不再對知識分子搞運動。這種情況引起了毛的強烈不滿。

1964年2月13日，毛在「春節談話」中，全面批評國家的教育制度，認為學生的學業負擔太重，批評學校像對付敵人一樣對付學生，他說考試可以交頭接耳，要允許學生打瞌睡。還提出要把演戲的、寫詩的、戲劇家、文學家趕出城市去，統統趕下鄉去。要分期分批放到農村、工廠，不要總住在機關。你不下去，就不給開飯等等。[86] 1964–1965年，毛又和王海蓉、毛遠新多次談話，要求學生以階級鬥爭為主課，到「三大革命」的實踐中去經風雨，見世面。他也強調反對「注入式教學法」，他說，「連資產階級教育家在五四時期就早已提出來了，我們為什麼不反」。[87]

毛對建國後教育的僵硬化、程式化的批評是有價值的，

---

85 徐友漁：《形形色色的造反——紅衛兵精神氣質的形成及演變》(香港：香港中文大學出版社，1999)，頁 27–28，38–41。

86 〈毛澤東春節談話〉(1964 年 2 月 13 日)，《文庫》2006 版。

87 毛澤東：〈教育制度要改革〉(1964 年 7 月 5 日)，《文庫》2006 版。

但是他沒有觸及到當時中國教育所存在的弊端的要害，這就是國家對普通教育的投入不足以及教育的泛政治化的弊端。1953–1963年，國家對高校投資的約佔教育總投資的30%。[88]「趕超」的思想把發展高等教育放在優先地位。國家試圖通過對教育主管部門的劃分和明確分工來解決這個問題：1952年把教育部分為高等教育部和教育部兩家，到了1958年，把兩家合併。1963年再分兩家，1966年再合併，教育部幾次分開，合併，都沒能解決如何均衡發展高等教育和普通教育的問題。中國的教育發展的基本路向就是重科技，輕人文；重大學專才教育，輕普通教育。「重理輕文」，「學文科危險」，「文科無用」成為流行意識，導致社會文化價值傾斜。1949年：大學生中文科生佔33.1%；1953年：14.9%；1957年：9%；1962年：6.8%，[89] 這在全世界高等教育中是僅有的，大多數國家在20%到50%之間。在極左政治的干預下，一些學科被停止或取消，計有：社會學，政治學(1952年)，人類學，心理學等。

在中小學教育中，也沒能真正做到平等教育，重點學校或幹部子弟學校佔據了大量的教育資源，形成了事實上的「精英教育」的取向。毛原先是支持在中小學辦重點學校的，1953年，毛主持政治局會議，提出要辦重點中學，[90] 於是全國辦了一批名校。50年代有兩類重點中學，一類為幹部子弟學校，一類為普通重點中學。1955年，毛雖下令取消幹部子弟

88 楊東平主撰：《艱難的日出——中國現代教育的20世紀》，頁156。

89 《中國教育年鑒(1949–1981)》(北京：中國大百科全書出版社，1984)，頁966，轉引自楊東平主撰：《艱難的日出——中國現代教育的20世紀》，頁130。

90 楊東平主撰：《艱難的日出——中國現代教育的20世紀》，頁157。

學校，[91] 但幹部子弟學校還是以不同形式繼續存在。以至於到了60年代，毛多次提出批評。然而，毛明知道這是和教育的過度政治化是互為聯繫的，卻以更激進的政治化，也就是以批判知識分子和否定知識的系統傳授來推動批判「技術主義」，這就不可避免的導致走向學校教育的取消主義。

1963年後，全國教育領域，開始全面落實毛的有關大搞階級鬥爭的各項指示。

首先突出批判「蘇修文化」，反對修正主義思想，清理教育界特別是大學生中的蘇聯文化的影響，批判蘇聯歌曲和小說、電影。同時全國報刊開始對學術界的各種代表性的觀點的「學術批判」，例如全國小教界批評南京師範學院附屬小學斯霞老師的「童心論」，「母愛論」等等。

在階級鬥爭聲浪不斷升高的大環境下，「血統論」急劇升溫，已成為社會的主流意識，「高幹子弟」作為「無產階級革命接班人」，在學校受到特別的關懷，而家庭有出身「有嚴重問題」的學生(「五類分子」子女、被「殺、關、管」子女、「逃台人員」子女等)在1963年後基本不能考入大學。

「血統論」作為一種思想原則和組織原則，體現在對不同出身人群，給予嚴格的政治區別分類上，[92] 所謂「出身不好」的學生，在高壓的社會純化的氣氛中抬不起頭來，1964年後，大批大學生到農村參加「四清」，395所高校共派出22萬大學生參加工作隊，[93] 強化了大學生的階級鬥爭的意識和出身意識。

---

91 中央教育科學研究所編：《中華人民共和國教育大事記(1949–1982)》，頁78、144。

92 參見高華：《身份和差異：1949–1965 年中國社會的政治分層》，頁 48–53。

93 楊東平主撰：《艱難的日出——中國現代教育的 20 世紀》，頁 173。

1965年後，隨着美國在越南戰爭的升級，中央進一步落實毛的「備戰、備荒、為人民」的指示，各重要高校開始遵照統一計劃，將一部分專業遷往內地，開辦分校，從以後的效果看，此舉極大浪費了國家的財力和教育資源。

在60年代中國教育「政治化」的過程中，毛澤東、劉少奇等起到推波助瀾的重要作用，1964年後，毛澤東、劉少奇在教育問題上都有許多重要指示，兩人都主張以階級鬥爭作為大中小學生的主課，但側重點不同：毛主張全面清理知識分子，認為大中小學都是資產階級知識分子和國民黨在統治；劉則認為，解決「資本主義復辟」的具體方法就是搞「四清運動」和改革教育制度與勞動制度，因而提倡實行全日制和半工半讀，半農半讀「兩種教育制度」，[94] 1964年夏，劉少奇在十多個省區巡迴講演「兩種教育制度」。1966年3月，劉少奇任新成立的中央教育領導小組的組長。在1965–1966年，北京58所高校中有33所，進行「兩種教育制度」的試點。全國66所農業大學中有37所實行半農半讀。1965年，全國小學共有168.19萬所實行「半工半讀」，84.9萬所實行「半耕半讀」。[95]

5. 文革期間「教育革命」的重點是批判、打擊學校中的教師

毛發動文革是以批判文教界的「資產階級知識分子」為突破口的，1966年上半年，他幾乎逢會必談「資產階級統治我們的文化教育」的問題，在黨內會議上談，他也對來訪的外國「兄弟黨」領導人談。

94 楊東平主撰：《艱難的日出——中國現代教育的20世紀》，頁174。

95 同注94，頁174。

1966年3月20日，毛澤東在杭州舉行的中央政治局擴大會議上說：

> 現在大、中、小學大部分都是被資產階級、小資產階級、地主、富農出身的知識分子壟斷了。解放後，我們把他們都包下來，當時包下來是對的。現在要搞革命。
> 對知識分子包下來，有好處也有壞處。包下來了，拿定息，當教授、校長，這批人實際上是一批國民黨。
> 就是要教授給學生打倒。[96]

5月5日，毛在和來訪的阿爾巴尼亞部長會議主席謝胡談話時再次談到這個話題：

> 還有中國的民族資產階級和他們的知識分子，我們都包進來了。還有地主階級的兒女。過去我們的大學生大多數是資產階級、地主階級的兒女。工人、貧農、下中農都進不起學校，小學都進不上，進上小學進不上中學，何況進大學？舊的知識分子至少有幾百萬人。群眾的文化教育掌握在他們手裏，我們沒有掌握。那麼多小學，我們沒有小學教員，只好用國民黨留下來的小學教員；我們也沒有自己的中學教員、大學教授、工程師、演員、畫家，也沒有搞出版社和開書店的人員。那些舊人有一部分鑽到黨內來，暫時潛伏不動，待機而起。等於赫魯曉夫潛伏不動，待機而起一樣。[97]

96 〈毛澤東在中央政治局擴大會議上的講話〉(1966年3月20日)，《文庫》2006版。

97 〈毛澤東在會見阿爾巴尼亞領導人謝胡時的談話(摘要)〉(1966年5月5

6月10日，毛在杭州和越南的胡志明主席再次談到類似的話題：

> 因為當時我們沒有人，把國民黨的教員都接受下來了。大、中、小學教員，辦報的，唱戲的，寫小説的，畫畫的，搞電影的，我們很少，把國民黨的都包下來。這些人都鑽到我們黨內來了。這樣一説，你就知道文化大革命的道理。[98]

毛還對胡志明説：

> 你們也有小學、中學、大學教師，這些人還不都是舊知識分子。[99]

在這種背景下，文革爆發，教育界首當其衝成為文革風暴的中心。

1966年，毛發出「五七指示」，其精神和年初以來毛的講話一脈相承：

> 學制要縮短，教育要革命，資產階級知識分子統治我們學校的現象再也不能繼續下去了。[100]

在「五一六通知」在黨內傳達後，各地黨委紛紛「拋出」一批著名的共產黨員大學校長做為「黑幫」，例如：北大黨

日)，《文庫》2006 版。

98 〈毛澤東在杭州同胡志明的談話(節錄)〉(1966 年 6 月 10 日)，《文庫》2006 版。

99 同注 98。

100 毛澤東：〈對總後勤部關於進一步搞好部隊農副業生產報告的批語〉(1966 年 5 月 7 日)，《文庫》2006 版。

委書記兼校長陸平、武漢大學校長李達、南京大學校長黨委書記兼校長匡亞明、西安交通大學書記兼校長彭康，蘭州大學黨委書記兼校長江隆基、雲南大學校長李廣田等。全國的高校和部分中學開始「停課鬧革命」，6–8月，全國的大中小學迅速掀起了對教授、校長、老師的批鬥高潮，大批知識分子受到暴力凌辱，一些人被打死或被迫自殺。[101]

1966年6月，中央宣佈，推遲1966年的高考，實際上是取消了高考。

8月後，紅衛兵衝向社會，校園內的批鬥仍在繼續，直到10月，毛提出「批判資產階級反動路線」，將文革的矛頭對準各級「走資派」，對知識分子「死老虎」的批鬥才稍見緩和。但是，隨着1968年工宣隊、軍宣隊開進學校，發動「清理階級隊伍」運動和「教育革命」再掀高潮，大中小學的教師再次成為重點打擊目標，知識分子已被整體劃為「臭老九」。

1968年夏，毛發出「最新最高指示」：

> 凡是知識分子成堆的地方，不論是學校，還是別的單位，都應有工人、解放軍開進去，打破知識分子獨霸的一統天下，佔領那些大大小小的「獨立王國」……這樣，成堆的知識分子中間的不健康的空氣、作風和想法就可以改變，他們也就有可能得到改造和解放。[102]
>
> 實現無產階級教育革命，必須有工人階級領導，必須有工人群眾參加，配合解放軍戰士，同學校的學生、教員、工人中

101 王友琴：〈1966：學生打老師的革命〉，香港中文大學中國文化研究所《二十一世紀》，1995年8月號。

102 毛澤東：〈對姚文元《工人階級必須領導一切》一文的批語和加寫的一段話〉(1968年8月)，《文庫》2006版。

決心把無產階級教育革命進行到底的積極分子實行革命的三結合。工人宣傳隊要在學校長期留下去，參加學校的全部鬥、批、改任務，並且永遠領導學校。在農村，則應由工人階級的最可靠的同盟軍——貧下中農管理學校。[103]

工宣隊進駐學校後的首要任務就是搞階級鬥爭，在「清隊」運動中，大批有「歷史問題」的教師受到再次打擊，許多教師自殺身亡，毛的「點」——清華大學、北京大學的工宣隊還創造出所謂對知識分子「再教育」和「給出路」的「先進經驗」。清華大學的「經驗」對知識分子採取了全盤否定的態度，聲稱該校：「各教學的基礎單位——研究室，幾乎全被世界觀沒有改造好的教授、副教授、講師把持着」，提出要教育他們解決「恨誰、愛誰、跟誰走的問題」，[104] 從此這份報告經中央批轉後，就成了指導全國各類學校批判知識分子的基本文件。1970年恢復從工農兵選拔大學生後反復強調，工農兵大學生的主要任務就是「管大學」，「改造舊大學」，在實踐中具體就是盯着老師的一言一行，隨時發動對他們的批判。

在廣大中小學也是如此，由「工農兵講師團」給學生「憶苦思甜」，還給學生講授「工業基礎課」和「農業基礎課」。1970年後，各地都以「摻沙子」的方式抽調一些工人到中小學擔任教師，目的也是為了「打破知識分子獨霸學校」的現象。這些工人調入學校後，多數是承擔「政治」、

103 姚文元：〈工人階級必須領導一切〉，《人民日報》，1968 年 8 月 26 日。

104 〈中共中央、中央文革轉發北京市革命委員會轉來駐清華大學的工人、解放軍宣傳隊關於《堅決貫徹執行對知識分子「再教育」「給出路」政策》的報告〉(1969 年 1 月 29 日)，《文庫》2006 版。

「語文」等課程，有的人通過加強學習，適應了學校的教學工作，也有的人因不適應學校的教學又轉回到原單位。

6.「用毛澤東思想編教材」

1967年11月3日，《人民日報》發表毛的有關「教育革命」的「最新指示」：

> 進行無產階級教育革命，要依靠學校中廣大革命的學生，革命的教員，革命的工人，要依靠他們中間的積極分子，即決心把無產階級文化大革命進行到底的無產階級革命派。[105]

毛的這段「最新最高指示」只是談到要用什麼人來進行教育革命的問題，而沒有涉及怎樣搞教育革命，更沒有提到教育革命的具體內容是什麼，加之1967年初，文革進入奪權階段後，各級學校都已停課，學校中的「革命派」都已湧入社會的文革大潮，所以，當該年年末「復課鬧革命」後，「教育革命」還只流於一些學校自己炮製出的「方案」，並沒有馬上進入到具體操作和實行的階段。

到了1968年，隨着大批大中學畢業生「上山下鄉」，中小學已全面「復課鬧革命」，各類新編教材都已編次完畢。為了落實毛的「少而精」和「學制要縮短，教育要革命」的指示，《人民日報》提出，中學可以不用開設物理課以及化學課，理由是「這些課充滿死人、洋人」，「撿實用的學學就可以」。[106]於是中小學的學生的文化知識的授課時間被大

105 《人民日報》，1967 年 11 月 3 日。

106 《人民日報》，1969 年 9 月 22 日，7 月 21 日。

大壓縮，「學工，學農，學軍」成為學生的主要學習內容。在1967年2月中央發出的《關於小學無產階級文化大革命的通知(草案)》中規定：小學一至四年級學生只學毛主席語錄，兼學識字，學唱革命歌曲，學習一些算術和科學常識；五、六年級學習毛主席語錄，「老三篇」和「三大紀律八項注意」，學習「十六條」，學唱革命歌曲。[107] 在中學生的學習課目中，也充分體現了毛澤東思想的統領和「政治掛帥」的做用，初中課程被設計為：毛澤東思想、語文、數學、工業基礎、農業基礎、外語、革命文藝、體育等。

試舉1967年8月上海市小學教材編寫組編寫的上海市小學暫用課本《算術》(六年級第一學期用)第二單元為例：[108]

> 毛主席教導我們：「學習馬克思主義，不但要從書本上學，主要地還要通過階級鬥爭、工作實踐和接近工農群眾，才能真正學到。」
>
> 二、百分數
>
> 在階級鬥爭、生產鬥爭和科學實驗三大革命運動的實踐中，常常要用到分母是一百的分數。例如：先鋒電機廠無產階級革命派掌權後，堅決執行毛主席提出的「抓革命，促生產」的指示，今年第二季度的總產值比去年同期增長百分之六十八，六月份的總產值相當於去年同期的百分之二百；東方紅紡織廠，今年上半年棉紗的總產量，完成了上半年生產計劃的百分之二百零九點七；無產階級文化大

107 〈中共中央關於小學無產階級文化大革命的通知(草案)〉，(1967年2月4日)，《文庫》2006版。

108 《以毛主席語錄為主的教材節選》，載騰訊網教育頻道(http://edu.qq.com/a/20090904/000148.htm)，2009.9.4

革命以來，農村中呈現出一片大好形勢。光明生產隊夏熟作物的總產量今年比去年增長百分之七點九。像上面這些表示一個數是另一個數的百分之幾的數，叫做百分數。

百分數通常採用一種簡便的寫法，就是去掉分數線和分母，在分子後面加上百分號「%」。例如：百分之六十八寫成68%，百分之二百寫成200%，百分之一百零九點七寫成109.7%，百分之七點九寫成7.9%。

寫出下面各數：

(1)上海照相機二廠無產階級革命派奪權後，二月份主要產品比去年同期增長百分之六十。

(2)吳涇化工廠實現了革命的大聯合，五月份主要產品合成氨的產量，比四月份增長了百分之十三。

(3)紅旗電訊儀錶廠無產階級革命派奪權前，由於黨內一小撮走資本主義道路當權派的破壞，1月中旬只完成全月計劃的百分之二十八。奪權後，無產階級革命派堅決響應毛主席提出「抓革命促生產」的偉大號召，下旬完成了全月計劃的百分之八十一點六。

(4) 從1966年到1967年全國糧食徵購計劃到2 月2 日止，已經完成了百分之一百零四點五六。

(5)上海工業戰線上的無產階級革命派，高舉毛澤東思想偉大紅旗，「抓革命，促生產」，工業生產呈現一片大好形勢。今年一到五月份的工業總產值比去年同期增長百分之四。

(6)重型機械廠實現革命的大聯合後，促進了生產的發展，四、五兩個月完成的總產值相當於一季度的百分之八十四。

1969年1月北京市中小學教材編寫組：北京市中學試用課本《數學》第二冊第四章「簡單圖形」：[109]

垂線

偉大領袖毛主席教導說：「**我們中華民族有同自己的敵人血戰到底的氣概，有在自力更生的基礎上光復舊物的決心，有自立於世界民族之林的能力。**」

一九六八年七月，上海第三鋼鐵廠的工人師傅敢想、敢幹，把兩座高達五十五米、重二百三十噸的巨型平爐大煙筒，分別用了八個小時和五個小時，「垂直移位」三十一米和四十米，創造了世界歷史上罕見的奇跡。「垂直移位」就是大煙筒在移動時，和地面保持垂直。在數學上，如果兩條直線相交成直角，就說它們互相垂直。……

平行線

曙光人民公社的貧下中農，遵照毛主席「**抓革命，促生產，促工作，促戰備**」的偉大教導，在奪得夏糧大豐收之後，又投入新的戰鬥。雙輪雙鏵犁奔馳在人民公社廣闊的田野上。用雙輪雙鏵犁犁出的兩條筆直的壟溝是互相平行的。在同一平面內不相交的兩條直線叫平行線。……

三角形

在無產階級文化大革命已經取得偉大的決定性的勝利的時

109《以毛主席語錄為主的教材節選》載騰訊網教育頻道(http://edu.qq.com/a/20090904/000148.htm)，2009.9.4

刻，又一曲毛澤東思想的勝利凱歌響徹雲霄。我國自行設計和施工建造的最大的長達6700多米的現代化橋樑——南京長江大橋全部建成。從圖4–20中，可以看到凌空飛架的巨大鋼樑，筆直地橫臥在矗立江心的橋墩上，排列整齊的三角架有力地支撐着大橋的鋼樑。「**凡事應該用腦筋好好想一想**。」大橋的鋼樑為什麼要用三角架結構呢？偉大領袖毛主席教導我們：「**最聰明、最有才能的，是最有實踐經驗的戰士**。」勞動人民在長期實踐中，發現三角形有如下的特性。……偉大領袖毛主席教導我們：「**科學研究的區分，就是根據科學對象所具有的特殊的矛盾性**。」按照角的情形，三角形可以分為三類：……

簡單軸對稱圖形

偉大領袖毛主席是我們心中的紅太陽。讓我們懷着無限忠於毛主席，無限忠於毛澤東思想，無限忠於毛主席的無產階級革命路線的深厚階級感情，剪個「忠」字表忠心。我們剪「忠」字時，可以把紙對折起來剪(圖 —)。因為這個圖形沿着中間的直線對折過來，左、右兩部份能夠完全重合。一般地，如果把一個圖形沿着中間的直線對折過來，直線兩旁的部份能夠完全重合，這種圖形叫做軸對稱圖形。這條直線叫做對稱軸。能夠重合在一起的點叫做對稱點。……

等腰三角形

觀察圖4–19(注：原書排錯，應為4 –20)南京長江大橋鋼樑結構中的三角架，可以發現這些三角形都是等腰三角形。偉大領袖毛主席教導我們：「**任何運動形式，其內部都包**

含着本身特殊的矛盾。」等腰三角形是特殊的三角形，它有些什麼特殊的性質呢？……偉大領袖毛主席教導我們：「……**在特殊性中存在着普遍性，在個性中存在着共性。**」由等腰三角形的性質，我們可以得到軸對稱圖形的一般性質。……

等邊三角形

偉大領袖毛主席教導我們：「……**一切客觀事物本來是互相聯繫的和具有內部規律的**」。由等腰三角形的性質，我們可以得到等邊三角形的性質。……

習題二

11. 我們要永遠忠於偉大領袖毛主席，腦子裏要印上「忠」字，心坎裏要刻上「忠」字，口裏要宣傳「忠」字，行動上要體現「忠」字。讓我們動手剪個「忠」字表忠心。

12. 正當全國億萬軍民在毛主席最新指示的鼓舞下乘勝前進的時候，全國除台灣省外二十九個省、(市)、自治區全部成立了革命委員會！讓我們懷着對毛主席無限熱愛、無限信仰、無限崇拜、 無限忠誠的心情，利用軸對稱原理，剪個……。

在「數學」的課本中，已如此高密度的「政治化」，那麼在「語文」課本中，「政治化」就可稱得上是到了登峰造極的地步，試以1969年7月重慶市革命委員會中學教材選編小組編寫的重慶市中學試用課本《語文》(一年級用)第一單元為例：[110]

---

110 《以毛主席語錄為主的教材節選》載騰訊網教育頻道(http://edu.qq.com/

語文知識(一)

工農兵常用的幾種修辭方法

毛主席教導我們：「**人民的語彙是很豐富的，生動活潑的，表現實際生活的。**」在轟轟烈烈的無產階級文化大革命中，億萬工農兵群眾寫的一首首詩歌，一篇篇致敬電，用最美好的語彙、最完美的形式，表達最美好的願望，抒發了工農兵對偉大領袖毛主席的無限深情，一字字，一句句都凝結着無產階級的激情。工農兵的語彙最豐富、最生動、最切實、最有力。過去，那些資產階級語法「學者」，把語法修辭吹得非常神秘，其實他們「只有死板板的幾條筋」，根本不懂得語言，真正善於運用語言的，真正懂得修辭的，是工農兵群眾。下面介紹工農兵常用的幾種修辭方法。例如：

1. 敬愛的毛主席，我們心中的紅太陽。

2. 舵手來了！救星來了！我們偉大領袖毛主席到安源來了！

工農兵歌頌偉大領袖毛主席是心中的紅太陽，是大海航行的舵手，像這種寫法，叫比喻。

3. 敬愛的毛主席！您的革命路線從來沒有象今天這樣深入人心，您的思想從來沒有像今天這樣深深扎根，人的精神面貌從來沒有像今天這樣煥發，無產階級專政從來沒有像今天這樣鞏固，工農業生產從來沒有像今天這樣熱氣騰騰。

把句式相同或相近的句子連在一起，盡情抒發無產階級的豪情壯志，像這種寫法，叫排比。

4. 井岡揚臂舉紅旗，贛江奔騰來報喜。

---

a/20090904/000148.htm)，2009.9.4

工農兵運用革命的想像，給山水以無產階級感情，像這種寫法，叫擬人。

5. 毛主席啊，毛主席！您開闢的井岡山革命道路通天下，您的「槍桿子裏面出政權」的偉大真理正為全世界革命人民所掌握。

6. 從此，「不周山下紅旗亂」，國際壯歌衝九天，中國工人運動沿着您指引的方向勝利前進！

林彪副主席說：「毛主席的話水平最高，威信最高，威力最大，句句是真理，一句頂一萬句。」在寫作時選用毛主席的語錄和詩詞，來說明問題，闡述觀點，表示決心，就更有戰鬥力，更有說服力，像這種寫法，叫引用。

以上所說的修辭方法，課文裏用得很多，閱讀時要深刻體會工農兵對偉大領袖毛主席深厚的無產階級感情。在工農兵的創作中，有許許多多生動的語言、多種多樣的修辭方法，我們要遵照毛主席「要向人民群眾學習語言」的教導，下苦功學習工農兵的語言，這樣，我們才能更好地宣傳毛澤東思想，更有力地批判資產階級。

「文革」中的教材編寫把「政治」和「領袖崇拜」誇大到無以復加的地步，這在中國教育史上是空前的，在世界教育史上也是罕見的。

7 「理工科大學還要辦」和「七二一工人大學」

1968年，是毛就教育問題發表較多看法的一年，該年7月22日，《人民日報》又傳達毛的「最新最高指示」：

> 大學還是要辦的，我這裏說的是理工科大學還要辦，但學制要縮短，教育要革命，要無產階級政治掛帥，走上海機床廠從工人中培養技術人員的道路，要從有實踐經驗的工人農民中選拔學生，到學校學幾年以後，又回到生產實踐中去。[111]

毛在這條指示中把他對文科的輕蔑和鄙薄直截了當地表達了出來。「重理輕文」本是中國近代以來一種影響廣泛的思潮，它來源於中國知識分子嚮往西方現代化強國，崇尚「科技救國」的強烈心理和「尊實」、「務實」的傳統文化心理結構，但是在建國前，文科在大學教育中仍佔有非常重要的地位，「重理輕文」還沒有發展為一種基本的社會文化的價值。建國後出於「趕超現代化」的政治需要，國家有計劃地大幅削減大學的文科專業，使大學的文科和理工科比例嚴重傾斜，加之1957年後，各類大批判運動都從意識形態問題發端，極大地刺激和推動了社會上長期存在的「文科無用」，「文科危險」的思潮的氾濫，但是還沒有發展到「文科取消」的地步，現在有了毛的這條「最高指示」，在「最革命」的文革年代，「重理輕文」不僅成為了社會主流的文化價值，「文科」是否有必要存在，也成了一個大問題了。

毛對文科的輕蔑有複雜的原因：一方面，他是從政治的角度來看待這個問題的，60年代後他曾表示：理工科有它的特殊性，有它自己的語言，要讀一點書。[112] 毛認為，「工程技術人員接受社會主義要好一些。學理科的其次。學文科的

111 《人民日報》，1968 年 7 月 22 日。

112 毛澤東：〈與毛遠新的談話(三)〉(1966 年 2 月 18 日)，《文庫》2006 版。

最差。」[113] 1964年2月，時任中央政治局候補委員、副總理、中宣部部長的陸定一在著名的「春節談話」中也接着毛的話頭說，「現在最壞的學生上師範，好學生進理、工」；[114] 另一方面，毛又是從實用主義的角度來考慮文科和理工科的關係的。1957年「反右」運動時，在確定科技界和人文社會科學界知名人士中的「右派」名單時，就明確規定，在人文類知識分子中，放手「打右派」；而對科技界的知識分子，則給予一定的保護，特別是那些對國家有用處的科學家，一般不打「右派」。中國人民大學是中國唯一一所著名的文科單科大學，它的前身是陝北公學，建國後又移植了蘇聯教育體制的一部分內容，就在文革中被無情解散了。1970年1月，中共中央機關刊物《紅旗》雜誌明確說，大學裏的文科不必搞什麼專業分工，因為「工農兵群眾又屬於什麼專業呢？」，文科的任務「就是搞革命大批判」，至於文科的教材，那也很明確，就是以馬列主義經典著作為基本教材，再輔之以各種大批判文章。[115] 1970年1月，上海的《文匯報》、《解放日報》公開宣傳，「文科就是要辦成寫作組」，「工農兵寫作組才是社會主義文科大學的好樣子」。[116]

儘管毛已表明了他對理工科的欣賞，但是這並不意味着文革期間中國教育對所謂「科學」的無條件的接受，理科教材的編寫同樣要貫徹毛澤東思想，尤其要掌握三個原則，這就是「少而精」和破除「爬行主義」和「洋奴哲學」，甚至

113 毛澤東：〈關於阪田文章的談話〉(1964 年 8 月 24 日)，載《毛澤東思想萬歲》(1960–1968)，頁 160。

114 毛澤東：〈春節談話〉(1964 年 2 月 13 日)，《文庫》2006 版。

115 《紅旗》，1970 年第 1 期。

116 《文匯報》，1970 年 1 月 8 日；《解放日報》1 月 8 日。

出現了這樣的「愛國主義」的論調：為什麼所有物理、化學的基本公式都要冠以外國人的名字，這不就是「崇洋媚外」嗎？於是提出要對一些物理學、化學的公式、定律來一番「革命化」的改造。[117] 好在毛對這個問題是比較清醒的，這番極左論調只是停留在報刊宣傳上而未進入具體的「整改」的實踐，否則中國就會重演1948年蘇聯「反世界主義」運動期間，把世界科學史所有重要科學發明都改為俄國人所創造的，也來一次重新對世界科學史進行冠名的運動。

那麼，理工科大學究竟應該怎麼辦？《人民日報》適時的推出了毛派去清華大學的8341部隊軍宣隊的兩個軍人幹部遲群和謝靜宜主持撰寫的文章，成了指導全國高校的一個「樣板」，其要旨：「工農兵最懂無產階級教育」，「徹底結束資產階級知識分子對學校的統治」，具體內容是：大搞階級鬥爭，工農兵上講台，對教師邊改造，邊使用；開門辦學，廠、校掛鈎，以廠代專業，建立以廠為中心的教學、科研、生產的三結合的新體制；大破洋奴哲學和買辦哲學，編寫無產階級新教材等。[118] 上述「經驗」實際上是延安教育經驗和大躍進「教育革命」的延續和發展，是對建國後教育一度學蘇聯及教育「正規化」的「反撥」，談不上是什麼「制度創新」。

在對一般高校進行「革命改造」的同時，也是延續50–60年代，特別是大躍進時期「工人業餘大學」和「工人職工大學」的傳統，以及1963年後一些推行「社來社去」推薦與考試相結合和分配制度的中專學校的傳統，一些大中型工廠也辦起了「七二一工人大學」，學制較短，從工廠中直接選拔

117 《人民日報》，1969年9月22日，7月21日，1970年7月22日。

118 〈為創辦社會主義理工科大學而奮鬥〉，《人民日報》1970年7月22日。

學生，由技術人員擔任教師，學生學成後再回到車間或科室工作，對解決工廠技術人員短缺，起到一定的作用。

自從毛發出「大學還是要辦的」指示後，經過一年多的準備工作，從1970年起，全國高校開始恢復大學招生，改以從工農兵中推薦為主要錄取形式，只要具備三年以上的實踐經驗，「不受年齡和文化程度的限制」，學制縮短為三年，國家同時規定他們進入大學後的主要任務，不是到大學求知，而是「上大學，管大學，用毛澤東思想改造舊大學」於是這批大學生有了一個特殊的稱謂：「工農兵學員」。

大學恢復了，也事先採取了種種措施來防範「舊勢力」的復辟，但是毛和他的追隨者都知道，只要還有大學的存在，「復辟」就是有可能的，為此他們要把一切的「漏洞」都堵上，讓那些對「教育正規化」抱有幻想的人徹底死了心。1971年8月31日，中共中央批轉《全國教育工作會議記要》，正式確定了「兩個估計」，這就是：從1949–1966年，「十七年黑線統治教育」(「資產階級專了無產階級的政」)，「學校是資產階級知識分子獨霸的一統天下」，[119]這個看法完全來源於毛在60年代後對教育的一系列批評，1971年再次強調，表面是進攻性的，其實是防禦性的，就是擔心在文革進入到新秩序恢復階段，知識分子再次「翹尾巴」，毛要一勞永逸把他們打在陰山背後，使他們永無翻身之日。在這之外的技術性的層面，也採取了一些重要措施，除了將大批大學教師下放到「五七幹校」，在不影響國家所急需的國防等科研人材的培養的前提下，還裁拆了一些大專院校，盡量不讓中高

119 〈中共中央批發《全國教育工作會議紀要》〉(1971 年 8 月 13 日)，《文庫》2006 版。

級知識分子得以聚集，1971年，全國高校從1966年的417所(本科：359所)，減為309所，撤銷了中國人民大學、中國醫科大學、北京政法學院、上海財經學院、華僑大學、暨南大學等45所高校。全國4所政法院校全部被撤銷，18所財經院校被撤銷16所，全國藝術院校全部裁撤，只建了一所「中央五七藝術大學」。北京市原有55所高校，到了1972年，只剩下了18所，上海市原有24所高校，中保留16所。[120]

「文革」中的教育在中外教育史上都是十分奇特的，毛的「五七」指示和「七二一」指示都有合理的成份，對傳統教育中理論脱離實際的批評也是切中要害的，「教學、科研、生產三結合的新體制」也有一定的合理性，但總的説來，毛的60年代後教育觀和文革時期的「教育革命」是建立在輕視和貶低、否定知識分子的政治前提下的，從本質是説，是反智主義和反現代社會分工的，也是主觀的和浪漫主義的。「文革」造成中國教育的大倒退，嚴重破壞文化，傷害了大量知識分子。1969年後，大批農村公辦小學的教師被下放回原籍，轉為農業戶口，在「新體制」下，被取消固定工資，改為「工分加補貼」。1970年後的所謂「推薦」上大學，在表面的「平等主義」下，由「分數選擇」倒退為「家庭背景和社會關係」的競爭，教育中的「特權」因素從過去的隱性狀態完全發展到公開化，嚴重破壞了教育的公平性，也敗壞了社會風氣，耽擱了一代人受教育的權利。

120 楊東平主撰：《艱難的日出——中國現代教育的20世紀》，頁191–192。

五、「衛生革命」與「赤腳醫生」

「赤腳醫生」和「農村合作醫療」的創建是「衛生革命」的重要內容，是文革中社會影響較大的一項「制度創新」，它反映了毛的革命中的民粹主義的價值追求，在維護城鄉二元體制不變的前提下，「赤腳醫生」和「農村合作醫療」的創建在一定程度上改善了農村缺醫少藥，農民就醫嚴重困難的情況。

1. 1965年毛的「6.26」指示

1965年6月26日，毛就衛生工作發表談話，對衛生工作提出尖銳批評，他說：

> 告訴衛生部，衛生部的工作只給全國人口的百分之十五工作，而且這百分之十五中主要還是老爺。廣大農民得不到醫療，一無醫院，二無藥。衛生部不是人民的衛生部，改成城市衛生部或老爺衛生部或城市老爺衛生部好了。
>
> 醫學教育要改革。根本用不着讀那麼多書。華佗讀的是幾年制？明朝的李時珍讀的是幾年制？醫學教育用不着收什麼高中生、初中生，高小畢業學三年就夠了。主要在實踐中學習提高。這樣的醫生放到農村去，就算本事不大，總比騙人的醫生與巫醫要好。而且農村也養的起。書讀的越多，越蠢。現在醫院那套檢查治療方法，根本不適合農村。培養醫生的方法也只是為了城市。可是中國有五億多人是農民。
>
> 脱離群眾。把大量的人力、物力放在研究高、深、難的疾病上，所謂尖端。對於一些常見病、多發病、普遍存在的

病，怎樣預防？怎樣改進治療？不管或放的力量很小。尖端問題不是不要，只是應該放少量的人力、物力，大量的人力、物力應該放在群眾最需要解決的問題上去。

城市裏的醫院應該留下一些畢業一兩年本事不大的醫生，其餘的都到農村去。「四清」到××年就掃尾，基本結束了。可是「四清」結束，農村的醫療衛生工作是沒有結束的，把醫療衛生的重點放到農村去嘛！[121]

毛的「6.26指示」首先表達的是對劉少奇的強烈不滿，把衛生部挖苦為「城市老爺衛生部」，提出「把醫療工作的重點放到農村去」，都是不指名地針對劉少奇的。建國後衛生工作的「老爺化」確實和劉少奇有關係，因為他長時間沒有對此進行過批評，而且他是主持中央日常工作的。同時，也沒見過其他領導人對這一問題的批評，見到的多是周恩來如何關心北京醫院——在毛於1964年提出批評前，北京醫院只為高幹服務，不給老百姓看病，周前後去過那兒兩百次指導工作等等。劉少奇在1964後提出「半工半讀」，「兩種勞動制度，兩種工資制度」，表明他有心改革，希望「縮小城鄉差距」，但他關心醫療部門的改革太遲了。1965年5月26日，劉少奇在北京同衛生部負責人崔義田、史書翰、計蘇華等人談話，他指出：現在的醫藥衛生工作只是面向一億左右的城市人口，全國70%的醫務人員集中在城市，佔五億多人口的農村中醫務人員和藥品都很少，為了解決衛生工作面向農村，藥品供應要研究，如何把供應點深入農村。[122] 劉少奇

121　毛澤東：《關於衛生工作的三次談話》(1965 年 6 月 26 日)，《文庫》2006 版。
122　中共中央文獻研究室編：《劉少奇年譜(1898–1969)》，下卷(北京：中央文

的氣局太小，他只是提到要在農村建醫藥供應點，而沒提把醫療工作的重點放到農村去，這就給毛抓住了。然而劉少奇注意到甚至提到了這些問題，也未必不被毛批評。因為毛對劉的什麼「半農半讀」、「半工半讀」，「兩種勞動制度」等這些改革舉措並不真正感興趣，有資料説，毛對此有過肯定，[123] 可是他怎麼肯定的，卻從沒公佈。處在二線的毛頻頻運用「批示」向劉少奇發起進攻，是毛制衡劉少奇的一個重要手段，1963年後毛寫過一系列批示轉發全黨，涉及意識形態，黨，現在又針對衛生工作。

李志綏説，毛的這個指示的真正目標是劉少奇，[124] 他回憶道：1964年春夏之交的時候，毛聞知劉少奇體檢時發現有肺結核病，就立即下令撤銷衛生部保健局，隨後中南海保健辦公室也被解散，毛還批評專事高幹醫療服務的北京醫院，他説：北京醫院可以改名老爺醫院。[125] 1964年毛下令撤銷保健局是事實，一些大陸的出版物也證實了這點，甚至説，許多醫務人員就因毛的這個指示而離開了中南海。[126] 但是李志綏説，毛的目的是要破壞正在患肺結核的劉少奇的治療，[127] 則不確切。

毛對為領導幹部服務的「高幹保健制度」一直有所不滿，

獻出版社，1996)，頁 620。

123 中共中央文獻研究室編：《劉少奇年譜(1898–1969)》，下卷，頁 593。

124 李志綏：《毛澤東私人醫生回憶錄》(台北，時報文化出版公司，1994)，頁 407。

125 同注 124，頁 400。

126 王凡、東平：《紅牆醫生：我親歷的中南海往事》(北京，作家出版社，2006)，頁 278。

127 同注 124，頁 399–400。

曾多次提出批評，1964年他在接見越南外賓時就說，中國的保健工作是從蘇聯學來的，「衣食住行受太好的照顧，是高級幹部生病的四個原因」。[128]

劉少奇在青年時代患過肺結核病，但是1964年，劉少奇指導「四清」運動，在政治舞台上很活躍，身體和精神都很旺健。劉少奇當時的秘書劉振德說，劉少奇在1963年春訪問印尼、緬甸、越南、柬埔寨等國後因過於勞累，肺結核復發，經過北戴河療養治療後很快恢復，1964年，劉少奇沒有復發肺結核。[129] 有確切記載的劉少奇的生病是在1965年的11月，是由感冒引起的發燒，他的治療並沒有被耽擱，該年底劉少奇的身體就恢復了，[130] 中央保健局雖然被撤銷，但只是換了一個牌子，「為了繼續進心黨和國家領導人的保健工作，就在衛生部內設立了一個醫療處」，[131] 由鄭學文擔任這個處的領導。北京醫院原來就有一個專門為中央首長服務的保健組，又稱第一保健辦公室，組長由建國後最早從事保健工作的醫生之一的何惠德擔任；現在又成立一個「總值班室」，有意避開「保健」二字，由原中央保健局辦公室副主任力伯畏擔任負責人，還是從事原來為中央領導服務的保健工作。[132]

---

128 〈毛澤東接見越南外賓時關於保健工作的談話〉(1964年6月24日)，《文庫》2006版。

129 林克、徐濤、吳旭君：《歷史的真實》(香港，利文出版社，1995)，頁213。

130 黃峥執筆：《王光美訪談錄》(北京：中央文獻出版社，2006)頁373–375。

131 王凡、東平：《紅牆醫生：我親歷的中南海往事》，頁76、77。

132 同注131，頁202–203。

2. 毛對衛生工作的批評都是有事實根據的，1949年後衛生部的工作的重點確實在城市。

建國後，醫院等醫療單位陸續被國有化，在城市和一些縣鎮，1956年前還保留若干私人診所，牙醫診所等，1956年後基本都被合併到國營醫院或街道醫院，個別保留下來的診所，在「大抓階級鬥爭」的1963年後大多被取締，醫院作為事業單位，被完全納入到國家行政體系。

從總體上看，建國後的衛生工作分為地方和軍隊兩個系統，軍隊醫療系統由軍委後勤部衛生部領導，負責人是賀誠、傅連璋、賀彪等，下轄各軍區總院，各軍兵種醫院。地方衛生工作統由衛生部領導，衛生部的部長一職長期由「民主人士」李德全擔任，但是實際上的「第一把手」是部黨組書記，副部長錢信忠，在錢之下還有幾位老資格的副部長：蘇井觀、張凱、郭子化、黃樹則，崔義田，史書翰等。在中央則是由書記處書記、副總理陸定一分管「衛生口」。衛生工作的網絡架構是：在中央，有國務院衛生部，省有衛生廳，市有衛生局，區縣有衛生科，農村人民公社有衛生院。

完密的醫療系統的建立對提高人民健康貢獻很大，但正如毛所批評的，長期以來衛生工作的重點是放在城市，醫療資源也是集中在城市，主要表現為：

(1)公費醫療制度只是面對城市的幹部，勞保制度只有國營企事業單位的職工才可享受，社會主義福利醫療的覆蓋面很有限，只有城市幹部、職工才能從中享受到好處。

建國後，隨着在黨政機關，軍隊實行的供給制逐步轉化為工資制，國家的各項人事和福利制度也漸次明細化，和原先公家單位免費享受醫療福利相銜接，1952年和1953年政務院相繼頒佈實施《關於實行公費醫療預防的指示》和《勞動保險條例》，規定國家向全國黨政機關，人民團體，以及文化、教育、衛生、經濟建設等事業單位的國家工作人員和革命殘廢軍人提供公費醫療，向廠礦企業職工提供勞保醫療。[133] 從1960年至1963年，全國衛生事業經費支出總額為31.8億元，其中公費醫療經費支出為10億元以上，佔總支出的31.4%。[134]

1968年1月，周恩來在一次接見衛生部群眾組織的會議上說：

> 主席指示(指1965年的「6.26指示」)千回讀，萬回讀都有效。「衛生部的工作只給全國人口的百分之十五服務」，這話很對。
>
> 為城市服務，縣、鎮也是為城市服務，也不下鄉，公社也有不下鄉的，也只給能走到他那裏的人服務。把縣、鎮和農村一部分人算上，只一億人口，現在全國七億人，只為一億人口服務，百分之十五的比例還是合適的，而且這百分之十五中主要還是老爺，工資高，特殊化。出門診費嗎？……住院優先，藥品免費，組織好大夫會診。
>
> 七億人口中一億多人特殊化，百分之十五到二十的人特殊化，使百分之八十以上的人不滿意，我們的衛生工作怎樣能繼續下去！

---

133 〈中央人民政府政務院關於全國各級人民政府、黨派、團體及所屬事業單位的國家工作人員實行公費醫療預防的指示〉(1952年6月27日)，載中共中央文獻研究室：《建國以來重要文獻選編》，第三冊，(北京：中央文獻出版社，1992)，頁241；勞動人事部勞動科學研究所編：《中華人民共和國勞動法規選編》(北京：勞動人事出版社，1988年)，頁393。

134 〈中央中央、國務院對衛生部黨委《關於改進公費醫療的報告》的覆示〉(1964年10月19日)，載中共中央文獻研究室：《建國以來重要文獻選編》，第十九冊，(北京：中央文獻出版社，1998)頁284。

當然，職工、一般黨員還是群眾，長字型大小的還是少數。百分之十五到二十的人享受公費醫療，把其他百分之八十以上的人應享受的權利給剝奪了，侵佔了。加上解放軍和家屬也不超過百分之二十。總之，百分之二十的人享受了公費醫療，剝奪和侵佔了其他百分之八十的人的權利。從階級觀點看，我們怎麼能心安呢！……所以主席批評的「衛生部的工作只給全國人口的百分之十五服務」，一點沒有誇張嘛！是實事求是的，抓住了要害。

勞保福利主要還是高級人員享受，少數人特殊化……我們培養學生是造就無產階級革命事業接班人，大學生沒當幹部就享受了公費醫療了……[135]

(2)各類醫院都集中在城市，特別是大城市和省會城市。

北京有全國最好的醫院，集中了最多的醫療資源，其中著名的醫院有：協和醫院(反帝醫院)，專為中央領導服務的北京醫院，解放軍301醫院，以及各類專科醫院。

上海次之，有瑞金醫院，中山醫院，華東醫院、華山醫院等。

一些大單位，例如鐵道部，也有自己的專屬醫院；

一般中央級單位都有自己的診所；

省一級有省級機關醫院；

市一級有市級機關醫院；城市還有市、區醫院，街道衛生院，大城市還有各類專科醫院；

135 〈周恩來、李先念接見全國衛生工作會議代表的講話〉(1968年1月3日)，《文庫》2006版。

這些醫院的主要的服務對象是機關幹部群體，他們都享受公費醫療的待遇。

在廣大縣和縣以下單位，只有縣城少數幹部，職工享受公費醫療和勞保福利，農村大隊一級的幹部和社員都是自費看病。農村醫院很少，只有縣醫院和公社衛生院。

(3)醫學院的學生學制太長，畢業生很少去農村。

北京有四所醫學院校：中國醫科大學，學制八年，北京醫學院，北京中醫學院，北京中藥學院，學制五年。

根據統計資料，1964年，在衛生技術人員分佈上，全國高級衛生技術人員69%在城市，31%在縣以及縣以下的農村，其中縣以下僅佔10%。中級衛生技術人員城市佔57%，農村佔43%，其中縣以下農村的僅佔27%[136]，而1964年的農村人口佔全國總人口的81.6%。[137]

3. 衛生工作的重中之重是「幹部醫療保健制度」

建國後，衛生工作的重心是放在城市，但是普通城市居民只是享受一般的醫療服務，醫療資源的相當一部分是為高級幹部所佔有。所謂「幹部醫療保健制度」是指按照幹部的行政級別分別給予幹部不同的保健和醫療服務，在日常醫護，用藥，療養，住院等方面享受不同的待遇。

這套制度起源在延安，更早在瑞金就有端倪，1968年1月，周恩來在接見衛生部群眾組織時也承認，醫療方面的特

---

136 〈衛生部黨委關於把衛生工作重點放到農村的報告〉(1965 年 9 月 3 日)，中共中央文獻研究室：《建國以來重要文獻選編》，第二十冊，(北京：中央文獻出版社，1998)，頁 527。

137 《中國人口年鑒》編輯部：《1985 年中國人口年鑒》(北京：中國社會科學出版社，1986)，頁 811。

權現象「在延安就有苗頭」，其實更早在瑞金時代就有端倪了。毛在江西時期的最早的醫生是傅連暲的女婿，後在「肅AB團」時與其妻即傅連暲的女兒一起被殺，以後傅連暲成為毛的醫生，而更早在1929年，傅連暲就為毛做過全面體檢。抗戰爆發後，中共局面大大改觀，為毛和中共領導人的醫療服務逐漸制度化。

延安的中央醫院的服務對象主要是中央機關的負責幹部及工作人員，1940年代初在延安就成立有「中央保健委員會」，負責毛和其他中共領導人的日常保健工作。任玉柱、黃樹則、金茂岳、徐福靜等一批醫生都從事這方面的工作、王稼祥的夫人朱仲麗在沒和王結婚前就是專為中央領導服務的保健醫生。那時的保健醫生的工作之一，就是定期給毛打維生素針。

對於毛的健康，斯大林也非常關心，1942–1949年蘇聯醫生阿洛爾長駐延安並隨毛轉移到華北，後又到了北平，負責毛的保健和醫護工作。[138] 而當時的中國頭號人物蔣介石，也沒有專用的外國醫生。1947年，中共撤出延安，毛領導「中央前方委員會」(中央前委)，又稱「昆侖縱隊」，轉移至陝北米脂縣楊家溝後，改稱「亞洲部」，黃樹則為衛生處長。而「中央門診部」隨中央後方委員會(中央後委)活動，由中央軍委衛生部副部長傅連暲直接領導。1948年3月，他還帶領一些醫生和男護士，帶着醫療器械和藥品，專門從黃河以西的山西臨縣趕回黃河以東的陝北，為毛和前委幾個領導「檢查身體和看病」。在西柏坡時期，中央醫院和中央門診部設在朱

---

138 師哲口述，師秋朗整理：《我的一生——師哲自述》(北京：人民出版社，2001)，頁227–228。

豪村，所以又稱「朱豪醫院」，成為中央機關的主要醫療隊服務單位，而在西柏坡，則專設有一診所，為中央主要領導服務，「負責人是從延安時期就擔負過中央領導人保健工作的任玉洪」。

建國後，物質條件今非昔比，為中央領導人服務的「高幹保健制度」逐步走向正軌化。中共領導人和中央機關進駐香山後，很快就設立了門診部，中央一級的幹部保健機構也完善起來，在原有的中央保健委員會之外，還新成立了中央軍委保健委員會，兩個機構都由軍委後勤部衛生部副部長傅連暲負責，成員包括中組部負責人安子文，中央辦公廳主任楊尚昆、公安部部長羅瑞卿、中央軍委總幹部部部長賴傳珠、中央軍委衛生部部長賀誠、副部長傅連暲等。

最初的中央一級的保健對象一共是93人，包括中央政治局委員，中央委員和中央候補委員，以及中央一級的國家領導人，這份名單由傅連暲擬出，報劉少奇批准後即開始執行。

由於工作人員較少，一個醫生要負責幾位中央領導及家屬的保健工作，傅連暲很快抽調了一批醫護人員充實中央門診部，並且建立起規章制度，例如：保健人員盡量不寫信，不允許和與工作無關的人員來往，不許私自到保健對象家串門，原有的保健對象改變後，不許與之再聯繫，首長家的電話和位址，不許寫下來只能記在腦裏，保健人員在首長家裏見客人來要迴避，不許與首長照相，在首長家，不能坐大沙發，只能坐小沙發，不能仰靠着，要坐直了等等。[139] 保健人員除了給首長打針，配藥、按摩之外，還要嘗藥，試針，直

139 王凡、東平：《紅牆醫生：我親歷的中南海往事》，頁 149–150。

到北京醫院設立藥品檢驗室後才停止了這種方法。[140]

建國初，蘇聯就有一些醫生在北京工作，他們是斯大林派來的為任弼時治療的蘇聯專家組的醫生，內有兩位蘇聯院士，利用這個機會，傅連璋還安排他們為中共其他領導人檢查身體。公安部還另請有蘇聯安全問題方面的專家，「負責指導中共領袖的食品安全衛生和住所的環境衛生」，[141] 後者還包括「檢查空氣裏有沒有什麼有害物質」。[142] 蘇聯專家在中國高幹保健工作的制度化方面起到關鍵性的作用，以後中央警衛局保健處下設的食品檢驗站和公安部九局的檢驗室就專門負責此項工作。[143]

1950年10月，四十八歲的任弼時因病去世，對中央領導造成很大的震動，促成全面照搬蘇聯的高幹保健制度，建立起繁瑣的各項制度規定：

1. 領導幹部配隨身醫生和護士，即便毛的夫人江青，也享有此待遇，50年代初，傅連暲為江青選派了老護士高雲清，1953年又派去專職保健醫生徐濤，1956年，徐濤學習去了，江青的保健就由毛的醫生李志綏代管，1959年王敏清接任徐濤任江青保健醫生，專為江青服務的就有殷曼麗、程美英、李強華三位護士。[144]
2. 建立領導人定期休假制度。
3. 建立高幹療養制度。

---

140 王凡、東平：《紅牆醫生：我親歷的中南海往事》，頁 155–156。

141 同注 140，頁 139–140、145、147。

142 同注 140，頁 93。

143 同注 140，頁 63、27。

144 同注 140，頁 270。

4. 建立餐食檢查制度，包括中南海幼稚園的食物安全檢查制度。
5. 建立為中央領導服務的專門的食物和食品生產基地，採取封閉經營的方式。
6. 建立領導人定期體檢制度。
7. 將北京醫院(其前身是1905年建立的著名的德國醫院)改造為專為高幹服務的醫院，北京醫院還下屬有香山療養所。

為領導人配備專職醫護人員在許多國家都是常例，蔣介石也有自己的醫生，但國民黨在大陸執政年代，沒有建制化的「高幹保健制度」，蔣介石的專任醫生也只有一人，從1943年一直服務至蔣去世的1975年。[145] 相比之下，共產黨方面對領導人及高幹的健康和保健更為重視，有完整的制度，而且措施齊全、對領導人和高幹照顧得更全面，更細緻。

儘管已初步建立起高幹保健制度，但在當時濃厚的以蘇為師的氛圍下，中央級高幹們普遍認為蘇聯的醫療保健條件大大優越於中國，因此去蘇聯治病和療養就成為黨和國家照顧領導幹部的一項制度性的安排。

早期去蘇治病療養人員的名單由毛掌握，最重要的幹部，通常由毛親自給「菲列波夫同志」(斯大林)寫信，任弼時，江青，林彪一家，劉少奇夫婦，王明夫婦、蔡暢，胡喬木、揚帆等都曾在蘇聯治病和療養，江青從蘇聯返國時，蘇方還專門派出專機，由醫生陪同隨行。

中國的領導幹部在蘇聯的療養多在克里米亞半島的索契，

145 陳三井訪問，李郁青記錄：《我做蔣介石「御醫」40 年——熊丸先生訪談錄》(北京：團結出版社，2006)，頁 124–125。

也在莫斯科近郊著名的療養勝地巴爾維哈療養院，這是一家為蘇聯領導人服務的特級療養院，直屬蘇聯衛生部第四司，任弼時，江青，王明夫婦、蔡暢等都在此療養過。前蘇聯的一份材料細緻地描繪了巴爾維哈療養院的醫生是怎樣周到地為領導服務的：

> 療養院裏休養的人很少，幾乎彼此見不到面。相比之下，身穿白大褂的，畢恭畢敬的人卻比比皆是。這裏的工作人員不會耍態度，對休養人員總是有求必應……休養人員的姓名不僅保健醫生記得，而且連護士、食堂服務員、女護理員和那些為病人送飯到病房的人統統記得。每一位休養人員如果沒有偕夫人前來，按規定住一間舒適的單人套間，內有衛生間和不大的浴室更衣間……食堂自助餐桌上放這各色蔬菜，其餘皆按菜單預定。療養院自辦了一個養禽場。可以吃減肥餐，有人直接送到房間裏，以免原意減肥者自己去食堂看到別人大塊朵頤而眼饞。
>
> 休養員到來後半小時，保健醫生就來到房間，他，更多的是她，每天將在早餐和午餐之間方便的時候前來，休息日除外(屆時僅留下值班醫生)。所有的人都規定了許多治療措施，因此，午飯前大家都有事可幹。療養院以理療馳名：磁療、電離子透入法、貝爾納電流、渦流浴、水按摩、碳酸浴以及許多其他療法。
>
> 下午四點，醫生們準備回家，但在這之前先要探望病人，問一聲：有什麼問題？今天您還需要我嗎？[146]

---

146 (俄)列昂尼德•姆列欽著，徐葵、張達楠等譯：《歷屆外交部長的命運》(北京：新華出版社，2005)，頁 725–726。

上述資料反映的還只是該療養院為蘇聯高幹服務的內容，外國共產黨高官也是巴爾維哈療養院的常客，他們在那兒享受的待遇更高。短期在蘇聯訪問的各社會主義國家領導人，作為「最尊貴的客人」，如果身有小恙，更是會得到的精心的照顧。1956年，閻明復作為中央辦公廳的俄文翻譯陪同國務院副總理李富春訪問蘇聯，李富春的雙手的手臂和手腕上上生了一些小紅疙瘩，這在一般人可能不算什麼，但在領導幹部那裏就是一件大事，此事馬上由閻明復報告給蘇方，引起蘇方高度重視：

> 請來克里姆林宮醫院的皮科專家給富春同志看病，又陪他去醫院診斷。經專家診斷，說是濕疹……醫院每天派護士給富春治療，後來，阿爾希波夫建議富春同志到莫斯科郊外的別墅去休養一段，富春同志同意了。這樣，我和富春同志的秘書陪同他搬到了郊區的別墅。
>
> 別墅坐落在一片茂密的白樺林中，是一座古典式的洋房，聽說斯大林曾經在這裏住過。別墅周圍的森林望不到邊，林間小道筆直，兩旁花紅草綠，空氣新鮮，環境寂靜，適於療養。管理局派來的廚師長會做中餐，清淡可口，富春同志很滿意。克里姆林宮醫院繼續派醫生、護士每天到別墅來給富春同志檢查、換藥。蘇聯政府還派來衛士長，他們忠於職守，認真負責，對富春同志照顧無微不至。每過一兩天，代表團同志就來向富春同志彙報工作。在這裏，富春同志生活很有規律，病也就慢慢痊癒了。

李富春此次蘇聯之行還受中央委託，前往巴爾維哈療養院看望在那兒療養的王明，向他轉達中央要他回國參加中共八大的口信，王明夫婦就住的是一棟樓房，李富春的夫人蔡暢當時也住在巴爾維哈療養院。[147]

50年代中期後，高幹保健制度已完全建立了起來，中央一級領導人和高幹，有中央保健局和北京醫院負責他們的醫療和保健，北京醫院集中了一批最優秀的專家，配備了從國外進口的最先進的醫療設備，不為老百姓看病而專為省部級主要領導，民主黨派領導人和外國在華高級人員看病，因而被毛批評為「貴族老爺醫院」，[148] 而省一級的領導和省級高幹，則由所在省的衛生廳的保健辦公室和該省最好的醫院負責。省部級高幹享有優越的醫療隊條件，一旦生病，有著名醫生會診，還可以享用國家用寶貴外匯從香港進口的外國藥。為了保健身體，可以按級別，一般在省委常委以上，定期在高幹門診部打進口的保健針。國家在青島，北戴河，無錫，杭州，從化等名勝地建立或擴建了幹部療養院，供高幹及其家屬、子女享用。

在意識形態長期，全方位的宣傳下，享受到高幹保健制度的領導幹部受到社會的廣泛尊敬，人們並不知道他們已得到國家的精心的照顧，相反青年人普遍認識到，老幹部、老紅軍的健康就是人民之福和國家之福。1961年廣西軍區動員青年軍人為老紅軍獻骨髓，這個經驗還被其他一些軍隊單位加以仿效，某些獻了骨髓再退伍回鄉的退伍兵在文革期間互相串通，拉起隊伍回到原單位，要求彌補他們的身體損失。

高幹保健制度是中共在建國後的基本制度之一，衛生部

147　閻明復：〈我隨李富春訪問蘇聯〉，《炎黃春秋》2005年第4期。

148　毛澤東：〈與醫務人員的談話〉(1965年7月19日)，《文庫》2006版。

的幾個副部長史書翰、黃樹則、崔義田都管保健問題，黃樹則長期分管，管的更多，儘管在文革初期一時失控曾被群眾批判，但很快就被制止，維護此制度主要是為了領導者自身的利益，對老幹部在生活和醫療等問題上的特殊化和特權現象的批判，極易引火焚身，因為倒台的和不倒台的高幹都是或曾是這一制度的受惠者，同時維護此制度也是一種激勵和凝聚幹部的重要手段。及至今日，該制度運轉正常且更加細密，如各大醫院皆有幹部病區，再分「地師級」，「省軍級」，「兵團級」病房。在幹部生病治療的問題上，又區隔出不同的檔次，在用藥，醫護，個人承擔費用多少等方面拉開距離，正部級和正部級以上就完全享受免費治療和看病的待遇了。所以，為了激勵幹部的忠城，特劃出「享受部長級醫療待遇」的人選，即本人並非「正部長級」，但在醫療方面比照「正部級」，[149] 如此等等，不一而足。

149 從一篇報導看「正部級醫療待遇」: 陳用文同志逝世 2007–12–03 19:08《人民日報》(2007–12–03 第 04 版)
新華社北京 11 月 2 日電 中華全國總工會書記處原書記、顧問陳用文同志(部長級醫療待遇)，因病於 2007 年 10 月 19 日在北京逝世，享年 89 歲。
陳用文(曾用名陳祖杭)，1918 年 4 月出生於南京，1937 年 8 月參加革命，1938 年 4 月加入中國共產黨。曾任晉察冀邊區總工會秘書長、中共中央統戰部研究員，中共中央政策研究室研究員。1949 年 3 月調入全國總工會工作，先後任全總政策研究室副主任、秘書處處長、辦公廳第二副主任。1950 年 3 月後任工人日報社總編輯、社長，全總第七屆執委會候補委員、第八屆執委會委員和主席團委員。1959 年 8 月被錯劃為右派。1959 年 3 月下放到寧夏。1979 年 9 月平反。1979 年 11 月任全總執委會常委，全總工運史研究室主任。1981 年 6 月任全總法律顧問委員會副主任委員。同年 10 月任全總書記處書記。1982 年 5 月任全總顧問(副部長級)。1984 年 12 月離職休養。陳用文是第二屆全國政協委員。

4. 與此相比，廣大農村缺醫少藥，幾億農民有病得不到治療，農民生小病不治，生大病、生重病「就等見閻王」。

國家對農村的醫療方針叫做採取依靠群眾路線，依靠群眾辦醫，實行農民自費看病的辦法，基本不對農村縣以下進行醫療衛生方面的投入。[150] 1958年大躍進運動開始以後，國家在縣設人民醫院，在公社一級將原先的聯合診所、農業社保健站和區衛生所合併成人民公社衛生院，由公社統一經營管理；一些地區還在大隊設保健室，生產隊配保健員、接生員和保育員。[151] 一些地方還借鑒根據地時期的衛生保健合作社和農業合作化時期個別地方的經驗實行了人民公社社員集體合作醫療，即每年由社員交納一定的保健費，公社、生產隊的公益金補助一部分，社員看病只交部分掛號費和藥費。[152] 這種社員集體合作醫療是1968年以後中國農村合作醫療的雛形。[153] 這些辦法的初衷都是好的，都是希望能在國家不給錢的情況下，為農民提供一些醫療服務，然而，它們都繞不開一個死結，這就是在城鄉二元體制下，農民是處在劣勢地位，他們根本享受不到城市居民的醫療條件和醫療服務。

---

150 錢信忠：〈我國衛生事業勝利發展回顧〉，《中國衛生年鑒》編輯委員會編：《中國衛生年鑒：1983》(北京：人民衛生出版社，1984)，頁16；黃樹則：《當代中國的衛生事業(上)》(北京：中國社會科學出版社，1986年)，頁5–6；王崇一：《當代中國的衛生事業》(下)(北京：中國社會科學出版社，1986年)，頁8。

151 浙江省衛生廳：《關於當前農村基層衛生組織體制調整及有關問題的意見》(1961年)，浙江省檔案館，卷號J165–11–18，引自方小平〈赤腳醫生與合作醫療制度——浙江省富陽縣個案研究〉，香港中文大學中國文化研究所主辦：《二十一世紀》網絡版，2007年3月號，(http://www.cuhk.edu.hk/ics/21c/supplem/essay/0306048g.htm)。

152 方小平〈赤腳醫生與合作醫療制度——浙江省富陽縣個案研究〉。

153 同注152。

城鄉二元體制的一個最大特點就是：國家的社會主義福利主要集中於城市居民，即使在1959–1961年大饑荒歲月中，國家也是全力保證城市居民的最低糧食供應，黨和國家雖然給了農村中的貧下中農很高的政治地位，卻不保障他們在大饑荒中的基本口糧，所以在大饑荒中餓死的都是農民。50年代後，國家在農村也做了一些重要的基礎性的衛生防疫工作，例如：國家對包括農民在內的全體民眾進行防預天花、傷寒、斑疹傷寒等烈性和急性傳染病的免疫免費疫苗接種，但是，廣大農民則完全享受不到國家給予城市多數人的那些社會主義福利，簡言之，農民看病要花自己的錢，而農民基本沒有錢，所以在廣大農村，農民生病只能向鄉村郎中求診，甚至求神拜佛，祈求平安。

1960年，《中共中央關於衛生工作的指示》進一步指出根據目前的情況，以實行人民公社社員集體保健醫療制度為宜，並強調只有極少數經濟富裕的人民公社堅持實行社辦公費醫療的辦法，仍可繼續實行，但不要忙於推廣。[154] 然而在大躍進運動中，一些地方實行合作醫療或免費醫療更多的是出於高漲的政治熱情，而沒有考慮到當時當地的經濟水平，也沒有一套完善的管理制度，因而隨着大躍進運動的失敗而停止實施。

在隨後的經濟調整中，縣、區級衛生院重新由國家投資；人民公社衛生院、生產大隊保健室，由集體經濟負責；同時削減生產大隊保健室和生產隊衛生人員，從人民公社衛生院中重新分出聯合診所，採取「看病收費、獨立核算，自負盈虧，民主管理」的原則，並以此作為農村衛生組織的主要形

154 《中共中央關於衛生工作的指示》(1960年3月18日)，《建國以來重要文獻選編》(北京：中央文獻出版社，1996)，第十三冊，頁93。

式，重新實行農民自費看病的辦法。[155] 農村合作醫療也不再繼續推廣和實施。

到了1965–1966文革前夕，農村的醫療情況發生若干重要變化，此時正值農村開展「四清運動」，各級衛生部門把派醫療隊下鄉納入「四清」，開始貫徹落實毛的指示。但是，短期的城市下鄉巡迴醫療隊不能從根本上改變農村缺醫少藥的狀況。周恩來還專門找過衛生部長錢信忠，研究部署派醫療隊下鄉的事宜。與此同時，軍隊系統也開始派出醫療隊下鄉，未幾，文革爆發，錢信忠等衛生部領導因「城市老爺衛生部」的問題，受到嚴重衝擊。

5. 文革爆發後，周恩來、李先念制止洩露「高幹保健」資料

為中央領導擔負保健工作的醫生，都是經過反復審查，被認為是在政治上完全可靠的，才得以在中南海工作，但還是不時受到政治風雨的襲擊。1964年1月，隨着中蘇關係惡化，毛提出應「注意我內部是否有蘇聯和蔣幫佈置的人」[156] 中南海保健辦公室內有幾個工作人員的丈夫都是留蘇的，她們都被通知把家搬出了中南海。[157] 甚至建國初毛的保健醫生王鶴濱在留蘇回國後，也沒有重回中南海而是被分配到了北京醫院工作，繼而又轉到二機部從事醫務工作，再被調到蘇州醫學院任副院長。[158]

---

155 浙江省衛生廳：《上級轉發外省關於農村公社醫療保健組織規定、基層衛生組織意見、醫院工作暫行條例的》(1961 年)，浙江省檔案館，卷號 J165–11–050，引自方小平〈赤腳醫生與合作醫療制度——浙江省富陽縣個案研究〉。

156 中共中央文獻研究室編：《建國以來毛澤東文稿》，第十一冊，頁 14。

157 王凡、東平：《紅牆醫生：我親歷的中南海往事》，頁 75。

158 同注 157，頁 49。

1966年上半年，文革即將爆發，國內局勢尤如「山雨欲來風滿樓」，衛生部派遣的各地醫療隊還以「四清」的名義在農村巡迴醫療，隨着「彭、羅、陸、楊反黨集團」的倒台，各地醫療隊陸續回本單位參加文化大革命。1966年下半年–1967年，文革處於高潮階段，農村醫療情況一切如舊，此時報刊廣泛宣傳「針刺麻醉」，稱其為「毛思想的偉大勝利」。1967–1968年，在衛生領域主要進行的是「批判劉少奇，錢信忠的修正主義衛生路線」，「醫療為政治服務」，具體就是在病人看病前首先訊問病人的階級出身和政治面貌，不給批鬥對象和「牛鬼蛇神」及時的治療。

文革剛起步的1966年5月，原分管衛生工作的政治局候補委員、書記處書記、國務院副總理陸定一倒台，隨即由剛從廣州調往北京的中央書記處常務書記陶鑄兼管衛生工作，一直持續到該年的12月。

在陶鑄兼管衛生工作的這大半年間，他一方面支持批判已倒台的陸定一；另一方面又對「衛生革命」做了限制，「保」了錢信忠等。他說：對專家提出可批判，但大字報要內外有別，不要讓病人看到，其意也是盡量維護醫院的秩序。[159] 1967年1月，陶鑄倒台，其後，一直到1968年，由副總理李先念兼管衛生。

文革之初，原衛生部的幾位主要領導受到嚴重衝擊。衛生部部長錢信忠早年在上海同濟大學附屬寶隆醫院學醫，在參加紅軍前曾在國民黨李默庵部任過師衛生隊隊長，1932年在李部圍剿鄂豫皖蘇區時投共，隨紅十五軍長征到陝北。抗戰

---

159 〈陶鑄在衛生部錢信忠等彙報時的插話〉(1966年6月14日)，《文庫》2006版。

後，錢信忠成為鄧小平部下，建國時任西南軍區衛生部長，1951–1955年被派往蘇聯留學學外科，後接國內命令轉學「保健組織」。[160] 回國後，擔任衛生部黨組書記兼副部長，1965年任衛生部部長。文革初，錢信忠被批的內容主要集中在他的所謂「歷史問題」以及和鄧小平的關係上，造反派向周恩來揭發，錢說：「黨中央就只有鄧小平沒犯過錯誤」，「聽鄧小平的報告跟吃冰棒一樣痛快」。攻擊江青同志是「第二主席」。[161]

衛生部幾個副部長黃樹則、史書翰、崔義田都是管中央領導保健工作的，黃樹則在建國初就是北京醫院院長，中央保健局副局長。史書翰30年代初在山西太原醫專讀書，1935年留學日本。1937東京帝國大學醫學部研究生畢業，同年回國，參加八路軍，曾任延安中國醫科大學副校長。在60年代初擔任中央保健局局長，他們在文革初期都受到嚴重的衝擊，第一個犧牲者就是史書翰。

1966年初，嚴慰冰匿名信事件發生，中央曾組織專家對嚴慰冰進行會診，確認嚴患有精神病症，原中南海保健辦公室醫生力伯畏根據會診記錄執筆寫了給中央的報告，但史書翰都不滿意，最後力伯畏寫了四次才過關。儘管史書翰努力跟上文革，但高層政治詭秘莫測，1966年8月17日，史書翰自殺身亡，終年57歲。北京醫院院長計蘇華原是上海醫學院學生，1938年秘密入黨，1947年遵周恩來之命，赴美留學專攻胸外科，1952年學成歸國，旋被周恩來安排擔任北京醫

160 參見涂通今：〈50年代初赴蘇學醫〉，載中共中央黨史研究室、中央檔案館編：《中共黨史資料》(北京：中共黨史出版社，1997)，第63輯，頁74。

161 〈周恩來在接見衛生系統造反派組織代表時的談話〉(1967年5月28日)，《文庫》2006版。

院副院長、中央保健局副局長，計蘇華為中央領導服務盡心盡力，是中國老年醫學的開創者，文革中先被批鬥，後被流放，終被逼瘋，1970年回北京時耳朵已掉了一隻。

1967年初，隨着衛生革命深入，開始批判「高幹保健制度」，原計劃在3月10日召開全市範圍的揭批保健工作修正主義路線大會，但立即受到李先念的阻攔，被斥責為「醜化黨」：

> 「特別是在這幾天，借揭保健工作之名來醜化我們的黨」，「不是保健制度不能揭，不能批評，不好的應該批評，我們批評過。而現在是從中央負責同志生活上搜集資料，借揭保健之名，醜化黨，使保健人員受到壓抑。」
>
> 揭保健工作的搞法，這樣的會議必須制止，這對文化革命運動，對批資產階級反動路線，對破四舊立四新，對黨內走資本主義道路當權派，對鬥批改，沒好處。揭的材料可能歪曲、誇大，可能不是鬥。

李先念抓住林彪健康資料被洩露一事，把造反派批判保健制度上綱上線到「醜化黨」：

> 特別點了林彪同志，這是不能容忍的。點林彪同志健康的作法，他是我們的副帥，是毛主席的親密戰友，不能容忍。
>
> 點了劉少奇、朱德、鄧小平、賀龍，對於批判他們資產階級反動路線沒有好處。徹底批判資產階級反動路線，徹底把他們搞臭，徹底把那些黑幫搞臭，主要從政治上，而這些問題不宜講。
>
> 劉少奇、鄧小平、賀龍，老實說，我不是和他們有任何個

人的感情，應該和他們的資產階級反動路線劃清界限。但這些不能觸及靈魂。這件事情我看矛頭不對，不是批資產階級反動路線，不是反對黨內走資本主義道路的當權派，不是抓革命促生產。這我總感覺有點不痛快。他們這樣搞法與群醜圖有什麼區別。這個群醜圖受到中央文革的批評。江青同志、伯達同志老早就批評了，嚴格的制止了。這不是醜化黨、醜化自己嗎？[162]

李先念的上述看法不僅代表他個人，更是代表了還在位的一些領導人的看法，他得到了周恩來的明確支持。

據一份口述訪問資料說，1966年6月6日，周恩來專門找50年代就做他的老護士鄭淑芸談話，「一開始就說到了檔案的保護問題」，他要求鄭淑芸「不該做的事一定不要去做，不管受多大的委曲，都要堅守崗位，哪怕是犧牲了自己」。周恩來直接點題：「運動一開始，就有人偷保健對象的病歷，然後關起門來傳抄，緊接着就對中央，軍隊的主要領導搞非法調查」。周恩來還說：「就這個事我請先念同志去制止，不准再繼續開這種會，可造成了很壞的影響，傳到了香港、澳門、日本等地，有些人對此做了大量的文章。」[163]

可以肯定的是，上述周恩來談話的時間不是1966年6月6日，而是在1967年初，即衛生部「革命群眾」準備召開揭批「老爺衛生部」和保健工作中的修正主義大會之後。

稍有當代史知識的都知道，1966年6月初，是劉、鄧領

---

162 〈李先念接見衛生部機關各群眾組織代表時的講話〉(1967年3月10日)，《文庫》2006版。

163 王凡、東平：《紅牆醫生：我親歷的中南海往事》，頁78–79。

導中央一線的時期，從中央到地方，黨委的權威至高無上，除了少數高校，整個社會秩序都很完好，那時還沒有「造反派」這一名詞，更不可能有任何個人去搶中央領導人的醫療檔案。所謂「搶檔案」只能發生在1967年初各地黨委垮台之時。正是在這個時期，北京醫院發生了搶奪保健局副局長、北京醫院院長計蘇華的工作記錄本，到長期負責中央保健工作的衛生部副部長黃樹則家裏抄家，打算搶走中央保健工作的機密記錄的事。未幾，各地和中央許多單位就實行了軍管，1967年3月24日，由國務院和中央軍委發佈命令，宣佈對北京醫院實行軍管，徹底杜絕了領導人保健資料外泄的可能。在此前後，中央也一再明令保護各地檔案，這種情況就很少見了。

1967年3月24日，周在接見衛生部群眾組織時說：

> 先念同志講了，我們並不是說保健工作不能批評，保健制度是可以批評的，我們也批評過。也有很多改進，的確如此，主席兩次批評。交給楊尚昆辦的他不辦，64年我直接找崔義田、黃樹則才改革了。廢除了很多，一致要求徹底改革，我們還會為老爺式的保健制度辯護？北京醫院說我很少錢的藥也自己付錢，不要宣傳，我的工資比人高，可以付款，我不許宣佈，那種提法並不好，應該享受的還是應該享受。[164]

周恩來對已經揭幕的文革的全部複雜性有充分的認識，他

164 〈周恩來接見衛生部領導和群眾組織代表時的講話〉(1967 年 3 月 24 日)，《文庫》2006 版。

為了防止中央領導人保健資料外泄，苦具匠心，甚至還採取了特別措施：將一些長期為中央領導服務，「掌握比較多細節情況」的保健醫生，如力伯威、何惠德，用寫材料的名義將她們「隔離」了一段時間，連上廁所都有人跟隨，防止她們和外界接觸。[165]

對造反派，周恩來則苦口婆心，但他並沒有完全説服造反派，他們拿毛的指示作令箭，來為自己搶奪中央保健材料作辯護，下面這份周恩來和衛生部造反派談話的資料就很生動地反映了當年圍繞這個問題而產生的激烈爭論：

> 造反派：召開揭發保健工作的問題是因為主席批評過北京醫院，我們當時開會的目的主要是想揭開保健工作中修正主義的蓋子，可是先念總理在3月10日講話中説這是借揭保健工作之名，來醜化我們黨，這樣就給我們造反派帶來了很大的壓力，運動出現了新的反復，有的造反派組織幾乎垮了。[166]
>
> 總理：……，你們説先念同志批評錯了，我看批評得不夠，那個百醜圖有壞人有好人，這麼做，對黨不利，生活問題説得還有完？[167]
>
> 造反派王樹岐：這樣提不對，從大家的主導思想來説，還是批判崔義田、黃樹則的錯誤，十四個造反派絕不是有意醜化黨。

---

165 王凡、東平：《紅牆醫生：我親歷的中南海往事》，頁79。

166 〈周恩來接見衛生部領導和群眾組織代表時的講話〉(1967年3月24日)，《文庫》2006版。

167 同注166。

總理：他(指黃)管保健的，有些東西不能看，他抱在懷裏被搶走了。這個行為完全違反中央的決定，很多機密，這裏不能宣佈。還有國際的影響。[168]

周恩來的強力干預制止住了造反派，他們說，「總理的批評和指示，是對我們造反派的關懷，對我們教育是很大的」，[169]對曾召開的揭批保健工作的會議做了檢查，於是對「高幹保健制度」的批判就被完全制止，以後此類批判就絕跡了。

6. 周恩來對「修正主義衛生路線」的批評

周恩來制止洩露「高幹保健制度」的資料，主要是類似的「百醜圖」已受到毛的嚴厲批評並被立即制止，同時也是為了維護黨和老幹部的整體利益。然而周恩來完全清楚毛澤東對「城市老爺衛生部」的批判，也知道是毛在1964年後下令撤銷中央保健局和中南海保健室，所以周恩來只是制止高幹保健資料的外泄，並沒有完全不准批評「高幹保健制度」，他接過衛生革命的旗幟，對批判「劉、鄧及其在衛生部的代理人」表示支持。

周恩來說，在衛生工作方面，「主要矛盾是批劉、鄧和砸爛城市老爺衛生部」。

他解釋道：「因為劉、鄧通過彭真、陸定一直接伸向衛生部。鄧小平通過錢信忠貫下來的。第二是打垮老爺衛生

168 同注166。

169 〈周恩來接見衛生部領導和群眾組織代表時的講話〉(1967年3月24日)，《文庫》2006版。

部。錢、崔、黃、賀、張、郭(史書翰已死了)這一夥走資本主義道路當權派，打垮！批深！批透！」[170] 可是具體又怎麼操作呢？周把「老爺衛生部」的概念界定為「老爺作風」，周說：「甚至縣衛生局，公社衛生所都有」。[171]

然而，在文革初期的形勢下，「幹部特殊化」已和修正主義掛上了鈎，是怎麼也繞不過去的，周恩來同意批評這種現象，但對這種批評做了強有力的引導，盡量減緩對老幹部的衝擊。

周恩來首先從自己做起，他提到他看病的一些用費就是堅持自費的，因為他的工資高，完全可以自負藥費來減輕國家的負擔。

周恩來順着文革對劉鄧路線的批判，更重要的是順着毛的態度，對「幹部保健」給予一定的批評，也批評曾享受「保健」的個別已倒台的高幹，他說：「聽報告、醫療都不同。」[172]

他點名批評了薄一波等人的「特殊化」，他說：

> [領導幹部]門診、開刀可以提前，會診找好大夫，藥品可以比別人多拿。要遇到薄一波還不是一毛不拔。他是二級幹部，還要補貼，說他兒子多，真是怪事！我們早就說該取消了。楊尚昆還是要給他。山西商人，這不是我說的，是五三年批判他的時候先念同志說的。[173]

---

170 〈周恩來在接見衛生系統造反派組織代表時的談話〉(1967 年 5 月 28 日)，《文庫》2006 版。

171 〈周恩來接見衛生部無產階級革命派聯合總部勤務組時的講話〉(1967 年 9 月 24 日)，《文庫》2006 版。

172 〈周恩來李先念接見全國衛生工作會議代表的講話〉(1968 年 1 月 3 日)，《文庫》2006 版。

173 同注 172。

官大一點開(病)假條子就容易，其實沒有什麼病也要休假，一開就是半年、一年，也不扣工資。工人半年就要扣工資，他們十年也不扣，這次文化大革命他也不病了……還有十一級、十三級、十七級，這是大城市，到縣裏就擴大了。從延安就有點影響，建國以來就搞這個級別，動都動不得，聽報告還分級別，根據工作職務和需要嘛！為什麼要搞級別，工作需要就可以聽嘛！有人生病在床上動也動不得，你給他票有什麼用呢？空着個位子。[174]

周恩來也批評了對民主人士的「保健」。建國後，一些民主人士被安排擔任了人大常委會副委員長、政協副主席和國務院的部長，因而他們也享受相應的醫療待續。1968年1月，周恩來一時口不擇言，一反平時一貫的溫柔敦厚的態度，嚴厲批評起衛生部門長期照顧「活死人」馬敍倫：

民主人士馬敍倫是活死人，躺在家裏有什麼用，我主張照他個電影，過去怕驚動他死了，不要怕驚動他嘛！作個活的研究標本，這種人活着有什麼意思，生不如死，每月還拿工資，還吃大米，有個護士看着他，投這個資有什麼結果？當然我不是經濟主義，他為人民服什麼務？要人民為他服務。除非對世界有影響的，國際威信很高的，活着就需要。馬敍倫的醫療，是衛生部管的嗎？每月醫藥費多少錢？請你(對衛生部一同志)研究一下，給我個材料，我要研究一下這個活死人有什麼用處。他現在還是政協副主席，還拿工

174　同注 172。

資。(先念副總理：話也不能講。)我是隨便說的。[175]

德田球一也是半身不遂死的，他在日共很有威信，坐過牢，不像××、××那樣自首叛變，日本叫「轉向」。如果能把德田球一治好，儘管不能說話，他活着對日共就有影響，照了相，拍了電影，日共黨員到中國，還去看他，起很大鼓舞作用，這就有政治價值。馬敘倫有什麼政治價值？是個民主人士，過去歷史上也未幹過什麼好事，事情要分析嘛！[176]

在文革中，一些過去為中央領導看過病的名醫也受到衝擊，山東名醫劉惠民在1957年夏青島會議期間曾為毛治好了重感冒，得到毛的信任，毛在去蘇聯參加十月革命四十周年大慶時還把他帶上，以後劉惠民還擔任了山東省衛生廳副廳長。山東衛生界造反派當着周恩來的面向他反映劉惠民為彭真開一個方子，用了10個活鹿心，花了15萬元，周恩來批評道：

山東有個劉惠民。他是故意給彭真這樣開的，顯得他有本事。[177]

但總的說來，周恩來對知識分子的批評還是有分寸的，他說：

175 〈周恩來李先念接見全國衛生工作會議代表的講話〉(1968年1月3日)，《文庫》2006版。

176 同注175。

177 同注175。

> 資產階級分子只要承認兩點，一要承認黨的領導，願意為社會主義服務，就留在本單位，要教育他。[178]

衛生革命不完全是「破」，也要「立」，那麼應該「立」什麼呢？周恩來號召，不僅要學習毛主席的衛生革命的思想，甚至還應學習毛的一些衛生習慣，他說毛主席不用肥皂，他就跟毛主席學，也不常用肥皂。周恩來還說，牙膏也是一樣，不一定要用：

> 我國衛生工作既不能學資本主義，也不能學修正主義，要走我們自己的道路，真正馬克思主義的。讓衛生成為人人的常識，成為人民的習慣。肥皂最好不用，肥皂並不好。你們年青人不懂，主席就不用肥皂，我是從主席那裏學來的。我就不常用，不是必需品，牙膏也是一樣不一定用[二十多年後，李志綏的書出版，人們才知道毛是不用牙膏的——引者注]，農民也不用牙膏，不一定壞牙多，壞牙的城市的人多，很多是退化。打破衛生的許多迷信，你們好好討論一下，把老爺部打破。[179]

當然，貫徹毛的衛生革命，最重要的還是應派大批醫護人員下鄉，為廣大農民服務。在周恩來的指導下，儘管在文革高潮中，也安排醫護人員定期下鄉，1967年下半年，北京醫療系統兩次，每次在兩派中派出600多人，下鄉兩個月。周

---

178 同注 175。

179 〈周恩來李先念接見衛生系統有關代表的講話〉(1967 年 12 月 10 日)，《文庫》2006 版。

恩來還提出，先定期安排城市醫院醫生、高中級醫學院校畢業生下鄉，每期至少一年，以後逐步安家落戶，每期留下(農村)百分之五十，差不多。三年內徹底實現毛主席偉大戰略計劃。周恩來順着毛的話説，以後城市只留畢業一、二年的醫生，本事不大的醫生，其餘的都到農村去。然而，做事謹慎的周恩來在這個問題上也做了保留，他說：城市也要有少量有本事的醫生，不然遇到急事也不行。年老體弱的，可留下來。身體不好，但醫道高明，在北京還有點作用，到農村去太老。不能是全部都是年輕的在城市醫院。主席的話，要理解精神。如果發表，這句話可能還要修改。周還強調，要生產普通藥品供應農村，改變過去生產貴重藥品多的現象。[180]

7. 1968年「赤腳醫生」出現

1968年9月，《紅旗》雜誌編輯部發表通訊，《從「赤腳醫生」的成長看醫學教育革命的方向——上海市的調查報告》，9月14日，《人民日報》轉載了《文匯報》的調查文章，題為《從「赤腳醫生」的成長看醫學教育革命的方向》。12月5日《人民日報》又發表了《深受貧下中農歡迎的合作醫療制度》的文章，介紹了湖北省長陽縣樂園公社實行合作醫療制度的做法。此後，赤腳醫生和合作醫療在文化大革命中作為社會主義新生事物在全國各地迅速推廣。

什麼是「赤腳醫生？」「就是農村中那些半農半醫的衛生員」，他們承擔在農村對農民進行醫療，預防，宣傳三項工作，具體基本做法和經驗是：由生產大隊給補貼，同時「赤腳醫生」還需用一半時間勞動。用什麼方法培養他們呢？一

180 同注175。

種是公社衛生院集訓。「文革前，有送去縣衛生學校培訓十個月。文革後，大多在公社衛生院培訓，時間較短」。「另一種是在實踐中加以培養」，就是小病大病都送給「赤腳醫生」治療，這樣他們每年都有許多診治機會，無形中，診治水平也提高了。

類似上海郊縣的赤腳醫生的經驗在全國各地都有，1968年後，作為中央肯定的農村衛生革命的模式更是得到全面的推廣。

然而，赤腳醫生和農村合作醫療制度有其先天不足，這就是資金短缺，國家很少投入的問題。合作醫療一般只能減免社員治療小病的費用，對於大病則無能為力，生產大隊的合作醫療站顯然不能滿足這些要求；同時，「各生產大隊還普遍存在着幹部和社員同樣交費，但是幹部優先享受轉診和用西藥的現象」，這大大挫傷了社員的積極性，因而在合作醫療被推行一、兩年以後，大隊就難以從社員那裏繼續籌集到合作醫療基金，從而影響了合作醫療的進一步實施。這些因素導致了赤腳醫生和合作醫療制度在實行了兩三年之後陸續停辦。

總的說來，自毛澤東「6.26指示」發佈後，開始派大批醫療隊下鄉為農民送醫送藥，在文革初期停頓一兩年後，1968年後繼續大量派出，對緩建農村缺醫少藥的情況有很大的幫助。「高幹保健制度」在文革初期受到嚴重衝擊，反映的是毛的民粹主義的價值追求，客觀上促成了社會上的平等化。赤腳醫生和農村合作醫療制度的推廣對農民有所助益，然而它只能依託人民公社制度而存在，在當時的城鄉二元體制下，這個「創新」不能真正解決農民看病難，看不起病的問題，只能說是聊勝於無。

六、「革命樣板戲」的產生及推廣

「革命樣板戲」在60–70年代風靡全國，這是運用國家意志塑造文藝作品，依靠國家權力強行推廣的一次大規模的「政治—文化」活動，文革期間八億中國人同唱「八個樣板戲」，其集中劃一的程度遠遠超過了斯大林時代的蘇聯，為中外歷史所罕見。「革命樣板戲」的推手是江青及在江青背後的毛。

1. 背景

1962年8月，毛澤東在北戴河會議上重提階級鬥爭，他說，不講階級鬥爭，就沒勁了。[181] 緊接着在北京召開的八屆十中全會，正式提出階級鬥爭是黨在過渡時期的基本路線，必須年年講，月月講，天天講，國內剛鬆緩的氣氛又開始收緊。出於多方面因素的考慮，毛決定放江青出山。1962年9月29日，毛攜江青接見印尼總統夫人，這是江青在建國後首次在社會公眾面前亮相，次日《人民日報》在第一版上方刊登照片，至此全國人民始知毛主席的夫人是江青。

毛放江青出山，表明他對一些人和事嚴重不滿，已迫切需要用自己的人——他的夫人為他做事，然而國人中的絕大多數對其妻江青並無認識，所以第一件事就是樹立她的威望，起碼要讓廣大百姓知道她是誰。1962年6–7月，文藝界總的「風向」還是「右」，文化部在7月發文，明令各地不准自行禁演電影，要求將1957年後各地自動禁演的電影重新開禁，如《幸福》、《前方來信》、《阿福尋寶記》、《探親記》、《秋翁遇仙記》、《傷疤的故事》、《情長誼深》、

181　薄：頁1132。

《尋愛記》、《生活的浪花》、《新局長到來之前》、《布穀鳥又叫了》、《上海姑娘》、《花好月圓》、《落水記》、《鳳凰之歌》、《複試》、《蘆笙戀歌》、《如此多情》、《不拘小節的人》、《懸崖》等二十部影片。[182]

北戴河會議和八屆十中全會後，大氣候已完全變化，「風向」已急劇左擺，即便這樣，9月8日，文化部還下文，將大躍進期間拍攝的一批電影封存，理由是：客觀形勢的變化，有些影片的內容與當前的政策精神不符(有些影片的內容存在着宣傳「五風」，如浮誇風、共產風以及缺乏實事求是的科學精神等錯誤傾向)，這些影片是：

- **北影**：柳湖新頌、春暖花開、十三陵水庫暢想曲。
- **上影**：你追我趕、海上紅旗、鋼花遍地開、臥龍湖、小康人家、躲燈、油船火焰、鋼城虎將、巨浪、熱浪奔騰、戰鬥的山村、鬥詩亭、鐵樹開花、聰明的人、向海洋、風流人物數今朝、三八河邊、大躍進中的小主人、新安江上、鋼人鐵馬、愛廠如家、六十年代第一春、夜走駱駝嶺、重要的一課。
- **長影**：新的一課、快馬加鞭、康莊大道、天下無難事、春雷、紅領巾的故事、春水長流、三勤花朵乘風開。
- **西影**：天山歌聲。
- **珠影**：一江兩岸大競賽、接班人。
- **上海美影**：打麻雀、趕英國、慶豐收、降龍記、革新迷、古博士的新發現、大躍進萬歲，小農藝家。[183]

182 《關於各地不得自動禁映影片的通知》(1962年7月12日)，《文庫》2006版。

183 《文化部關於對違反當前政策精神的影片停止發行的通知》(1962年9月8日)，《文庫》2006版。

封存大躍進電影，開放1957年後各地主動禁演的電影，不會不引起密切關注文藝界動態的江青的注意，但是她卻一時無話可說，時值1962年9月，她不能去為那些鼓吹浮誇風的大躍進電影叫好，但這不妨礙她去批判另一些電影或戲劇。剛出山的江青，必須要有工作幹，她得另闢新徑，又要在老本行的圈子裏做文章，也就是以大批判開道，來樹立自己的形象。她找到了突破口，這就是進行「文藝革命」。

1949後，文藝界已大改革，1957年後，更是搭上了極左戰車，而在戲劇界，一批京劇名角被打成右派，只是在1961–62年，稍稍「右」了一點，上演了一些古裝戲，這實際上是大饑荒肆虐，領導層有意放鬆一下高壓的氣門，紓緩知識分子的情緒的某種讓步行動，卻被站在一邊，冷眼看着劉少奇為自己收拾大躍進爛攤子的毛抓住了。江青本來就是毛的「流動的哨兵」，[184] 只是原先她只能向毛個別彙報她的巡邏、觀察所得，現在她要直接向黨的部門發號施令了。

1962年八屆十中全會期間，江青約見中宣部、文化部四個正副部長，表達她的看法：舞台上、銀幕上帝王將相、才子佳人、牛鬼蛇神「氾濫成災」，但是「他們都不聽」[185]。江青又到中宣部召開會議，部長、副部長都到會捧場，她提出要幹什麼，部長陸定一「也很少頂她」[186]，但也沒有對她的話「聞風而至」。

幾個月後，1963年1月，柯慶施提出「大寫十三年」，

---

184 江青：《在軍委擴大會議上的講話》(又名《為人民立新功》)(1967年4月12日)，《文庫》2006版。

185 同注184。

186 陳清泉、宋廣渭：《陸定一傳》(北京：中共黨史出版社，1999)，頁465。

江青終於有了知音，1963年2月，她來到上海，此行的目的就是要進行「文藝革命」和建立「文藝革命試驗基地」[187]。不久，江青在上海《文匯報》主持了對「有鬼無害論的」批判。與此同時，江青看上了上海愛華滬劇團演出的滬劇《紅燈記》，提出要把此劇改為京劇，推向全國，[188] 此所謂「有破有立」。

毛知道黨的官僚系統不會買江青的賬，必須親自出馬幫助，毛的方法很簡單，就是通過發批示，為江青開道。1963年9月，毛發出批示：

> 戲劇要推陳出新，不應推陳出陳，光唱帝王將相、才子佳人和他們的丫頭、保鏢之類。[189]
>
> 文藝部門、戲曲、電影方面也要抓一下推陳出新的問題，舞台上盡是帝王將相、家丁、丫環。內容變了，形式也要變，如水袖等等。推陳出新，出什麼？封建主義？社會主義？舊形式要出新內容。按這個樣子，二十年後就沒有人看了。上層建築總要適應經濟基礎。[190]

毛的這兩份批示語氣還算溫和，只是一般地表示他的看法，還沒有針對具體部門和領導的「錯誤」，但是兩個月後的1963年11月，毛就具體化了，語氣尖銳的直接批評周揚領

187 陳丕顯：《陳丕顯回憶錄——在「一月風暴」的中心》(上海：上海人民出版社，2005)，頁 1–3。

188 同注 187，頁 11。

189 毛澤東：〈在中央工作會議上關於文藝工作的指示〉(1963 年 9 月)，《文庫》2006 版。

190 毛澤東：〈關於文藝要推陳出新〉，(1963 年 9 月 27 日)，《文庫》2006 版。

導的文藝界：《戲劇報》盡是牛鬼蛇神，聽說最近有些改進。文化方面特別是戲劇大量是封建落後的東西，社會主義的東西很少，在舞台上無非是帝王將相。文化部是管文化的，應當注意這方面的問題，為之檢查，認真改正。如不改變，就要改名帝王將相，才子佳人部，或者外國、死人部。如果改了，可以不改名字。把他們統統趕下去，不下去，不給他們發工資。[191]

1963年12月12日，毛再施壓力，就文藝問題發出重要批示，而且專門批給北京市的第一書記彭真和第二書記劉仁：

彭真、劉仁同志：

此件可一看，各種藝術形式——戲劇、曲藝、音樂、美術、舞蹈、電影、詩和文學等等，問題不少，人數很多，社會主義改造在許多部門中，至今收效甚微。許多部門至今還是「死人」統治着。不能低估電影、新詩、民歌、美術、小說的成績，但其中的問題也不少。至於戲劇等部門、問題就更大了。社會經濟基礎已經改變了，為這個基礎服務的上層建築之一的藝術部門，至今還是大問題。這需要從調查研究着手，認真地抓起來。

許多共產黨人熱心提倡封建主義和資本主義的藝術，卻不熱心提倡社會主義的藝術，豈非咄咄怪事。[192]

就在毛發出這份重要批示後的十多天後，1963年12月25日，華東地區話劇觀摩演出在上海舉行，柯慶施在報告中提

191 毛澤東：〈對戲劇界的批評〉(1963 年 11 月)，《文庫》2006 版。

192 中共中央文獻研究室編：《建國以來毛澤東文稿》，第十冊，頁 436–437。

出(建國後文藝界)「十五年成績寥寥」，[193] 一時語驚四座，實際上是他是在呼應毛在本月十二號對他送去的「關於上海舉行故事會活動和評彈改革」的材料上作的上述重要批示，只是當時的宣傳和文化部門的多數領導幹部都不知道柯慶施這番話的來歷，被他的這番言論嚇呆了。

劉少奇和彭真當然明白毛在說什麼，他們馬上開會，來回應毛的批評。

2. 劉、鄧、彭真緊跟毛澤東

毛此時雖然退居「二線」，但這個「二線」與「一線」的區別在哪兒，誰也說不清，毛主要用發批示的方式來發揮他的支配力。毛批給彭真的信不到一個月，中央就開會加以落實了。1964年1月3日，劉少奇主持會議，鄧小平、彭真參加，聽取周揚彙報，康生和江青也參加了這次會議。

周揚迅速跟上毛的調子，為了彌補前些年否定大躍進電影的過失，竟然前言不搭後語，又吹捧起大躍進電影。他說：

> 有一些電影反映的事情不一定那麼正確，但是那個電影還是很好的，比如寫(甘肅)引洮(工程)的《黃河飛渡》，事情不一定是這樣，但是這個電影看起來是很激動人心的。還有，那個時候跟群眾也比較結合。這兩點，在當時是很突出的，現在也是應該肯定的。大躍進時候的文學藝術，現在看起來，有一點缺點，就是當時的作品裏邊也反映了當時工作中間的一些缺點錯誤，比如幾天幾晚不睡覺，「共產」風，浮誇風，有些虛假的東西，那些也反映了。

193　陳丕顯：《陳丕顯回憶錄——在「一月風暴」的中心》，頁6。

> 當時是把錯誤的東西當作正確的了，比如搞跳舞來表示幹勁，把一本書丟到地下，書上寫「科學」兩個字，説科學害死人，這樣就不好了。當時這類的東西不少，有這個方面的缺點。但是，當時主要的方面是好的，有革命精神，而且。有些作品現在還是站得住的……現在倒是很需要寫這樣的作品，寫點大躍進裏面的革命精神。[194]

劉少奇在周揚發言後作總結發言，他大談毛的《新民主主義論》和《在延安文藝座談會上的講話》，卻是空話連篇，説來説去就是：新民主主義文化是反帝反封建，現在是社會主義時代了，因此，社會主義文化不僅要反帝、反封建，還要反資本主義。[195] 而他在周揚發言時的不斷插話，卻要比他的總結發言有內容多，其基調也是順着毛的調子在變，集中批判子虛烏有的資本主義，封建主義。

劉少奇和周揚一樣，借此機會捧「大躍進」，來彌補前幾年批評「大躍進」缺點過多的缺失：

> 現在我們的經濟已經全面好轉了，這個好轉，比我們的預料還要更好一些，因此，在經濟上以後會要更好一些，不久又會有一個大躍進來的。而這個大躍進不是過去那個大躍進，要避免那些缺點錯誤。[196]

---

194 〈中央首長在「文藝工作座談會」上的講話〉(1964 年 1 月 3 日)，載《文庫》2006 版。

195 同注 194。

196 同注 194。

劉少奇跟着毛、江青，用放大鏡在觀察戲劇中的「反黨」陰謀：

這些戲裏面，也有反社會主義的鬥爭形式，有隱蔽的反黨。我看過《李慧娘》這個戲的劇本，他是寫鬼，要鼓勵今天的人來反對賈似道那些人，賈似道是誰呢？就是共產黨。郭沫若同志以前不是寫過《信陵君》嗎？也是影射反蔣的吧？蔣介石也看不出來，他也不能禁止。這個《李慧娘》是有反黨的動機的，不只是一個演鬼戲的問題。田漢寫的那個《謝瑤環》，我在昆明看了那個戲，恐怕也是影射反對我們的。武三思的兒子瞎胡鬧、替武則天修別墅，也是影射的。[197]

更重要的，劉少奇順着毛的調門，談起文藝界的「反黨」，他說：

現在用戲劇、詩歌、圖畫、小說來反黨的相當不少。[198]

劉少奇順着「大寫十三年」的調子說：

《紅岩》是描寫解放戰爭的。寫新民主主義時候的革命鬥爭故事多，而描寫解放以後的社會主義改造、三反五反、合作化運動跟反右派的少。描寫大躍進的有一點，後來把它搞掉了。描寫社會主義革命、社會主義改造、社會主義建設的東

197 同注 194。
198 同注 194。

西太少。《朝陽溝》，《李雙雙》是社會主義的。[199]

劉少奇還順着毛，來批評共產黨幹部為什麼如此熱衷京劇：

聽說我們各級幹部喜歡看京戲，喜歡看帝王將相那些東西。京戲為什麼這樣多呢？北方幹部到南方去，要搞個京劇團。本來廣東、湖南、南京那些地方是沒有京劇團的。就是因為領導上面他喜歡這些東西，正如毛主席講的，有些共產黨員不熱心提倡社會主義的藝術，而是喜好封建主義跟資本主義的東西，領導幹部一提倡，一喜歡，甚至用挖牆腳的辦法，高薪的辦法，這些東西就多起來了。[200]

劉少奇批了中國的古人，也跟着毛，大批所謂外國的「死人」：

演歷史戲跟外國戲，就是演外國人和「死人」，比如演什麼《茶花女》，演十八、九世紀的資產階級的東西。[201]

但是，劉少奇對外國文藝畢竟不似毛那樣絕對化，他說：

不過十八、十九世紀的文學在資本主義的歷史上曾經起過一段進步的作用。其中有些藝術標準是可以吸收的。[202]

---

199 同注 194。
200 同注 194。
201 同注 194。
202 同注 194。

但劉少奇又說：

讚揚封建主義的，資本主義的，說過去的那些東西有高度的水平，而公開鄙視社會主義的東西，共產主義的東西，說社會主義的東西粗糙，文化低。這也是一個很直接的鬥爭。[203]

劉少奇很快對十八、十九世紀的文藝進行批判，他說：

俄國十八、十九世紀的文藝當時起過進步作用，但現在就起反動作用，他們宣揚資本主義的東西，那些小說起了不與工農兵結合的作用，美化資本主義。[204]

劉少奇自問自答道：

十八、十九世紀的小說到底起什麼作用？群眾看了十八、十九世紀的小說，那個消極作用比正面作用大得多，它不是促進工農兵團結，而是促進資本主義思想的發展。十八、十九世紀的那些理想，資產階級也沒有做到，而且永遠不可能做到。[205]

劉少奇表示支持現代戲，他甚至批評斯大林在文化方面搞封建主義和資本主義：

203 同注 194。
204 同注 194。
205 同注 194。

也可以用外國的芭蕾舞演中國的故事嘛，只能演《天鵝湖》呀？日本人就用芭蕾舞演了《白毛女》，中國用芭蕾舞演《朝陽溝》好不好？蘇聯在斯大林時代也搞了一點社會主義的戲，如《帶槍的人》，還有一些，不過斯大林那個時期也搞那些封建的、資本主義的東西。還有《彼得大帝》那些東西。蘇聯搞了這麼多年，我看社會主義的東西也少。斯大林講了文化是民族的形式，社會主義的內容，實際上他們社會主義的東西不多：民族形式，也就是《彼得大帝》、《天鵝湖》之類。

要使現代戲佔優勢，要把歷史戲、外國戲擠到第二位去，而這個現代戲要是社會主義的現代戲。過去新民主主義時代，反帝反封建，土地改革，抗日，那些戲沒有什麼消極作用，而是有積極作用的，有些沒有寫出來的也可以寫，已經寫出來的也可以演，也可以唱。但是，現在要搞社會主義現代戲，要提出這個任務。[206]

劉少奇發揮了他的「理論家」的特點，他提出了一個區別「批評與暴露」的問題：

大躍進碰了釘子，後來改正就好了。人民中間的缺點錯誤，黨內的缺點錯誤，我們從來都是不禁止批評的，可以批評，而且提倡批評，提倡自我批評，自我教育，但是，不是暴露的問題，而是為了改進，為了教育群眾，不是跟暴露敵人一樣來暴露人民群眾。

暴露就是為了打倒，你打倒人民群眾，打倒工農兵，那怎

206 同注 194。

麼行？但是，他有缺點錯誤，而且有相當大的缺點錯誤，應該總結他們的經驗教訓，來教育人民。

至於怎麼總結、吸取教訓，他是一句沒有。[207]

劉少奇居然說，胡風是「粗暴」，[208]卻不提供胡風如何「粗暴」的事實證據。

由於毛的信是寫給彭真和劉仁的，彭真面臨的壓力最大，用他的話說：

主席這個信是寫給我和劉仁同志的。主席為什麼寫這個信？他就是覺得北京這個文藝隊伍是相當的鴉鴉烏。[209]

彭真也是先順着毛，七扯八拉：

在文藝這個戰線上，我們的革命搞得比較差，可以說比較落後，也可以說最落後的，在經濟方面，我們建國的時候就接收了官僚資本，跟着以後農業合作化，手工業合作化，資本主義公私合營，什麼叫公私合營？就是要他投降，把管理權交給我們，給你點利息，我們現在是全民所有制和集體所有制，咱們這個社會主義革命，很清楚，是很徹底的，咱們的解放軍，也有程潛、陳明仁的軍隊，也有傅作義的軍隊，也有張治中、陶峙岳的軍隊，現在還有他們的殘餘沒有？資產階級軍隊和封建軍隊沒有了。咱

207 同注 194。

208 同注 194。

209 同注 194。

們的國家機器，不是說沒有那些的官僚主義，那些影響有，但是舊的國家機器被粉碎了，咱們現在是無產階級專政的國家機器。在政治上，咱們反對修正主義，反對右派，還有反對單幹，各種各樣政治的鬥爭，搞得是很不錯的，當然，我們的革命任務還多，都還要繼續做。但是，文藝這個戰線的革命，老實講，是比較落後的。主席的信也講了，我們在文藝方面確實有很大的成績，不可忽視，但是，還有這樣多的封建主義的東西，特別是還有這樣多的資本主義的東西，而我們居然跟它和平共處，不跟它鬥爭，有時它還鬥爭我們，整我們整得滿兇，我們一個新東西一出來，他就乒乒乓乓地整我們，這樣不行，那樣不行，那個小苗苗一傢伙就完了。[210]

彭真虛構了這種並不存在的「鬥爭」，和劉少奇一樣，也沒提供任何事實。

接着，彭真為自己推托責任，同時也為自己「評功擺好」：

文藝戰線上的革命所以落後，首先是我們領導方面有責任。拿我來講，北京的日常工作是劉仁、萬里他們抓，會議我也不參加，但是大問題我還是抓了的，你單幹就不行，包產到户就不行，在北京搞自由市場就不行。但是老實講，在整個文藝上我沒有注意。在文藝方面，我也是一個看戲的，我很少抓文藝，也不審查戲，看戲還得上台說好話。[211]

210 同注194。

211 同注194。

和劉少奇相比，彭真還比較有擔當，他在發言中說：

> 反黨的少，真正認識清楚的也少，前幾天在這裏講過，過去的作品要區別對待，是認識問題，改了就完了，反黨的是另一回事。[212]

當劉少奇指責鄧拓倒賣字畫時，彭真馬上插話予以澄清：已經調查清楚了，鄧拓同志他不是投機倒把。[213]

鄧小平的發言中規中矩，先說主席批示很及時，再說他同意少奇同志和周揚的發言，他要說的可以說有三句話：第一句話，統一認識；第二句話，擬定規劃；第三句話，組織隊伍。[214]

至於陸定一，1962年就激烈反對周恩來提出的「勞動人民知識分子」的概念，堅持「資產階級知識分子」的定義，到了1964年底，陸定一更直截了當地說「文化部全爛掉了，整個單位是資產階級和封建階級的聯合專政」。[215] 毛對這個時期的陸定一是滿意的，他說：看來還是陸定一比較瞭解知識分子問題。[216] 所以，江青的行動不會遇到中宣部的任何阻攔，她與中宣部發生矛盾更多的不是思想分歧，而是她的蠻不講理和飛揚跋扈。

---

212 同注 194。

213 同注 194。

214 同注 194。

215 逄先知、金沖及主編：《毛澤東傳(1949–1976)》，下冊(北京：中央文獻出版社，2003)，頁 1373。

216 龔育之：〈我所知道的陸定一〉，載龔育之：《龔育之回憶：「閻王殿」舊事》(南昌：江西出版集團、江西人民出版社，2008)，頁 298。

3. 毛大力支持江青

退居二線的毛威力巨大，中央一線對他的話是亦步亦趨，堅決照辦，在毛的支持下，1964年，江青在北京和上海分別開始了她的革命文藝實驗。北京的第一把手是彭真，毛批信給彭真，其用意非常明顯，就是要他支持江青。彭真對毛的批示是重視的，也知道毛要他支持江青，彭真經常去北京京劇團關心現代戲排演，還讓市委常委，市委宣傳部長李琪負責和江青聯繫，起初，江青很不高興，認為應由一名市委書記和她聯繫，派李琪當聯絡人是怠慢她。以後，江青對李琪的工作表示滿意，還帶着他去見了毛。[217]

1964年3月15日，江青隨同毛來到上海，住了兩個月，這期間她提出要搞現代戲，她向柯慶施提出要一個助手，柯把分管文教工作的市委書記處候補書記張春橋推薦給江青，[218] 張春橋放棄一切手上的工作，全身心撲在樣板戲上，得到江青的賞識，此為江青、張春橋政治上合作的開始。

但是劉少奇、彭真積極落實、擁護毛的批示並不意味着他們就願意大捧江青，為她抬轎子，這在專橫跋扈的江青看來，就是對她不支持了。與劉少奇、彭真等的三心二意形成鮮明對照的是，毛「舉賢不避親」，他就是要全力支持江青，他對江青的支持分為兩種：一是嚴詞批判中宣部，二是以出席觀看「樣板戲」來表達他對江青的支持。

1964年6月5日至7月31日，全國京劇現代戲觀摩演出大會

---

217 李莉(李琪之妻)：〈京劇改革中的鬥爭〉，載李海文主編：《彭真市長》(太原：中共黨史出版社、山西人民出版社，2003)，頁 124。

218 上海「文革」史料整理編撰小組：《上海「文化大革命」史話》(送審稿)(一)(上海：1992)，頁 12。

在北京舉行，這次觀摩演出有十九個省市、自治區的二十多個劇團參加，6月23日，周恩來主持召開各代表團座談會，7月，江青終於有機會登場了，她在這次座談會上發表了著名的《談京劇革命》的談話，她說：

我在這裏提兩個數字供大家參考。這兩個數字對我來説是驚心動魄的。第一個數字是：全國的劇團，根據不精確的統計，是三千個(不包括業餘劇團，更不算黑劇團)，其中有九十個左右是職業話劇團，八十多個是文工團，其餘兩千八百多個是戲曲劇團。在戲曲舞台上，都是帝王將相，才子佳人，還有牛鬼蛇神。那九十幾個話劇團，也不一定都是表現工農兵的，也是「一大、二洋、三古」，可以説話劇舞台也被中外古人佔據了。劇場本是教育人民的場所，如今舞台上都是帝王將相、才子佳人，是封建主義的一套，是資產階級的一套。這種情況，不能保護我們的經濟基礎，而會對我們的經濟基礎起破壞作用。第二個數字是：我們全國工農兵有六億幾千萬，另外一小撮人是地、富、反、壞、右和資產階級分子。是為這一小撮人服務，還是為六億幾千萬人服務呢？這問題不僅是共產黨員要考慮，而且凡有愛國主義思想的文藝工作者都要考慮。

江青模仿着毛的口吻，以高高在上的姿態，奚落挖苦道：

吃着農民種的糧食，穿着工人織造的衣服，住着工人蓋的房子，人民解放軍為我們警衛着國防前線，但是卻不去表現他們，試問，藝術家站在什麼階級立場，你們常說的藝術家的「良心」何在？[219]

僅僅幾天後，毛就表態，說江青「講得好」。[220] 毛為了全力支持江青，1964年6月27日，又在中宣部關於全國文聯和各協會整風情況的報告上下批語，並將其送劉、周、鄧、彭、康生、定一、周揚等：

> 這些協會和他們所掌握的刊物的大多數(據說有少數幾個好的)，十五年來，基本上(不是一切人)不執行黨的政策，做官當老爺，不去接近工農兵，不去反映社會主義的革命和建設，最近幾年，竟然跌到了修正主義的邊緣。如不認真改造，勢必在將來的某一天，要變成像匈牙利裴多菲俱樂部那樣的團體。[221]

毛的這一批示猶如一枚重磅炸彈，將幾乎所有的文藝界領導人炸翻，周揚的地位已岌岌可危，在這期間，毛讓陳伯達給周揚帶話，「如果不願意下去，可以派軍隊讓他下去。」[222] 1964年7月23日，毛出席觀看京劇《蘆蕩火種》，提議《蘆蕩火種》改名為《沙家浜》，還提出該劇「要突出武裝鬥爭，強調武裝鬥爭消滅武裝的反革命，戲的結尾要打進去，要加

219 江青：〈談京劇革命 一九六四年七月在京劇現代戲觀摩演出人員的座談會上的講話〉，《人民日報》(1967 年 5 月 10 日)。

220 中共中央文獻研究室編：《建國以來毛澤東文稿》，第十一冊，頁 89。

221 同注 220，頁 91。

222 陳曉農編纂：《陳伯達最後口述回憶》，頁 248。

強軍民關係的戲，加強正面人物的音樂形象」。[223] 毛不是一般的來欣賞戲劇，他完全是從政治角度來看戲的，他把這台戲當成黨史來看，明確要求突出以他為首的黨的軍隊和根據地系統，而將以劉少奇為代表的黨的地下鬥爭系統放在配合武裝鬥爭的從屬的地位。在毛的指示後，原先反映中共地下鬥爭的《紅燈記》和《蘆蕩火種》就全部改為反映「武裝鬥爭」為主了。正如有學者指出的：「中共最上層的鬥爭竟通過一齣戲的劇情得以表現，這也真是那個時代的『中國特色』，是文藝特色，也是政治特色」。[224]

把現代文藝當成政治或等同於政治，毛在這點上和斯大林頗類似，1946年法捷耶夫的長篇小說《青年近衛軍》出版，受到讀者的熱烈歡迎，還被改編為電影，但沒多久就受到《真理報》的嚴厲指責，原因是電影「觸怒了」斯大林，認為該書沒有反映黨的領導，結果作者立即 在《真理報》發表公開信，承認這些批評是公正、正確的，並答應修改小說，法捷耶夫隨即對原小說進行了改寫，還加寫了七章，「改寫後的小說和原作有了極大的變動」。[225]

毛個人是喜歡傳統京劇的，但他是從政治角度看待此問題的，絕不會把個人愛好與政治目標混淆起來，據毛的英文秘書林克回憶：毛「對許多京劇劇目的唱段和唱詞記得滾瓜爛熟，高興起來，還唱上一段唱詞」，他喜歡的京劇有：

223　戴嘉枋：《樣板戲的風風雨雨》(北京：知識出版社，1995)，頁 56。

224　王彬彬：〈主席？哪個主席？——「革命樣板戲」中的「地下鬥爭」和「武裝鬥爭」〉，載王彬彬：《往事何堪哀》(武漢：長江文藝出版社，2005)，頁 8。

225　聞一：〈《青年近衛軍》：沒有講完的故事〉，載《回眸蘇聯》(濟南：山東人民出版社，2003)，頁 134；另參見愛倫堡著，馮南江、秦順新譯：《人•歲月•生活》，下(海口：海南出版社，1999)，頁 333。

梅蘭芳的《霸王別姬》、《宇宙鋒》、《貴妃醉酒》；程硯秋的《荒山淚》；馬連良的《空城記》；言菊朋的《臥龍弔孝》；等等。

毛喜歡的京劇還有：《李陵碑》、《斬馬謖》、《斬黃袍》、《借東風》、《失街亭》、《打漁殺家》、《消遙津》、《擊鼓罵曹》、《穆桂英掛帥》、《林沖夜奔》、《斷橋》、《法門寺》、《三岔口》、《泗洲城》、《蕭何月下追韓信》、《西廂記》、《牡丹亭》等等。[226]

70年代後，毛身體多病，根據他的要求，上海曾組成秘密班子，在上海文化俱樂部，請最好的傳統戲演員和樂手演京劇折子戲，再拍成電影送進中南海供毛欣賞，其中有李和曾的《連營寨》，劉長瑜的《賣水》等。「對外不說是為毛澤東拍片，而是說為了搶救傳統遺產」，「這樣，拍了一系列的京劇、曲藝的彩色紀錄片」。[227]

江青也喜歡傳統京劇，如程硯秋的《荒山淚》，[228] 但她更喜愛看外國電影，「她叫有關部門，通過各種關係和渠道，用了國家的大量外匯買了近百部進口影片」，即便在文革高潮時期，她也不忘在她的住處北京釣魚台國賓館看外國電影。[229]

毛夫婦都是高度政治化的人，他們可以把自己的個人喜好與政治上的目標區分得一清二楚，所謂愛好歸愛好，政治

---

226 林克：《我所知道的毛澤東——林克訪談錄》(北京：中央文獻出版社，2000)，頁 80–81。

227 徐景賢：《十年一夢》(香港：時代國際有限出版公司，2004)，頁 343。

228 楊銀祿：《我給江青當秘書》(香港：共和出版有限公司，2003)，頁 53–54、256。

229 同注 228，頁 45–45。

歸政治。70年代後，「根據毛澤東和江青下達的任務」，上海市委副書記徐景賢恢復了上海電影譯製片廠，組織翻譯了《簡愛》、《巴黎聖母院》、《鴿子號》、《瑞典女王》等，毛尤其欣賞《瑞典女王》的主角嘉寶的演技。[230] 但是，作為政治家，他們關心的是人民的精神和思想是否純正，不相信群眾對文藝有識別判斷能力，他們要用自己的思想永久佔領人民的大腦，控制他們的喜怒哀樂，於是就嚴格禁止老百姓接觸任何思想「不正確」或「反動」的文藝作品和演出。

70年代初林彪事件後，對上層的文化禁錮有所鬆動，一些領導人，如朱德、葉劍英，也可調看一些「內部」電影，朱德孫子回憶，朱德家裏每週六都會放映電影，老人很少看，主要是邀請一些老同志、老戰友和他們的家屬、子女來觀看。[231] 但是下層老百姓還是只能看八個樣板戲和少量文革電影。

江青原先是三十年代的電影明星，在延安也演過京劇，比較懂行。上海音樂學院音樂理論系教師于會泳對樣板戲的音樂等下了許多功夫，「樣板戲」吸取了西洋音樂的大量原素，借鑒了話劇的舞台美術形式，「改變了傳統京劇重寫意、象徵的假定性特徵」，對傳統京劇的表現樣式做出了重大的改革。但江青頤指氣使，硬性規定「三突出」——所謂「塑造無產階級英雄典型人物的創作原則」：「在所有人物中突出正面人物，在正面人物中突出英雄人物，在英雄人物中突出主要英雄人物」，也就是塑造「高、大、全」式的人物，根據這些原則創造出的「樣

230 徐景賢：《十年一夢》，頁 343。

231 朱和平：《永久的記憶：和爺爺朱德、奶奶康克清一起生活的日子》(北京：當代中國出版社，2004)，頁 245、256。

板戲」的「英雄人物」，基本都是一些概念化的符號。

在「千錘百煉樣板戲」的過程中，江青尤其不尊重劇本原作者阿甲(《紅燈記》)，汪曾祺(《沙家浜》)等的意見，甚至在文革中以「破壞樣板戲」的罪名把阿甲投入監獄。上海京劇院幾個和江青在京劇改編或創作上觀點不一致的人，都先後被扣上「惡毒攻擊中央領導」的罪名，「不審不判被關了好幾年」。[232]「樣板戲」的一招一式都被視為是不可逾越的，顯出極為強烈的專制氣息。

毛的大力支持使江青成了氣候，不言而喻，沒有毛的支持，江青什麼事也做不了。為了進一步壯大「樣板戲」和她本人的聲勢，江青還拉上林彪，要借林彪的威望吹捧自己和「樣板戲」。1965年後，林彪因鼓吹學毛著，編毛語錄，受毛表揚，毛號召「全國學解放軍」，一時間，高幹們口口聲聲把「林總」放在嘴邊，林彪的風頭已漸漸蓋過了「少奇同志」。1965年3月間，江青為林彪專場演出《紅燈記》，事先特別關照：林總和我生的是一樣的病，場子裏的溫度一定要控制好。葉群事後告訴江青，林彪認為演出很成功，江青非常振奮，還告訴別人：林總是最支持我的。[233]

林彪本來對傳統京劇頗有興趣，把聽傳統戲的唱片當成是一種休息和調節，1966年春江青去蘇州看望林彪，批評他：這個時候還聽這個，引起林彪的不快。[234]但是這不影響他們在公開場合互相配合。1965年2月，江青、張春橋在上海開始

232 徐景賢：《十年一夢》，頁 332。

233 上海「文革」史料整理編撰小組：《上海「文化大革命」史話》(送審稿)(一)，頁 13。

234 張雲生：《毛家灣紀實：林彪秘書回憶錄》(北京：春秋出版社，1988)，頁 156–157。

修改《林海雪原》(後改名為《智取威虎山》)，其意就是要通過這齣戲來吹捧林彪，進而和林彪拉上關係。[235] 張春橋對上海京劇院黨委書記說，[《智取威虎山》]「這個戲要樹林總」，「你們不要小看了一齣戲，它的意義很大，現在搞的不是一齣戲，而是打一場政治仗」。[236] 為了幫助江青、張春橋搞《智取威虎山》，林彪、葉群還派專機送來東北剿匪鬥爭的總結材料和作戰地圖。1966年4月，江青、張春橋陪同林彪、葉群看該劇的彩排，林、葉表示滿意後，張春橋說：這一下我們放心了，林總批准了。江青也說：這個劇林總批准了，你們不用再改。[237]

江青原先和彭真的關係還可以，後來兩人的關係因樣板戲的問題而發生緊張，主要原因是江青極為霸道，不許演京劇傳統戲，不讓演話劇，下令撤銷北方昆曲劇院，不許馬連良、張君秋、裘盛戎等著名演員演出等等。彭真、李琪不同意江青的做法，堅持現代戲、傳統戲都要演，還讓有關部門開了一百出京劇歷史劇劇目清單，準備讓北京市的劇團上演這批優秀的傳統劇目，還要北京電台廣播。

這些都引起了江青的不滿，她公開說：「你們眼裏沒有我！」「李琪只聽彭真的，不聽我的！」「北京市委是『大北京主義』，不聽黨的話！」[238] 1965年在上海，江青有一次

---

235 鄭謙：〈從《評新編歷史劇〈海瑞罷官〉到〈二月提綱》〉，載李海文主編：《彭真市長》，頁 133。

236 上海「文革」史料整理編撰小組：《上海「文化大革命」史話》(送審稿)(一)，頁 13。

237 同注 236。

238 王燕玲：〈李琪是如何「得罪」江青的〉，載中共河南省委黨史研究室主辦：《黨史博覽》2002 年第 12 期，頁 48。

甚至對李琪說：「不准老子試驗，老子到別處試驗。」[239]

其實北京市委是盡量滿足江青的要求，同意把北京京劇劇團全團作為江青的實驗團，取消北昆充實京劇團，將北昆現有100人(演員40餘人)，讓北京京劇團挑選70人左右，但是在關於馬連良、張君秋的問題上，北京市委沒有同意江青的意見，認為「他們又有演現代戲的要求，也還有些觀眾看，因而決定他們到京劇二團，除了在戲校教戲外，也還可以演一些他們能演的革命現代戲，或演允許演的老戲」。[240]

李琪處在和江青正面接觸的位置，對江青的作風、態度有直接的觀察，他曾私下對其妻說，「主席的夫人哪像個女同志的樣子，簡直就像是潑婦，憑據主席耀武揚威。我真倒霉，碰上這個太后。」又說：江青甚至還不如封建社會的開明皇后。[241] 1966年2月，李琪決定給彭真寫一封信。信中說，在和江青兩年多的接觸中，江青給他的感受是：盛氣凌人，獨斷專行，無事生非，仗勢欺人。他還說，江青比呂後、西太后還壞，把別人當奴隸，像奴隸主對待奴隸一樣對待他，使自己無法工作，無法忍受。他的感受太深了，自己有責任反映這一切。信送出後，李琪和夫人李莉說了此事，夫妻倆都很不安，隨即給彭真打電話。彭真夫人張潔清說：彭真不在家，並說已看到了信，她說李琪說的對的。江青不單單是對着他，也是針對彭真和市委。中央的人對她都瞭解，但對她毫無辦法。勸李琪還要忍耐。信由秘書保管，也可能已燒

---

239 李莉：〈憶李琪最後的日子和我的遭遇(一)〉，載中共廣東省委黨史研究室主辦：《廣東黨史》2006 年第 5 期，頁 33。

240 同注 239。

241 同注 239，頁 32。

毀了，萬無一失。[242] 這時李琪夫婦才稍稍放心。後來，還是有人揭發李琪反對江青，將此信作為李琪反對江青的最重要的證據，李琪於1966年7月10日因受不了迫害而自殺。

而在上海，江青一切順利，她得到柯慶施的全力支持，張春橋對她更是亦步亦趨，江青在上海移植了兩部滬劇《紅燈記》和《蘆蕩火種》，以後上海又搞出自產的《智取威虎山》和《海港》。1965年《沙家浜》正式演出，張春橋對當時的《文匯報》負責人説：「人家説我們宣傳樣板戲是拍江青的馬屁。這個馬屁就是要拍，這個馬屁是拍定了。」[243]

4. 周恩來的姿態

周恩來是領導層中對文化界、文藝界涉及最多的一位，早在抗戰時期的大後方重慶，周就經常對一些文化界人士做統戰工作，建立了廣泛的人脈關係，周態度和藹，許多文藝界人士都把周看成是自己的「知心人」，和其他幾位領導人相比，周恩來更懂文藝。1963年9月下旬，周觀看北京舞蹈學校實驗芭蕾舞劇團演出的芭蕾舞劇《巴黎聖母院》，他在隨後和該團領導和創作人員座談時表示，他不同意現在就用芭蕾舞來表現中國人民的鬥爭生活，[244] 但是，隨着國內氣氛的變化，周的態度也很快發生變化，1964年上半年，周提出大唱革命歌曲，文化部很快加以落實。[245]

1964年8月，周提出要下放文藝幹部，參加集體勞動和參

242 同注 239，頁 33。

243 上海「文革」史料整理編撰小組：《上海「文化大革命」史話》(送審稿)(一)，頁 14；另參見陳丕顯：《陳丕顯回憶錄——在「一月風暴」的中心》，頁 22。

244 中共中央文獻研究室編：《周恩來年譜(1949–1976)》，中卷，頁 582。

245 〈文化部黨組關於歌舞團演唱革命歌曲問題向總理的報告〉(1964 年 6 月 4 日)

加「四清」和「五反」，他説，文化部部機關和直屬單位領導班子的改組，必須從黨和軍隊中調新生力量進來，絕不能再從原有的上層文化人中找代替，「否則在文化部門的無產階級專政是建立不起來的」。[246]

1964年7月，周恩來在看過陳毅向他推薦的大型歌舞《在毛澤東旗幟下高歌猛進》，感到「很動心」，也動了一個念頭，想搞一台大歌舞。[247] 9月，周就大型音樂舞蹈史詩《東方紅》作出指示，「親自確定史詩的主題和重要情節」，還「審改朗誦詞」。周提出，「要突出表現毛澤東思想」，[248] 在周恩來的精心指導下，該演出就歌頌毛為中心，以毛的一些著名語錄和概念為貫穿黨史的「紅線」，實際上是一部以歌舞為形式的簡明中共黨史。《東方紅》與「樣板戲」相比，各有千秋，但內容寬大許多，也更有藝術感染力，一時風靡全國。周此舉既摸準了毛的脈，也是想借此保護一些正受批判的藝術家，確實是用心良苦。[249]

5. 運用國家權力推廣「樣板戲」

文革爆發後除了毛及馬恩列斯著作和魯迅作品，禁絕一切中外文化，電影院已基本停映所有電影，只放映「毛主席接見紅衛兵」和「新聞簡報」，以及阿爾巴尼亞反法西斯的故事片《海岸風雷》。

在戲曲方面，禁止一切傳統戲，只保留「革命樣板戲」，換

---

246 中共中央文獻研究室編：《周恩來年譜(1949–1976)》中卷，頁665。

247 金沖及主編：《周恩來傳(1949–1976)》第四冊，(北京：中央文獻出版社，1998)，頁1780–1782。

248 中共中央文獻研究室編：《周恩來年譜(1949–1976)》中卷，頁668。

249 金沖及主編：《周恩來傳(1949–1976)》第四冊，頁1783。

言之，「革命樣板戲」的推廣是以禁絕其他一切藝術為前提的。

1966年12月26日，是毛的73歲生日，《人民日報》發表《貫徹執行毛主席文藝路線的光輝樣板》一文，首次將京劇《紅燈記》、《智取威虎山》、《沙家浜》、《海港》、《奇襲白虎團》，芭蕾舞劇《紅色娘子軍》、《白毛女》和交響音樂《沙家浜》稱為8個「革命藝術樣板」和「革命現代樣板作品」。

「革命樣板戲」是高度政治化的，它的基本屬性就是以藝術的形式來詮釋毛的革命和階級鬥爭的概念，被烙上鮮明的江青個人的印記。原上海音樂學院教師，「革命樣板戲」《海港》的作曲之一的于會泳就説過：江青是「革命樣板戲的第一編劇，第一導演，第一作曲，第一舞台美術設計」。[250]

《紅燈記》：反抗日本帝國主義，表現英雄人物的「革命大無畏精神」。

《沙家浜》：表現武裝鬥爭和軍民關係。

《智取威虎山》：表現武裝鬥爭和革命英雄主義。

《海港》：和平時期不忘階級鬥爭。

《奇襲白虎團》：表現國際主義。

革命芭蕾舞劇：《白毛女》：批判「萬惡的舊社會」；《紅色娘子軍》：武裝鬥爭和婦女解放。

其後又陸續加上的京劇《龍江頌》、《平原作戰》、《磐石灣》、《杜鵑山》，芭蕾舞劇《沂蒙頌》及《草原兒女》，鋼琴伴唱《紅燈記》等，也得以側身樣板戲之列。

「樣板戲」是作為「階級鬥爭和路線鬥爭的教材」和「革命精神食糧」在全國強力推廣的，進工廠，進農村，進學

250 葉永烈：《江青畫傳》(香港：時代國際出版有限公司，2005)，頁 170。

校，進軍營。「樣板戲」的唱文，全面融入到現實的政治鬥爭，例如：「打不盡豺狼絕不下戰場」這句唱詞，就是被用於批判劉少奇和所謂「牛鬼蛇神」的經典的表達。「痛說革命家史」、「血債要用血來償」、「仇恨入心要發芽」，是用來表達對一切階級敵人的仇恨，還有諸如「手捧寶書滿胸暖」、「一顆紅心永向陽」，成為「無限崇拜毛主席」的常規表達等等。

文革期間，國家權力通過一切手段：報刊宣傳、電台教唱、宣傳車，大喇叭，黑板報、文藝小分隊演出，在全國城鄉全面推廣，前後長達十年之久，達到老百姓基本上人人會唱的地步。成為一代人唯一的文化活動，其實就是「政治——文化活動」，許多單位的軍宣隊、工宣隊還佈置學習報紙上全文發表的樣板戲劇本，

巴金在《隨想錄》中寫道：

> 在那些日子裏全國各省市報刊都在同一天用整版整版的篇幅刊登「樣板戲」。他們這樣全文發表一部「樣板戲」，我們就得至少學習一次。「革命群眾」怎樣學習「樣板戲」我不清楚，我只記得我們被稱為「牛鬼」的人的學習，也無非是拿着當天報紙發言，先把「戲」大捧一通，又把大抓「樣板戲」的「旗手」大捧一通，然後把自己大罵一通，還得表示下定決心改造自己，重新做人，最後是支持學習的革命左派把我痛罵一頓。[251]

還有學者回憶道：

251　巴金：《隨想錄》(1–5 集)(北京：人民文學出版社，2000)，頁 680–681。

> 對「樣板戲」，我們這一代人太熟悉了，當時擔任中學教師和學生輔導教師(那時叫「紅衛兵團輔導員」)的我尤其不會忘記。因為我不僅要像「革命群眾」一樣看、聽、唱，而且要組織、督促甚至強制學生看、聽、唱。「樣板戲」電影上映時，我們全校停課列隊，一路高唱「樣板戲」去電影院觀看，回來還要開大會讚頌，寫大字報歌頌毛主席的革命文藝路線的偉大勝利，批判資產階級反動路線和死不改悔的走資派。在組織學生「拉練」(背上行李長途步行)時，邊走邊高呼口號，高唱「語錄歌」，也少不了唱「樣板戲」。與此同時，還得學習歌頌「文化大革命的旗手」、「毛主席的文藝戰士」江青創作「革命樣板戲」的豐功偉績，打擊階級敵人的破壞活動。[252]

為了「普及樣板戲」，將「樣板戲」進一步傳播到全國，江青指示要把樣板戲拍成電視片和彩色影片。[253] 1969年到1972年間，北京電影製片廠、八一電影製片廠、長春電影製片廠等電影製片廠，由謝鐵驪等執導，將它們先後拍成舞台電影片，以後的《龍江頌》、《杜鵑山》、《磐石灣》等也拍成彩色電影，在全國發行、放映；又將原有的京劇改編為三百多種地方戲曲，並被錄製成各類唱片發售。在改編過程中，不許越雷池一步，違者必究。1970年，有幾個滬劇愛好者自發排演了《蘆蕩火種》，竟被逮捕，張春橋領導下的上

252 葛劍雄：〈樣板戲貼近的是什麼生活〉，廣州《南方都市報》，2008 年 2 月 24 日。

253 徐景賢：《十年一夢》，頁 342–343。

海市公檢法殘忍地槍斃了為首的譚元泉。[254] 1969年底至1970年春，上海縣的一個原説唱演員洪富江，在講「革命故事」《智取威虎山》時加了一些噱頭，被認為是破壞樣板戲的「現行反革命活動」，洪本人被打成「現行反革命」，被長期批鬥，史稱「洪富江破壞革命樣板戲事件」。[255] 所以，樣板戲既是宣傳階級鬥爭的工具，還是服務於現實政治，為專制服務的專政工具。

這樣的情況世所罕見，是達到了真正的「輿論一律」的境界，即使在二十世紀30–40年代法西斯統治時期的德國，也沒有出現上述情況，在斯大林時代的蘇聯，儘管文化活動已全面政治化，但還是保留了俄羅斯大部分古典文學藝術；只有在北韓，金日成、金正日父子指導創作的歌劇《血海》，《賣花姑娘》，才可和樣板戲的獨霸天下有某種程度的相似性。為了向國外傳播「革命樣板戲」和宣傳江青，1974年10月，北京京劇團帶八個樣板戲之一的《杜鵑山》出訪阿爾及利亞，在京的政治局委員，除毛，周恩來因病，都出席了歡送會。

由於樣板戲在一片空曠的文化廢墟上唱了十年，其唱詞早已家喻戶曉，正如幾十年後有學者指出的：

> 我們就是在一百遍一千遍的重複視聽之中完成了對它的全盤接受，使其自然地進入我們的靈魂深處。從不喜歡它的唱段和唱腔到主動去唱「革命樣板戲」，那個時代過來的

254 陳丕顯：《陳丕顯回憶錄——在「一月風暴」的中心》，頁 14。

255 《所謂「破壞革命樣板戲」的「洪富江事件」》，載上海地方誌辦公室主辦：「上海通 上海地方誌辦公室網」(http://www.shtong.gov.cn/node2/node70393/node70403/node72560/node72674/userobject1ai82302.html)

人誰不會唱幾句「革命樣板戲」，誰敢説自己不是「革命京劇」的票友？[256]

樣板戲在文革結束後一度沉寂，但幾年後又被一些電視台、廣播電台播放和演唱，1992年後，一些地方的舞台又重演樣板戲的折子戲和整本樣板戲，到了2000年，樣板戲有全面復蘇之勢，各地紛紛演出，在文革結束後三十年的2008年，國家有關職能部門正式肯定「樣板戲」。

2008年2月，中國教育部宣佈對九年制義務教育階段音樂課程標準實施修訂，增設有關京劇的教學內容，並在10個省市區的20所中小學進行試點，其中15首京劇教學曲目已被確定，除4首出自傳統京劇，其餘11首均為文革樣板戲唱段，分別隸屬於《紅燈記》(《窮人的孩子早當家》《都有一顆紅亮的心》)、《智取威虎山》(《甘灑熱血寫春秋》)、《沙家浜》(《要學那泰山頂上一青松》《智鬥》《你待同志親如一家》)、《奇襲白虎團》(《趁夜晚》)以及編外樣板戲《紅色娘子軍》(《接過紅旗肩上扛》《萬紫千紅分外嬌》)等。

此舉引發廣泛爭議，大多學者和輿論持批評看法(朱大可、秋風、葛劍雄、蕭雪慧)：主要觀點為：樣板戲是文化專制主義的產物，是散播「仇恨哲學」的工具，其藝術上的較高水平也是為其政治目的而服務的。朱大可認為，「樣板戲」是「點燃政治仇恨，煽動民眾互毆，而它的另一個功能，則是在高舉『鬥爭美學』的同時，圍剿整個中國文化，

256 丁帆：〈留在民族記憶中的「革命樣板戲」〉，廣東省文學藝術界聯合會主辦：《粵海風》，2006 年第 5 期，頁 53。

製造出遠甚於嬴政焚書坑儒的驚天大案」。[257] 他們還認為，教育部此舉有為文革翻案之嫌，這些看法和80年代巴金的看法大同小異，巴金說：樣板戲不過是「『三突出』創作方法的結晶。它們的確為『四人幫』登上寶座製造過輿論，而且是大造特造，很有成效，因此也不得不跟着『四人幫』一起下了台。他還說，他一聽到廣播裏重放樣板戲，就毛骨悚然，就做惡夢。[258] 葛劍雄認為，樣板戲「可以用作實證、展示、批判，也應該進行研究或借鑒，但絕不能用作義務教育階段的教材」。[259] 也有學者從傳播京劇的角度對教育部的舉措表示理解，章詒和認為，「現在把京劇列入中小學教學大綱，其意義恐怕不在於叫孩子們唱兩段、哼幾句。它意味深長，意味着對傳統文化回歸的呼喚。傳統文化即將成為『零』，才想到要重新拾起，已經遲了、晚了。但重新開始總比不開始好」。她也指出，這次唱段的選擇有一點偏頗。誰都知道，樣板戲的思想內容是概念化、政治化，為「四人幫」服務的。但必須承認樣板戲的音樂成就是空前的，此後的現代戲在音樂創作方面都沒有超越它。選兩段樣板戲未嘗不可。但這次數量如此之多，令人不解。顯然，制定者還是從意識形態出發，目的是歌頌革命和革命者，歌頌黨的光輝歷史。藝術的欣賞和掌握就像學書法，應從橫豎撇捺學起。所以，學京劇應該從最正宗的、最基礎的傳統劇目開始，從

257 朱大可：〈樣板戲教材的「三宗罪」〉，載《中國新聞週刊》，2008 年 2 月 28 日。

258 巴金：《隨想錄》(1–5 集)，頁 680。

259 葛劍雄：〈樣板戲貼近的是什麼生活〉，廣州《南方都市報》，2008 年 2 月 24 日。

其經典唱段開始。而樣板戲的唱腔都是經過創新的。[260]

從這個意義上可以說，「樣板戲」已成為了一種「民族記憶」。

260 章詒和博客(http://zhangyihe.blogchina.com/483053.html)，2008 年 2 月 29 日。

中華人民共和國史．第七卷

新秩序和新衝突

——從軍人體制的確立到林彪事件

(1969–1971)

大綱

新體制和新秩序，文革的制度創新，新政治文化，戰備和三線建設，中蘇武裝衝突、援越抗美、對美關係的打開，毛林從蜜月到決裂，文革神話的破滅，

導論：1969–1971年是文革的一個很具典型性的階段

1. 文革的初期混亂已經結束，中共九大後，中央和地方黨機構全面恢復運轉，國民經濟有所增長，毛思想成為全社會的唯一價值和標準，「通過大亂達到大治」，是毛發動文革的目標，1969年後的「大治」究竟是否已達到毛所理想的境界？

2. 這是文革的成熟期，意識形態的狂熱和暴力政治互相滲透，體現毛理想的「新生事物」在全國被普及推廣，從文革中產生的新政治文化在建構社會的過程中發揮着重要作用，一種以軍隊為中心的新體制已基本確立，社會處於比1966年前更嚴密的控制下，推動全國成為一個毛思想的大學校和超級大軍營。

3. 因受文革衝擊的影響，中蘇關係的惡化已達到頂點，

爆發了珍寶島之戰和中蘇西部邊境戰爭，中國全力援越抗美，為緩解中國的北部壓力，毛開始調整對美關係，並取得重大成果。

4. 毛澤東和劉少奇的鬥爭，以劉的徹底垮台而剛剛結束，而新一輪的毛與林彪的矛盾、衝突又在繼續，毛林的矛盾和衝突有思想分歧和權力鬥爭的多重成份，毛林衝突以「九一三」事件的爆發而告結束，毛的「唯一正確」的神話和文革的合法性基礎受到毀滅性的重創。但是，毛林衝突和鬥爭並沒有使社會出現大的動盪，毛始終有效的控制一切，這反映了文革的一個基本特點：持續不絕的上層鬥爭和社會基層的動態的穩定長期並存。在這一時期，領導人和權力機構雖有經常的，大幅度的改變和重組，但毛對社會的控制並沒有失靈，毛對全局的掌握和控制改用一種新的方式進行，換言之，所有的變動都是在毛澤東主控下進行的。對於文革中的這種「動態的穩定」，學界很少給予應有的注意，而這個方面又關係到對文革性質和文革歷史的全面認識。

(1)控制的主體——毛(黨)和軍隊、意識形態，政府的關係是怎樣的？「動態穩定」的內在機制是什麼？

(2)意識形態和暴力是如何交互作用發揮影響的？

(3)軍隊在構建新政治文化方面起何種作用？新政治文化有哪些基本要素？全社會的軍事化是如何實現的？

(4)控制的方法——思想控制與行為控制是通過那些具體手段和方法實現的？「群眾專政」和「公檢法專政」在實施「控制」中發揮了那些不同的作用？它們各自的結構和功能是什麼？戶口制，派出所、城市居民委員會在文革中的作用？文革中的農村基層控制與城市的基層控制有何區別？社會各階層對「控制」的不同反映，「控制」對各階層人群思想觀點和生活的影響。

(5)這個階段的「控制」與此前此後的「控制」的異同點。

第一章：「新秩序」和新體制：中共九大後的政治格局

一、以軍隊為中心的新秩序

軍隊在新秩序中的關鍵地位

中央政治局的軍人比例

軍隊掌控專政機關

省級黨委的軍人比例

國務院各業務組軍人的比例

基層單位的軍代表

二、毛掌控一切的一元化超強體制

在體制之上的毛及黨，軍隊，意識形態，政府

(1)毛具絕對主宰地位(和文革前相比)，是黨的完全意義上的人格化身(文革前尚未達到絕對化，劉、鄧領導的政治局和書記處也具黨的化身的作用)

(2)軍隊在共產革命中的支配性的作用；軍隊與黨的雙重關係；以林彪為象徵，軍隊在中央層，並沒有自己特殊的聲音，一切以毛的意志為意志；在中央和地方的所有黨和政府的組成上，軍隊是權力核心，其權力極度膨脹，掩蓋着引致未來各種關係緊張衝突的因素(軍隊就是黨，就是政府，唯一未被軍隊控制的是由江青領導的意識形態發佈權)

從現象上看，軍隊完全控制着國家的政治和社會生活，但

這種控制是極為特殊的，甚至是表象的，因為毛掌控一切，軍隊處於毛的絕對統治下

毛的控制方法：掌握一切決策權和人事權，同時隨機性的派周恩來參與軍中領導事務

另派非林彪系的軍中將領參與軍中事務，以牽制林系，林彪在所有問題上贊同毛的意見

毛的內衛保護和林彪的內衛保護均由毛的衛隊負責

(3)黨和意識形態

1945–1965黨的意識形態：以毛為中心，1960年後，也反映劉鄧的聲音。

文革中，由江青等為代表，意識形態全力貫徹毛的思想和意志，具支配社會意識的強勢地位，並對政治格局享有重要的決定權，其地位和支配權力大大超過文革前黨的意識形態的權力範圍

(4)作為領袖辦事機構的政府

軍隊和政府的關係，在文革中政府已空洞化，是幾個構件中最弱勢的，由周恩來為代表，只是毛的辦事機構，少數老幹部的復出

國務院系統

省級黨政系統

性質：由毛完全掌控，以「新神學」為精神動力，以軍隊為中心的超強新體制

第二章：革命中的革命：以不斷的政治運動整合社會

一、「鬥批改」和「清理階級隊伍」

二、「一打三反」

三、「深挖五一六」

新的社會控制的手段三要素：

1. 軍人體制下的專政機關的革命暴力

2.「新神學」意識形態恐怖

3.「群眾專政」

性質：以軍隊為支柱和「新神學」崇拜為中心的超級專政和群眾專政的結合。

第三章：從「大破」走到「大立」：文革的「制度創新」

文革進入到「立」的階段，體現「制度創新」的「新生事物」陸續問世

一、「五七幹校」

二、城鎮居民下放農村落戶

三、知識青年「上山下鄉」

(「我們也有兩隻手，不在城裏吃閒飯」)

四、「教育革命」

五、「衛生革命」與「赤腳醫生」

六、「革命樣板戲」

一些是面對緊迫的社會矛盾和社會問題作出的反映，如：上山下鄉和五七幹校，另一類是反映毛的社會理想：樣板戲和「七二一道路」等

第四章：革命是否促進了生產：工業、交通和農業

一、國防工業

備戰，1969–1971是三線建設的又一高潮，從1963年開始「堆山」，人造山

二、成昆鐵路等的開通

三、農業和水利設施的建設

社隊企業：1958冒頭，1970興起，北方「五小工業」，「歪打正着」，是不是，「孕育改革的文革」？

四、出口和外貿

1969–1970年經濟情況有所回升。總的說來，「三五」期間工農業總產值平均每年增長9.6%，其中工業增長11.7%(重工業增長14.7%，輕工業增長8.4%)，農業增長3.6%。國家財政總收入2529億元，平均每年增長7%。

第五章：革命時代的日常生活：人民的吃穿用和文化活動

一、城市人民生活

城市人民生活和生活物資供應情況

(工人、幹部、知識分子、一般居民)

二、農村人民生活

三、軍人的生活

四、新政治文化的社會化

意識形態恐怖、毛澤東思想學習班

「新神學」建構了新政治文化，「三忠於，四無限」

新語言，日常交往的政治化

五、社會異端意識的萌動

「省無聯」思潮

「68年人」

考察這些異端思潮究竟有多大的社會影響

第六章：做反帝革命的先鋒：援越抗美

第七章：中蘇關係的惡化：珍寶島武裝衝突

第八章：對外政策的重大調整：中美關係的鬆動

第九章：毛、林分歧：九屆二中全會

一、是「不斷革命」還是建設為先：毛林思想的分野

林彪試圖結束文革，陳伯達的報告被否定

毛在九大講話的題外之意(選林彪當主席團主席以及引用蘇聯對「軍事官僚」的批評)

二、歷史上的毛林關係

(1959年後的毛林關係，1966–1969年前的毛林關係)

三、設「國家主席」之爭

四、林彪集團和江青集團矛盾的激化

五、廬山上的紛爭，毛拋出陳伯達

第十章：劍拔弩張：走向「九一三事件」

一、華北會議和「批陳整風」

二、「五七一工程記要」

三、毛1971年夏秋的南巡

第四編

讀書有感

六十年來家國，萬千心事誰訴
——讀龍應台《大江大海一九四九》札記[1]

一、引子：龍應台要說什麼？

龍應台去年出版的《大江大海一九四九》一書在台、港和海外的華人社會引起強烈反響，作為一名近代史研究者，我讀過許多探討1949前後中國歷史變化的著述，我自己也曾就其中的某些問題寫過文章，但是龍應台的書還是給我留下十分深刻的印象，應該說，這是一部用散文的文體，以新的思維對1949年前往台灣的一群中國人進行全新論述的重要作品。

《大江大海一九四九》意象複雜，場面宏大：從1949年200萬大陸人渡海遷台到台灣，再到二戰時期的德、俄戰場和南太平洋戰場；從「白色恐怖」對「外省人」的殘酷迫害；到「本省人」對「祖國軍」的期盼和失望，再到「亞細亞孤兒」的悲情。全書有家有國，以個人和家族的變遷，來折射時代和國家的大勢走向對個人命運的影響。以人文的，人道的史觀，穿透被宏大話語總結、歸納的歷史，從中還原一條條鮮活的生命，尋求其中的意義和價值，這是《大江大海一九四九》一書的基本特點。在我多年的閱讀中很少見到兩岸的歷史學家有如龍應台這樣，將自己的研究與人性關切如此緊密地聯繫在一起。

---

1 原載《領導者》雜誌，2010年6月號。美國加州大學聖地牙哥分校歷史系博士候選人常成對本文的修訂提出意見，對本文的完善有所幫助；他和香港中文大學社會工作系的博士候選人王泳還分別給我寄來龍應台的《大江大海一九四九》，在此向他們一併表示誠摯的謝意。以下引用該書只注頁碼。

在書中，龍應台滿懷溫情地寫了她的父母槐生和美君千辛萬苦，萬里漂泊到台灣的故事；也寫了一系列當年的小人物，在60年前背井離鄉、生離死別、逃難、跨海、落地生根於台灣的故事。過去人們只知道國民黨政權1949年被中共打敗，被迫退往台島；今天龍應台第一次向世人展現1949年庶民渡海遷台的畫卷，裏面由無數的個人和家庭組成，結合起來，就成了一部罕見的中國近代「南渡」史。

該書是寫給台灣人看的，也是寫給大陸人和所有中國人看的，全書的中心意旨是以普世價值觀，來反思1949年由國民黨政府的大失敗而引發的國內一部分人群的大遷徙、大逃亡，「向所有被時代踐踏、污辱、傷害的人致敬」。龍應台在書中着力描述了被意識形態宏大話語長期遮蔽的一個個歷史場景，討論了一系列與1949年相聯繫的重大的歷史事件和歷史問題，但是她不直接評判那場內戰的是非功過，而是重點敍述那些內戰的犧牲者及1949來到台灣的人群，對他們寄予了深切的同情和尊敬：

> 他們曾經意氣風發，風華正茂，有的人被國家感動，被理想激勵，有的人被貧窮所迫，被境遇所壓，他們被帶往戰場，凍餒於荒野，暴屍於溝渠。時代的鐵輪，碾過他們的身驅。那烽火倖存的，一生動盪，萬里飄零。

她寫道，當夜裏她一人獨對史料：

> 我感覺一種莫名的湧動，千軍萬馬繼續奔騰，受傷的魂魄殷殷期盼，所有溫柔無助的心靈仍舊懸空在尋尋覓覓……。

龍應台告訴人們，正是這批被視為是「失敗者」的人群，「在跌倒流血的地方，重新低頭播種」，「以失敗教導了我們，什麼才是真正值得追求的價值」。她並表示，以身為「失敗者」的下一代為榮！

在我的印象中，在一個很長的時間裏，在台灣談論「外省人」和「失敗者」的關係，是十分敏感的話題，龍應台直截了當地提出以失敗者的下一代為榮，這是極為罕見的，需要直面歷史的非凡的勇氣！許多年來，「外省人」是和貶義性的「失敗者」一詞相聯繫的，設想若非1940年代末國民黨的大失敗，當年的200萬人怎麼可能背井離鄉，如潮水般湧向台灣？ 2003年秋，在台北的一次有關抗戰史的學術討論會的茶敍上，我親耳聽到當年參加抗戰的前國軍將領說：敗軍之將，何以言勇？方知時間雖已過去幾十年，這個「敗」字，還是這樣使人刻骨銘心。

國民黨之「敗」於中共，也讓它在台灣的一些反對者對打敗國民黨的中共傾羨不已，也學着運用馬列毛理論來挑戰國民黨，只是以後越走越偏，居然走到「台獨」的方向。近十多年，把「外省人」等同於「佔領者」的「台灣自主性/主體性」話語，又成為新的壓迫性話語，在「失敗者」和「佔領者」這兩種強勢話語的壓力下，雖然許多外省老一輩的內心中有諸多苦楚，但還是「隱忍不言」，直到這次龍應台的新書問世。

龍應台是飲譽華人世界的著名作家，然而她對書寫的局限性有充分的認識，她寫道：

我沒辦法給你任何事情的全貌……。沒有人知道全貌。而

> 且，那麼大的國土，那麼複雜的歷史，那麼分化的詮釋，那麼撲朔迷離的真相和快速流失無法復原的記憶，我很懷疑什麼叫「全貌」。何況，即使知道「全貌」，語言和文字又怎麼可能表達呢？所以我只能給你一個「以偏蓋全」的歷史印象。我所知的，記得的，發現的，感受的，都只能是非常個人的承受，也是絕對個人的傳輸。(頁146)

龍應台開宗名義表明自己的敍述的有限性，顯示了她的自信、真誠和科學態度。確實，她做的是一個非常大的題目，要在一本15萬字的書裏把所有與1949年有關的問題都闡述清楚，那是極為困難，甚至是不可能的，對書中的某些內容與論斷，不同的讀者因關切不同而存有異議也是正常的。任何一本書都不會是完美無缺的，同樣，《大江大海一九四九》也不是沒有可議之處。例如有一些內容，無論是作為1949年大變局的近因還是遠因，都間隔的較遠，不一定和主題十分貼切等等。只是這些瑕疵與該書的成就相比，是微不足道的。讓我印象深刻的還有，作為一名作家，龍應台已在做歷史學家的工作——她不僅對眾多的歷史見證者作了口述採訪和搶救採訪，還查閱了台灣和大陸的大量文獻資料，例如：龍應台查閱了著名的台灣《傳記文學》的創辦人劉紹唐於1951年出版的《紅色中國的叛徒》一書，該書通過劉紹唐在林彪率領的解放軍「四野」的一段生活及其出走香港的經歷，反映了易代之際的社會和人心變化，具有頗高的史料價值。據我所知，該書早已絕版，許多專家都未必看過，龍應台卻找到了。她所做的這一切的努力，使得她的敍述更貼進歷史真實。

二、他們為什麼去了台灣？

對於研究近現代歷史，又是出生在20世紀1950年代初的我，早就知道1949年是一道分界線，是把歷史和人的命運分開的座標線。這一年，中華人民共和國建立，國民黨在大陸的統治崩潰，蔣介石率領一批國民黨軍政人員逃往台灣。在我成長的那些年代，大陸每天都在搞政治運動，「深挖國民黨殘渣餘孽」是每一次運動必有的內容，所以我對1949年去台人員，總是有很深的興趣，他們為什麼去台灣？他們是怎麼去的？

1987年後，兩岸恢復聯繫後，我曾當面聽過一些台灣學者談論他們當年去台的經歷：張玉法教授是山東流亡學生，他是先經澎湖，再去台的(在龍應台的書中，專門有一節敍述了他的1949年)；

尉天驄教授是南京「國民革命軍遺族子弟學校」的學生，1949年跟隨學校經廣州輾轉遷台；

蔣永敬教授是從東北戰場南下南京，再從上海坐軍船，經舟山去了台灣。

2004年，我在台北，見到錢永祥先生和錢伯母，他說當年他母親和他當國軍團長的父親是分別來台的，他的母親一手摻着他的姐姐，另一隻手懷抱着剛出生不久的他，在海南島上了前往台灣的軍艦。而錢伯母的去台路線，恰與龍應台的母親美君一樣，都是在海南島登艦，目的地是台灣。

顯然，他們和龍應台的書中所寫的那些被抓的壯丁完全不同，他們有其「各人的理由」或「自由意志」，都是在內戰的烽火中，自願去台灣的。於是又回到那個最關鍵的問題，他們為什麼去台灣？

1949年的國民黨政權，前景一片渺茫，年初蔣介石下野，李宗仁接任「代總統」，以為蔣下台，在美國的支持下，可以在保存國民黨原有架構下與中共「謀和」，實現劃江而治；結果希望落空，美國對國府沉淪袖手旁觀；知識分子大多留下等待新政權。

「山那邊」的共產黨則如日東升，氣象萬千，正緊鑼密鼓準備開國。暫居在香港的民主黨派和左派知識分子紛紛北上，「青春做伴好還鄉」。我從民國老報人雷嘯岑的書中還看到，1949年10月10日，在香港的親國府人士為紀念「雙十」而舉辦的招待會上，出席者僅十餘人，為首的還是民社黨的伍憲子和徐復觀等人，場面之蕭條，可稱之為「慘不忍睹」。在那年夏天，國民黨當局很不容易湊了一點錢，在香港辦了一份《香港時報》，每天只印五千份，其中一半以上寄贈給在港避難的國民黨前官員和香港的社會名流，那些人卻視國民黨政權為「過去式」，惟恐避之不及。

1949年4月，解放軍渡江後，迅速佔領首都南京和東方大都會上海，國府南遷，先廣州、後重慶、再成都，最後於1949年12月10日遷往台北。國府南渡，與歷史上的南渡完全不一樣。解放軍以席捲之勢揮師南下，勢如破竹，在許多地區就是一路收編國軍，國民黨沒有任何喘息的空隙來站住腳跟，更別說在長江以南維持一個偏安的局面。解放軍只用了大半年的時間，就把在大陸的國軍全部殲滅，時間之短，亦是罕見。

可就在這歷史的轉捩點，有人卻追隨國民黨前往風雨飄搖的台灣；也有人留下來觀察新政權，但為時不久，也選擇離開，其中有滬上名作家張愛玲，以及當時還沒有名氣的國軍少校柏楊、小知識分子聶華苓、劉紹唐、傅建中等。

龍應台對「他們為什麼去台？」是虛化處理的，她當然知道其「因」，她說，在其後面，「早有埋得極深的因」(頁195)，但她就是點到為止。龍應台在書中選用了柏楊在迎接解放軍入城的北京街頭，流着淚，怒罵左翼青年那一段話：「政府對你們有什麼不好？你們整天遊行，反饑餓、反暴政，你們饑餓嗎？八路軍進城那一天起，你們立刻改吃陳年小米，連一塊肉都沒有，你們卻不反饑餓」(頁192–193)？

國民黨很多事做得太爛，抗戰勝利後，將「接收」變為「劫收」，特別是惡性通貨膨脹，搞得天怒人怨，這都是事實。台大教授齊邦媛當年親歷「六一慘案」：國民黨軍警在武漢大學校園槍殺了三名左派學生，這是國民黨的瘋狂行動，有可能是地方當局的個別行為，未必是受最高當局指使。從總體上講，國府對教育是盡了心的，特別是在抗戰時期，為了給國家培育人材，對學生的助學貸款等於免費全給，當局辦西南聯大，辦各省聯中，也都盡心盡力，只是人性特點之一就是多關心眼下，國民黨在戰後的執政實在是乏善可陳，左翼青年把幾年前國府的照顧忘得一乾二淨，也就很自然了。易代之際，社會快速變化，各種人因地位、處境不同而對新社會的看法、態度有異。知名人士因社會影響大，人民政府出於穩定大局的需要，對他們多有安排，吸收了他們中的不少人參加了各級新政權；相比之下，這些知名人士可能比一般小知識分子更能接受新思想，更加擁戴新社會；而小知識分子因地位卑微，不具統戰價值，不少人甚至還失業，這批人反而對新社會有批評或保留，這才有柏楊在北京街頭指斥左翼學生的那一幕，最後他們選擇離開。

由是觀之，當年去台灣的200萬軍民(內有63萬軍人，其他為公教人員及其家屬)，固然有一部分人是被抓的壯丁或被無奈裹脅去的，然而，不可迴避的是，還有很多人去台灣是自動的選擇。他們不願生活在即將開始的共產黨的統治下，自願追隨國民黨，投奔風雨飄搖，前途未卜的台灣。

三、死的都是農家子弟

大陸在上世紀1950–60年代出生的人，所受的基本政治教育就是戰爭為「正義」和「非正義」兩種；我們被告知，革命戰爭是推動歷史前進的火車頭，「戰爭引起革命，革命制止戰爭」。革命戰士應「發揚一不怕苦、二不怕死的革命英雄主義精神」，還有就是林彪在東北戰場上的名言：「在需要犧牲的時候，就要敢於犧牲——槍聲一響，老子上了戰場，今天就準備死在戰場」。1960年代初，中共批判蘇聯的赫魯曉夫，罪狀之一就是「渲染戰爭恐怖」，中國還連帶批判反映赫魯曉夫「和平主義」錯誤的蘇聯作家蕭洛霍夫的小說《一個人的遭遇》。1968年，北越派出黎德壽和美國在巴黎談判，中國正值「文革」高峰，當時就影影綽綽傳聞北越受了蘇聯修正主義影響，不敢再打仗了云云。

「革命英雄主義」要有具體的人物做典範。犧牲自己，為部隊前進開闢道路的董存瑞就是解放戰爭時期的英雄人物，他曾被稱為「中國的馬特洛索夫」(衛國戰爭期間蘇聯的戰鬥英雄)。當然各部隊還有自己的「爆破大王」、「射擊英雄」等等。1949年新中國成立後，在全國各地廣建烈士陵園，供社會各界，特別是年輕人憑弔瞻仰。

國民黨和共產黨打了幾十年的仗，但很少有什麼思想政治動員，蔣介石對其部下說得最多的是鼓勵他們殺身成仁(頁178)，1950年後才有消極性的「克難英雄」的評選活動，這也是當時因美援中斷，國府軍費極為緊張，為了克服軍中的供應困難才發起的運動。台北有集中祭祀的「忠烈祠」，卻未聽說每年清明節組織大批青少年為國軍陣亡將士陵園掃墓。

中共宣傳、鼓動革命英雄主義，但絕不會傻到在力量對比不利於自己時也主張打仗：1945年抗戰結束不久，國共就開打，當時共軍力量較弱，在一兩年內，中共和左翼方面就一直高呼「實現國內和平」。然而到了1948年10月遼沈戰役後，解放軍已完全佔領東北全境，還解放了濟南、鄭州等華北、中原大城市，對國軍已佔明顯壓倒優勢，此時還有一些知識分子呼籲和平，就被視為是國民黨的「反動走狗」了。張申府是中共創黨元老之一，也是周恩來、朱德的入黨介紹人，以後退出中共，一直以左派教授身份參加政治活動，是民盟的主要成員之一。此君卻「書生氣」或「憐憫心」太重，於1948年10月23日在儲安平主辦的《觀察》上發表了《呼籲和平》一文，結果《人民日報》斥責張申府是「人民的敵人」，其妻劉清揚已到了解放區，宣佈與他離婚，民盟宣佈開除他的盟籍，建國後他本人則被打入另冊，長期不准發表文章，也沒有安排他任何職務，1957年還被打為「右派」。

所以，「反戰」、「要和平」不是任何時候都正確的口號。龐樸回憶說，1949年設在濟南的華東大學幹訓班的學員們個個歡呼共產黨，可是同學中又普遍存在有渴望和平，結束動亂的情緒，經過上思想大課和反復討論，大家才認識到：「這樣的和平的願望，又很容易傾向於在事實上同情敵人」，「雖說痛恨蔣，未必不會冒出有利於蔣的思想和情緒來」[2] 這些未來的新幹部們終於發現自己立場還有問題，於是紛紛開展「批評與自我批評」，才把思想端正了過來。

易代之際，通常都是血流成河，龍應台對長春圍城造成大量民眾餓死哀痛不已，也強烈譴責國軍在山東戰場下達造成「絕地」，「無論男女老幼，一律格殺」的命令(頁188)。她寫了新一軍將領孫立人、陳明仁對共軍死傷的不忍，「看了敵人的屍體也不禁流下了眼淚」(頁132–133)。她的筆下對國軍多有同情，因為率領國軍的都是前不久與日軍浴血奮戰的抗日名將。

她再現了內戰的真實場景：國共為爭奪蘇北重鎮鹽城，造成大量的傷亡：1946年冬，國軍攻下鹽城，發現周邊的戰壕裏掩埋了700多具被凍僵的共軍士兵的屍體，每個人的口袋裏都有被雪水浸透了的家書和親人的照片(頁259)；而在同一城的護城河裏，國軍又發現有王鐵漢的國軍第49軍3000多具屍體(頁261)。

龍應台在書中描繪的濟南戰役後的一個場景和所引用的一位叫盧雪芳女子的話，尤其令人震撼。在解放軍攻下濟南後，街上走着一位渾身發抖的國民黨傷兵，他的右眼、鼻子和上嘴唇都被戰火削掉了，盧雪芳正在街上行走，看到這位傷兵，她的眼淚一下湧了上來，卻聽見後面兩位八路軍士兵說：這就是給國民黨賣命的下場。盧雪芳轉身對那兩位士兵說：「你們怎麼可以這樣說他？他算什麼國民黨？還不是跟你們一樣只是一個兵而已。」(頁150)的確，如果不是被拉上戰場，這位可憐的傷兵不就是一位在田裏耕作的農民嗎？龍

2　龐樸：〈火紅的歲月——1949 年華東大學社一部學習生活點滴〉，《歷史學家茶座》2009 年第 4 輯，第 16 頁。

應台引用一位國軍給家人的信說，「脫下了軍衣，是一個良善的國民」，這句話飽含情感，令人感動：那些從死人堆裏爬出來的，脫去軍裝的國共士兵，他們或在海峽彼岸的家鄉務農，或在台島被派去修築橫貫公路，他們哪一個不是農家子弟？

龍應台在書中說：「歷史往往沒有聲音」，在之前，也有人說，「誰掌握了現在，誰就掌握了過去」。在幾十年裏，大陸的歷史撰寫中，國軍抗戰的史跡被抹去了，直到1980年代後才重見天日。在台灣，「二二八」事件和「白色恐怖」的受難者直到1990年代實現民主化後才得以平反昭雪。

儘管「朝代可以起滅，家國可以興亡」，歷史記述往往也是勝利者的專利，但是時代變了，價值觀也會隨之變化了，台灣自不待言，在大陸，也有一些改變。我認識的一位女學者原先研究1945–1949軍事史，幾年前她對我說，不想再研究這一段歷史了，「實在沒意思，因為都是中國人打中國人」，這句話使我印象深刻。但是，從人文和人道的角度，全景性的對這段歷史作出反思，在大陸和台灣都還沒有出現，龍應台為第一人。

四、1949年，重塑社會的關鍵年代

在中國幾千年歷史上，年年有饑荒，有災難，1949年也如此。但是1949年不是普通的一年，它是「城頭變幻大王旗」的一年，卻完全不同於中國歷史上一般的王朝更替或改朝換代：這一次是天翻地覆，是政治與經濟制度、思想、文化、生活方式、價值觀念等的快速、徹底的改變。

1949年11月27日，朱光潛就在《人民日報》發表《自我檢討》的文章，這是知識分子為適應新社會而進行思想改造的開端。一年後，江蘇揚州中學的教師進行思想改造運動，這是一所建於清末的著名中學，曾培養了許多知名的專家、學者。一份50年代初的檔案材料寫道，該校「178名教師有變天思想，怕蔣匪捲土重來的達59人，懷疑敵對蘇聯共產黨、人民政府的有61人，存在同情地主的封建思想的有39人，比較顯著的懷疑、反對鎮反、認為殺人太多者達60人，崇美、恐美、親美的達105人之多。」[3] 以現在的眼光看，這份檔案多少反映了建國初「寧左勿右」的思想，但如此多的知識分子有「變天思想」，並在建國後沒幾年就被劃入另冊，這也是令人吃驚的，更是那些知識分子沒有想到的。

1949年，跟隨國民黨去台灣的是少數人，大批原國民黨軍政人員都留在了大陸，包括被共產黨視為最具危險性的「階級敵人」：地主和國民黨「軍、警、憲、特」。這些人在易代之際選擇留下，等待新社會的到來，一方面是對國民黨完全失望，另一方面也是相信共產黨的《約法八章》。當然還有許多南方鄉村裏的地主，不知世事有變化，以為自己勤儉持家，老實本份，沒有招惹誰，還可以像往常一樣過日子。在一年後「鎮反運動」中，有現行破壞活動的國民黨殘餘分子及有反共「血債」的前國民黨「軍、警、憲、特」和「惡霸地主」等，約71萬人被鎮壓，和跑到台灣的那些人相比，他們成為引頸待戮的一群。

去台灣的人，雖然還生活在熟悉的歷史文化的氛圍中，但是台灣社會正在發生深刻的變化：那就是四處彌漫的白色恐

3 《揚州中學各種錯誤思想的檢查》，江蘇檔案館館藏蘇北行署檔案，3001–短期–0079。

怖：跑到台灣的200萬軍、公、教人員，居然有4千餘人被當作「匪諜」，命喪馬場町等刑場，幾十年後，人們才知道，他們中的絕大多數都不是共產黨員，至多是左翼青年或左翼文學愛好者。這些所謂「匪諜」大多是「外省人」，他們千辛萬苦到台灣，「自投羅網」，把命丟在了台灣！

在大陸時代，國共有兩次合作，以後雖然翻臉，但是畢竟不久前還是朋友和戰友，不少國民黨高官一時還拉不下臉面，許多人都保護過共產黨員，例如：蔣作賓為被捕的廖承志做過擔保；陳誠曾幫助過田漢在皖南事變後避難，杜聿明也曾保護過田漢在昆明不被騷擾等等。共產黨幹部基本上則是「親不親，階級分」，但這不能歸之於黨員和幹部個人品德，而是黨的嚴格紀律使然。在1947年的老區土改中，一大批共產黨員和區、縣幹部因「包庇地主家庭」而受到開除黨籍等嚴厲的處分。因此在建國後，除個別外，很少與聞共產黨高中級幹部對那些即將要被槍斃的，曾幫助過自己的前國民黨軍政人員伸出援手。

1949年後，台灣的國民黨當局成了驚弓之鳥，龍應台說：「很多殘酷，來自不安」(頁90)，這是千真萬確的。那些國民黨大官很少再出面保人了，在台灣，往往就因為讀了一本左翼作家的書，就隨意把人長期關在火燒島。更令人髮指的是，1949年12月，澎湖衛戍司令李振清把追隨國府，千辛萬苦，帶領八千山東流亡中學生到澎湖的山東聯合中學校長張敏之(前煙台中學校長)及老師等七人全當作「匪諜」槍斃，造成千古冤案！這件事，過去未見史書記載。杭立武是當時的教育部長，為山東聯中(由八所中學組成)撤退澎湖，親自和澎湖駐軍辦過交涉，但是在1980年代後期台灣中研院近史所對他進行的口述採訪中，他只是提到該校培養了多少人材，卻對當年的慘劇無一字說明和交代。2004年春，我在台北第一次聽尉天驄教授親口對我說過此案，至今還記得尉教授在講述這件事時的憤怒表情。去年，我讀王鼎鈞的《文學江湖》，知道了該案的更多細節；今天龍應台的書讓廣大的讀者瞭解那個年代「白色恐怖」的無恥和無法無天！

龍應台以外省人後代的身份理解、同情台籍人士在「二二八」事件中所蒙受的苦難和犧牲，又公正地提出外省人為50–60年代白色恐怖的最大受害者。現在看來，當年的國民黨不管是有意還是無意，客觀上通過兩大事件：「二二八」事件和「澎湖山東中學匪諜案」實現了台灣社會氛圍的轉變，蔣經國等依靠白色恐怖，使亡國之君蔣介石的威儀重新確立，也使台灣的政局穩定了下來。以後國民黨從「抓匪諜」中嘗到了甜頭，就頻頻運用「匪諜」的罪名來抓人。

在這個問題上，國共的路數完全不一樣。在大陸，共產黨採取公開的、大張旗鼓的方式，運用一切宣傳手段，通過群眾運動和專門機關相結合的方式，開展「鎮反」和「肅反」運動；在制度建構方面，以「階級分類」為依據，依靠單位、街道和公安部門三結合的方式，建立起社會治安網絡，以監督「四類分子」(地主、富農、反革命、壞分子，1957年後再加上「右派」，統稱「五類分子」)和一切「破壞分子」；國民黨則專由特工部門負責，以暗箱作業的方式，在全島各行各業密佈「眼線」(即「線民」)，形成天羅地網，重在製造恐怖，形成威懾。龍應台在她的另一篇文章中提到，1962年，她十歲的時候，曾親眼看到穿着「黃卡其衣服的一堆人，手裏有槍」，到她就讀的小學來抓一位數學老師，那位老師跑出教室，特務們緊追，最後那位老師的「屍體呈大字型打開」，就死在學校操場的黃沙上，而所有的師生都不言語，好像沒發生過此事一般。

龍應台親眼所見的這件事，在那個年代經常發生。《萬象》上刊載的一篇文章《稻田裏的學校》也寫到和龍應台在小學時所見到的幾乎一模一樣的抓「匪諜」案，這次是穿中山裝的人來學校，把正在上課的外省籍老師抓走。恐怖形成巨大的震懾力，被抓者尤如人間蒸發，大家都迴避談論。顯然，這就是國民黨當局所要的社會效果：白色恐怖造成無邊的社會恐怖和心理恐怖，使百姓彼此分開，就在百姓的恐懼中，黨國的威權如日中天，無所不在。

五、白色恐怖，還是歲月無憂的日子？

1950–60年代的台灣的「白色恐怖」打擊的主要目標是「外省人」，龍應台的父親龍槐生在大陸時代當過國民黨的憲兵連長，去台灣後就做一個鄉村警察，按理說不應是黨國體制的「懷疑對象」，但還得寫自傳。齊邦媛的丈夫是鐵路工程師，也被要求寫出歷史反省材料。相比之下，本省人的處境似乎要好得多，只要當順民，政治上「安分守己」，不涉及左翼和台獨，該幹嘛就幹嘛，一般不會遇上太多的麻煩。

在「白色恐怖下」有沒有正常的生活？應該說這是一種受到政治干擾的被扭曲的生活，在「白色恐怖」下，百姓的日子還得過，居然還越過越好，這裏主要的社會結構性的背景是，台灣不是單一的，由政府掌控一切的計劃經濟體制。50年代中期後，在當局的管制經濟之外，「市場」的因素也開始增長，小百姓依靠「市場」，總還能找一碗飯吃。龍應台的母親美君設在高雄港的賣菜的小攤子，在她的經營下，1953年擴充為一家小店——「美君商號」，這也是大陸開始消滅私有經濟，加速社會主義改造的關鍵年代。在當時一般人不會特別注意到這些，人們關心的只是美國對台灣給了多少經援，蘇聯給了大陸多少援助，而不知道一個社會的經濟自由才是最重要的。再則，台灣沒有如同大陸那樣搞「群眾專政」，「匪諜」的家屬、子女雖然也受到歧視——龍應台的書中提到王曉波因母親被冤殺，而受到學校老師的侮辱，但是總的說來，「匪諜」的家屬、子女還不至於被普遍視為「不可接觸者」，遭遇到「人人喊打」的境地，其子女還可以讀書、升大學。

雖然身處白色恐怖的年代，也有人沒覺得有什麼壓力，這裏面既有外省人，也有本省人。《萬象》雜誌有文章談1950年代初某作者從大陸流亡到台灣，有幸在台大法學院讀書，度過了他稱之為「象牙塔裏」的一段平靜的求學歲月。在文章中，這位作者自稱當年他是國民黨外圍組織成員，也是台大校園社團活動的活躍分子，還代表「中華民國」參加過出外訪問的大學生代表團，顯然，作者是當局信任的對象，他對1950年代的回憶是有其角度和立場的。

這種情況無獨有偶，對大陸上世紀1950年代的社會生活，不同的人也是有不同的感受。例如：有許多知識分子在數十年後對「思想改造」持批評和反思的態度，有的甚至直接批評為「洗腦」；但是也有知名知識分子欣賞、懷念那段生活，把它稱之為是「永遠力量源泉」的「火紅的歲月」[4]。

---

4 龐樸：〈火紅的歲月——1949年華東大學社一部學習生活點滴〉，載《歷史學家茶座》2009年第4輯，第14頁。

鄭鴻生是一位本省籍批判知識分子，他生長在台南的一個小康之家，家境頗優渥。他在回憶他的中學時代時，很少提到那時在許多外省人心頭上時刻存在的對白色恐怖的驚觫感，也很少提到一些外省人在回憶中通常會提到的50–60年代初的困窘生活。他詳細描述了他的味覺開發的過程，從台南的外省人的食物小店或小攤子，一路吃到求學的台北，從此喜歡上了外省菜菜肴和食物[5]。

台灣的「戡亂戒嚴時期」是一奇怪的狀態，它的高峰期應是1950年代的十年，60年代後開始緩和，以後特務雖然還不時抓人，告密仍然盛行，甚至達到了普遍化和深入化，許多有「卓越反共表現」的「忠貞黨員」都遭過「檢舉」，但是社會的緊張度已有所鬆弛。這個時期的台灣社會，已有一定的自由度，又被穿上緊身衣。龍應台成長在這一時期，她既親眼見過穿黃卡其裝的特務來抓她所在學校的老師，也和那一代人一樣，「在和平中，天真而開闊地長大」。

六、省籍問題的癥結

近十多年來，「台灣自主性/主體性」政治正確話語，在台灣學術、思想、文化領域不斷擴大影響，這種思潮自有其歷史根源，龍應台以理性客觀的態度，將其抽絲剝繭，展現在公眾面前。

龍應台在書中花了許多筆墨描述了台灣本省籍人士在國家認同問題上的困惑和迷惘，只是在我看來，有些已不屬於「困惑」和「迷惘」，而是錯以殖民國日本為認同對象！給

5　鄭鴻生：〈山東白、四川菜與台南外省面——記一個府城少年在升平年代的味覺探索〉，載《萬象》，第 12 卷第 1 期，2010 年 1 月。

我印象特別深的是，日據時代的台灣青年以當日本兵的「軍屬」、「軍夫」為榮，在太平洋戰爭爆發後，積極報名參軍，居然報名者高達100萬人，而被錄取的少數人莫不以為日本效力而自豪！我讀到這一段，感到觸目驚心，日本在台「皇民化」政策的推行居然如此「成功」，這是我過去沒有想到的。我不由想起蔣渭水之弟蔣渭川對蔣介石說的一段話：台灣人敬畏而不懷德。蔣渭川是台籍人士，卻說出如此貶損台人的話語，是在國民黨高壓下為討好蔣介石而違心說的假話，還是他真實的想法？這些都不得而知了。

1945年10月25日，台灣光復，被台灣人民盼望的「祖國軍」卻形同乞丐，毫無文明舉止，被稱為「叫化子軍」，再次讓台灣老百姓失望，因為他們看到的是：日本兵就是戰敗了，也是軍容整齊，威風凜凜。沒兩年，1947年的「二二八」事件，大批台籍精英被枉殺，讓台灣百姓徹底領教了國民黨的專橫和殘暴，從此省籍問題成了台灣本省人的一個難解的心結。

幾十年後，台灣歌手羅大佑頗有深意地用日據時期台灣老一輩作家吳濁流的名著《亞細亞的孤兒》的書名，寫出著名的歌曲《亞細亞的孤兒》，唱出了台灣人在冷戰時期對冠之以「紅色」和「白色」的高壓和恐怖的那種驚懼感和淒涼感：

亞細亞的孤兒在風中哭泣
黃色的臉孔有紅色的污泥
黑色的眼珠有白色的恐懼
亞細亞的孤兒在風中哭泣
沒有人要和你玩平等的遊戲

每個人都想要你心愛的玩具
親愛的孩子你為何哭泣

多少人在追尋那解不開的問題
多少人在深夜裏無奈地歎息
多少人的眼淚在無言中抹去
親愛的母親這是什麼道理
親愛的母親這是什麼真理

龍應台和羅大佑理解和同情台灣本省人在兩蔣統治時期所受到的壓力，寫出了許多人都身同感受的那種無助感和無力感，這都是歷史事實，但是若要說，國民黨自台灣光復就蓄意打擊台人，則與事實不符。國民黨治下的中國和日本不在同一社會發展的水平上，1945年抗戰勝利時，國民黨不是沒有裝束整齊、兵員素質較高的精銳部隊，只是他們遠在印緬戰區；國民黨也不是不重視收復台灣的準備工作，他們在重慶早就設有專門機構謀劃此事，只是國民黨不是共產黨—1935年初，紅軍長征進入貴州遵義城，為使該城百姓對紅軍留下好印象，上級命令紅軍一律着鞋。國民黨辦事大而化之，太不認真，更不重視辦事的落實，這是它的一貫風格。國民黨軍隊和陳儀的長官公署對在日人長期統治下台灣民眾的心理，沒有興趣去深入研究，更不會有的放矢去做收買人心的工作，加上不少官員存有貪污行為，態度又很驕橫，在推行國語運動時過快過急，讓百姓無所適從等等，於是長官公署和「祖國軍」在台灣人心目中的地位就一落千丈了。「二二八」事件在客觀上強化了國民黨的權威，使台省同胞對國家的感情產生嚴重的疏離，但那時蔣介石並沒料想兩年後他會丟掉大陸，退守到台島。事件後蔣改派文人魏道明做省主席，任命台籍人士丘念台為民政廳長，林獻堂、杜聰明等為省府委員，其着眼點都是安撫人心，客觀地說，「二二八」事件中蔣介石派兵去台灣鎮壓，不是他為退守台灣預做準備，而是國民黨當局在整體中國的框架下的一次伴有大量濫殺行為的反共治安整肅行動。

省籍問題以後越演越烈的全部癥結乃是「反攻大陸」不成，由統治合法性危機而造成，中央級「民意代表」為外省人佔據，以後成為「萬年國代」確是事實，但又事出有因。設想若無于右任、吳稚暉、王世傑、王雲五、胡秋原等等充任「立法委員」或「國大代表」，「中華民國」的「法統」又如何體現？蔣氏父子一方面堵住台籍人士參與高層政治的軌道，嚴密監視他們任何形式的結社活動，逼使他們走上經營私人經濟的道路；另一方面，為了攏絡人心，也給了少數本省籍人士省、縣參議會議員等位子，20年後，終於開花結果。隨着台灣經濟起飛，台灣出現了大批本省籍的企業家和專業人士，到了1970年代初，更有蔣經國「崔苔菁」，大量提拔台籍精英參與政治，台灣的政治生態終於發生重大的變化。

七、新價值從失敗而來嗎？

從「丟失江山」的角度講，國民黨、國民政府是「失敗者」，這是無可更改的事實。熊式輝說，想起在大陸的失敗，「切膚痛心，不敢回顧」。陳誠痛切反省國民黨失敗的原因，從他參與並領導的江西剿共戰爭一路反思，他聲稱：未能在1934年10月消滅朱毛紅軍，致使功虧一簣，遺恨千古。國民黨高官的這些反省和反思，都是從「黨國」丟掉大陸江山的角度出發的。

如今龍應台從民間的角度提出「向失敗者致敬」，並坦陳：以身為「失敗者」的下一代為榮！但是這裏有兩個問題：第一，台灣是不是失敗者？齊邦媛教授就不同意這個命題，她認為國民政府、台灣百姓不是「失敗者」，她說，如此看問題，是因為各人的「價值觀」不同；

第二，龍應台在《大江大海一九四九》一書中沒有展開論述她的一個隱匿的命題，而在她的其他文章裏都有所涉及，這就是1949年國府的失敗與台灣以後開出的自由民主新價值的關係。

可是人們也會提出疑問，難道沒有1949年國府的失敗，自由民主的新價值就開不出來？證諸大陸時代，雖經戰亂摧殘，不是也有新價值和民間社會的存在嗎？只是這些新價值最終擋不住左傾思潮的衝擊而凋零。

當然，如果只是「思潮」是衝不垮手上握有數百萬大軍的國民黨政權的，關鍵是在左翼思潮背後有高度組織化的強大的軍事、政治集團，並得到廣大農民及蘇聯的幫助和支持，而國民黨與社會底層，特別是廣大農民極為隔膜，又被普遍認為是貪污腐敗，這就使得左翼的解釋直逼人心，為共產黨爭取到越來越多的支持者和同情者，國民黨也因軍事失敗造成全局崩潰，最後被迫退守台灣。

龍應台在書中沒有專門討論國民黨大陸失敗的「因」，但是它實際上已相當程度地涉及到這個關鍵的問題：書中引用一位被俘的國軍軍長對淮海戰役的一段回憶說，國軍打仗，老百姓「快閃」，「糧食也都被藏了起來」，而「共軍和老百姓在一起，像一家人那樣親切」，「除了所穿的衣服，便衣和軍服不同外，簡直分不清軍與民的界線」(頁185)。

常言道，人在屋簷下，不得不低頭，這位被解放軍俘虜的國軍軍長或許只能按照共軍的口徑如此這般說，可是逃到台灣的前國軍連長林精武也是這麼說，那就說明他們所言都是事實了。在淮海戰役中負傷逃亡的路上，林精武看到老百姓推着幾百輛獨輪車，「碰到河溝或結冰的路面，深陷的地潭，二話不說就把推車扛在肩膀上，繼續往前走，走到前線去給共軍補給。老老少少成群的婦女碾面、紡紗、織布，蹲下來就給解放軍的傷兵上藥，包紮。」(頁185–186)

國府失去了民眾的支持，使自己猶如空中樓閣般的脆弱，最終難逃覆亡的命運。1949年初陳誠奉蔣介石命接掌台省主席一職後，痛定思痛，宣稱以「人民至上，民生第一」為治台之理念，從「三七五減租」着手，將社會基礎夯實，開始新的出發。顯然，台灣以後取得的成就和進步是與其失敗相聯繫的，龍應台不會為國民政府1949的大流亡而驕傲，她是為台灣人從失敗後站起來，又開出新價值而自豪。

龍應台非常動情地描繪了以下幾個鏡頭：

> 為躲避解放區土改和清算鬥爭衝擊的豫衡聯中五千名流亡學生，和同樣原因逃離家鄉的山東聯中八千名學生一樣，一邊讀書，一邊南下流亡，到了宿營地，「背包一放下，學生們就開始升旗、唱國歌、讀書、聽課。」一位返鄉不願南下的同學留下的《古文觀止》，「變成顛沛流離中的珍貴教材」。豫衡聯中的流亡學生，帶着這本《古文觀止》，一路艱難跋涉，在廣西和黃傑率領的國軍第一兵團

> 下的九十七軍二四六團會合，在他們的保護下，於1949年12月13日，和黃傑部屬一起退入法國統治下的越南，原來的五千多學生此時不到三百人，隨後他們又和國軍官兵被法國人遷往富國島，在一場大火中，張子靜校長搶救出的唯一物品就是這本《古文觀止》，1953年，豫衡聯中最後到達台灣的學生只有208人；(頁106)
>
> 進入越南的國軍黃傑部下三萬多人在富國島剛剛安頓下來，就建起「中山堂」和「中州豫劇團」……
>
> 也是在1949年，錢穆等離開大陸，前來香港，在極其困難的條件下，篳路襤褸，創辦新亞書院，中華文化的薪火，從中原大地一路南下到了香江之濱。

無庸諱言，1949年後的台灣，在長達數十年的時間裏，是由一個專制主義的國民黨黨國機器嚴密統治的。一方面，兩蔣臥薪嚐膽，勵精圖治；另一方面，國民黨風聲鶴唳，草木皆兵，在思想、文化方面厲行禁書和「文字獄」，在這種背景下，怎麼可能開出「新價值」？

歷史的悖論也許就在這裏：國民黨吸取大陸時代「放任主義」的歷史教訓，以蠻橫、粗暴的「一刀切」的方式，徹底清剿一切「煽動階級對立」的1930年代左翼文學或社會科學，終於實現了它多年以來夢寐以求，在大陸時代一直沒能達到的目標：台灣社會的面貌被高度同質化了，依照黨國機器的設計並在它的一再努力下，「反共」成了台灣社會的主導價值，台灣社會也成了一個反共社會。

和台灣形成對照的是，1949年後，大陸成了「革命社會」，與台灣一樣，大陸也禁絕一切「反動」讀物，不斷清理、淘汰圖書館的藏書，甚至街頭的「小人書」的攤子也被反復清理。和台灣不一樣的是，大陸是越到後來禁書越嚴，及至文革爆發，所有圖書館關門，在馬、恩、列、斯、毛、魯迅外，所有書籍都被禁。而在台灣，到了1960年代後，禁書的尺度大為鬆弛，出現了許多翻印本。大陸禁書對達到「輿論一律」的目標，居功厥偉，所以以後才會有狂熱效忠於領袖的「紅衛兵運動」。但是，大陸畢竟很大，無論怎麼禁書，總有漏網之魚；再則，1960年代初，大陸為「反修」而在內部出版的「灰皮書」、「黃皮書」，在文革中流傳到社會，多少打開了通往外部世界的窗口，實際起了啟蒙的作用。

在禁書方面，類似台灣的還有新加坡。二戰後的許多非西方國家在經濟衰敗的同時，還會受到世界性的左翼思潮的影響，大多會加劇這些國家和地區的社會動盪。老練的李光耀為了截斷中華人民共和國對新加坡這個華人社會的影響，也是嚴禁左翼讀物的流通。幾十年後，當該國的中產社會已經穩固，當局又開禁左翼文學，此時那些作品已少有人問津，不再具有革命動員的作用了。

長期的禁絕左翼讀物，使得台灣一些知識分子對某些左翼名著的社會作用充滿不切實際的想像。我認識的幾位台灣學者都對我說，他們在解嚴後如何買了馬克思的《資本論》仔細研讀，其潛台詞是讀了該巨著，也就可以瞭解中共革命了。我告訴他們，他們是被某些「匪情專家」誤導了。在大陸的共產革命年代，除了非常少的黨內學者和「教條主義者」，中共大多數領導和黨的高中級幹部是不讀《資本論》的。中國的共產革命是以農村為中心，以農民為主體的革命，到1949年12月，農民出身的黨員有340.1萬人，佔黨員比重75.8%，文盲共300.6萬人，佔全黨黨員比重的69%，在那個年代，他們所接受的就是毛澤東的若干重要概念，以及「打土豪分田地」、「保衛土改果實」、「翻身打老蔣」等口號。至於知識分子，與其說他們是被《資本論》吸引參加中共革命，還不如說他們是受了魯迅和蘇俄文學的影響才投奔延安和參加學運的。我的這番話讓這些朋友多少有些失望，他們大概不會接受我的看法，作為學院知識分子，他們還會一如既往地去讀他們認為非常重要的左翼名著的。

說到台灣長期的反共宣傳，其間雖然有許多歪曲和誇張（「反共八股」），但是大陸在1950–70年代的一些執政方面的極左錯誤，被台灣方面利用，用來凝聚台灣的民心，並取得成效，這也是不爭的事實。兩蔣時代台灣對大陸的「心戰」廣播，對大陸的城鄉青年尤其是偏遠地區的一些青年也產生了影響。君不見，「文革」期間，大陸「公檢法」的宣判公告裏，有多少「偷聽敵台犯」，其中最多的就是偷聽來自台灣的廣播。一些城鄉青年，其中不少還是工農子弟，居然按照台灣廣播中提供的地址，給國民黨敵特機構寫「反革命掛勾信」，要求寄錢寄物給他們，最終都落入「公檢法」的法網。「文革」期間，大陸對台廣播也有影響，但是吸引的多為台灣左翼青年，對一般民眾影響很小。大陸長期搞政治運動，搞株連，「文革」又大肆破壞文物典籍，把台灣民眾嚇壞了，蔣氏父子相應推出「中華文化復興運動」，雖為官辦，也有形式主義的流弊，但在台灣社會傳播優秀典籍，普及中國傳統文化，總比「評法批儒」、歌頌秦始皇，更易讓台灣百姓接受。

今年春節前，CCTV–4頻道報導哈爾濱工業大學一位在台學習的大學生對台灣社會的感受。她說：「台灣人超好」。我理解她說的「超好」就是她在那兒感受到了一種在大陸生活中缺乏的，人與人之間的溫良恭儉讓的氛圍，而這是去過台灣訪問、旅遊的大陸人對台印象最深的地方：台灣雖然很小，卻充滿濃郁的中國文化的氛圍，與大陸相比，更有傳統文化的底蘊！所以，我非常理解龍應台對台灣的深情和眷戀，我也完全讀懂齊邦媛為什麼會說出那麼感性的話語：「天佑台灣」，「願台灣在歷史上長久存在」。無獨有偶，這兩位傑出的女性都是外省籍人士：龍應台於1952年出生於台灣，她的父母1949年來自大陸；齊邦媛於1948年來到台灣，當時她是24歲，從那以後，她在台灣生活了62年。

如果說，新價值的孕育需要市場經濟的土壤，中國傳統文化追求「日新又新」的特質又推動了新價值融合、落戶於台灣社會，那麼戰後西方思想、文化就成了新價值的直接的搬運者。

1949年後，台灣被納入到美國冷戰反共的軌道，受到西方戰後思想、文化很深的影響。儘管自由主義思想在台灣長期被壓抑，受打壓，但始終是台灣的一個重要的思想潛流，其長效作用隨經濟和社會的發展而慢慢突顯。而在西方戰後文化的影響下，1957年後，台灣的現代文學運動興起，1960年代後，台灣一些人還引入了存在主義哲學，於是西方個人主義與兩蔣的專制主義又形成張力。

走筆到此，我想起以前讀的鄭鴻生的《青春之歌》。他說，由於兩蔣當局完全禁絕左翼讀物，1968年，錢永祥等這些反抗黨國專制壓迫的青年知識分子，是從羅素、薩特還有一些歐陸的邏輯經驗論者那兒吸取思想養份的。使我特別印象深的是錢永祥等坐在台北的冰果室裏，一邊抽着煙，喝着熱檸檬茶，一邊在為他們的社團刊物《大學論壇》安排稿件。啊，熱檸檬茶！ 多麼神奇的物品！我敢肯定，1968年的絕大多數的大陸青年還不知熱檸檬茶為何物！同樣都是在思索着青年的出路，那個年代海峽兩岸青年可以說是生活在完全不同的物質和精神世界裏。相比之下，錢永祥等是幸運的，他讀的是全台最好的中學——台北建國男中，以後又進入台灣最好的大學——台大，如果他的母親沒有把他帶往台灣，在上世紀1960年代的大陸，「國民黨反動軍官的子弟」是不可能享有平等受教育的權利的，更別說考入大學，甚至還會因思想異端，被送上斷頭台。——在1970年的「一打三反運動」中，一些「出身不好」的青年人就是因為「離經叛道」而被處以了極刑。所以可以這麼說，相比於「極左主義」，台灣的右翼專制主義還有其「柔性」的一面的：柏楊居然在台灣的牢房裏寫出他的名著《中國人史綱》，而丁玲因長期被單獨監禁，不許閱讀，是靠着背誦兒時母親教給的古詩詞才免於發瘋的。兩蔣父子從來沒有認同過自由主義價值觀，但是在他們的治下，台灣也從來沒有切斷過與美國的密切的政、經、文化溝通的渠道，於是西方的自由主義和個人主義的思潮，「隨風潛入夜」，最終為新價值的孕育和成長提供了豐饒的土壤。當所有這一切都聚合在一起，1987年7月，蔣經國宣佈開放報禁、黨禁和大陸探親，台灣就跨過了通向現代民主社會的門檻。

八、千古興亡多少事，不盡長江滾滾流

去年是中華人民共和國建國六十周年，也是國民黨退守台灣的六十年，六十年，這是兩代人的時間，但是在歷史的長

河中，也就是短短一瞬間。

十月下旬，我在上海醫院的病榻上，手術後的傷口疼痛，沒有使我流一滴眼淚，但是當我讀到《大江大海一九四九》的最後一段，也是全書點睛之筆，我的眼睛充盈着淚水，龍應台的幾段話深深地觸動了我。

龍應台寫道：

> 太多的債務，沒有理清；太多的恩情，沒有回報；太多的傷口，沒有癒合；太多的虧欠，沒有補償……

龍應台不迴避，不遮掩，以赤子之心，將她對公平正義的立場和態度，完全無保留地展現在公眾面前，份量之重，超過了任何宏篇大論。

幾個月後，我還是在醫院的病榻上，春節期間的醫院十分安靜，我再讀龍應台的書，這次是在南京，更是別有一番滋味在心頭。

山圍故國周遭在，潮打空城寂寞回。

南京，是舊時國民政府的首都，也是中國歷代建都最多的城市之一，石頭城下，秦淮煙水，見證了多少王朝的興亡和更替。然而，在這兒建都的王朝幾乎都沒有興旺長命的，這就使得這座古城有一種淒涼落暮之感，白先勇筆下《台北人》中的南京，也有幾絲愁苦的意蘊。

1998年，蔣介石的機要秘書周宏濤，回到南京總統府舊址。1946年初，他曾陪同蔣介石從陪都重慶回到這裏，那時南京萬人空巷，歡迎蔣委員長勝利還都，可是三年不到，蔣介石倉惶辭廟，再也沒有回到南京。半個世紀過去了，如今他作為蔣的機要秘書重歸舊地，觸景傷情，百感交集，想蔣氏去台後，「念念不忘光復大陸的使命」，卻事與願違，「淚水不禁奪眶而出」。

十年後，龍應台也回到南京，望淘濤長江，尋找她父親經歷的抗日的戰場和已消失的，在日軍侵佔南京時關押過「八百壯士」的老虎橋監獄，造訪城郊的外交九烈士墓和航空烈士墓，着眼點是恢復歷史真貌和彰顯人性。

六十年過去了，南京已高樓林立，長江上已建成三座橫跨南北的大橋，中山路上的梧桐依舊，卻不復舊時的靜謐。就在總統府旁，建成了南京最大的仿民國建築的時尚酒吧區「1912」，民國時代達官貴人的住宅區——江蘇路上的洋房群，也被重新修繕一新，據說將作為城市的新的旅遊亮點。那些和1949年相關連的地點：通往上海的下關火車站，已成為一個小車站，那個曾經擠滿逃亡人群的小廣場，如今只有幾個老人坐在那兒曬太陽。城東的中山門，是1949年國民政府各機關從陸路逃離南京，南下宜興、杭州的出發點和必經通道，現在已樹木蔥蔥，成為滬寧高速公路的起點。

「人生有情淚沾臆，江水江花豈終極？」在南京，我看到一個遠去的民國時代的背影。

歲月無聲，江山有情，今天，經濟成長了，國力強大了，和六十年前和三十年前相比，大陸民眾的生活得到很大的改善，但是離一個自由和公平、正義的社會，路途仍然遙遠。展讀《大江大海一九四九》，不同的人群有不同的感受，如果說台灣的外省老一輩，從中讀出「傷」與「痛」；那麼在大陸的許多讀者，則帶着自己的關懷，已不全然是為了追憶歷史，更是祈盼新價值成為福佑人民的燈火，從此照亮國族前行的方向。

家國六十年，河山千萬里，「世界無窮願無盡，海天寥廓立多時」。

2010年2–4月，於南京

初讀《楊尚昆日記》[1]

無論從哪個角度看，《楊尚昆日記》都可被視為去年最重要的出版物之一，甚至可被視為是20世紀中國政治人物最重要的日記之一。

中國人寫日記的傳統源遠流長，宋明以降，已漸成風氣，至晚清更蔚為大觀，文人學者，政宦顯要，多以日記記事述懷，其珍貴之處一為皆親聞親歷，二為私人書寫，較少虛飾，是故，這類日記往往可彌補官修正史的偏缺，而為後人瞭解歷史的多重面像提供珍貴的史料。及至今日，治近代史的學者，不僅需讀官編的《清史》，也要讀《翁文恭公日記》和《越縵堂日記》；而治中外關係史的學者，不能只看《籌辦夷務始末》，而放過《英軺日記》和《出使英法意比日記》，這對史學工作者來説，已是常識。

進入民國以來，許多政界人物沿襲了寫日記的傳統，台灣「中央研究院」近代史研究所近年出版了曾任北洋總統的徐世昌日記12本，起訖時間為1917–1948年。「中研院」近史所還出版了曾任國民黨政府外交部長的王世傑日記10本。蔣介石生前也有每日記事的習慣，其所寫日記現收藏於台北「國史館」蔣氏之「大溪檔案」中。

相比於國民黨政治人物，中共高級領導人生前和生後都較少出版個人日記，80年代後，曾出版過一些曾擔任過負責

1　原載《南方周末》特稿，2003 年 3 月 21 日。

工作的前領導同志的日記，如《謝覺哉日記》、《林伯渠日記》(片斷)、《周保中日記》，《賴傳珠日記》、《王恩茂日記》等。但這類日記所載內容均起訖於民主革命時期或革命戰爭年代，基本上不涉及建國後的內容。極個別者如《汪東興日記》也只是擷取作者在1965年的一段經歷，而非汪氏全面、系統、有連續性的完整日記。

在擔任過黨和國家最高職務的領導同志中，楊尚昆是唯一在生後出版日記的。其日記是迄今出版的前領導人中地位最高、也是內容最為豐富、部頭最大的日記。這部日記共有上、下兩冊，全書110萬字，引人注目的是，該日記全是建國以後的內容。起訖時間為1949年1月1日–1965年12月10日，時間跨度為「文革」前的整整17年。在建國後的這17年間，楊尚昆位居黨和國家的領導崗位，他先後擔任過中共中央副秘書長、中央軍委副秘書長、中共中央委員和中央書記處候補書記、中央辦公廳主任等職。因此，這部日記就格外引人注目。在這部日記中，作者不僅簡要記述了他的所見所聞，還敘述了他對某些問題的看法，堪稱是一部觀察當代中國史的珍貴記錄。

中共是一個長期在農村進行艱苦革命戰爭的黨，1949年初，中國革命即將獲得全面勝利，黨中央也將從戰鬥了幾十年的農村轉移到城市，對於黨的這個重大戰略轉移，中共中央和毛澤東都給予了高度的重視。毛甚至以「糖衣炮彈」來比喻中共將面臨的新的嚴峻考驗。楊尚昆當時任中央秘書長兼軍委副秘書長、中央辦公廳主任，其工作之一，就是負責中央機關向北京轉移的具體事宜。1949年3月23日，楊尚昆為中央打前站，先行從西柏坡出發，前往北京。在《日記》

中，楊記述了個別機關在北京紀律鬆弛的事，他感歎道，才進城幾天，「似乎大家都變了」，「一進城市，大家對居住生活條件的要求就提高了，都愛從好的方面去佈置」，楊寫道：「要能維持簡樸的作風，恐不容易，城市的引誘實在太大。」

楊尚昆長期擔負黨和國家的中樞——中央辦公廳主任。這一崗位所承擔的基本工作就是上承下達，其具體事務包括上至中央常委開會會場的佈置與記錄、文書草擬和下發，下至中南海車隊的調度、托兒所、食堂工作的安排，以及房屋修繕和花草栽培。楊是辦公廳主任，不一定具體處理過於瑣碎的事情，但其日常工作仍是找人談話、聽取彙報、佈置檢查等等，負責處理的事情極其繁雜。1955年3月，中央決定開黨的代表會議，事先楊接見中央新聞製片廠廠長，具體討論拍攝事宜，詳細指導拍攝哪些鏡頭，哪些鏡頭不拍。50–60年代，政治風雲時有變幻，忽而雷電閃鳴，轉眼又是風和日麗的豔陽天，不管發生如何變化，中樞機器都要運轉，楊仍每天都要面對亟待處理的一大堆具體事務。楊尚昆自1956年黨的八大後，在書記處分工分管工、青、婦和指導中央調查部的工作，他幾乎每隔兩、三天都要聽取中調部常務副部長孔原同志等的彙報，近十年從未間斷。從《日記》上看，楊幾乎每天工作至深夜一、二點，儘管在這17年中，楊在黨和國家的職務序列中並非處於最前沿。

楊尚昆所處的地位極其重要，距毛澤東主席很近，毛在很長一段時間內對楊也是信任有加，甚至諸如代表中央與罷黜後的彭德懷進行聯繫的工作，也由楊來承擔。所以，楊尚昆對毛的記載就特別有意義了。楊尚昆對毛的膽略、氣魄和能力極為折服，他在《日記》中時常稱毛為「主」、

「主座」，這應該是為了記述的方便而作的簡稱。不無巧合的是，曾經擔任過毛澤東政治秘書、也是楊的老部下的田家英，以及毛的兼職秘書李銳等私下也稱毛為「主公」。

楊尚昆青年時代曾在莫斯科中山大學留學，和王明是前後同學。由於王明的機會主義錯誤曾經給中國革命帶來重大損失，王明本人受到了許多領導同志包括楊尚昆的尖銳批評。1949年3月，王明在中共七屆二中全會發言，對自己的錯誤多有掩飾。楊在《日記》中批評王明的發言「口若懸河，離題萬里」，「簡直是胡鬧」，「總觀此人是毫無進步，野心未死，還有伺機反攻之企圖」。而對於毛澤東，楊尚昆則是發自內心的尊崇，他在1949年1月23日的日記裏，抒發了自己的心聲，「作為一個共產黨員，親眼看見中國革命一步一步地照毛主席所規定的進程，走向全國大勝利，實在是值得興奮，值得為自己慶祝。」「沒有毛主席的領導，這種合乎國情而又使革命加速勝利的辦法是難於想像的。」建國初，我志願軍在朝鮮取得對美國的勝利，大大地振奮了楊尚昆，他在1951年1月1日的日記中寫道，主席出兵朝鮮參戰之舉「實是萬分英明的，有遠見的決定……如果當時要由我來決定，我則會偏於『苟安』！」

從楊尚昆的這些敘述可以看出，毛澤東領導中國革命取得勝利和成功，成為老一輩革命者對毛尊崇的思想和行動的基礎。對毛的信任和尊敬，早已內化為老一輩共產黨人的基本性格。

在毛澤東時代，完全實現了以毛為中心的政治上的高度集中統一。在毛的強有力領導下，聽毛主席話，照黨中央指示辦事，幾乎成為每一個中國人包括黨的高級領導幹部的日常行為準則。只要毛澤東和中央一聲命下，全國上下馬上動員起來，上至中央領導，下至普通百姓。這種體制的特點是，上面只要指導正確，下面貫徹執行也大體正確；而上面的指導一旦出現偏差，下面的工作也必然出現問題。1964年10月至1965年5月，身為中央書記處候補書記和中央辦公廳主任的楊尚昆，響應劉少奇主席的號召，率領中央辦公廳長安社教工作組，前往陝西省長安縣開展社教運動。楊尚昆親自下鄉蹲點，在長安縣搞社教大半年時間。楊深入幹部和群眾，對他所蹲點的村——長安縣斗門村的經濟、社會、人民生活情況進行了細緻深入的調查，這些都反映在他的日記中。長安縣的社教運動是當年中共中央西北局直接領導的，基本指導思想就是大抓階級鬥爭，「進行民主革命補課」。西北局共派出17393名幹部，在這個縣進行「大兵團作戰」。幾十年後，歷史雖然已對當年的這場轟轟烈烈的階級鬥爭作出了定論，長安社教基本是失敗的。其根本原因是，運動的指導思想不符合實際。儘管如此，當年中央領導同志深入群眾，與群眾實行「三同」(同吃、同住、同勞動)的精神，今天看來仍有其積極意義。

今天的研究者都知道，1966年末圍繞「四清」運動(社教運動)，在毛澤東和劉少奇之間產生了重大分歧，由此對中國政局的發展帶來極嚴重的影響。有關毛、劉爭論的詳情，在楊尚昆的日記中少有反映。楊當時在長安搞「四清」，特地趕回北京，參加了1964年12月15日召開的持續多日的研究「四清」的中央工作會議。就在這次會議以及緊接的12月下旬和1965年1月初，毛澤東在核心層多次指責劉少奇，並且主持通過了包含批評劉少奇內容的重要文件《二十三條》。楊尚昆在日記中，沒有記錄毛批評劉少奇的原話。在1965年1月14日的日記中，楊表示支持《二十三條》，但同時提出文件「到底好否，要經過實踐證明」。毛、劉爭論給他留下極為深刻的印象，楊寫道：「劉話不靈了」，他擔心從此以後，幹部「不蹲點了！」

在楊尚昆所擔負的工作中，有一塊是負責協調中共中央與蘇共中央的聯絡。楊多次參預兩黨談判，也經常安排蘇聯駐華大使與毛澤東、劉少奇等的會見。楊通俄文，有時甚至親自擔任毛與蘇大使會談的翻譯。1961年蘇共二十二大通過新黨綱，楊一面安排工作人員進行翻譯，送交領導同志參閱，同時他還找來俄文原件，直接閱讀。1960年夏，蘇聯政府突然中斷對華援助，撤走專家，恰逢我國遭受特大經濟困難之際，雪上加霜，給我國經濟和人民生活帶來嚴重的影響。1961年3月，赫魯曉夫對我國作出姿態，提出願意以貸款方式供給我國小麥100萬噸和轉口古巴糖50萬噸，事關重大，劉少奇主持政治局會議進行討論後，要向毛澤東彙報，請毛定奪。此時，毛已退居二線，住在廣州，但所有重大問題仍需老人家親自拍板。為此，周恩來、鄧小平、彭真專程飛穗。毛一錘定音，不要糧食，可以接受糖。從楊尚昆的這段敍述中，後人可以清楚地看到，毛澤東主席不食嗟來之食、堅持自力更生的意志是何等堅強。

《楊尚昆日記》也有不少空缺部分。在一般情況下，某些時日，日記主人因工作繁忙，而無暇堅持每天記日記。楊尚昆也有此種情況。《楊尚昆日記》中，有一些年份都為空缺，例如，從1949年4月1日至12月3日、1950全年、1952全年，都未記日記。1951年只記了頭四個月的日記。1953年楊也只是從12月24日記到31日，其他全為空缺。編者對《楊尚昆日記》中的空缺部分曾予以說明。例如，編者明確提到，楊的「一部分日記已在『文化大革命』中散失」，雖然並未注明散失的是哪些部分。但在另一種情況下，日記的空缺則可能情況不同。例如，從1956年5月16日至1957年1月17日，楊尚昆的日記空缺，編者未加注明是否楊本人在這一段時間確未記日記，而其他的空缺，編者都予以了說明。這一段時間為中共八大召開，楊升任中央書記處候補書記，中共中央提出雙百方針和波匈事件的發生。1957年1月27日至11月1日，楊的日記也出現了空缺，編者也未說明原因。此一時期，為整風反右前後。然而對於1959年的廬山會議，楊的日記中卻有極其簡略的記述。1959年7月23日，毛澤東就彭德懷的信發表重要講話，楊在日記中作了記述。自此以後，楊也每日有日記，雖少涉及彭德懷事件，然仍透露出若干重要信息。例如，1959年8月12日，彭的夫人浦安修來楊處談話，「由十點半談到四點」，次日下午，彭德懷向八屆十中全會作了檢討。日記首次披露了廬山會議後，由楊代表中央與彭聯絡事。9月12日晚，楊向毛彙報「昨夜彭來談的情況」。廬山會議後，毛很關心彭德懷的學習和生活情況。從廬山返京後，1959年10月21日，毛要楊「常去彭處，每月兩次」。10月26日下午4點30分，楊去彭處探望，當夜12點便將與彭德懷談話的情況向劉少奇、周恩來、彭真彙報。自此後，楊尚昆經常向毛澤東和中央其他領導同志彙報彭德懷的情況。

日記通常都較簡略，魯迅日記即為一典型，但政治人物日記簡略，就不僅僅是書寫習慣的問題了。如涉及重大政治問題，涉及人事敏感，涉及對重要人物的看法，在日記中通常會迴避或較少着墨。楊尚昆位居中樞機要，所見所聞大多不宜對外透露，在其日記中，對許多重大事情加以迴避或省略，就完全在情理之中了。例如，1959年9月底，赫魯曉夫訪華，與中方同志發生嚴重爭執，楊尚昆亦參加部分會談，但在日記中均無反映。像這一類情況，在《楊尚昆日記》中並不是個別的。因此，對於學者而言，僅憑日記一類的記載來進行研究，顯然是不夠的，還須其他相關資料加以佐證。

例如，有關彭德懷1965年10月被重新分配工作一事，在楊的日記中記載得就極為簡略。1965年10月19日，楊代表中央約見彭德懷，日記中只有寥寥數行字：「下午三點至六點，彭德懷同志來談話，要求幫助他去西南。」此次談話時間長達三小時，所談內容一定比較廣泛，但在楊的日記中並無涉及，也無一字提及楊在這次談話中的感受。事隔幾十年後，楊著文紀念彭德懷，他寫道，當年這場談話，他與彭都動了感情，共同回憶了過去在紅三軍團並肩戰鬥的往事，臨分別時，兩人都流下了眼淚。

楊尚昆是「文革」浩劫的最早受害者之一。早在1965年末就被不公正地調離工作崗位，下放地方工作。對這件關係到楊的政治前途和政治命運的大事，在他的日記中記述得也非常簡略。

1965年10月29日，楊尚昆在當天日記的抬頭上，寫下：「永遠不能忘記的一天。」日記寫道：「上午十時半，周(恩來)、鄧(小平)、彭(真)三人約我談話，這是一次不尋常的談話，十分值得記着，永遠不要忘記！」這是一次什麼樣的重要談話呢？談的又是什麼內容呢？在楊的日記中無一字反映。談話的當天下午、次日和第三天的日記中，楊都寫了對這次談話的感受。談話當天的日記中寫道：「中午未睡好，下午也忐忑不安」。在10月30日和10月31日的日記中的第一段，分別寫有這樣的話：「心情不安，什麼東西都看不下去。勉強看了一些文件。」「整天沒有精神，無心看什麼。」原來這次談話是由於中央個別領導同志對楊尚昆同志產生了不信任，宣佈調離楊的工作，另行安排楊任廣東省委書記處書記。周、鄧、彭只是奉命傳達而已。楊尚昆是中央委員和中央書記處候補書記，下放廣東擔任一名普通書記(當時省委一級的書記處的書記多達5–6名)，這只能被認為是貶黜，否則何來「不安」，何來「整天沒有精神」？

10月29日談話後，楊尚昆就着手移交工作，這在日記中均有記載。楊仍出席一些例常活動，例如參加孫中山百年誕辰籌備會議，出席蘇聯大使館國慶招待會(11月6日)，出席阿爾巴尼亞國慶紀念會(11月29日)。

1965年11月10日對楊尚昆更是一個不同尋常的日子。楊的工作調令在此日正式發出。同一天，毛澤東主席應楊的要求約見楊。當天日記抬頭寫道：「中午主席找去談話。」這次談話歷時一個半小時，但在楊的日記中對談話內容無一字記載。幾十年後，楊回憶道，在這次談話時，主席要他多深入，多調查，先在珠江流域幹個兩三年，再到黃河流域幹個兩三年。主席甚至很幽默地問道：「廣東那麼熱，你跑到那裏去幹什麼？」然而，熟悉黨內政治生活的老同志都知道，像楊尚昆如此重要幹部的工作安排，是非經最高領導點頭批准而絕無可能的。

毛澤東瞭解楊尚昆辦事牢靠，即使要調離他的工作，仍分派他一些重要任務。在楊遭貶黜一個月前的9月16日，楊還受命與廬山會議後一直賦閑接受批判的黃克誠同志談話，那次是向黃宣佈調黃任山西省副省長。10月19日，楊受命與調任三線副總指揮的彭德懷談話。現在，楊自己也被調離崗位，另行分配工作。11月17日，楊奉毛澤東主席命，去看望王稼祥同志，次日，楊又去看望了陳雲同志。雖然在日記中未寫是否受毛的委託，但以楊當時的身份，不可能單獨去拜訪陳雲同志。(1998年，楊在一篇文章中寫道，這次去拜訪陳雲同志也是奉毛主席之命去的。)楊在看望過王稼祥、陳雲同志後的第三天，專門就此探望給毛澤東寫了書面報告。而在11月19日，楊還就這兩次探望向周恩來作了口頭彙報。

11月19日，楊尚昆向周恩來的彙報，是這兩位革命老戰友的最後一次見面。楊的日記寫道，這次談話「從上午十一點到一點半」，至於所談內容，即在彙報了與王稼祥、陳雲同志談話情況後，楊與周談了什麼，日記中付之闕如。直到1976年初，楊尚昆在山西臨汾流放期間的日記，以及1998年為紀念周恩來誕辰一百周年而發表的文章中，才對這次談話的內容作了披露：楊尚昆對周恩來說：「由於我工作崗位特殊，涉及面很廣，做了些工作，也犯過些錯誤。許多事情你都瞭解，有些問題只有你知道，我沒有向中央其他同志說過；但也有你不瞭解的，我不願意多說。如果發生意外的情況，要處分我，甚至要開除我出黨，只要你知道我是坦白的、無辜的，我就心安了。我決不計較個人利害，也不願意說不應當說出的事。周總理兩眼一直盯着我，聽完我說的話⋯⋯然後對我說：『不至於如此，你放心！』」楊尚昆還回憶了周當時的表情：「眼睛特別明亮，似乎含着眼淚。」

楊尚昆是一個有着高度組織紀律性的老共產黨員，在如此緊張的氣氛下，他承受住巨大的精神壓力，照常工作，有條不紊地向中辦同志辦理移交手續，即使對他的老伴，有着幾十年黨齡的長征老幹部李伯釗同志，也口風很緊，不深談什麼。在11月2日的日記中，楊寫道：「晚間散步時，同伯釗談了一下，她有些疑慮，不好向她説明」。這一天，楊「勉強工作到(夜)十二時後」。

楊尚昆對於他的夫人李伯釗是這樣，對於中央常委、德高望重的朱德委員長也是這樣。1965年11月27日，是朱德八十大壽的日子，楊去朱德家，「坐了一下，未談什麼，彼此心照而已」。何以如此呢？楊尚昆與朱德都是四川人，也是革命幾十年的老戰友，楊主持中辦二十年，與幾位中央常委朝夕相處，彼此間知根知底，有些甚至還知心，即如楊所説的，他與朱德「彼此心照」。朱委員長年事已高，事實上已屬賦閑，楊對朱德的境遇一清二楚，而朱委員長對楊的工作調動事卻很難説事先予聞。在朱委員長八十大壽的日子裏，兩位老戰友無言默對，情何以堪！

1965年12月，由姚文元評吳晗《海瑞罷官》一文引發的政治風暴已經來臨，北京市風緊雲急。由於楊已被調離領導崗位，不再參預中央領導事務，故在日記中對這一事件無一字反映，但事實上，當時，楊尚昆透過此事，已預感政局即將面臨大變動：「大有山雨欲來風滿樓之勢」(1998年楊尚昆在文章中回憶到當時的情景)。現在又一位領導同志處於前沿，他就是曾參加約談楊尚昆的彭真同志。至於彭真被其他領導同志約見談話，免去職務，則要到半年以後。

1965年12月8日，楊尚昆在日記中寫道：「得知常委各同志都去上海開會去了！」這次會議就是中央「處理」羅瑞卿同志問題的上海政治常委擴大會議。此時，楊根本無法想到這次會議會和自己有何關係，楊事先也無從獲悉會議的內容，因為這次連劉少奇也不知道去上海開什麼會。上海會議雖與楊無直接關係，但有間接關係，半年以後，楊尚昆被與彭真、羅瑞卿、陸定一同志綁在一起，成為子虛烏有的「彭羅陸楊反黨集團」的主要成員。

1965年12月10日，楊尚昆整裝登上南下廣東的火車，這時，上海會議正緊鑼密鼓地進行，楊心情黯然，告別送行的妻兒和中辦的同事，他在當天的日記中寫道：「感慨甚多，非言語所能表達」，最後的一句話是：「十六年的北京生活，今天開始變了，一切只能等時間！」

楊尚昆歷經黨內鬥爭，見識廣，心胸開闊，他的氣度和忠誠在艱難的歲月裏經受了嚴峻的考驗。楊的「等時間」，不是一年兩年，這一「等」竟長達十二年。1965年底楊赴廣東後，1966年5月又被下放到肇慶任地委副書記，可謂一貶再貶，任命下達的當天，他以氣候潮濕，身體不適，向中央申請轉去山西，得到批准。5月下旬，即在政治局擴大會議結束，宣佈「揪出彭羅陸楊反黨集團」後的幾天，楊尚昆轉任山西臨汾任地委副書記。旋即「文革」爆發，楊被隔離審查，不久即被「監護」了起來，一直被關到1975年，鄧小平復出，楊才被放出來，安置在山西臨汾。十一屆三中全會期間，中央重新啟用楊尚昆，任命楊為廣東省委第二書記兼廣州市委第一書記。兩年後，楊回到北京，開始擔負一系列黨和國家的重要領導職務，為中國的改革開放和四化建設作出了巨大貢獻。

楊尚昆是一位具有傳奇色彩的革命家，他一生的歷史已與黨的歷史融為一體。他是四川最早的馬克思主義者楊闇公之弟，早年留蘇，返國後曾任中宣部部長，進入江西中央蘇區後不久，擔任三軍團政委，抗戰爆發，旋又任北方局書記，1941年，楊調回延安，工作性質發生了變化，以後長期主持中央辦公廳，長達二十年。楊尚昆對黨的歷史如數家珍，八十年代後，曾負責中央黨史領導小組。

楊尚昆也是一位具有較高文化修養的共產黨員，他通俄文，愛看電影(在日記中有其所看電影的大量記載)和戲劇。楊更堅持寫日記幾十年，臨去世前幾個月，他還寫了回憶周恩來、彭德懷的文章，感情十分真摯，很少有這類文章常見的程式化的味兒。楊在1995年完全退下來後，寫了他的回憶錄的建國前部分，他原還準備寫中辦二十年，「文革」前後和復出工作後三個部分，可惜天不假其年，這三部分已永遠無法完成了。

即使在「文革」後期，楊尚昆在臨汾流放期間，他也寫了日記，楊近年發表的紀念周恩來的文章《相知相識五十年》，就是依據臨汾日記集納而成的。很遺憾，目前讀者還不能看到他在文革後期以及恢復工作後的日記——根據楊一生的習慣，相信他在七十年代後期恢復工作後仍會記日記。人們只能指望這些珍貴的日記將來會有向社會公開的一天。

筆者長期治史，雖然只能從資料、影視中接觸到楊尚昆，但亦可窺見楊尚昆個性之一斑。依筆者觀察，楊是一個豁達、寬和，頗有人情味的老同志。他和夫人李伯釗結縭於1929年的莫斯科，兩人共同走過幾十年的風風雨雨，楊對其老夫人也呵護了一輩子，在其日記中有大量的反映。1979年，楊在北京偶遇木刻家彥涵，此人抗戰時期在太行八路軍總部工作，是楊的老部下，1957年被打成右派，蒙冤幾十年。楊對彥涵說：「當時你為什麼不找我呀，我給他們打一個電話說一下就完了嘛。」[2] 彥涵是一介書生，不懂也不會請托，但楊的這番話卻透出他關懷下屬的性情。

1996年，楊尚昆已89歲高齡，帶領王若飛、秦邦憲等「四八烈士」遺屬100餘人，專程去延安掃墓。楊尚昆去世後，2001年5月，那些「四八烈士」遺屬和其他子弟們也專程護送楊的骨灰回四川潼南老家，只因他們的父母輩在戰爭年代和建國後的歲月裏，都曾得到過楊的關照。

作為一個革命者，一個老共產黨員，楊尚昆已走完他一生的路。他肯定是一位令世人難忘的人，他留下的這部《日記》，以及現在暫未發表，將來可能問世的文字，將長久被後人所研究和咀嚼。

2002年3月1日

2　孫志遠《感謝苦難——彥涵傳》，頁465，人民文學出版社，1997。

讀毛澤東詞《人有病，天知否？》[1]

1973年，毛澤東已屆八十高齡。年初，他親自部署批判1972年的「右傾回潮」。在這年夏天召開的中共十大上，毛的「文革」理論體系再次被全面肯定。他提拔的王洪文、張春橋等進入中央核心層。在維護「文革」理論體系的前提下，毛也安排鄧小平等老幹部逐漸復出，形成了一種由毛完全主控下新的權力平衡，環顧神州，四海晏清，毛的所有政治對手都已被剷除。然而他並沒有稍稍鬆馳，中共十大後，毛又開始醞釀批林批孔運動。

毛澤東從容堅定，老而彌堅，卻早已步入垂暮之年，心情是沉鬱和凝重的，就在毛頻頻就批林批孔運動發出「最新指示」的同時，他也像一般老人那樣，對自己過去的詩文重燃起興趣，就在這年的冬天，毛撿拾起擱置多時的舊詩文，並對其中的一部分作了新的修改訂正。

毛澤東一生寫有大量文稿，在其生前公開出版的只佔其中的一部分，未公開發表的原因大致有幾個方面：

1. 自覺不成熟，或公開出版與當下政治鬥爭有違的文稿，如毛在60年代初讀蘇聯政治經濟學教科書談話記錄；
2. 涉及黨內上層鬥爭的機密，公開後會有損現今領導人

1　原載《萬象》2001 年第 3 卷第 2 期。

威信的文稿，如毛在40年代初批判王明路線兼及批評周恩來等的《九篇文章》；

3. 毛在部署某些重大政治鬥爭前夜對若干重要問題進行思考的文稿，如毛在1966年7月8日寫給江青的信，以及生前從未公開，寫於1966年6月的《七律·有所思》；
4. 完全屬於個人情感領域的詩文。

在1973年冬毛澤東重新改定的詩文中，有一首寫於50年前的《賀新郎》，直至他逝世後的1978年9月9日，才在《人民日報》公開發表。

《賀新郎》是作於1923年的一首詠毛楊之戀的愛情詩，也是目前僅見的毛澤東唯一的一首愛情詩。毛澤東與楊開慧由相知、相戀於1920年結婚後，夫妻情愛篤深，然毛此時已是一職業革命家，常常奔走四方，與楊開慧分多聚少。楊雖係五四新女性，但仍深受其家庭傳統文化氛圍之濡染，情感豐富細膩，不僅深佩毛之魄力、學識，且對毛依戀極深，楊善詩詞，寫有一些舊體詩和日記，常詠對毛的愛戀，(1927年後，楊開慧將這些詩文藏於其家中的牆壁內，1983年老屋翻修才偶然發現)。楊開慧希望夫婦長相守，毛卻難以做到。因此夫妻間難免有口角抵牾，毛偶爾也有厭煩之意。他曾抄寫一首唐代詩人元稹的《菟絲》給楊開慧：

人生莫依倚，依倚事不成。
君看菟絲蔓，依倚榛和荊。
下有狐兔穴，奔走亦縱橫。
樵童砍將去，柔蔓與之並。

此事對楊開慧刺傷很深，毛雖多次解釋，均未得冰釋誤會。1923年，毛奉中共中央命，又要前往上海轉廣州，此次遠行，楊開慧也未去送行。毛寫下這首柔情纏綣的《賀新郎》：

揮手從茲去。更那堪淒然相向，苦情重訴。眼角眉梢都似恨，熱淚欲零還住。知誤會前番書語。過眼滔滔雲共霧，算人間知己吾和汝。重感慨，淚如雨。　　今朝霜重東門路，照橫塘半天殘月，淒清如許。汽笛一聲腸已斷，從此天涯孤旅。憑割斷愁絲恨縷。要似昆侖崩絕壁，又恰像颱風掃寰宇。重比翼，和雲翥。

毛澤東的一生有一半時間是在戰爭年代度過的，他常說自己的那些詩詞是在「馬背上哼出來的」。1955年，毛對法國前總理富爾說，很留戀那種馬背上的生活。毛詩意像雄邁，豪邁慷慨，他雖「不廢婉約」，但更重「豪放」。就創作內容而言，毛詩中更多反映的是政治、理想和鬥爭。1962年毛接見越南南方客人，在談到自己的詩詞時，他說，「我也是寫階級鬥爭」。

1957年，毛澤東、楊開慧的故舊李淑一將她回憶的一些毛楊詩詞寄給毛，請他幫助回憶考證，其中就有李淑一憶及的當年毛給楊的《虞美人》的殘句。毛覆信曰：「開慧所述那一首不好」。毛說「不好」，未知是否為真心話，卻有一種過份政治化的感覺。然而在私底下，在毛激越高亢的潛層，在其不予示人的個人天地之一角，毛還留有一份對「婉約」的欣賞。

毛澤東晚年一再圈點柳永詞，1973年冬，他將那首《賀新郎》又作了最後的修定。毛將原詞中「重感慨，淚如雨」一句改為「人有病，天知否？」

「重感慨，淚如雨」，雖淺露直白，卻飽含平常人之情暖，將其改成為「人有病，天知否」，則更精彩，一下躍升到「形而上」的層次。

「人有病，天知否？」究竟是何含義？毛之問天，胸中又有何等強烈的憤懣？50年白雲蒼狗，此時之「病」與彼時夫妻間的感慨難道仍是同一物嗎？

毛澤東不太喜歡別人對他的詩詞作注釋，他說，「詩不宜注」，但毛也不反對詩家從不同的角度來注解他的詩詞。毛在1964年對他的老友，也是注毛詩的名家周世釗先生說，注毛詩「可以意為之」。毛的《賀新郎》在1978年發表後，注家蜂起，李淑一以毛楊老友的身份發表學習體會，稱詩中之「人有病」乃是指人民在三座大山壓迫下所造成的苦痛；「天知否」，有喚起人民革命推翻三座大山的含義。注毛詩的另一名家周振甫先生也持類似說法。李淑一等的解釋或許可以說得通，但我總覺得隔了一層，我更相信毛在1923年寫作該詩時，主要是詠夫妻間的情愛，而1973年修改此句則意蘊深遠。

毛澤東晚年的心境極為複雜，在壯懷激烈的同時，又日顯幽深蒼涼。毛之一生，事功厥偉，然改造人性又何等艱難！毛雖早已一言九鼎，一呼百應，但「真懂馬列」又有幾許人？萬千眾生，有待拯救，卻懵然不知，又怎不讓人焦慮！

1975年，毛曾三次讓工作人員為他誦讀庾信的《枯樹賦》：

昔年樹柳，依依江南，今看搖落，悽愴江潭，樹猶如此，情何以堪！

當毛一遍遍聽讀《枯樹賦》時，是否也有一種夕陽西照，而壯志難酬的慨歎與無奈？

在毛澤東生命的最後階段，他讓文化部抽調名家在秘密狀態下為自己灌錄了一批配樂古詩詞。在這些古詩詞清唱中，毛最喜愛南宋張元幹的《賀新郎·送胡邦衡待制赴新州》，詞云：「天意從來高難問，況人情老易悲難訴。」晚年毛的心思又有誰能猜透呢？

近讀陳徒手《人有病，天知否：1949年中國文壇記實》，對作者何以用毛詞之佳句作書名再三體味。以吾觀之，此「病」似病又非病也，病者，有待改造的人性之痼疾，資產階級、小資產階級腐朽思想也；非病者，精神，靈魂之痛也，對焉，錯焉？

2000年11月5日

讀《七律·有所思》看毛澤東發動「文革」的運思

古曰：「詩言志」，作為二十世紀巨人的毛澤東，他所創作的絕大多數詩篇都與他的政治理想和報負有着密不可分的聯繫，1966年6月毛澤東寫就的七律《有所思》就是這樣一首政治詩篇，它真切地透露出毛澤東發動「文革」的複雜運思。今天我將從歷史的角度來談毛的這首詩所透露的豐富的涵義，我給自己的要求是：1. 所談的都要有歷史資料的依據，並兼顧到資料的平衡性，2. 盡量做到客觀、中立，當然研究者不可能沒有自己的價值傾向，但要有所克制。

我先簡單說一下這首詩的背景。1966年6月，文化大革命的風暴已降臨北京。月初的第一天，剛剛改組的《人民日報》以通欄標題發表社論《橫掃一切牛鬼蛇神》，將5月政治局擴大會議的精神迅速傳向全國。2日，《人民日報》發表支持聶元梓的評論員文章《歡呼北大的一張大字報》，次日又公佈北京新市委成立的消息，影響所及，北京及幾個主要城市的大學首先陷於動盪之中，繼北大的陸平、彭佩雲被宣佈為「反革命黑幫」之後，北京和各地眾多大學的書記、校長紛紛倒台。為了取代已「爛掉」的各大學黨委，主持中央日常工作的劉少奇主席依照歷次政治運動的傳統辦法，向各大學和文教單位派出暫行黨委職能的工作隊。在他看來，這是新一輪的反右運動，只是運動的規模要大大超過1957年[1]。劉

1　參見劉少奇：《批轉中南局〈關於文化大革命的情況和意見的報告〉》和《批

少奇和其他領導同志都對這場來勢兇猛的運動有些摸不着頭腦，他們都惦記着四清運動還沒有結束[2]，同時，他們也不清楚毛澤東對這場新運動的具體想法。但作為中央第一線的領導人，劉少奇等必須承擔起指導運動的責任。

劉少奇作為黨的第二號人物，對黨中央的某些最新重大決策知之有限，這是很不尋常的。半年前的1965年12月上旬，劉少奇忽接中央辦公廳電話，通知直飛上海，出席中央政治局常委擴大會議。匆匆趕到上海的劉少奇下榻於錦江賓館，但毛澤東、林彪均不住此。劉對即將召開的會議內容一無所知，竟向賀龍打聽，對方回答：你都不知，我怎麼會知道[3]。很快，謎底終於揭開，這是毛澤東臨時決定為解決羅瑞卿的「問題」而召開的會議。同樣的情況幾個月後再次重演。1966年3–4月，正當劉少奇偕夫人出訪阿富汗、巴基斯坦、緬甸等國，於4月20日趕往杭州出席政治局常委擴大會議時，等待他的已是北京市委第一書記彭真被打倒的既成事實[4]。進入5月，遠在杭州的毛澤東又命劉少奇在京主持解決「彭羅陸

轉中共西北局〈關於無產階級文化大革命的意見和部署〉的指示》，1966年6月13日；載高皋、嚴家其：《文化大革命十年史》，第25–26頁，天津人民出版社，1986年9月版。

2 參見劉少奇、鄧小平：於1966年6月30日就〈中共中央、國務院關於工業交通企業和基本建設單位如何開展文化大革命的通知〉稿致毛澤東的信；引自於王年一：《大動亂的年代》，第27–28頁，河南人民出版社，1988年12月版。另參見李雪峰：〈回憶「文化大革命」初期的「五十天路線錯誤」——從「6．18」事件到「7．29」大會〉；載《回首「文革」》(下)第661頁，中共黨史出版社，2000年1月版。

3 羅點點：《非凡的年代》，第199頁，上海文藝出版社，1987年7月版。

4 參見李雪峰：〈我所知道的「文革」發動內情〉；載《回首「文革」》(下)第608頁，中共黨史出版社，2000年1月版。另參見毛毛：《我的父親鄧小平：「文革」歲月》，第12頁，中央文獻出版社，2000年6月版。

楊」問題的政治局擴大會議，卻由康生在會上傳達毛的最新指示。在這次歷時23天的會議上，劉少奇扮演的只是一個會議召集人的角色，對會議的議程、全會通過的文件，無任何置喙的餘地[5]。6月1日，又是在劉事先完全不知曉的情況下，毛澤東命令中央人民廣播電台播發了北京大學聶元梓等七人的大字報。

由於對許多重大決策並不知情，劉少奇等急於想瞭解毛澤東對運動的意見。6月9日，劉、周、鄧前往杭州向毛請示。然而，毛說話卻模棱兩可，讓劉等相機行事。劉少奇對這種情況並不陌生，多年來，經常也是這樣。有時，毛會具體指示什麼；有時，又深藏不露，說的話上下幾千里，全靠劉自己去領會、揣測[6]。為了確保準確執行毛的指示，劉少奇還是每週向在外地的毛書面彙報工作一次。

1965年國慶節後，毛澤東離開北京前往南方，至1966年7月18日返回北京，在外地長達9個月，為毛歷次巡視時間最長的一次。在這次南巡期間，毛以杭州為基本居住地，來往於上海、南昌、長沙、武漢之間，所思所行都圍繞着一個中心：醞釀文化大革命。直到6月15日，毛才離開杭州，經南昌轉往長沙。

1966年6月18日，毛澤東在極秘密狀態下，住進了韶山的滴水洞，前後待了11天。據跟隨毛住進滴水洞的中央警衛團副團長張耀祠回憶，在這十餘天中，毛「任何人都不見，除了看書，批閱文件外，就是思考問題」。毛「有時拿着書躺

5　參見張化：〈劉少奇的悲劇和悲劇中的劉少奇〉；載《回首「文革」》(下)第847頁。

6　參見王年一：《大動亂的年代》，第34頁。

在床上看，有時又像煩躁不安」。喜歡戶外活動的毛這次一反常態，僅讓張耀祠等人用輪椅推着離開洞口不過三百米，而毛的習慣是，「一有重大事情，一般不出來散步，或者散步時間很短」[7]。形跡隱密的毛澤東在滴水洞陷入深深的思考。1966年7月8日，他在武漢給江青寫下那封著名的信，可以判斷，這封信的基本內容是在滴水洞形成的。除了這封信外，毛在這段期間有無其他抒發胸臆的文字？對此，外界長期不得而知，直至1996年9月，中央文獻出版社出版《毛澤東詩詞集》，人們才知道，毛在1966年6月還寫有一首《七律·有所思》，也是談他對「文革」感受的，只是毛未注明寫作此詩的地點。

毛澤東《七律·有所思》全文如下：

正是神都有事時，又來南國踏芳枝。
青松怒向蒼天發，敗葉紛隨碧水馳。
一陣風雷驚世界，滿街紅綠走旌旗。
憑闌靜聽瀟瀟雨，故國人民有所思。

毛寫這首詩正是他發動「文革」的關鍵時刻，今天我要談的「文革的發動」包含兩個方面的問題：毛為什麼要發動「文革」？「文革」是如何發動起來的？我認為毛澤東發動「文革」有兩方面的動因，第一個因素：「文革」集中體現了毛對他所理想的社會主義的追求；第二個因素：他認為自己已大權旁落，而急於追回，這兩方面的因素互相纏繞，緊密的交融在一起。

7　《張耀祠回憶毛澤東》，第 38–40 頁，中共中央黨校出版社，1996 年 9 月版。

先説第一個因素，毛對社會主義理想的追求，他所理想的新世界究竟是什麼？在毛的五十年代後期以來的言論中，特別在1966年的「五七指示」中都有所反映，這就是一個高揚革命精神，保持革命戰爭年代高昂理想主義和人與人之間平等關係，擺脱物質追求，思想不斷「純化」的新天地。可是用什麼方法來實現這一偉大的理想目標呢？用毛的兩個概念就可以概括：那就是 大抓階級鬥爭和「鬥私批修」——為了實現理想社會主義的目標，必須進行持續的階級鬥爭，在經濟和社會層面，就是不斷提高「公有制」的含量；而在思想和政治層面，就是不斷清除各種「剝削階級和一切非無產階級的思想」，在大風大浪中培養無產階級新人，而鬥爭的主要對象就是「走資本主義道路的當權派」和受過資產階級教育的知識分子。毛對知識分子的看法在五十年代後期越來越激進，到六十年代進而發展到，把1949年後接受新中國教育，已加入共產黨的知識分子，也看成資產階級，甚至更加極端，把那些很早就參加革命的知識分子高級幹部，也看成是「老反共分子」。「文革」的綱領性文件《五一六通知》和《十六條》，都重點強調「文革」的打擊目標是「走資派」，「反動學術權威」和「資產階級知識分子」，就充分表達了毛的這個基本思路。

毛對市場的排斥，是和馬克思，列寧，斯大林一致的；毛對「走資派」的看法則是一個創造，但以後在這個問題上，毛的思路發生了重大變化，從最先認為「走資派」屬於「敵我矛盾」，到1968年後改稱為「犯了走資派錯誤」；毛對知識分子屬於資產階級的判斷，則不符合馬克思主義的觀點，馬克思主義劃分階級的依據是財產的多少，而不是根據思想意識。1966年「文革」爆發，毛將紅衛兵給北京大學歷史系的對聯：「廟小神靈大，池淺王八多」改動一字：「池深王八多」[8]。毛對知識分子的態度，尤其是對人文知識分子的反感和排斥，流露出的是「反智主義」的情緒。

那麼1960年代，中國又有哪些事使毛不滿意呢？首先是他對主持中央工作的劉少奇在六十年代初推行的一系列政策感到很不滿意，認為劉少奇「右」了，然而事實上劉少奇是正確的。在六十年代初那些嚴峻的日子裏，大躍進運動的烏托邦的狂熱造成的巨大的破壞使劉少奇中央領導同志等痛定思痛，痛定思安，他們心裏清楚，在黨犯下的錯誤中，毛佔的比重最大，當然他們對大躍進的損失和災難也負有責任，他們願意彌補這種損失和災難，因為他們的心裏都知道，在和平時期餓死幾千萬人不是小事情。原中央政治局委員，副總理田紀雲當時在基層，他對當年所經歷的一切有刻骨銘心的親身感受，他說：「回顧三年困難時期，到處鬧浮腫，餓死人，非正常死亡人口達數千萬，比整個民主革命時期死的人還要多。是什麼原因？劉少奇說「三分天災，七分人禍」，現在看基本上是人禍，這個「人禍」就是瞎指揮，就是烏托邦式的空想社會主義，就是「左傾機會主義」[9]。從當時的歷史資料看，毛澤東也參與領導部署了全國的救災救荒的工作，而處在中央一線的劉少奇等中央領導同志更對老百姓懷有愧疚感，他們在非常困難的形勢下，承擔大量繁重的具體工作，努力恢復常規，秩序，挽救國民經濟，把毛搞大

8　參見范達人：《「文革」御筆沉浮錄——「梁效」往事》，第210頁，香港明報出版社有限公司，1999年5月版。

9　田紀雲：《回顧中國農村改革歷程》，《炎黃春秋》，2004年第6期，第4–5頁；第4頁。

躍進的一套(用群眾運動和階級鬥爭的方式搞建設)束之高閣，或悄悄做了轉換。劉少奇等還對內調整階級關係，安撫知識分子和原工商界人士，給被打成「彭德懷分子」和「右傾分子」的幾百萬幹部平反，並着手準備給1957年被打成右派的人搞「甄別」；對外希望緩和和蘇聯的緊張關係，調整和周邊國家的關係，減少過量的對外援助；劉少奇等為了維護毛的領袖威信，對特大困難的解釋是「自然災害」和「蘇修逼債」(我記得當是小學老師說，豬肉是給蘇聯還債了)；劉宣佈，大躍進不搞，但保留「三面紅牌」的牌子；其他人都可平反，彭德懷等四個人不平反，劉在「七千人大會」上說，彭德懷給毛寫的信沒問題，彭的問題是「裏通外國」。

劉少奇本是想為毛開脱，當然也是為他自己開脱，卻把問題搞的曲曲彎彎，反而使自己不能理直氣壯。劉少奇可能以為毛是會領他這份情的，誰知情況並沒有這麼簡單，毛對劉很是不滿，毛判定，神州開始「有事」了[10]。因為在毛看來，造成經濟困難的原因就是自然災害和蘇修逼債，最多再加上一個沒有經驗。毛認為「三面紅旗」是正確的，「右傾分子」不能一風吹，「右派」更是不能平反。毛堅信他和大躍進並沒有錯，反右運動更不錯，大躍進就是多付出一點學費，是一個指頭和九個指頭的問題，有些損失不算什麼，關鍵是六億人口的國家不能洩氣。和劉相比，毛是一慣性到底，絕不鬆口，劉少奇在七千人大會期間說「責任田是走資本主義路」，又默任下面搞「三自一包」。當然劉少奇這麼

---

10 1967年2月3日，毛澤東在接見阿爾巴尼亞客人巴盧庫、卡博時說，1962年七千人大會時，他「已經看出問題了」，參見金沖及主編：《周恩來傳》(四)，第1832頁注釋(1)，中央文獻出版社，1998年2月版。

說，這樣做都是有難處的，因為在劉的上面有毛這樣的強勢領袖壓着，而且多年來的極左已使一部分同志的思維完全僵化了，極左的一套積重難返，劉少奇必須考慮到轉彎子不能太快，可是這樣一來劉也就使自己進退失據了，缺少了一個負責任政治家應有的一慣性了。

就在這時，一些特別敏感的現象也發生了，使毛澤東受到更大的刺激：1961年4月，發生了「錄音事件」(即「文革」中廣為傳播的所謂「竊聽器事件」)，使毛極為震驚，但在當時，只是由中央書記處對有關部門的幾個工作人員進行了處分，毛在震怒之餘對此事並沒有加以深究，中央辦公廳的負責幹部在事後繼續留任原職。[11] 但此事的後果十分嚴重，聯

11 「文革」結束後，官方對此事件的正式解釋是：為了準確，完整地保存文獻資料，中共中央辦公廳機要室曾對中央召開的正式會議和中央領導同志在一些重要會議上的講話或報告，進行了錄音。從1958年11月開始，毛澤東外出時，對他在外地的一些重要講話和一些地方負責同志的重要談話，也進行了錄音。1959年11月，毛澤東在中央杭州會議上，關照大家不要做記錄，並批評了搞錄音的做法。1961年1月底至4月初毛澤東外出視察期間，發現還有錄音情況後，進行了嚴厲的批評，並指示汪東興報告中央書記處查處。同年4月，中央書記處根據汪東興所傳達的毛澤東關於不准搞錄音的指示，批評了中央辦公廳機要室，並決定給機要室主任葉子龍、副主任康一民以嚴重警告處分，給機要室副主任吳振英以警告處分。5月17日，《中央書記處關於錄音、記錄問題的決定》作出了關於中央和地方黨、政、軍、群一律不准搞錄音等五項規定。「文化大革命中」，林彪、康生、江青等人為了篡黨奪權，利用「錄音問題」，羅織罪名，對楊尚昆等同志進行政治迫害，株連了大批幹部。1980年10月15日，中共中央辦公廳《關於原中央辦公廳機要室「秘密錄音」問題的複查報告》指出：一、「楊尚昆同志在原中辦機要室的錄音工作上，從來沒有搞過陰謀活動。過去在黨內外公佈的有關楊尚昆同志在這個問題上的所謂錯誤，是不存在的，建議中央予以徹底平反，恢復名譽，消除影響。」二、「借錄音問題強加給葉子龍、康一民、吳振英等同志的一切誣衊不實之詞，應統統推倒，徹底平反，恢復名譽。」三、「1961年1至4月的錄音，葉子龍、康一民、吳振英同志是沒有責任的，因而1961年給他們的處分是不適當的，建議中央予以撤銷。」四、「鑒於所謂秘密錄

繫到劉少奇在「七千人大會」前後的一些説辭，諸如：「三分天災，七分人禍」，「這一代不揭，下一代揭」，「我當國家主席出了這種事」，「現在是非常時期」，「恐怕不能再説一個指頭和九個指頭」等等，毛對中國黨內是否有人也想仿效「赫魯曉夫作反斯大林黑報告」的警惕大大加強，而毛的被傷害的感覺也更加強烈。與此同時，思想文化界出現了一些針貶時弊的作品，例如鄧拓等的《三家村札記》和《燕山夜話》等；一些高中級幹部通過不同的方式，呼籲要為彭德懷平反；1962年8月初，劉少奇《論共產黨員的修養》再版，全黨開始學《論修養》，毛面臨着建國以來最大的壓力，劉少奇的威望急速上升。

毛的反映是「硬着頭皮頂住」，但在當時形勢的巨大的壓力下，他還是在「七千人大會」上作了簡短的自我批評，但內心是不悦的。毛忍耐了大半年，看到經濟好轉已成定局，於1962年8月開始反擊，毛的法寶是重提階級鬥爭，反擊資本主義復辟，一下子就站到了革命的制高點上，使劉少奇等無法不接受。因為強調「階級鬥爭」在1957年後一直是「主旋律」，談階級鬥爭是正統，不談，少談就是修正主義。而劉少奇也是這套敍述的主要創造者，他就是在六十年代初很短的一段時間裏，才淡化了階級鬥爭的宣傳，現在經濟好轉，在毛的壓力下，劉也認可應當重拾階級鬥爭的口號了。

音一案株連人員很多，影響很大，建議中央將這個複查報告批轉有關單位，以消除影響。」同日，中央辦公廳把這個複查報告作為《關於為原中央辦公廳和楊尚昆同志平反問題的請示報告》的附件一起報中央書記處，得到中央書記處的批准，於1980年10月23日印發至縣、團級黨委。參見：《楊尚昆日記》(上)，第716頁，注釋〈1〉，中央文獻出版社，2001年9月版；另參見《葉子龍回憶錄》中的「竊聽器事件」一節，第223—231頁，中央文獻出版社，2000年10月版。

所以，劉對毛重提階級鬥爭並沒有反對，只是希望別影響到經濟的繼續調整。他對毛批評的幾個重要幹部鄧子恢，王稼祥，李維漢，以及習仲勛，賈拓夫等，也沒有伸出援手。毛看到了劉的這些表現，在「敲打」了他幾下後，就暫時放過了他，一來劉願意改，迅速跟上了毛的調子；二來劉在北戴河會議上已認錯，雖然輕描淡寫，但已是自我否定，從而證明了毛的主張的正確性；更重要的是，當時經濟剛剛恢復，劉的威望又很高，黨內不宜有大波動。毛在當時和隨後的幾年對國家形勢做了非常恐怖的描述：「城鄉出現了嚴重的資本主義復辟」，「三分之一的政權不在我們手裏」，1964年2月，毛對來訪的金日成說，在中國各種「搞地下工作」的壞人有1000萬人，毛計算了一下：在6億5000萬人口中，這種人就佔了1/65，就是65人中有1個[12]。繼而毛表現出對「官僚體制」的極大的厭惡，他提出「吸工人血的資產階級」的概念，嚴辭指責「城市老爺衛生部」，「帝王將相部」，「洋人死人古人部」，1965年初，毛更提出了「走資本主義道路當權派」的概念。

毛的這些激憤之詞不僅是對當時黨內外形勢的一種過份反映，也流露出對主持中央工作的劉少奇等的強烈不滿，嚴格說是站不住腳的。因為困難時期部分地區在上級默許下推行的「三自一包」和農村中一度出現的商品流通現象(所謂「長途販運」，「投機倒把」)是使農民活命的非常之舉，劉少奇等並非有意和毛對抗，劉等對農民讓步，實屬不得已而為之；至於城市裏的資本主義復辟，更是子虛烏有，也就是在

12　1964年2月毛澤東與金日成的談話，引自於曹英等著：《特別別墅——紅牆以外的紅牆》，第268–270頁，改革出版社，1998年10月版。

1961–1962年，劉等才對知識分子、原工商界人士採取相對溫和的政策，並讓一些古裝戲重上舞台，批准放映一些香港左派電影和少量外國「進步電影」，從而使多年緊張的社會空氣有所紓緩。

然而，毛在六十年代對「官僚體制」的批判，在一定程度上確實觸及到新中國建立後體制上的某些弊端，這主要是官僚主義和幹群矛盾的問題。1949年後，中國建成了歷史上最完密的自上而下的國家管理體制，由此形成中國歷史上最龐大的幹部官員隊伍。部分幹部欺壓群眾，利用特權，多吃多沾，進而貪污腐化，引致群眾強烈的不滿，這種情況歷來如此，中央雖三令五申，也用「學習」，「整黨」的方式予以解決，但一陣風過去，依然如故。劉少奇1964年指導四清，把打擊重點放在基層幹部，本意也是想解決這個老大難的問題。

毛看到了官僚特權的弊端問題，1964年他提到「高薪階層」和「工人貴族」的概念，但從歷史事實看，當時的中國並不存在「工人貴族」。據上海總工會的統計：上海全民所有制職工的月平均工資：1952：65.18元，1957年：71.56元，1965年：69.58元，1966年，66.53元，1967年：57.16元。在1961–1965年：月工資在40–60元的，佔職工總數的：89.69%，月工資在71–80元的，佔0.48%；在81–90元僅佔0.07%[13]。這個數位除去上海地區工資差別的因素外，比當時的一般基層幹部的收入，包括一般知識分子的收入都高一些，(南京地區的大學本科畢業生轉正後的月工資是53.40元)

13 《表八　上海全民所有制職工月平均工資》，《表九 1961 年–1966 年上海職工按標準月工資分組》，載李遜：《大崩潰：上海工人造反派興亡史》，台北，時報出版公司，第 592 頁，1996 年版。

和農民相比當然很高，但是在那個年代，工人和農民的收入不是一個概念。

被毛批評的「高薪階層」確實存在，高薪者主要是黨和軍隊中的高級幹部，民族資產階級，少數名演員和少數高級知識分子。資料顯示：1957年的少將月薪是350元；軍隊正營幹部月薪是145元；1956年16級幹部月薪110元，17級幹部月薪94元。除了軍隊中高級幹部和地方13級以上高幹的工資較高外，地方一般中級幹部的工資和全民所有制企事業單位職工的工資的差距相差兩倍左右。1956年一級教授月薪為345元(南京：333元)，但全國只有56個一級教授[14]。

在大力推動國家工業化的五十年代，毛是絕不允許談論這些問題的，尤其不允許進行工農收入的比較。廣大農民看病難，建國以來一直是一個突出的社會問題，和此相對照的是等級嚴格的幹部保健制度，這種醫療保建制度由來以久，當然是有問題的，可是過去毛未曾嚴厲批評。六十年代初他注意到「高薪階層」的問題，在這前後他更注意到「幹部生活特殊化」的問題，這對他是一個飛躍，可是用階級鬥爭的概念來解釋這些現象是不準確的，因為那些高薪者並不是要走資本主義道路，他們中的一些人可能是「官僚主義者」或「官老爺」，最多就是貪圖舒服，在群眾面前擺威風，欺壓群眾，欺上瞞下，這是一種特權行為。毛批評官僚主義和官僚主義者無疑是正確的，因為說到底，特權行為是和黨的「為人民服務」的宗旨以及共產主義原則相違背的。然而，二十多年前，王實味在延安就批評過這種現象，卻被認為是「反黨」；1957年，一些知識分子和群眾又提出這個問題，

14　黃新原：〈1956 年的定級〉，《人民政協報》，2004 年 10 月 28 日。

被指責為「攻擊黨的領導」，「挑撥黨群關係」，都被打成「右派」，送去「勞改」。在中國，在蘇聯，批評幹部特權一直是一個禁忌話題，過去托洛茨基解釋這是「工人國家蛻化」；以後南斯拉夫的杰拉斯(即舊譯德熱拉斯)說，這是「新階級」，蘇聯人罵杰拉斯是「修正主義者」，中國也罵他反動。故而蘇聯看到六十年代初毛的批判官僚特權的言論，攻擊毛是「半托洛茨基分子」。應該指出，毛批評蘇聯東歐國家出現了「特權階層」是完全符合實際的，而指責毛的蘇聯共產黨領導人，特別是勃列日涅夫及其親信，還有跟着蘇聯跑的東歐國家的多數領導人，以及不跟蘇聯跑的羅馬尼亞的齊奧塞斯庫夫婦，他們都是一群熱愛美食、好車和別墅，以及黃金飾物、高級禮品的特權分子，在蘇聯東歐國家，幹部的權力來自上級機關的任免，工人和群眾沒有監督權和罷免權，也不存在真正的輿論監督，確實早已形成一個利益群體或特權階層。

毛澤東希望中國避免蘇聯出現的情況，主觀願望是好的。他認為幹部的變壞是下面幾個原因：1. 本來就是地主資產階級分子，混入黨內，即所謂「階級異己分子」；2. 好人成了「蛻化變質分子」，「忘了本」，被地主，資產階級用「美人計」和幾斤肉，幾瓶好酒，幾條好煙等拉下了水；3. 脫離群眾，脫離勞動所造成。而解決的辦法是：1. 幹部參加勞動，2. 加強思想學習，3. 間隔用搞運動的方式來清洗幹部隊伍。但毛在六十年代以前卻是長期默認「反領導就是反黨，就是反毛主席」這個規則的，這是1957年反右派運動的鐵的邏輯，給全國人民留下極為深刻的印象。但是到了六十年代初，毛好像改變了，是什麼原因使他改變的呢？可能毛看到問題的嚴重性了，幹群關係表面好像沒有問題，但矛盾在增長，蘇聯存在的問題，在中國同樣也存在。1962年初，大饑荒帶來的破壞還沒有恢復，全國人民都在節衣縮食，中央部署給17級以上幹部提供副食品補助，廣大幹部都感謝劉主席，劉被認為是愛護幹部的，而許多群眾對此強烈不滿。

毛做了一些努力來「縮小三大差別」，例如：要求幹部參加勞動，1965年取消軍銜制，高級幹部降低工資等，「文革」初期毛又大力支持「群眾的首創精神」，但從以後的大量事實看，毛的反官僚主義，支持群眾「大民主」的思想和行為又是充滿矛盾的。

1.「文革」初期，毛支持群眾造反，但沒過兩年，就在群眾中「清理階級隊伍」，大抓「五一六」；對「文革」中的「異端思潮」絕不容忍，「只許左派造反，不許右派翻天」。紅衛兵的「捉鬼戰歌」：「拿起筆做刀槍，集中火力打黑幫，誰要敢說黨不好，馬上叫他見閻王」；「文革」中的社論語言：「誰敢反對毛主席，就砸爛誰的狗頭！把他打翻在地，再踏上一隻腳，讓他永世不得翻身」，就集中反映了那個年代社會意識的強制性質。

2. 毛要建立新文化，培養無產階級新人，鼓勵「五不怕」，但「文革」的「破四舊」，「建立新文化」卻是以禁絕中外一切文化的「反智」和暴力破壞的形式出現的。用國家的力量推行「革命樣板戲」，實際上是「假大空」氾濫，文壇一片肅殺，「文藝革命」的後面其實是文化專制主義和蒙昧主義。毛喜愛傳統戲曲，有關部門在「文革」時期秘密組織著名演員為毛排演「折子戲」，再予以錄影，送北京給毛欣賞。江青也利用特權欣賞「封資修」。

「文革」期間，全國城市職工，包括幹部，都沒有調整工資，只有江青例外，從9級調到6級，月工資342.70元。

3. 為了標明和「劉少奇路線」的區別，毛大力支持「新生事物」，例如：批判工廠管理中的「管、卡、壓」，「下放科室人員」，大辦「七二一工人大學」，主張「工農兵上大學，管大學」，這些都反映了毛對理想的社會主義的追求。工農兵上大學是好事，但在這個好事的背後是對其他群體關起了大學之門，又造成新的不平等。「文革」後期，毛甚至對一些人利用幹部資源「走後門」讀大學表示理解和支持，毛的那句名言：從前門進來的不一定是好人，從後門進來不一定是壞人，從字面上解釋，這句話並不錯，卻使早已習慣於毛氏「二分法」的許多群眾大惑不解。在「文革」中農村教育和合作醫療都有一定發展，可是這些「新生事物」多數是低效率的，農村赤腳醫生和合作醫療的出現沒有對城鄉二元結構有任何觸及，更沒有解決農村的核心問題：農民的溫飽和生活長期貧困的問題。

曾經擔任中共安徽省委第一書記的萬里說：「1977年6月，黨中央派我到安徽當第一書記。安徽是個農業大省，又是『左』傾錯誤的重災區。『四人幫』在安徽的代理人推行學大寨的那一套『左』的東西特別積極，農村問題特別嚴重，農民生活特別困難……吃不飽，穿不暖，住的房子不像個房子樣子，門窗都是泥土坯的，桌子、凳子也是泥土坯的，找不到一件木器傢俱，真是家徒四壁呀！我真沒料到，解放幾十年了，不少農村還這麼窮！我不能不問自己，這是什麼原因？這能算是社會主義嗎？人民公社到底有什麼問題？為什麼農民的積極性沒有了？」「我剛到安徽那一年，全省28萬多個生產隊，只有10%的生產隊能維持溫飽，67%的生產隊人均年收入低於60元，40元以下的約佔25%，我這個第一書記怎麼能不犯愁啊？」「人民公社化後發生的三年困難時期，到處浮腫病，餓死人。據瞭解，光安徽省的所謂非正常死亡人口就三四百萬。冰凍三尺，非一日之寒，過去『左』了那麼多年，幾乎把農民的積極性打擊完了。」[15]

田紀雲回憶到：我本人1965年在貴州也曾率團到農村搞「四清」，親歷「人民公社化」的所謂「優越性」。人民公社一般是一鄉一社或一區一社，以生產隊(自然村)為單位，集體吃飯，打鐘上工，敲鑼下工。一年四季，何時下種，種什麼，何時收割，怎樣收割，一切聽從公社指揮。那個時候，農民要想務工經商，會被當成不務正業，搞點家庭副業還會被當成「資本主義尾巴」割掉，一家養幾隻雞都有規定，超過是不行的。哪塊地種什麼都要按上邊的命令做。行距、株距都規定的很細。種的不對，就要拔掉。在這種制度下，農民簡直成了公社的「奴隸」，失去了生產的自主權，更沒有產品的支配權，也就沒有了生產的積極性。勞動時社員們像一把扇面，一字排開，一小時休息一次，一次半小時，實際上出工不出力，磨洋工，聊天、吹牛、說空話。結果是，公共食堂辦了不到一個月就垮了，連稀飯也喝不上了。中國農民被折騰得夠慘啊！真是「叫天天不應，叫地地不靈」。[16]

消滅農村市場因素，確立城鄉二元體制是毛及中央強力推動的，這和五十年代國家強力推行工業化有關，農民長期貧

15 《中國經濟時報》，1998年4月30日，轉引自田紀雲：《回顧中國農村改革歷程》，《炎黃春秋》，2004年第6期，第4頁。

16 田紀雲：《回顧中國農村改革歷程》，《炎黃春秋》，2004年第6期，第4–5頁；第4頁。

困則是和公社體制相聯繫的，這種體制又被毛理解為社會主義的本質屬性而堅決維護。「文革」中的「制度創新」反映了他對創建一種新制度的理想，但這些又都是圍繞毛的政治目標來佈局的。毛在「文革」前夕和「文革」期間的思想和實踐表明，他是激進的左翼，是運用一切方法，包括傳統的思想資源和方式來實現其理想和意志的左翼，同時他又有着「左翼的限度」，毛不時會根據現實情況的變化，從他的左翼的高度後退，說到底這是因為毛有着互相矛盾的兩面：他既是他所創造的體制的最大的造反者，又是這個體制的最大的維護者，他的內在的緊張性就在這裏。

無可置疑，毛發動「文革」，是要用他的思想改變中國，他也要拿回他感到已旁落的大權，「大權旁落」是毛自己這樣說的，現在流行一種分析模式，好像一論及毛的這個層面，就是不「深刻」，不「學術」，其實這是非常荒謬的。因為毛是何等人物，他哪是一個單純思想人物？他是世界最多人口的國家的最高領導者，所以我說毛不僅是大思想家，他還是大政治家，他有兩個基本的層面：思想的層面和政治操作的層面。

毛覺得因他退據二線，中國和黨內出了大問題了，他說，他是有意「大權旁落的」，卻沒料到，劉等是不堪信任的。1964年12月，劉和毛就「四清」問題發生爭論，劉又在毛講話時打斷他的話頭，雖然事後劉向毛作了自我批評，但此事在毛眼裏，非同小可，是彼「取而代之」意圖之流露也。由於毛就是黨和革命的化身，怠慢了毛，與毛發生口角，其實質就是怠慢了革命，這不是什麼「尊重」和「不尊重」的問題，用毛的話說，在原則問題上，他是不會作出任何讓步的。毛將幾年來這些分散的現象加以綜合化，得出的結論是，自己的話在中國已不管用了，劉少奇等要把自己變成「牌坊」[17]。

1964年12月26日，毛71歲生日這一天，他難得的在北京人民大會堂設下宴席，請中央領導和一些勞模出席，事先他就準備在這個宴會上給劉少奇等一個突然襲擊。據當年在毛身邊的一位工作人員的回憶，那天毛的女兒希望參加生日宴會，但是遭到主席的拒絕。毛對其女兒說，「你今天不能去，爸爸我要罵娘」[18]。果然在宴會上，毛嚴厲斥責中央領導同志，使他們如坐針氈[19]。1964年末，毛又當着其他領導人的面，訓斥劉少奇：你有什麼了不起，我動一個小指頭就可以把你打倒[20]。現在毛要「反潮流」，要像孫悟空那樣，攪它個「周天寒徹」。

毛以後說，從1962年「七千人大會」，他就看出問題了，但是看出問題和要解決問題還不是一回事，這就是看他有沒有解決問題的現實的能力。此時毛要解決劉少奇問題的條件並不成熟，簡言之，毛在形式上已退據二線，劉處在一線，而且劉的這個地位，也是毛一手促成的，從1945年中共七大，劉就是第二把手，二十年來全黨也接受和習慣了劉的這個角色，劉好像幹得還不錯，威望越來越高，劉對全黨的領導也基本形成了，中央的同志看起來也很團結，面對這個局面，毛只能採取迂迴的辦法。

---

17 參洛厄爾．迪特默：《劉少奇》，第33頁，華夏出版社，1989年6月版。

18 此為當時在場的毛澤東衛士周福明回憶，參見亓莉：《毛澤東晚年生活瑣記》，第120頁，中央文獻出版社，1998年11月版。

19 參見《一個革命的倖存者——曾志回憶實錄》(下)，第433頁，廣東人民出版社，1999年12月版。

20 劉源、何家棟：〈「四清」疑團〉，載《你所不知道的劉少奇》，第118頁注釋(2)，河南人民出版社，2000年7月版。

毛雖面臨困難，但他畢竟是全黨的偉大領袖，他掌握的各種有形和無形的資源是巨大的，首先毛擁有領袖的巨大的威望。雖然因大躍進的失敗，毛在黨的高級幹部心目中的威望已受到嚴重損害，但是黨有嚴格的紀律，對毛的不滿言論絕不會在黨的會議上提出和交流；劉少奇等為了維護毛和黨的團結，絕不允許在黨內非議毛；在困難時期的老百姓中，雖然也出現了對毛的議論，但除個別以外，都被視為是「反革命」言論和「反革命」行為被迅速嚴厲地鎮壓下去了，在中國，除了幼兒，個個都知道，「反對毛主席，就是現行反革命」。儘管如此，毛還是心知肚明，黨內外都有一股非議他的潛流，怎麼辦？是放任自流，還是迎頭痛擊？毛選擇了後者，當務之急就是突出宣傳毛和毛澤東思想，以修補受到損傷的偉大領袖的威望。毛親自出馬，以中央文件的形式，要求全黨學習毛澤東思想，林彪也在這關鍵的時刻站出來，號召全軍學毛選，毛隨即號召：工業學大慶，農業學大寨，全國人民學解放軍。在林彪的鼓動下，對毛的大規模的個人崇拜越演越烈，劉少奇雖想降溫，但無可奈何，因為劉少奇是最早宣傳毛和毛思想的，他過去在這方面的工作，做的最多，如果限制林，一來會使毛和林產生嚴重誤會，二來也是對他自己歷史的否定。

其次，中蘇論戰給毛提供了把國際和國內反修戰場連成一片的正當性。劉在六十年代初做的是：在外面反修，而在國內實行一條務實的路線，但是這一來就有了矛盾和斷裂，毛則理直氣壯，佔領了反修的制高點。毛說蘇聯變修是在蘇共二十大後，其關鍵點就是大反斯大林的個人迷信，對內不搞階級鬥爭，只搞經濟建設，獎金掛帥，對外和美國緩和關係，投降帝國主義。毛在1964年説：中國的修正主義者，對內搞「三自一包」，對外搞「三和一少」。毛還抓住中蘇關係緊張的事，調動全黨全民的愛國主義的熱情，例如那個年代老百姓都知道：蘇修賣給我們的機器傻大黑粗，價錢還貴。劉少奇只能跟着毛的調子反修，但劉作為「反修戰士」，總顯得底氣不足，因為「1962年的右傾」成了他揮之不去的夢魘，沒有幾年，毛果真就給劉戴上一頂鐵帽子：「中國的赫魯曉夫」。

再次，所謂「一線」和「二線」的模糊性，給毛的反擊提供了極大的便利。「一線」和「二線」最早是在1953–1954年提出的，不久就引發了「高饒事件」。1959年，劉少奇擔任國家主席，劉的「接班人」地位似乎塵埃落定，但在1960年上半年，毛仍在前台，在那之後到1962年上半年，毛有兩年的時間似乎在「二線」了，那是因為出現了全國性的大饑荒和特大經濟困難。從1962年下半年後，毛又走到前台了。劉主持一線的概念是什麼呢？就是毛不在北京的時候，由劉主持政治局會議，但所有的決策，所有的重大的人事任命和所有的用中央名義發出的文件，都由毛決定，拍板。嚴格説，毛一天也沒有退出一線。但毛所處的「二線」地位給了他很大的便利，他可以不具體承擔主持中央工作的責任，卻是最高的監國者。按照中共八大通過的黨章規定，1961年應召開中共九大，此時開會，毛有可能會轉任八大黨章設置的「名譽主席」一職，但毛無意在此時開會，於是誰都不敢提開會的事，誰提開會的事，誰就有逼宮之嫌，結果是在打倒劉少奇之後1969年，也就是時隔中共八大13年後，才召開了中共九大。然而這也不能完全責怪毛，因為1943年3月的中央決定說的很明白：毛主席享有最後決定權，劉少奇則是這個決定的主要參與制定者。

下面就要講到「準備」的問題。我現在說的「準備」，有兩個依據：1，毛和其他「中央首長」(林彪，周恩來，江青，康生，張春橋等)在「文革」期間對這個過程的敘述，2，是我個人，也就是後人，對這個過程的看法。我認為，在1962–1964年底，不能說毛當時就要準備發動「文革」了，我們看到的只是毛要「改變」。「文革」真正的準備是在1965年開始的，它的直接表達，用毛的話說，就是要劉少奇下台。當然，這樣一個巨大的事變不可以那麼庸俗的叫做「趕劉少奇下台的運動」，那無法包含毛要改變中國，改變中國人，改變中國文化的宏大的理想，所以它應該有一個充滿「正當性」的名稱，開始它叫「社會主義文化大革命」，很快正名為「無產階級文化大革命」。

1965年後，毛為發動「文革」做了哪些準備呢？

1. 意識形態的準備。毛一輩子都有一個特點，做什麼事，都要名正言順，師出有名，在理論上先說明自己的正當性。六十年代後，毛有許多重要的思考，但他已很少像中年時期那樣自己動手寫鴻篇巨制了，他的一些片斷的談話，需要理論家幫他完善，使之系統化。六十年代初中期，他和劉少奇共用一批智力資源，同用一批「秀才」、「筆桿子」，這些人中有陳伯達，胡繩，吳冷西，許立群，王力等，胡喬木則在1963年初就因病離職療養了。毛逐漸覺得北京的這套「秀才」班子還不夠用，就又通過江青，在上海另組一個小班子，為首的就是張春橋，姚文元，這些理論家，前期以陳伯達，張春橋，姚文元為主，後期就是張，姚，幫助毛建構起「文革」的基本理論：「無產階級專政條件下繼續革命的理論」，這是毛晚年思想的精髓。和這些相配合，由林彪的軍隊系統率先大搞毛的個人崇拜的宣傳，黨的宣傳機構也迅速跟進，幾個核心概念在全國大普及，實現了充分的社會化，這就是：從社會主義制度建立到實現共產主義的歷史階段，階級鬥爭無時不在，無處不在，階級敵人到處有，黨外有，黨內有，知識分子中更多；社會上的階級鬥爭一定會反映到黨內，老的資產階級消滅了，還會不斷產生新生的資產階級分子，階級敵人，人還在，心不死，時刻夢想復辟；反修防修是社會主義階段的長期任務；毛主席是紅太陽，大救星，全世界人民熱愛毛主席；毛思想是馬克思列寧主義的頂峰：「一天不學問題多，兩天不學走下坡，三天不學沒法活」；「誰反對毛和毛思想，我們就和他拼」等等，經過多年的密集的宣傳，為「文革」提供了充分的精神條件。

2. 組織方面的準備。從六十年代初期起，毛對軍隊幹部有着特別的信任，認為軍隊受修正主義思想的影響較小，1963年後，大批軍隊幹部被抽調到黨政系統，同時在黨政機關，高等院校和大中型企業普遍建立起政治部，使軍隊在國內政治生活中的地位更加突出；1965年末，改組中央人民廣播電台，由軍隊同志擔任主要領導，實行半軍事化的管理；1966年5月下旬，復以中央的名義，成立以江青為核心的中央文化革命領導小組，以提高他們的威信，為未來取代中央一線預做組織上的準備。在1966年春，又組織了首都安全工作小組等等。

1965年10月，毛離開讓他沉悶的北京[21]，前往南方「踏芳

21　毛澤東在「文革」前經常說：「北京空氣不好，不願呆在北京」(胡喬木語)，

枝」，所思所慮皆是「反擊修正主義」的大事。1965年10月10日，毛放出空氣：警惕中央出修正主義，又說，中央出了修正主義，地方可以造反[22]。在毛的想像世界中，違背他意見的「修正主義者」，早已盤根錯節，非用大力不能摧毀。1965年11月，姚文元批判吳晗的文章只是一個試探氣球，不出所料，彭真果然出面為吳晗講話。毛不動聲色，將其一步步誘入包圍圈。1966年2月，在武漢東湖，毛與專程前來彙報《二月提綱》的彭真等談笑風生，彭真等以為大功告成，可以將大批判納入「學術討論」的軌道。但是一個月後，毛在杭州徹底否定了《二月提綱》。毛再一次發怒：彭真是一個渺小人物，我動一個小指頭就可以打倒他[23]。5月，更挖出「彭羅陸楊定時炸彈」——正所謂「青松怒向蒼天發」，毛之發怒挾以雷霆萬鈞之力，猶如摧枯拉朽，「修正主義者」、「不聽話」者，則「敗葉紛隨碧水馳」。(1967年2月3日，毛在北京接見阿爾巴尼亞軍事代表團時說，「好幾年前，我就提出要洗刷幾百萬，那是空話，他們不聽話嘛」，「《人民日報》奪了兩次權，就是不聽我的話。」[24]

依毛澤東的邏輯，「反動派，你不打，他就不倒」[25]，他

參見鄭惠：〈對「文化大革命」幾個問題的認識〉，載《回首「文革」》(上)，第62頁。另據當時任中共華北局第一書記的李雪峰回憶，毛澤東在1966年4月下旬杭州會議期間也說，「北京的空氣很沉悶」，他「不願在那兒住，願到上海來」，參見《回首「文革」》(上)，第608頁。

22 參見羅點點：《紅色貴族檔案：羅瑞卿女兒的點點回憶》，第180頁，南海出版公司，1999年1月版。

23 1966年4月28日，毛澤東在杭州與康生的談話，康生在五月政治局擴大會議上曾予傳達。在「文革」結束後公佈的毛4月28日談話中，這一段已被刪除。

24 1967年2月3日，毛澤東接見阿爾巴尼亞軍事代表團巴盧庫、卡博時的談話。

25 1966年4月28、29日，毛在杭州對康生、陳伯達說，彭真已「為自己

也一再告誡人民：「敵人是不會自行退出歷史舞台的」。反動派，敵人者，是一個動態的概念，除了地富反壞右，如今又增添了一個新品種：「反革命修正主義者」。只是要讓這些老百姓眼中的大人物束手就擒，還需要堅強的意志和高超的鬥爭藝術。對於這些，毛從來是高度自信的。不久前，毛在《七律 · 洪都》中自嘲「鬢雪飛來成廢料」，那是揶揄，也是對將其視為「牌坊」的劉等的一種憤怒。毛不僅精神旺健，身體也極為健康。他像戰爭年代指揮軍事作戰那樣，精心擘劃每一個戰術計劃。正是在南方，他指示加強軍隊對中央人民廣播電台的保衛工作[26]。1966年初，江青組織召開軍隊文藝座談會，用迂迴的方式向中央一線領導發起進攻。毛讓江青去找林彪，隨後又三次修改座談會紀要，並在座談會紀要上親筆加上「林彪同志委託江青同志⋯」的標題，林彪則將這份文件報給劉少奇等，經劉的手以中共中央的文件發向全黨。劉少奇知道，除了奉命唯謹，別無任何其他選擇。從1965秋到1966夏，毛採取「剝筍子」政策，先批《海瑞罷官》，繼而「揭露羅瑞卿」，再批判《二月題綱》，「打倒彭羅陸楊反黨集團」，一步步向劉少奇逼近。

1966年5月，「彭羅陸楊」倒台後，高級幹部群情惶惶，在驚嚇之餘同時又緩了一口氣，他們為黨中央挖出了「睡在我們身邊的赫魯曉夫」而感到慶幸，卻再也不敢往下想了。進入6月，各省紛紛揭露出「三家村」一類的代表人物，大多

準備了垮台的條件」，「西風吹渭水，落葉下長安」，「階級鬥爭，不鬥不倒」，參見紀希晨：《史無前例的年代——一位人民日報老記者的筆記》(上)，第 70 頁，人民日報出版社，2001 年 4 月版。

26 1965 年 12 月，中央人民廣播電台領導班子改組。另參見林彪 1966 年 5 月 18 日在中央政治局擴大會議上的講話。

是省委宣傳部部長、文化、教育廳長，匡亞明、李達等都是在這期間被所在的江蘇、湖北省委「挖」出來的。然而毛卻渴望壯烈，為自己的下一步目標而思慮和振奮。

下一步的目標是誰呢？或曰：反修防修，深挖修根？只是毛從不喜歡無的放矢，反修防修須有目標，無此具體目標，一切大嗡大轟皆流於形式，現在毛到了下最後決心的關鍵時刻：是否趕劉少奇下台？

1970年，毛對斯諾説，在1965年1月制定《二十三條》時，他已決定，劉少奇必須下台。但這是事後所言，無從證明1965年1月至1966年8月毛在這個問題上思路變化的過程。事實是，1965年1月，在劉少奇向毛檢討後，毛似乎寬諒了劉，儘管可以看到的線索是毛在為倒劉做精心的準備。可是毛的思路又是何等的複雜多變，在做出決定後，肯定、否定、再肯定，符合毛的一貫風格[27]，這也是為何毛會獨自一人長久陷入思考的原因。

從劉少奇1962年下半年以後的言行看，他在主觀上是努力緊跟毛的部署的。1963年後，劉具體貫徹毛有關大搞階級鬥爭的指示，毛提出要「洗刷幾百萬」[28]，劉迅即部署在全國開展「四清運動」，甚至比毛還激進。毛說「三分之一的政權不在共產黨手裏」，劉則加以發展，説「三分之一以上的政權不在共產黨的手裏」，劉還為這不在共產黨手裏的「三分之一的政權」做了性質判斷，稱其是「反革命的兩面政權」。劉少奇甚至有破有立，在1964年創造出「兩種教育制度」，「兩種勞動制度」。在受到毛嚴厲批評後，從1965

27 參見金沖及主編：《周恩來傳》(四)，第 1849 頁。

28 1967 年 2 月 3 日，毛澤東接見阿爾巴尼軍事代表團巴盧庫、卡博時的談話。

起，劉就十分低調，他在重要會議上做自我批評，對毛的批評照單全收。1966年春夏間，劉也跟着毛批「彭羅陸楊」。

在那幾年，毛、劉在理念上的分歧似乎並不明顯，可是毛為何對劉的不滿與日俱增？我想很大的原因是劉少奇「不聽話」，「另搞一套」。劉是全黨公認的理論家，但在中國，唯有毛才是革命的最高代表和新概念的創造者。例如，我們看不到毛之外的其他領導人有什麼「理論著作」，就連號稱「理論家」的康生，在建國後也沒寫過一篇「理論作品」。如果僅僅是工作中犯了「錯誤」，改了錯誤，重新跟上毛的步伐，也就可以了。麻煩的是，劉少奇要搞出具有自己特色的新式樣，這才是真正「有事」了。1962年，為了要從認識論的高度解釋困難時期全黨犯錯誤的原因，劉特地把自己抗戰時期的舊作《人為什麼會犯錯誤？》重新翻印，發給高級幹部閱讀，毛迅速作出反映，幾個月後，1963年初，毛針鋒相對寫出《人的正確思想是從哪裏來的？》，如此等等，劉的任何一點和毛相異的觀點都有可能被放大，被解讀為「離經叛道」。

再有，就是劉少奇有意無意中觸犯了黨內高層政治生活的「潛規則」。劉在1964年的「四清運動」中風頭太健，當年夏，劉攜夫人王光美去了11個省市巡迴演講「桃園經驗」，劉則一路開講「兩種教育制度兩種勞動制度」，在中共黨內，由領導同志坐鎮，陪夫人巡迴做報告，這是第一次。毛從沒這樣做過，他最多是在「文革」前出席觀看過幾個由江青指導的「革命現代京劇」，周恩來更不會坐鎮現場讓鄧穎超做報告。

更為嚴重的是，劉在1964年8月初又說了一些「犯忌」的話，諸如：不蹲點不能做中央委員，開調查會過時了，因為基層幹部不會在會上講真話等等。「開調查會」是毛在革命年代所發明的一種工作方法，黨內大大小小的幹部都知道，如今劉卻直言毛的這一套「過時了」，儘管劉說這些話不一定有針對毛的涵意，卻極容易造成誤會，被認為是「貶低毛」。前幾年出版的王力的回憶錄提到，當劉少奇在1964年8月初的北京幹部大會上說了那些犯忌的話之後，江青跑到毛面前哭訴告狀：斯大林死後赫魯曉夫才作秘密報告，現在你還沒死，人家就作公開報告了[29]。無疑，江青的這番話對毛產生了嚴重的影響。這一年劉「掛帥」領導「四清運動」，一聲號令，150萬幹部下鄉蹲點，劉的威望之高，動員能力之大，都使毛產生警覺。

老人家的隱蔽的世界，他的同志們很難猜度，只有極個別的人才多少有些領悟[30]，但在1965–1966年上半年這個微妙敏感的時刻，他們都不願也不敢去影響他的決定。毛的那些高級同事們雖然知道一年來毛對劉少奇的不滿，然而十餘年前高崗反劉的下場給他們留下了太深的印象。他們謹言慎行，誰也不願涉足兩個主席間的矛盾。林彪在他的讀書雜記中告誡自己，勿忘「古策」——「主先臣後，切勿臣先搶先」，也就是決不先出頭，「毛主席怎麼說，我就怎麼做」[31]。康生在這類問題上也是「九段高手」，幾十年來一直對劉少奇畢恭畢敬，六十年代初，還主動請纓，要為劉編《選集》，

29 《王力反思錄》(下)，第573頁，香港北星出版社，2001年10月版。

30 參見周恩來在中共中央工作會議結束會上的講話記錄，1971年6月18日，引自金沖及主編：《周恩來傳》(四)，第1832–33頁。

31 引自於馮建輝：〈林彪與個人崇拜〉，載《炎黃春秋》1999年第10期，總第91期，第39、36頁。

即使在他個人大出風頭的1966年5月政治局擴大會議上，康生也顧忌良深，他在大力歌頌毛的同時，也不忘檢討自己在歷史上犯下的反對劉少奇的錯誤。長期在中樞行走的陳伯達，一直在兩個主席間走鋼絲，生怕稍有閃失，就會墜入萬丈深淵[32]。確實，扳倒劉少奇，將是中國政壇上的一場8級大地震，畢竟從1945年中共七大始，劉就一直是黨的第二號人物。可能劉也意識到這一點，儘管他知道毛對自己有不少意見，但他顯然低估了問題的嚴重性質，劉可能認為自己為黨為國，問心無愧，1966年6月，仍派出夫人作為工作隊員，進駐清華大學。劉一步步進入了包圍圈。

從6月20日後，7月13日、19日、22日，圍繞派工作組的問題，中央上層發生了激烈的爭論。幾十年來一直對劉少奇笑臉相迎的康生、陳伯達，在會議上突然與劉發生了頂撞，這是過去從未有過的情況。一年後的1967年5月，林彪在陪同毛會見剛果(布)政府保安代表團時插話説：現在沒有犯錯誤的同志，都是事先經主席交過底的[33]。

毛澤東為自己下一步的設計而振奮，打倒「彭羅陸楊」，這不算什麼，在這之前，不是也打倒了「彭黃張周」？即使在蘇聯、東歐國家，這也屬平常現象。1957年，赫魯曉夫不也搞出個「莫洛托夫、馬林科夫、卡岡諾維奇反黨集團」？中國要使世界震驚的何止是揪出幾個人，而是要培養共產主義新人，創建共產主義革命的新形式和新文化，這是何等令人血脈賁脹，這才是驚天動地的偉業！毛已清晰

---

32 陳伯達：《我與劉少奇關係的幾點情況》，載陳曉農編：《陳伯達遺稿——獄中自述及其他》，第79頁，香港天地出版公司，1998年。

33 參見王年一：《大動亂的年代》，第26頁注釋(2)。

看到不久的將來，「一聲風雷驚世界，滿街紅綠走旌旗」。

毛澤東在南方6月的瀟瀟雨中，想得很深很遠，他堅信，他領導的這場無產階級文化大革命將是人類歷史上最徹底的革命，因為毛是在與人類的痼疾，人性的基本弱點——「私」作鬥爭，說到底，在他看來，劉所代表的就是「私」：在平庸的世俗生活的包圍下，一些共產黨人對發展生產的興趣遠遠超過了對發揚革命精神的興趣，而在發展生產的背後，則是與資產階級精神相通約的那些因素：追求舒適，追求物質，追求享受。毛就是要和這種「退化」作鬥爭，他相信，「公字當頭」的新社會是可以設計的，人性是可以改造的。當然，這場革命最後能否勝利，現在還難以肯定，自己被打碎也完全有可能，將來的革命是否也將取得勝利，現在更不知道，然而這一切阻擋不住毛的不容拂逆的意志，那些顧慮暫且放在一邊，也許幾百年後，人們會認為今天的這一切都是可笑的[34]，但那是以後的事，眼下要考慮的是具體問題，這場革命將以何種方式來展開？

不久，毛澤東就找到了領導革命的具體形式，這就是在黨的垂直機器之外，通過重組黨的宣傳媒介，再建立一個領袖與人民直接對話的新渠道。在這個新形式中，將實現領袖與人民的直接交流，而毛將以人民的化身來指導革命。毛將暫時把黨機器擱置一邊，在他的眼中，黨組織已被以劉為代表的「修正主義者」牢牢控制，他們最擅長的就是把毛的一

34　參見1965年1月9日毛澤東與斯諾的談話，引自於斯諾：《漫長的革命》，第169頁，農村讀物出版社，1989年6月版。1968年10月14日，毛澤東在中共八屆十二中全會上說，五十年、一百年之後，可能「文革」這一段「是歷史上的小插曲」，參見紀希晨：《史無前例的年代——一位人民日報老記者的筆記》(上)，第3頁。

切設計加以過濾和改造，使之適合於他們的需要。毛已不願意再做「牌坊」，他要重新回到中央領導的第一線，他所掌握的力量將是在他之外的任何人都永遠無法掌握的，這就是一個巨大的集合名詞「人民」。當然，人民是不會自發產生正確思想的，惟有人民的化身毛，才能給人民以思想，所以「故國人民有所思」，實際上是毛代表人民在思索。

毛在6月思索的果實很快以一種特別的方式表現了出來。1966年7月16日，一聲驚雷震驚中國和全世界，73歲高齡的毛在武漢橫渡長江，突然在人民中現身，在響徹雲霄的「毛主席萬歲」的歡呼聲中，毛與人民已水乳交融，毛終於實現了領導這場革命的具體形式。幾天後，毛主席返回北京，1966年8月5日，在黨的八屆十一中全會上，他以《炮打司令部》而使劉少奇下台，由林彪取代劉成為第二把手。

毛為什麼能順利發動「文革」？一年多來，他小心翼翼，精心準備，把一切最壞的可能性都事先想到了，並做了認真的防範，但預想的各種「修正主義者」做「壞事」，搞「政變」的情況，一件也沒有發生！嚴格説，他老人家發動「文革」沒有遇到任何障礙，彭真抵制對《海瑞罷官》的批判，一經毛出面反擊，傾刻瓦解，劉少奇則完全是坐等自己的倒台。毛可謂一路乘風破浪，所向披靡，最重要的原因乃是毛為全黨和全國人民的偉大領袖，他在體制，意識形態和道義上都享有巨大的合法性：

1. 毛就是黨，這個概念深入人心。「彭羅陸楊」出問題，對黨的形象沒任何影響，劉少奇下台，任何人下台，都不會損傷黨的威信，最多就是需要修補一下，(這個工作，「文革」中主要是通過周恩來做的，周解釋了為什麼要打倒劉少奇，為什麼劉錯誤嚴重，但只是到了1966年才揭露)，由於這個原因，「文革」初期全國各級黨委都被砸爛了，在毛看來也沒有關係，因為有毛在，有毛領導的軍隊在，就是黨在。

2. 從建國起，我們宣傳、教育部門的主要工作就是歌頌毛主席的豐功偉績，這種工作每天，每分鐘都在進行，貫穿在一切領域，使得毛和毛思想在人民中擁有巨大威望。他在大躍進中犯的錯誤，老百姓一點都不知道，群眾都相信毛英明偉大，只是底下的幹部欺騙毛和中央，「文革」中甚至出現劉少奇是「三年自然災害」的罪魁禍首的論調；毛在「文革」中改組了黨的意識形態系統，毛通過不時發佈「最新最高指示」，親自或通過江青，陳伯達，張春橋等對毛思想作出直接解釋，更增加了毛思想的權威性；毛還找到一個新渠道，在個人崇拜的大環境下，和人民直接交流，1966年7月16日在武漢暢遊長江，以後又在天安門八次接見紅衛兵，直接發動群眾，「文革」期間意識形態不僅沒有出現真空，而是實現了毛對意識形態的完全，徹底的佔領，這使得毛擁有獨一無二，任何人都沒有的巨大的社會動員和統合力量。

3. 毛要修補體制的弊端，群眾覺得毛關心人民，和人民心連心。劉少奇在「文革」初期「打壓」學生，要打他們「右派」，毛則是解救他們；「走資派」搞「三名三高」，毛要搞「平等」，反對特權；「走資派」支持「城市老爺衛生部」，毛號召醫生下鄉給農民看病；劉保護，愛護17級以上的幹部群體，毛則把他們趕到農村「五七幹校」，要他們勞動改造。在老百姓中，特別在青年學生中，青年工人中，存在着長期積壓下的不滿，這就是對官僚主義的不滿，對幹部特權行為的不滿，「革命方知北京近，造反更覺主席親」，頗生動地發映出「文革」初期群眾的這種情緒和心理，如此等等，都使毛的行動獲得巨大的道義性。

4. 毛的偉大領袖的崇高威望不僅表現在他在心理和精神領域對全黨全軍全國人民擁有的無與倫比的影響力，他更擁有現實中的巨大的權力。他掌握着軍隊，林彪全力支持他，在提拔林彪做「接班人」的同時，毛又安排葉劍英擔任軍委秘書長，把軍隊完全置於自己的直接領導之下；他也掌握全國的公安系統，謝富治絕對服從於毛。劉少奇雖是主持中央工作的第二把手，但他不具有上述的優勢條件。

5. 劉少奇主持中央工作多年，無形中積累下許多矛盾，這些矛盾有的是體制帶來的，有的則和人有關係，劉處於第一線排頭的地位，不由得他個人同意還是不同意，都身處於這些矛盾的中心。劉之上有毛，劉的旁邊還有一批開國勳臣，之下有一群封疆大吏，這些大幹部各有神通，雖然都服從中央領導，但一旦察覺毛、劉有異，每人都有自己的小算盤，而劉又不具毛那樣的絕對權威，説話有時並不靈，但劉在一段時間裏似乎忘了自己只是第二把手，而強制推行自己的一些主張，故而造成各方關係的緊張。在這些矛盾中，有因「四清」問題而引發的華北局對劉的意見，有軍隊幹部和地方幹部的矛盾，有所謂「北方局」幹部和其他系統出身幹部之間的矛盾，有群眾和「官僚體制」的矛盾等等，上述種種矛盾本來就交叉在一起，在「文革」前夕的特殊環境下又被有意激化，從而成為毛能順利發動「文革」可資利用的因素。例如：劉在政策掌握方面跳躍性較大，喜歡走偏鋒，有人稱之為「忽左忽右」；劉指導四清，打擊面過寬，激起不少地方幹部的反彈；一些幹部，特別是軍隊幹部認為，劉在幹部使用問題上，有偏心的一面；相比於毛和周，劉的個性過於嚴肅，缺乏親和力，有時批評人疾言厲色。因此不少幹部對劉下台是無所謂的，就是到今天，也還有一些老幹部對劉少奇抱有這樣或那樣的批評看法。當時的老百姓，雖然普遍對劉下台感到震驚，但也沒有很多人為此而特別難過和惋惜的，因為老百姓對劉少奇的瞭解非常有限，雖然「文革」前全國各地都上映過歌頌劉少奇的電影《燎原》，廣大幹部也學過劉的《論共產黨員的修養》，但這些與黨的意識形態系統和軍隊系統對毛和對《毛選》的鋪天蓋地的宣傳是不可同日而語的，老百姓瞭解的就是劉少奇多次攜夫人訪問東南亞，只知道他保護愛護各級幹部，要大家「做黨的馴服工具」，根本不知道劉為老百姓做了什麼好事，特別是劉在六十年代初困難時期，為拯救人民生命所作出的巨大的貢獻，因為在那個年代，所有的功勞，榮譽都歸於毛一人，老百姓所知道的，就是報紙上要他們知道的那些。所以說，毛發動文革，是有相當的群眾和幹部基礎的。

毛為發動「文革」而使用的一些方法是超常規的，例如：毛背着中央一線領導同志秘密策劃批《海瑞罷官》；他一人決定廣播北京大學聶元梓的大字報等等。1964年底，他當面對劉少奇說，我動一個小指頭就能打倒你，這不是共產黨領導人之間的常用語言，也不符合黨倫理。但是，毛的所有重大措施又都是假手劉少奇，通過中央會議，以中央文件的「合法」形式實現的。在那個年代，體制對毛的約束力是不存在的，從1965年開始，就是毛主席，黨中央這樣的排序表達，正式的解釋是，如果沒有毛，沒有毛的正確領導，一切都沒有。所以毛就是黨，革命，軍隊，人民的化身，他也是真理的化身，他想做任何事都可以。中央領導集體為了黨的團結順從他，人民崇拜他，從而使他獲得不受制約的無限權力。

「文革」發動的年代距離今天已近四十年了，毛的這首詩，也發表一些年了，對「文革」發動的過程和毛的這首詩，都有一些解釋，我這也算是一種解釋吧，有關「文革」發動的細節，還有許多情況沒有被批露，所以完全的回到歷史，幾乎是不可能的，有一種觀點認為：「歷史乃是敍述過去，但絕不等於過去」[35]，我只是根據自己的理解和自己掌握的資料來談論這個問題，我認為具體的歷史過程基本就是如我所描述的，但這也只是一種敍述，所以，讀者可以任由自己的理解去判斷毛的這首詩和我所談的這個議題，這就叫做「自求其解」吧。

35　凱斯·詹京斯：《歷史的再思考》，台北麥田出版社，第56頁，2003年9月版。

他何以選擇離開

——王鼎鈞《關山奪路》讀後

寫20世紀40年代後期國共內戰的書很多，大陸和台灣都有上乘的讀本，但是這些書大多都缺少「人」之活動，及至齊邦媛、龍應台、王鼎鈞書的出版，才彌補了這個缺憾。

齊邦媛的《巨流河》，以自傳的形式，將國族危難與個人遭遇結合起來，寫出二十世紀中華民族的苦難和抗爭，又以滿含感情的筆端，描繪了幾位令人迴腸盪氣的愛國者，揚我浩然民族正氣，讓無數的國人為之感動。

龍應台生於50年代初的台灣，相比於齊先生和王先生，她是晚輩，在《大江大海》一書中，以宏大目光反思歷史和人性，展現了歷史的冷峻和溫情。

王鼎鈞，經歷最豐富，1949年前在國民黨軍中服務，「解放戰爭」中的三大戰役中經歷了兩個，對國民黨的大失敗有近距離的觀察，來台後服務於新聞界，因「歷史問題」而受到情治部門的長期監控，王先生與台灣社會上下層都有互動，目光如炬，成老辣酣暢之文字，給人以持續性的思考。

三人都成就蜚然，各有千秋，彼此不可取代。

王鼎鈞的代表作是他的回憶錄四部曲：《昨天的雲》、《怒目少年》、《關山奪路》、《文學江湖》，書剛問世，就受到讀書界的重視。2009年秋天，台灣中研院近史所陳永發先生寄贈我一套，我立即展讀，愛不釋手，以後在病中又讀了兩遍。去年9月陳先生來寧，11月底我和李曉林見面，我們都情不自禁談起王鼎鈞的回憶錄，他們也都非常喜歡這套書，永發說，他也讀過兩遍。

王鼎鈞這套書的前兩本寫作者的青少年時代，後兩本橫跨戰後的1945–1979年，緊扣冷戰歲月國共的熱戰和武力對峙，以「人、歲月、生活」為經緯，用簡練優美文字，寫盡被時局主宰的普通人的艱辛、蒼涼和辛酸，又跳出個人的局限，在時局大動盪中展現了人與時代交融的複雜狀態。而作者在當時或事後對一系列重大問題的思考和反省，更是彌足珍貴，使其完全不同於一般的個人自傳而具有豐富的思想性，故此書既有歷史價值，還有很高的思想價值。

躲避左翼革命，逃往台灣

王鼎鈞，山東臨沂蘭陵人，抗戰勝利之初投筆從戎，入國民黨憲兵部隊，先後移駐南京、上海、瀋陽等地，後調至天津，全程經歷國共內戰，在平津戰役中被解放軍俘虜，旋被釋放，遂自行前往上海投奔在國民黨軍中服務的同鄉前輩，被一同帶往台灣，上岸後不久即辦理相關手續，完全脫離軍隊。王鼎鈞天資聰慧，雖然學歷只是初中畢業，但在抗戰時期流亡中學讀書時，有幸遇上幾位學問好的老北大畢業生，打下很好的文史基礎，學生時代就給報紙投稿並獲採用，從此大大增加了他的信心，來台第一天，就在基隆碼頭給《中央日報》副刊寫了一篇小文章，立即被刊用，從此一發不可收拾，歷經多年努力，終成著名作家。1979年王鼎鈞獲准離台前往美國西東大學講授中文。

王鼎鈞之所以能寫出他著名的四部曲，都緣與1949年5月在上海吳淞口的決定。就在那個關鍵的時刻，王鼎鈞隨同他的「上校爺爺」和看守江灣軍火庫的國民黨軍人爬上了開往台灣的軍艦。1949年，王鼎鈞只有24歲，他為什麼不像當時大多數社會賢達和知識分子那樣，留在大陸等待解放，而是跑台灣去呢？那些名流宿耆，黨國高官都對國民黨失望，他一個小伙子，怎麼還對國民黨如此留戀？

從他的書中得知，作者對國民黨的弊端有深刻的認識，他批評國民黨軍隊欺壓老百姓，「以致教育出幾百萬卑視百姓、欺淩百姓的官兵來」[1] 與此相聯繫，王鼎鈞對中共艱苦奮鬥的精神、中共和農民的緊密聯繫等一直抱有好感，1946年後，他隨部隊在東北，這方面的感受更深。王鼎鈞回憶說，在東北嚴寒的日子裏，共軍匱乏艱苦到極點，士氣仍然很高，能征慣戰，無論如何這是奇跡。王鼎鈞感慨：「毛澤東用兵如神，練兵也如神」。「當時大家猜想，共軍可能凍死很多人，可是他們怎麼沒凍死？」「真是天亡我也」。

既然對國共兩黨有如此的認識，王鼎鈞為何還要選擇逃離共區？答案是：作者對左翼革命有相當的保留。他認為解放區「絕對沒有」他所要的自由的空間，他也「很難適應中共管理人民的方式，自己也無法達到中共對老百姓的期許」，他只有到「腐化的，封建的，自私的，渙散的」社會裏去討生活，只能隨國民政府南逃。我以為王鼎鈞之所以對左翼革命存有保留或否定，在相當程度上是受了解放區土改運動的刺激。

和當時絕大多數知識分子不一樣，王鼎鈞對解放區的土改運動有較多的留意和觀察，1946年他隨軍駐守在南京，對在南京聚集的「蘇北難民」產生了強烈的興趣。

---

1 《關山奪路》，台灣爾雅出版社 2005 年版，頁 56。以下引用該書只注頁碼。

1946年春，中共中央發出指導各地進行土改運動的重要文件《五四指示》，而作為土改運動的熱身準備，以階級鬥爭、暴力剝奪及消滅反抗地主為主要特徵的「反奸、清算、復仇」運動已在共產黨領導的各根據地全面進行。蘇北根據地基層政權對地主這個昔日統一戰線的盟友普遍採取了過激政策，諸如：「開鬥爭會、遊街戴高帽子，規定地主富農沒有公民權，並做上各種記號以示識別」(如剃半邊頭、穿紅背心、掛布條等等)；此外，各村還成立管理小組，通過釘鐐或連保的方式對地主實施人身管制：走路沒有自由，不能參加任何會議，不准早起晚歸，不能與其他地主通話等等。更為激烈的做法是，開會鬥爭時動輒對被鬥者實施吊打、捆打，以致「在吊打問題上打死人事情，全華中可能已有上萬的數目」[2]。

所謂「蘇北難民」在革命話語系統中被稱為「蘇北逃亡地主」，就是受到「反奸、清算、復仇」運動和土改運動的打擊，被掃地出門而逃亡到南京、上海等地的蘇北地主、富農及其家屬，最多時，人數達數千人。

1946年6月23日，馬敘倫、雷潔瓊率「上海人民和平請願團」在南京下關車站被「蘇北難民」毆打，引起輿論大嘩。作者因關心他的家鄉魯南地區的土改，對與魯南毗鄰的蘇北的土改情況特別留意，花了三天時間向「蘇北難民」瞭解有關情況，那些人把他看成記者，紛紛向他倒苦水。作者才知道，這些「難民」在南京，根本無人理睬，他們派出代表去國府請願，被警衛部隊轟了回來。請《中央日報》記者來長談，但報紙一個字也沒登出來。「國民黨完全不管他們，還

2 〈陳丕顯在華中土地會議上的總結(節錄)〉(1948年4月25日)，載《江蘇黨史資料》，總第35輯，頁137。

有人說他們是地痞流氓，活該共產黨整治他們」。更重要的，南京的老百姓不要聽他們的訴苦，他們說，「共產黨為什麼要這樣做？沒必要嘛，再說，他們也做不到」(頁113–114)。王鼎鈞說，北方發生的故事離南方人的經驗太遠，國統區的人民連聽也懶得聽。就是聽到有關解放區的「暴政」，也都有自己的解釋，相信自己家鄉縱然解放了，也不會受到這般對待。

這是一個經驗和事實互相背離的怪圈。以後京滬一帶的人逃到廣東，廣東人對他們也是不信，「不同情」；待廣東人跑香港、台灣，台灣人也是不信，說他們肯定不是好人，否則不會被家鄉人趕出來。王鼎鈞說得非常正確：凡是完全超出經驗範圍的事，都教人很難解受。抗戰勝利後，南京、上海出版過蘇聯叛逃者揭露斯大林大清洗的回憶錄《我選擇了自由》，但沒有任何社會反響，因為該書的內容太反常，超出人類經驗的範圍，誰都難以相信書中的內容。左翼青年拒斥可以理解，中間派或自由派知識分子也跟着視而不見，就令人費解了。概因這些人受過良好教育，許多人還留過洋，相信自己客觀公正，其實他們大多受二戰後社會潮流的影響，對斯大林充滿美好的想像，很難真正做到獨立思考，實際上是先入為主，早已在頭腦中築起了攔河大壩，已自動過濾了與自己價值觀相悖的其他信息。

作者在南京與「蘇北難民」的接觸對他以後的選擇產生了直接的作用，他說，自南京訪問「蘇北難民」後，他對解放區的情況非常注意，這個「注意」非同小可，幾年後把他帶到了千里之外的台灣。而他父親的「離開」則是緣於他個人的經驗。

王鼎鈞的書中寫道，某個早晨，他的父親眼見駐紮在家鄉的國軍在悄悄撤離，馬上手牽兒女，連家都不回，就緊隨國軍離開家鄉，最後來到上海。他的父親怎麼有此膽識？山東的地主多數只讀了幾年私塾，目光短淺，捨不得家裏的房子、土地和罎罎罐罐。王鼎鈞的父親也是一個「守舊的鄉紳」，但是他讀過專科學校，一向關心時局，還曾是軍閥孫傳芳的幕僚，八路軍第一次佔領其家鄉蘭陵時，曾被短期羈押，後因沒有劣跡，才被釋放。王鼎鈞說他的父親「細密謹慎」，從此知道「中共革命，他沒有生存的空間」，看到國軍撤退，擔心前腳國軍走出，後腳共軍進來；也惟恐國軍出城以後，中共地下工作者禁閉城門，禁止出入。機不可失，他沒有回到深宅大院去多拿一件衣服，就跟着國軍斷然出走，而那些留在家鄉的山東土財主，以後大多死於暴力土改。

山東土改之劇烈，還可從山東聯中八千學生流亡南下得到佐證。這些學生多為地富出身，由家長交由學校帶出逃命，也是那樣的問題，他們的父兄家庭，雖然知道土改的厲害，但是「小人戀土」，只求把家中的孩子託付給學校，為家裏留一個根，自己寧願在家鄉守着房子和土地，接受命運的安排。這個時間為「濟南戰役」之後，此時山東大局已定，八千學生跟隨山東聯中校長一路南下，最後落腳澎湖，只剩下五千學生。1949年12月，校長等七位師生被指為共產黨「匪諜」，慘遭澎湖司令的槍殺。學生雖然以後陸續被接到島內完成學業，但澎湖司令的這個「下馬威」成了這些學生的終身陰影，一直難以消除。

何以不受左翼風潮的影響？

40年代是左翼思潮風行全國的時期，左翼思潮的溫床有兩處，一是學校，二是左翼文學。

學校成為左翼思潮的溫床，最令國民黨當局哭笑不得。抗戰軍興，國民政府為了保存、培育未來建國人才，花了大量人力、財力、物力將沿海地區教育單位內遷。國府對戰時教育十分重視，1937年後，全國有208個教育單位，2.5萬名教職員，30萬學生內遷。政府為學生提供基本生活條件，不收費用，還以貸款的方式維持學生的生活，但學生對政府的意見還是很大，共產黨的影響不斷擴大。

作者的中學階段是在抗戰期間流亡中學度過的，他所就讀的國立二十二中學，由李仙洲創辦，隨戰局的變化，從安徽的阜陽遷至陝南的漢陰，老師多是謙和好儒之人，對學生有潛移默化的影響。作者說，如果不是離開了山東，他本人很難不受山東共產黨的影響，山東地富子弟背棄家庭，參加中共者很多。齊邦媛也是受了老師影響，她發現被左派學生指責的人，有些是他父親的朋友，她都有所接觸，認為他們都是好人，是愛國者，於是她和左派學生就逐漸拉開了距離，也不去讀書會聽左派學生的高談闊論，這就引起了左派學生的憤怒，左派學生的反應是加大對她的孤立和打擊，這就使她更遠離了左派。

抗戰勝利後，左翼思潮舉世滔滔，三十年代左翼文學受到青年普遍熱愛，各地都有中共地下黨或外圍組織的「讀書會」，但是王鼎鈞不喜歡魯迅的「氣性」，也不喜歡巴金、茅盾、郭沫若，覺得他們「只談意識形態，不談藝術技巧」，作品滿口不離「壓迫」、「剝削」、「受侮辱和受損害的」，「不能陶情冶性」，只能「引起絕望的積極和毀滅的快感」。王鼎鈞雖然熱愛文學，卻排拒了當時佔主流地位的左翼文學，這在廣大青年文學愛好者中是罕見的。

對於當時不斷發生的學潮和學生遊行，作者也有自己的看法。那年代，社會輿論普遍同情學潮，王鼎鈞的看法則屬於少數派。他說他對學潮能理解，但不能支持，作者感傷自己失學，認為那些學生不珍惜學習機會實在可惜。他給報社投書說，求學機會難得，何不及時努力？「社會上有千千萬萬失學的青年，你們領公費，讀大學，為什麼要罷課？」

作者對時局轉折之際的很多社會現象都有看法，他對當時的知識分子也持批評態度，他認為他們對國共兩黨持雙重標準。他說，那時關內關外，每當共軍受挫，國軍得手的時候，也就是和平呼聲很高的時候，左派的媒體，中立的賢達，純真的學人，平時有各種分歧，卻在這一點上異口同聲，他們奔走呼號……催促國民政府大幅度讓步求和(頁95)，但當李宗仁向共產黨求和時，這些人卻全部保持沉默。

作者當時雖然只有二十多歲，但幾乎在所有重大問題上，都有自己的意見，儘管他對一些自由派知識分子的誇誇其談有所批評，然而他的思想底色還是自由主義，用他的話說，「我一心想嚮個人自由，我的人生觀改變了，大我，紀律，信仰，奉獻，都是可怕的名詞，背後無數負面的內容」。

國民黨失敗如此迅速，誰也沒想到

作者戰後隨軍去了東北，親眼目睹國民黨在東三省的統治由盛而衰再敗的過程。當解放軍在東北整軍經武，擴大地盤的時候，王鼎鈞所在的憲兵部隊正在訓練立正和稍息，甚至在組織中下級軍官學習《比較憲法》，還搞什麼「策論題」考試，其中一個題目是「用人唯德與用人唯才孰為得失」。王鼎鈞在瀋陽「代長官讀了十幾本書」，「沒有一本是批判共產主義，沒有一本是分析國際局勢，也沒有一本介紹東北的風土人情」。

國民黨失敗之快，有許多原因，蘇聯對中共的支持，蔣介石軍事戰略錯誤，用人不當，共產黨地下工作者裏應外合，各路軍頭擁兵自保，見死不救，都是重要原因，設想華中剿總司令白崇禧若以20多萬兵力支持淮海，或許不敗？但這只是假設。

國民黨喪失「民心」一說，大陸的著述説得最多，其實，民心如流水，隨時會變化。王鼎鈞説，「國民黨似乎並非因為失去人民而失去土地，乃是失去了土地才失去了人民」。他的依據是，在山東國共「拉鋸戰」時期，「地方上的鄉鎮幹部都有兩套班子，一套接待共軍，一套接待國軍。小學裏有兩套教材，國軍佔領期間使用這一套，共軍佔領期間使用另一套。鄉鎮公所辦公室預備蔣先生的玉照，也準備毛先生的玉照。直到國軍最後一敗塗地，老百姓也就一套教材、一張肖像了」。

「先有土地，後有人民」，話雖不太好聽，但知內情的人都知道這話是有道理的。1949年前，國統區的人民雖然強烈不滿通貨膨脹和國民黨的腐敗，但受正統思想的影響，對蔣還存有相當的迷信，對中共還缺少正面認識，並非就是在盼着共產黨去解放。他們的思想轉變都是在解放軍進城後，對於國民黨官兵而言，更是如此。作者於1949初在天津被俘，解放軍班長教他們學唱革命歌曲，劈頭就是「蔣介石，大流氓，無恥的漢奸賣國賊。」全場默然，作者更是張口結舌，說這未免太離譜了，他認為這不僅是侮辱蔣氏，也是侮辱他們這批被俘者的知識程度。以當時的民眾的「思想覺悟」程度而言，完全接受「打倒蔣介石」的口號，還需一個過程，蔣的威望還不至於一瞬間就消耗掉。

蔣介石打內戰不謂不努力，但內裏已被蛀空，戰場上又處處失敗，最終還是無力回天，只能以「氣數已盡」為解釋了。但是退一步，蔣如果在重慶談判時對毛施以辣手，國民黨會敗走台灣嗎？當時蔣的聲望如日中天，作者在書中沒有展開這個問題，但是我讀該書時卻不時聯想到這種可能性。2004年，我在台北參觀大溪蔣中正陵寢，駐足良久，也在想這個問題。

許多事實證明，特別是從宏觀歷史的尺度來度量，蔣確有「婦人之仁」，雖然他殺人也不少，但在殺伐決斷、手段凌厲上，那就遠遜於他的對手了。1945年8月後，毛在重慶談判，這對於蔣，是一個千載難逢的機會。蔣似乎也有此意，他在9月27日的日記中例數毛的「罪狀」：割據地盤，擁兵作亂，階級獨裁，自立為王，擅征租稅，私發鈔票等等，稱毛為「罪大惡極之禍首」，「如不加懲治，何以對我為抗戰而死亡軍民在天之靈耶！」[3] 儼然有審毛、加害毛之架勢。

蔣是能看透毛的少數人之一，但還是下不了手，主要是受美國、蘇聯的牽制，同時也是被毛所迷惑。毛在參加重慶國民參政會為紀念「九一八」的茶會上高呼「三民主義萬歲」、「蔣主席萬歲」用以麻痺蔣，是劉備「聞雷失箸」計謀之重演。當毛於十月安全返回延安後，原先高度緊張的精

3　秦孝儀編撰：《總統蔣公大事長編初稿》，卷五，下冊，頁839。

神一下鬆弛下來。據師哲回憶，毛得了嚴重的眩暈症，不能見人，常會暈倒，只能搬到延安郊區休養，以至於斯大林專門從莫斯科派了醫生來延安為毛調養身體。這段時間長達數月，到了1946年3月才得以緩解。

毛安全回延安，是他的命大，也是因為蔣的寬厚，若蔣不罔不顧，對毛施加毒手，中國歷史將會徹底改寫。歷史固然沒有「如果」，也不可以「假設」，但是評說歷史，臧否人物又怎能完全排除偶然性因素對歷史進程的重大影響？

試想當年重慶發生了針對毛的惡性事件，一個沒有毛的中共將是什麼樣的呢？在中共和國民黨的長期角逐中，毛和蔣是棋逢敵手，甚至明顯高出蔣幾籌。毛目標明確，以奪權為唯一目標，蔣則要受到各方條件的制約。雖然毛的本錢少(地盤和軍隊)，但正因負擔輕，正可以放開手腳和國民黨搏江山，加之毛謀略多端，有張有弛，收放自如，蔣何嘗是他的對手！故而在30年代前期，毛在中共黨內還沒有執掌最高權力時，蔣就把毛當成中共的靈魂和最有權力的人。

毛之不可取代，也是中共領導層的一致看法，毛之桀驁不馴，常使黨內高級同事難堪，但大家多對他妥協忍讓，其原因也是看重毛的「本領高強」，認定只有毛才能對付蔣介石。毛上台後，中共實力和地盤均獲得巨大增長，全黨已把他看成是延續黨命，拓展黨業的根本。

所以一旦毛有不測，中共只能採守勢。由於中國基本問題的存在——農民希望獲取土地，國民黨對此始終拿不出切實可行的方案和行動，而中共植根於農民之中，隨時準備以剝奪地主土地來動員農民，從而使自己在和國民黨的爭鬥中擁有取之不盡的人力——國民黨不可能把中共和軍隊完全吃掉。在國民黨優勢兵力的進攻下，中共會失去多數根據地，對全國政局的影響力也將明顯下降，但在北方守住一、兩塊根據地，則問題不大。1945年中共七大後的劉少奇雖然位居黨內第二號人物，但在黨內、軍內，遠沒有一言九鼎的權威，劉的專長在黨務，不在軍事，其個人對軍隊的影響力極有限，根本不能遙控中共幾個大戰略根據地，最後只能由朱德、周恩來等元老組成議事的主席團，即政治和軍事領導聯席會議來處理黨和軍隊的日常事務，周恩來會拉上朱德、劉少奇、任弼時等，一起來承擔責任。以周之性格和氣局，不可能有太大的作為，最後還是聽命於斯大林。如此，蔣介石的天下完全可以守住。

人生無常，命運莫測

作者在平津戰役中被俘，後被解放軍釋放，一路南逃，最後跑到上海江灣，在一位家鄉長輩「上校爺爺」的庇護下，在江灣軍械庫謀得一文書的職位，有了一個飯碗，作者後來發現，這位「上校爺爺」收留了十幾位家鄉的青年，最後這群人也都隨軍械庫遷台。

1949年5月，解放軍已逼近江灣，國民黨守軍為了撤退，還設了警戒線和解放軍抵抗，大批軍人就坐在吳淞口的張華濱的江邊上等國軍的軍艦來載他們去南方，遠處解放軍槍炮聲已清晰可聞，而能否爬上船，全靠自己的運氣，有些人就在船旋邊的甲板上，被上面的士兵推下江裏。國民黨此時已無章法，從吳淞口南撤的軍艦一共有多少，每天如何安排，只有天知道。最後，國民黨軍艦根本不管哪些捨命掩護他們撤離的軍人，明知道他們未及上船，就起錨開拔。天亮以後，王鼎鈞看到他的父親是船上唯一的老人，周邊的人都面有怒色，當許多年輕軍人都被蹬下了江裏，他和他的父親卻爬上了軍艦，這不是天意，又是什麼？！

台灣此時已由陳誠宣佈戒嚴，嚴格限制人員入台，「誰也不知道這條船開到哪裏去」。依當時形勢，王鼎鈞上的這條船應開往廣東或海南島，但這兩處也不是安全之地，作者以後才知道，他們一船人是托了「上校爺爺」之福，由於這艘船運的是軍火，才得以允許入台。

1949年的台灣需要的是軍械，不缺的是人。6月，國軍劉安祺統領十萬人有序自青島撤退，抵基隆港登陸台灣，後又奉命轉赴海南和廣東，其所部大部分不准在台灣留下，這批人以後或「起義」，或被解放軍消滅。最近從解密的蔣中正日記中才知原委：原來蔣懷疑此部混夾共黨「匪諜」。他說，看到劉部軍紀蕩然，四處遊嘻，不寒而慄，為不使其中的「破壞分子」損害台灣，才把他們支到海南和廣東。

設想王鼎鈞當年若是就近逃到青島，再上了船逃到台灣，最後還得隨艦被運到海南島或廣東放下，也就不會再有他以後在台灣的三十年的歲月。在左翼主義的大環境下，他會被當成「特嫌」，一輩子被懷疑，任他再說什麼「熱愛共產黨，熱愛毛主席」也無濟與事，類似的情況，不管是在蘇聯，還是在中國，都有許多。大陸學者蕭功秦教授的兩個堂兄，在1949年先後來到台灣，其中一位很有科學家的天賦，在當時就被斯坦福大學研究生院錄取，卻因戀家、戀女友再回大陸，當他回到家鄉後，女友卻因他去過台灣而與他斷絕來往。無獨有偶，他的另一位堂兄也因戀家返回大陸。這兩個堂兄，一個在湖南，一位在江西，遭遇是一樣的，都因這段經歷被長期審查，飽受各種挫折和磨難，幾乎荒費了大半生的生命。江西那位堂兄在80年代平反後雖做了省裏的科學院副院長，但早已失去銳氣和創造力了，故蕭功秦稱他是「離科學殿堂最近又最遠的人」。

其實，蕭功秦兩個堂兄的選擇在當年是具有普遍性的，1949年後，有不少知識分子從國外回來，參加國內的建設。1950年，實業家盧作孚先生，率他的民生公司從香港回到大陸，對於當時的絕大多數中國人來説，大陸是一個安全的安身之所。即使一些對共產黨心存疑慮的人，對共產黨也多從好的方面去理解，諸如，中共和蘇聯共產黨不一樣，中共只是搞新民主主義等等。在這個過程中，毛的《新民主主義論》和《論聯合政府》等發揮了安定人心的重要的作用，毛在他的這兩篇論著中，多次重申中國不走蘇俄式的道路，讓許多知識分子和資本家放下了心。中共頒佈《約法八章》，宣稱對歷史上有反共行為的人既往不咎，更把一大批國民黨「軍、警、憲、特」穩定了下來。至於大多數工商界人士和知識分子，相信共產黨也要發展經濟和教育，自己憑本身吃飯，共產黨不會為難自己。王鼎鈞父親有一朋友是復旦大學教授，依當時的標準，可以稱得上是「進步分子」，他就勸王父留下來。他説，「你換一頂新帽子還有三天不舒服呢，兩周後就習慣了」，「所以識時務者位俊傑，逃得越遠，罪孽越重。他介紹了一首當時的順口溜：「走不如留，留不如投，晚投不如早投，不留有禍，不投有過，早投沒錯。」

此時離抗戰復員不久，內遷之顛沛流離實在不忍回顧，人們再也經不住又一次大搬遷了。另外，搬那兒去呢？台灣，風雨飄搖，共產黨隨時會打過去；香港，人生地不熟，又是英國的領地；美國？完全不可能；巴西，遠在天邊，於是，除少數人外，大家都留下來等待共產黨。一兩年後，當共產黨接續推出「鎮反」、「知識分子改造運動」、「抗美援朝」、「三反」、「五反」等一系列政治運動後，他們中的有些人後悔了，但此時再離開已無可能。盧作孚先生被迫自殺了，其他有名或沒名氣的知識分子及資本家也自殺了，在抗日戰爭的艱難歲月，他們活了下來，但在和平年代，他們卻選擇了自己結束生命。

如此看來，王鼎鈞是幸運的。可是他去的台灣，遠不是天堂，那是一個右翼主義的大環境，他躲過了初一，躲不過十五，等待他的是又一種形式的審查，這一查也是三十年，直把他從一個青年查成了中老年！

2010年2月21日–3月15日

冷戰年代一位讀書人的困窘和堅守

——讀王鼎鈞的《文學江湖》[1]

大陸人、特別是知識分子在毛時代是怎麼度過的，已有許多文字反映，台灣知識分子在這三十年的生活，卻不為大陸人們所熟知。一般人所瞭解的就是台灣土改，經濟起飛，人民生活富足等很表面化的內容，對在那段特殊的歲月，人是怎麼生活等的詳細的情況大多不知，也很少見到親歷者就這三十年寫的生活實錄一類的讀物。王鼎鈞的書恰說的是這一段，雖名曰「文學江湖」，然決非是單講文學，而是作者通過他生活中的「文學圈」，對橫貫在台生活的三十年歲月(1949–1978)的觀察、記錄和反省，與作者的《關山奪路》構成姊妹篇，展示了在政權更迭、易代之際一個中國讀書人在台灣的日常生活。

由於1949年後海峽兩岸長期武力對峙，蔣氏父子以此為由，利用戒嚴和反共，在台灣建立起獨裁統治，但相比與抗戰、內戰，這三十年畢竟是一個承平的年代，於是出現一種怪異的狀態：國民黨掛着「戒嚴」的牌子，用戰時的「統一思想」、「統一意志」來統領社會，實際上偏安一隅。在如此大環境下，一方面，個人被無所不在的政治裹挾；另一方面，隨着社會的成長，個人逐漸也有了一定的自由空間，但更多的是遭受橫逆，被生活揉搓與擠壓。尤其作者在50年

1　原載台灣《思想》雜誌第 18 期，2011 年 6 月號。王鼎鈞，《文學江湖》，台灣爾雅出版社 2009 年版。以下引用該書簡稱王書。

代漫長的十年裏，心理壓抑，創痛巨深，這傷害既來自於國家、民族的分裂，更來自黨國的專制。從本書中既可窺見這三十年世事人情和時代潮流的演變，也能感受作者對國家命運、歷史教訓的獨立思考，是一份極具歷史和人文價值的個人總結。

一、「以蔣來拒毛」

列寧曾把年輕的俄羅斯蘇維埃聯邦社會主義共和國稱為：「全世界社會主義大火的中心」[2]。1949年，這股最早點燃於俄國的革命烈焰，終於在中國燃成一片，在列寧的學生毛澤東的領導下，中國人民解放軍徹底焚毀了國民黨在大陸的統治。

這場熊熊大火讓兩百萬人被迫逃離大陸來到台灣。1949年5月26日，王鼎鈞隨兵船從上海撤退到基隆，他沒想到這一住就是三十年，當時來台的絕大多數人都以為幾年後會隨「老總統」一起回大陸。

當年的台灣，落後貧困，國民黨後面被解放軍追趕，猶如驚弓之鳥，人是來到台灣了，可是靠什麼活下去？政府不管，王鼎鈞是軍隊中的文書，就拿到一紙國民證，其他什麼也沒有。當局對離職的士兵，允許帶走兩套舊軍服，另發560元老台幣，而一碗炒河粉要700元。士兵離營時可以把睡覺的蓆子帶走，供倒地而臥或倒地而亡——用蓆子捲人埋了(王書：頁24)。

所有上岸的人都需登記的白紙成了王鼎鈞投書的稿紙，就在基隆碼頭上，他買了一瓶墨水，給《中央日報》副刊投稿，很快就被刊用，就此走上寫方塊(小專欄)謀生的人生道

2 《列寧全集》中文版第 37 卷，頁 372。

路。他先後給《中華日報》副刊、《公論報》副刊、《征信新聞》(《中國時報》的前身)等寫專欄、編副刊，一幹幾十年，靠着朋友的幫助，更靠自己的天份和努力，在台灣站住了腳根，還供養弟妹讀書，贍養父親。這在大陸是無法想像的，概因在台灣只要不反對政府，還可以讓人活下去。

人是有思想的動物，遭1949年的大變，不會不思考。到台灣，除了那些被裹挾的「壯丁」外，都是追隨蔣介石來了。可是為什麼支持他，追隨他，這是迴避不了的大問題。大陸作家邵燕祥當時只是北平的一個初一學生，回憶他的1948年時就說過，選擇毛還是蔣，「對每一個二十世紀的中國人都是多麼嚴肅鄭重需要深思熟慮的問題」[3]。對於政治早熟的他或知識分子，這是成立的，但我認為大多數老百姓，特別是國統區的老百姓，則談不上選擇，就是在這個問題有所認識，也多是事後的認識，對於廣大普羅來說，只要不是異族的暴虐統治，在哪個朝代，都是幹活、吃飯。

王鼎鈞來台灣屬於自覺自願，這是符合邵燕祥那個命題的，他就是追隨蔣介石來台的， 其原因用王自己的話來說，是「以蔣來拒毛」。王說，在對蔣和毛的態度上，台灣外省人和本省人完全不一樣：本省人仇恨蔣，但不怕毛，他們是從「二二八」和「白色恐怖」中知道了蔣的厲害。王則不一樣，他們是被共產黨趕到台灣去的，知道毛的厲害。他對本省人說，「你們不知毛更厲害」，而他們之所以支持蔣， 是「兩害取其輕」，因為在他們看來，只有蔣可以對付毛，所以要克制自己來配合蔣。作者認為，「蔣到底與毛不同，比較起來，他還算是一個言必信行必果的人」(王書：頁244)。

3　邵燕祥：《別了，毛澤東》，香港牛津大學出版社 2007，頁 7。

王鼎鈞的思想底色是自由主義，來到台灣後，他的自由主義，和大陸時代有了差別，最典型的莫過於他對胡適的態度：他雖然尊敬胡適的思想和主張，但是又認為自由主義不切合當時台灣的處境。這個矛盾怎麼解決？王說，《自由中國》半月刊給了他答案：「除了自由主義，反共沒有理論；除了納粹，反共沒有辦法」(王書：頁112)。

可是現實是當局對自由主義，深惡痛絕，國民黨恨自己不夠專制才丟掉了大陸。到了台灣後，索性「以組織對組織，以思想對思想，以特工對特工」，當這些類似納粹的做法全面鋪開後，王鼎鈞又受不了。

於是作者得了「冷戰心理憂鬱症」，每天腰酸背痛，無精打采，也厭煩和別人交往。作者在台灣的三十年活得不容易。既要有所為，又要有所不為，他在保持個人尊嚴和獨立的前提下，恪守住了做人的基本準則；同時又展現出靈活性和韌性，適時還得作出忍讓和妥協。但是人非機器，一旦超到了心理承受的臨界點，也就是實在不能忍受時，該怎麼辦？那就去找一個參照物，這就是大陸。

王鼎鈞說，一想到大陸的情況，對台灣的一切，就都忍受了，他有一段話給人留下深刻印象：站在金門太武山從望遠鏡看「準星尖上的祖國」，當時最迫切的感受是，對岸繼「三年災害」之後搞「十年浩劫」，「我對來台灣以後所受的一切都原諒了！我內心的一切都化解了！」(王書：頁432–433)。

二、「匪諜妄想症」和「做出來的匪諜案」

50年代初，台灣國民黨當局要求黨員和非黨員「自清」——凡是在大陸和中共人員有過接觸的人，都要向當局辦理

「自清」手續，否則視同繼續聯絡中。這很荒唐，在大陸時代，國共兩次合作，國民黨與共產黨有太多的交集，特別在抗戰時期，不是同學就是老鄉，很難切割清楚。國民黨當局以後就以這些做藉口，拿一張合影照片、一張舊報刊說事，大抓「匪諜」。

與此同時，毛號召在中層(政府部門)、內層(黨的部門)工作的共產黨員交代與國民黨及資產階級的關係。更早，在40年代初的延安整風運動時，也要求黨員向黨組織說清與國民黨的關係。

國民黨因吃中共的虧太大了，對自己完全失去了信心，按王鼎鈞的說法，在大陸時代，國民黨是一個大馬蜂窩，處處可以潛伏(王書：頁158)。逃到台灣後的國民黨剛安頓下來，就開始總結失敗教訓了，他們的結論之一就是中共已大量滲透國民黨，才導致國民黨的大失敗。患了「匪諜恐懼症」的當局把台灣搞得一片肅殺，四處可見標語：「小心，匪諜就在你身邊！」

僅有口號，遠還不夠，更重要的是要有措施，國民黨也是吸取了大陸時代僅有口號而無措施，更無落實的弊端，從此專注於在基層在草根階層發展勢力。蔣經國在各單位廣設「眼線」，——即在各基層單位佈建「細胞」，這項工作在大陸時代受制於各種因素的制約，沒有來得及做。國民黨來台後特別重視在工人、勤雜人員中吸收「細胞」。王鼎鈞多次提到在「中廣」公司那些工友特務，《郭廷以先生紀念集》中也提到在中研院近史所圖書館工作人員中也有當局佈建的「眼線」，通過主動向研究人員介紹有關「匪諜」的書刊來「釣魚」。

在這方面，中共起步要早於國民黨，這也是中共戰勝國民黨的重要原因之一。早在抗戰初期，有關部門就在延安各機關、學校佈建「網」，發展「網員」(情報員)，江青在延安「魯藝」工作期間就是一名工作不甚主動積極的「網員」。她的單線領導許建國(原名杜理卿)在建國後曾擔任上海市公安局局長和駐羅馬尼亞大使。許建國指示江青多以「灰色」面目出現，以利於收集各方面情報，但江青從不主動向他彙報工作，而是經常往毛的住處跑，讓許建國很是生氣和無奈。這種工作傳統一直沿續了下來，建國後，保衛部門着手在各要害單位佈建秘密組織，詩人牛漢當時在中國人民大學工作，有關方面動員他加入「保衛毛主席的絕密核心組織」，並說先送到莫斯科受訓，他在中共元老、校長成仿吾的暗示下婉言謝絕了[4]。

國民黨遷台之初，台灣確有中共地下人員的活動，但是在蔣經國的嚴厲打擊下，到1952年，全台的中共地下組織基本被摧毀。其後，就是借抓「匪諜」來統合社會，樹立黨國和蔣氏父子的權威。

大陸在60年代後也是少有真正的「國民黨派遣特務」和「潛伏特務」，他們早已在鎮反等運動中被消滅了。大陸在鎮反運動後，在各單位都設有政工、人保幹事等，防特、保密已完全制度化。1962年蔣介石宣稱要「反攻大陸」，其派遣特務往往在東南沿海一登陸就被全抓，已達到「來一個消滅一個，來兩個消滅一雙」的程度。對於社會上的「特務」或 「特嫌」(特務嫌疑)，只會是多抓，不會漏網，用大陸的術語，就是「擴大化」。例如，中共對歷史上當過「憲兵」

4　牛漢口述，李晉西編撰：《我仍在苦苦跋涉》，三聯書店 2008，頁 92–93。

的人高度警覺，幾乎把他們全都看成是「特務」，對他們的處理，最輕的也是戴「歷史反革命」的帽子，交派出所和群眾監督改造。其實中共對國民黨「憲兵」的判斷是有誤的，憲兵中是有特務，但只是非常少數的人，大多數憲兵就是維持治安和軍紀而已。王鼎鈞說自己在國民黨憲兵服役時，沒喊過一句反共口號，沒讀過一頁反共資料，沒破獲過一個中共地下情報組織(王書：頁157)。至於「文革」中被揪出來的大把「國民黨特務」，那完全是「階級鬥爭」走火入魔的產物，與真正的「台灣特務」無涉。

台灣60年代抓出的「匪諜」案，基本上是「做出來」的案子：被抓人員被特務引導，再施以酷刑，迫其咬出同夥，交代上、下線，與大陸在「文革」中的「深挖五一六」如出一轍。

國民黨一方面對「匪諜」充滿恐懼感；另一方面，又肆無忌憚，枉殺枉捕。任何一張舊的合影照片，一份舊報刊，一封誣告材料，一本左翼文學書籍，都可以成為誣人為「匪諜」的所謂「證據」。

王鼎鈞告訴我們，「匪諜案」是真正的「藝術品」：所有材料都是「真」的，這些材料結構而成的東西都是「假」的(王書：頁36)，因為「酷刑之下，人人甘願配合辦案人員的構想給自己捏造一個身份，這些人再互相證明對方的身份，有了身份自然有行為，各人再捏造行為，並互相證明別人的行為，彼此交錯纏繞形成緊密的結構，這個結構有內在的邏輯，互補互依，自給自足」(王書：頁37)。

斯大林「大清洗」中的形形色色的叛國案，諸如：「布哈林叛國案」，「圖哈切夫斯基叛國案」等等，「文革」中的「劉少奇叛徒、內奸、工賊」案，都是這樣做成的。最近披露的材料說，參加劉少奇專案的一個必要條件就是文化程度不能很高，只能在小學五年級到初中三年級之間[5]。

這一套是從哪兒學來的？是從蘇聯學來的還是效法於本土的周興、來俊臣？這或許是人性幽暗面不加控制而帶來的災難？畢竟那是一個極端年代。

特務之猖狂，令人髮指。王鼎鈞多次提到的那個在中廣公司半公開活動的「英俊高大的特務小頭目」，其中講到他對「引刀成一快」的解釋，說「沒那麼快」，意思是，特工部門不會一刀就砍死嫌犯，「讓你們死得那麼痛快，而是要折磨你們求生不得，求死不得」，讓王鼎鈞聞之驚駭不已，毛骨悚然。特務一直緊盯王鼎鈞，概因王有「歷史問題」，即平津戰役期間被共軍俘虜又被共軍釋放一事，因而長期被監控。手段有：「五人連保」——互保思想正確，行為合法，一人有罪，四人連坐。還有跟蹤，私拆信件，偷聽電話，命令他的朋友偵察他的言行，勒令寫自傳，要求從六歲寫起，作者怕每次寫得不一樣而帶來災禍，不得不經常背誦自傳。

王鼎鈞書中有三個章節專寫他所遇到的特務：「匪諜是如何做成的？」「特務的隱性騷擾」，「與特務共舞」——特務「瞻之在前，忽矣在後」，如影相隨，橫跨了王鼎鈞在台的整整三十年。

在這種社會氛圍下，知識分子做特務似乎也沒有什麼不好意思。王鼎鈞說，那時官場盛傳「識時務者為俊傑，時務有三，黨務、洋務、特務」。書中有一段寫得非常生動，幾個朋友久別重逢，大家互道問候，「混得不錯啊，你通了特務

5　鄭彥英：《與劉少奇專案組副組長同行》，2011 年 3 月 28 日，http://blog.sina.com.cn/s/blog_500c7f7401017kt5.html?tj=1

啦！」看了誰神清氣爽，春風得意，第一個念頭就是此人已做了特務。王鼎鈞說，在他看來，50–70年代的台灣，知識分子做特務的比例很高，甚至幾個人中就有一個是特務(臥底)。據王鼎鈞說，不少作家都做特務(王書：頁306)，甚至是老作家，也做了黨國的「臥底」，他自己就多次遇到來打探他個人消息的老作家，轉眼就去向特務部門彙報去了。

類似的情況大陸也存在，只是表現形式不同，大陸更強調該工作的革命意識形態意義。大陸學者章詒和前幾年撰文，披露著名翻譯家馮亦代如何以「為革命」，「做好黨的馴服工具」來說服自己，克服了心理障礙，主動積極地在她家做「臥底」的。在經歷多次政治運動洗禮後，馮亦代已有了全新的人生觀和世界觀，為了提高自己的職業素質，他還專門買了蘇聯的《一個肅反工作者的手記》和有關介紹「契卡」(全俄肅反委員會)歷史的書籍。他說：「以前的生命只是行屍走肉而已，今天我已經消除了那種腐朽的感傷的情緒，我覺得我在保衛黨的工作中，我的生命日益豐富起來。」[6] 他自認為「是在第一線作戰」(馮書：頁288)的「一個保衛工作者」(馮書：頁258)，於是，心中「也就釋然了」(馮書：頁335)。馮亦代以「好友」的身份定期到已打成「大右派」的章伯鈞家聊天、喝茶、吃飯，然後再向有關方面彙報章伯鈞在家中的言行。對於當年的行為，馮在晚年有很深的悔悟，在他的《悔餘日錄》一書中將此隱私公之於眾。

誰是特務，都是慢慢發現的，也有弄錯的時候。王鼎鈞寫道：有一位作家問我，你看台灣的前途怎麼樣？咱們的反共文學這樣寫下去，到底是活路還是絕路？這種問題只有一個

6　馮亦代：《悔餘日錄》，河南人民出版社 2000 年，頁 256。以下簡稱馮書。

標準答案，怎麼明知故問。莫非他是一個特務，打算「引蛇出洞」？後來冷戰結束，兩岸交流，那位作家向我抱怨，你為什麼勸我寫反共文學？現在共產黨要來了！我思來想去，你大概是個特務(王書：頁307)。

無獨有偶，許倬雲先生也提到他在台期間被特務檢舉和騷擾，由於他與蔣經國有工作上的接觸，蔣經國說了一句話：我對他瞭解，他不是你們說的那樣，這才使許先生被解脫。

1960年代以後，國民黨殺人少了，但還是什麼都記錄在案。特務直接對王說，「你幾根骨頭，我們都知道」，但一般不再直接行動。他們對誰都不相信，陳誠有一邏輯，連程潛、張治中都投共了，還能相信誰？特務甚至盯上了《蔣公序傳》的作者黎東方先生。此君在大陸被認為是親蔣右翼知識分子，但在台灣的情治部門的眼中，卻演幻為「左翼嫌疑」。他對王鼎鈞說，他演講時提了幾次「中共」，幾次「共匪」，有沒有引用「蔣公」語錄，引用了幾次，都有人記錄。

王鼎鈞也曾被弄到「保安司令部」談話，被罰站，他在那兒見到那位一直監控他的「英俊的特務」，特務對王鼎鈞還算客氣，沒有留下他。多數被叫到「保安司令部」(以後易名為「警備司令部」，再改名為「警總」)問話的，都不許回家，許多人就這樣神秘失蹤了。在如此恐怖氣氛下，誰都不敢打聽，個別人有大老援手，也無結果，概因蔣經國非常冷漠，「鐵面無私」。

照顧蔣氏父子一輩子的翁元對蔣經國有非常深入的觀察，他認為蔣太子最大的特點就是「永遠神神秘秘，讓人猜不透他心裏想的是什麼」[7]。他說，蔣經國是「雙重性格」，在外

7　翁元口述，王豐筆錄：《我在蔣介石父子身邊的日子》，中華書局 1994

面和私下完全不一樣，諱莫如深，高不可測，故作「神秘」狀，「鐵面無情」(翁書：頁224)。連翁元這樣對蔣經國極熟的人，都感到「時時有如臨履深淵，如履薄冰的惶恐之感」(翁書：頁218)。

魏景蒙是蔣經國的親信，又是中央社的老人，是董顯光的手下，1943年曾陪美國記者訪問延安，寫有訪問記，對王震有近距離的刻劃。然而就連魏景蒙向蔣經國求保「中廣」副總經理李荊蓀也被拒，致使李荊蓀無辜被關押15年。

台灣在70年代，還在抓「匪諜」。「中廣」崔小萍案發生在1968年，李荊蓀案是1970年，與真正的「匪諜」毫不相干，都是被誣陷入獄。在這之後，台灣的情治工作有所變化，開始注意「公關」形象。軍情局長沈之岳有意展現新風格，還籠絡王鼎鈞為情治單位的公關電視片寫文字稿。當王鼎鈞收到赴美國大學講學的邀請信後，情治部門派出五個人定期與王喝茶、談話，他們只聽不說，對王進行新一輪面對面的考察。王知道自己能否飛出鳥籠，獲得自由，就在此一舉了，他孤注一擲，和盤說出他對台灣甚至是軍情部門的批評和建議，結果王鼎鈞被批准出國。

三、「中國廣播公司」

王鼎鈞在「中廣」服務十年。「中廣」全稱「中國廣播公司」，是國民黨黨營事業，前身為中央廣播電台，建於1928年，原在南京，1949年1月遷台，把所有重要業務資料都帶走了。

年，頁 28，以下簡稱翁書。

50年代，在台灣是廣播電台佔領天空的十年，聽眾眾多。「中廣」吸引聽眾的主要手段是廣播劇，王鼎鈞參考了「中廣」從南京帶到台北的30年代的一些劇本，諸如：曹禺的《日出》、《雷雨》、還有郭沫若、洪深、陳白塵、李健吾、丁西林等的話劇劇本，然而特務身手敏捷，很快就把這些劇本都搜走了。在大陸時代，國民黨對這些事是從來不管的，但是敗退台灣後，完全翻了一個個兒，凡是左翼和留在大陸的學者、作家的作品一律查禁。

當局明明以專制主義治台，卻要扮出自由民主的模樣，其意也是為了爭取美援和國際好感，為此大耍兩面派，國民黨在香港辦的《香港時報》是一份地道的「黨報」，卻標榜「以自由主義反共」，「社論充滿自由主義色彩」，但這份反共報紙不能進口，只特許進口八百份，供指定單位參考(王書：頁258)。「中廣」被允許進口一份。

王鼎鈞從事廣播稿的撰述，一直小心翼翼。廣播有其特殊性，特別要注意諧音字的問題，因此禁忌特別多，「蔣總統復行視事」，簡為「總統視事」，可以聽成「逝世」，因此要改字，改為「總統復職」。廣播不能用長句，有一句是：「美輪美奐的大會堂中間懸掛着總統的肖像」，播音時斷句換氣，說成了「懸掛着總統」，引起了驚擾。王鼎鈞也叮囑，「總統」之前切忌有任何動詞。十月，更要小心注意，因為許多重大節日都在十月：十月十日是「雙十節」、十月二十五日是「台灣光復節」、十月三十一日是「蔣總統誕辰」，「每一個節日都要節前有醞釀，節後有餘波」。可是「十·一」是中華人民共和國的國慶，這對於台灣來說是迎頭一擊，無形中把「光輝燦爛的十月」的亮度減低不少。國民黨的反制措施是從「十・一」前一天，台灣就不准有任何喜慶的表示，廣播中更不准有祝壽的內容，不可開張剪綵，快樂幸福的歌曲一概禁播，天氣報告中如有「台灣海峽烏雲密佈，長江中下游陽光普照」，都會被治安機關追究。

在那個年代，真正是草木皆兵，政府對百姓家中的收音機也不甚放心。50年代初，政府管制製造收音機的器材，誰家的收音機壞了，還向治安部門報廢備案，交回零件。

當局對收音機一類的硬體不放心，對軟體就更不放心了。當局患有嚴重的「文字敏感症」，在「警總」眼中四處都是共黨在搞顛覆宣傳。王鼎鈞回憶說，1951年前後，他把文章寫好以後總要冷藏一下，進行自檢，假設自己是檢查員，把文字中的象徵、暗喻、影射、雙關等一起殺死，反復肅清，才敢放心交稿。

即便如此，也有馬失前蹄的時候。「中廣」有一批從南京、重慶時代就從事播音工作的老播音員，個個都有很高的播音藝術水平，他們把廣播劇演得出神入化。由於廣播劇的效果太逼真，也被懷疑。某次，王鼎鈞編寫的廣播劇講述大陸鎮壓反革命，出現有槍斃人的場面，使聽眾有身臨其境之感，被「中四組」(即國民黨改造後的中宣部)叫停，情治部門也來調查，被懷疑是影射國民黨殺人。

從王鼎鈞的書中才知道，在50年代初，「中廣」的收音效果很差，與大陸完全不可相比，大陸廣播在台灣任何地方都能收聽到，而「中廣」的播音，連陳誠的家都聽不到。陳誠清廉，不願接受新收音機，「中廣」只能派出技術人員一處處勘測，來確定收聽的信號的強弱。並把陳誠家的老舊收音機帶回來修理，重裝了真空管和換了線路，才給陳家送回去。

至於大陸人知曉的「敵台」之一的「中國廣播公司‧自由中國之聲」，只是掛在「中廣」名下，與「中廣」台灣播音部沒有關係，台灣對大陸的廣播直接歸國民黨中央黨部「中六組」領導，實際上是情治部門的一個組成部分，「匪情專家」王健民曾長期在「中廣」大陸部工作，此人以後用國民黨虜獲中共原始資料為基礎寫成《中共黨史稿》，1979年後被引入大陸，在內部流傳，頗被重視。

四、「反共文學」，寫還是不寫？

王鼎鈞以報刊專欄作家而聞名，當韓戰爆發，美國第七艦隊巡航台灣海峽，台灣大局穩定後，黨國要人、也是國民黨文學界的掌門人張道藩就組織起了寫作講習班，王鼎鈞報名被錄取，第一期只錄取30人，大多為外省人。王鼎鈞非常認真聽名家講課，也勤於習作，由於大家都是經戰亂而來台灣，寫作主題很自然的就是流離歲月和對中共的「控訴」，但是那時還沒有一個正式的「反共文學」的口號和概念。

不久，張道藩提出要寫「反共文學」即所謂「戰鬥文學」，卻碰到一大難題，這就是「反共文學」的禁忌太多，作家不知如何去刻劃共產黨，甚至張道藩寫的「老天爺，你不長眼」一曲，也遭到「警總」的查禁，因為此曲也可讀成對蔣介石的批判。某次，「總統府」前舉行歌舞會，一齣維吾爾舞蹈被檢舉是「蘇俄舞」，在「反共抗俄」的年代，這是嚴重的「為匪張目」的行為，於是張道藩馬上辭職。

所以，在那個時代，可以不寫反共文學，不寫，沒人找你麻煩；寫了，卻可能遇到大問題，因為分寸拿捏不準，作家的「反共」與官方的「反共」規格不合，當局更害怕「反共文學」有可能演變成對國民黨失去大陸的檢討批判。

怎麼寫共產黨？令許多人頭疼，共產黨到底是什麼樣的人？這些去台的作家個個有體會，在大陸時代他們和共產黨員都有或多或少的交往，不是同學，就是朋友或老師，但是他們卻寫不出具體的人物，用大陸的專業語言講，就是寫不出「典型人物」，無法在文學創作中塑造出符合國民黨意識形態要求的「共產黨員」的形象。

於是講習班請來胡秋原，此公早年曾參加「福建人民政府」，事敗後去過莫斯科，在莫斯科和重慶與共產黨領導人王明、周恩來、鄧穎超、葉劍英等有過近距離的接觸。他說共產黨有「宗教心理」，「會黨心理」，「軍隊心理」，有集體性，宣揚全體主義，同規一宗，說話使用特別的切口，使用巫術、圖騰、咒語，身體動作單調重複，產生交互作用云云。胡秋原上述言論談不上深刻，特別是胡秋原說中共黨人「身體動作單調重複，產生交互作用」，就純屬無稽之談，在他之前和之後都沒有如此說法，堪稱胡秋原的原創。可能是過於荒唐，胡的這段話沒有傳播開來。

當時王鼎鈞就認為中共不好寫，一寫就寫成了國民黨。事實也如此，閻錫山罵中共的那些洩憤之語，怎麼可以搬到小說和戲劇中去呢？只能是那些概念化的「青面獠牙」、「五毒俱全」的「匪幹」和「匪諜」了，時間一過去，反共文學的大部分作品就被大浪淘沙了。

就在當時，這些學員們就說，看來寫共產黨只能是將來的大陸人才能寫出來，果其不然，王鼎鈞在幾十年後高度評價幾位大陸作家，認為他們在幾十年前的話應驗了。

那位姜貴呢？王鼎鈞與他很熟，對他的作品也評價很高，我最早是從夏志清的《中國現代小說史》知道姜貴的大名，以後在台灣，朋友還送給我一本九歌出版社2004年再版的姜貴的代表作《旋風》，但是我實在讀不下去，這本書沒有引人入勝之處。

五，「做成寶石，鑲在五星徽上」？

台灣在1950年代之窮，遠甚於大陸。大陸幅員遼闊，人口和物質資源極為豐富，財富收入也多，國家對高級幹部(高幹)，高級知識分子(高知)、高級民主人士的待遇都很優厚，他們工資高，待遇高，住房條件好，還依級別配有秘書、警衛、小轎車、公務員等。台灣當時只有700萬人口，美援主要是軍援，經援相對較少，而等待土改出效果，還需要一段時間。

據蔣氏父子的副官翁元回憶，蔣經國一家在50年代初的早餐就是一盆粥，煮一次羅宋湯一連吃幾天。他還說，在官邸工作年終時，「老先生」(蔣介石)會發給他們一份100元的獎金，他說，這筆錢，對於一個普通的公務人員是多麼大的鼓勵(翁書：頁48)。胡宗南家境也頗困窘，概因他的工資分三份，家中僅留一份，餘下支持故舊， 其他一般家庭就可想而知了。至於投稿、賺稿費也並非人人都可勝任，給《中央日報》副刊寫稿就絕非易事，胡宗南之子回憶其母為彌補家用，給《中央日報》副刊投稿三次均被退回，其母為此在家痛哭，而胡宗南妻還是留美博士。

王鼎鈞書中說，1951年中秋節，「中廣」公司發給員工的福利，只有一塊月餅。50年代初，有些作家坐不起公車，雖然每張票只是5角，作家手上捏着4角錢，跟在公車後趕路。有的作家因褲子破洞而不能出門。那時，在台北的公車上還常看到赤腳的軍隊傳令兵。我也聽朋友說，即使一些公教人員的家庭的子女，在1960年前很少有錢穿襪子。

1957年，開始出現初步的繁華，有霓虹燈了，也僅限於台北。1960年開始，台灣初步富裕起來了，台北有所謂「吃文化」的興起。東華大學歷史系的李教授對我說，到1964–1965年，生活才真正好起來了，許多家庭有了電視機。到了1968年「四年經建計劃」完成，同年實施「九年國民義務教育」，台灣的社會面貌發生了很大的變化，民眾的收入也不斷增加，1970年後，甚至出現「全民閱讀」的熱潮。作者曾去成衣加工廠參觀，看到縫衣的小姑娘利用釘鈕扣的間隙，看擺在縫紉機上的書本，竟是錢穆的《國史大綱》(王書：頁470–471)。

要不要建設台灣，也有爭議。有一種看法認為，建設好了台灣，還不是送給共產黨？「你有本事把台灣打磨成一粒鑽石，中共有本事把它鑲在五星徽上」(王書：頁351)。還有人認為，全力建設台灣固然很好，但在其背後，是不是覺得「反攻無望」呢？

1954年，王鼎鈞第一次聽一位本省人說，「你們回不去了」，很受震撼。在50–70年代，台灣學生人人都會唱「反攻大陸」歌：「反攻，反攻，反攻大陸去，反攻，反攻，反攻大陸去；大陸有我們的同胞，大陸有我們的國土……。」「反攻大陸」是蔣介石在台統治的合法性的基礎，也是凝聚人心的精神基礎，是神話也是信仰，一旦無效，心理崩潰將不可避免。因此蔣氏父子只能以暴力和鎮壓來維繫這個信念，然而現實是殘酷的，兩岸的力量對比太懸殊，反攻怎麼可能？更大的障礙是美國不支持。

蔣介石只能忍耐，1960–1961年，大陸的大饑荒已達到頂點，也是人心最浮動的時候，國民黨對大陸沒有實施大規模的軍事行動。到了1962年的6月–1963年初，大陸的情況已大為好轉了，國民黨開始行動了，派出小股武裝騷擾閩、粵、浙、蘇、魯等沿海地區，都以失敗而告終。1964年，國民黨不得不把「反攻大陸」改為「光復大陸」，軍事性的內容消失了。王鼎鈞說，一向高歌「我們明天回大陸」的人由痛苦產生幽默：我們一定會回去，自己打回去，或是解放軍押解回去(王書：頁351)。

蔣氏父子念茲在茲的「反攻大陸」，終因主客觀條件所限而告徹底失敗，但是他們對發展台灣經濟還是很有遠見的。1960年代蔣經國提出「建設台灣」的口號， 70年代後，終見成效，台灣各方面都取得長足的進步，特別是經濟繁榮了，百姓的生存狀況有很大的改善，以後隨着兩岸關係的改善，對大陸的經濟社會發展也起到良性推動作用，這一切都是當年他們未曾想到的。

人生如夢，世事難料，就像人們不可能料到蔣經國去世一年後東歐會發生歷史性巨變，武裝到牙齒的蘇聯也會解體一樣，當年的人們很難想像國民黨在台灣鐵桶般的統治也會結束。國民黨從特務橫行，嗜權如命，到遵守政黨輪替的遊戲規則，其間既有人的因素，也有客觀環境推動的因素，但不管怎麼說，國民黨進步了，台灣社會進步了。

說起人的因素，人們必然說起蔣經國，他確實是台灣現代化、民主化的重要推手，王鼎鈞先生呢，他難道不也是推手嗎？他在台幾十年的文字耕耘，把青春和汗水都灑在了這塊土地，不僅是為了謀生，更是寄託了自己對台灣、對大陸的理想和追求，他在這裏有壓抑也有喜悅，正所謂冷暖自知。如今他不悲不怨，以坦然豁達的態度重拾那幽長的歲月，他說他在年輕時不滿意當時的社會，以為只有社會主義能解決問題，後來又相信美國的資本主義能解決社會主義不能解決的問題，但是又是失望，「奈何奈何！前面再也沒有一個什麼新的主義了！」(王書：頁361–362)。一個八十多歲的老先生所思所慮還是「中國向何處去」這個縈繞他一生的主題，這是何等讓人敬重！如今他的《文學江湖》一書，既是為歷史做見證，也給我們啟示和教益，讓我們知道一個普通的中國人在過去的二十世紀所經歷的痛苦和所懷抱的夢想、希望。所幸的是那個專橫的，看不到盡頭的反共一元化時代已經結束，一個孕育未來新創造和新文明的思想和價值多元的時代已經來臨。

找回一段被湮沒的歷史

——《博古與毛澤東》讀後[1]

今天大陸的青年人大多不知博古(秦邦憲)何許人也，而五六十歲以上的中老年對博古的名字稱得上是耳熟能詳，蓋因建國初原來只在黨內高層中傳達的有關王明(陳紹禹)、博古的錯誤一下子被公開化，把原先沒有點名的兩人的名字在《歷史決議》上補上，並收入《毛選》。到了「文革」時期，「兩條路線鬥爭史」大普及，毛、周、康生等都會在講話中提到王明、博古的名字：博古是反對毛澤東正確路線的「左傾機會主義者」等等，經過長期、有意識的灌輸和教科書、文學讀物和戲劇影視的反復濡化，博古早已被符號化，是和王明一樣的中共歷史中的「反面人物」，是「左傾機會主義的頭子」。由於博古是「四八烈士」之一，又在中共七大上作了「深刻的檢討」，他的名聲就好於王明，最新的圖像符號是前些年播放的「紅色經典」電視劇《長征》，對其定位是「犯了重大錯誤又不失對革命事業忠誠的共產黨員」。

秦福銓在2009年出版的《博古和毛澤東——及中華蘇維埃共和國的領袖們》(引用只注頁碼)對延安整風後形成的，以批判博古等錯誤為中心的中央蘇區史、長征史等歷史定說提出質疑。作者是博古的侄兒，依據他從長輩處聽來的「故

1　本文刪節版《解讀博古、毛澤東、周恩來的三邊關係——評〈博古與毛澤東〉》發表於香港中文大學中國文化研究所主辦的《二十一世紀》2009 年 6 月號、2010 年 2 月號。

事」，在一系列重大史實方面，提出完全不同的看法，這些看法若能成立，將在一定程度上改寫相關歷史敘述，但是該書不同於一般的回憶錄和歷史著作，特別是它未能如同一般歷史著作那樣引用有關文獻和其他文字材料，作者又是博古的後人，這些因素是否會影響到該書內容的客觀性、真實性，都是需要細加研判的。

一、秦書對傳統定論提出反駁

秦福銓第一次對幾十年來圍繞博古的傳統舊論提出反駁，計有以下幾個方面：

(1)毛在江西的「個人崇拜」

此書首次提出這個問題，秦書舉例：羅明等在江西蘇區經常把「領袖毛主席」掛在嘴邊，博古等認為，這是毛放任對他的「個人崇拜」。站在博古和中央的角度，毛在江西的「個人崇拜」確是事實：《紅太陽是怎樣升起的》一書引用當事人的材料，說明在當時中央蘇區軍民只知朱、毛，不知博古、王明，此等情況很容易被博古等認為在中央蘇區，黨的生活不正常，黨員只知個別領導，而不知黨的集體。更早一些，毛任湘贛邊區書記，黨內對毛有「書記專政」之批評，然而「個人崇拜」一詞卻是50年代蘇聯批斯大林後才流傳的，何以在30年代的中央蘇區就有這個詞？將此詞彙前移置江西時期，恐是作者和編者所為，也是不恰當的。

從秦書看，毛的實際影響力在長征前一直都是很大的：

1. 他提出任何意見，中央都得仔細對待。毛提議撤出中央蘇區進行戰略轉移時，一定要帶上婦女和機器等大物件，博古只能同意；

2. 毛甚至想抓誰就抓誰。1931年12月，國民黨26路軍將領季振同等率部投奔紅軍，不久季振同、黃仲岳就對毛有不滿之言，引起了毛的高度警覺，以季、黃要投降國民黨為名，下令李克農逮捕他們，周恩來同意毛的意見，項英反對也沒有作用，最後導致季、黃等被殺；
3. 寧都會議後，毛情緒不佳，撂挑子，「小病大養」，「專找拼命工作的副主席項英的差錯」(頁25)，中央無可奈何；
4. 經常散播對中央的流言蜚語，中央只能聽之任之，束手無策等等。

是什麼原因造成毛的自大？該書認為，關鍵是臨時中央沒權威。在一段時期內，臨時中央只是上傳下達的辦事機構，特別是在財政上依賴江西蘇區，而一方面軍前委自作主張改變了稅制，加之中央提款員兩次被劫，使得中央的財政非常困難，在中央蘇區那邊就沒了威信。1935年國民黨「中統」出版的《中國共產黨之透視》一書也提到這個問題，該書說，1931年中共六屆四中全會後，「第三國際已停止中國黨之津貼，黨之經濟，全賴匪區供給，故留俄派對實力派，又不能不低首下心，此為留俄派全盛時期中之一大缺憾」，[2] 此恰和秦的書形成互證。但是，「中統」此說並不準確，1931年後，莫斯科對中共仍有經費支持，只是不像過去那樣定時，才導致臨時中央對江西蘇區的財政依賴性加強，國民黨

2　中國國民黨中央組織部調查科編：《中國共產黨之透視》(台北：文星書店，1962)，頁150。以下簡稱《透視》。

當時並不知道莫斯科一直斷斷續續資助中共。秦書說，臨時中央權威的建立是在寧都會議停止毛的軍事指揮權之後，共產國際來電明確臨時政治局為臨時中央，情況才改變。

(2)反「羅明路線」與「反鄧毛謝古」問題

在傳統黨史中，博古的一個重大錯誤是反「羅明路線」與「反鄧毛謝古」，毛說這是「指雞罵狗」，是針對他的。毛還具體指出，「反鄧毛謝古」，是張聞天寫的文章，羅邁(李維漢)負責落實。毛說的並不錯，反羅明路線確實是針對毛的，但本書披露事情的起因卻和過去的說法不一樣：第一，羅明一口一個「領袖毛主席」，讓博古聽了氣惱；第二，毛讓前委秘書長古柏領導三個中心縣委，以地方為優先考慮，截留稅款，影響國庫收入。最後，羅明不顧群眾，遇敵就跑，這樣就被認為是「右傾」，並被升格為「羅明路線」，挨了一陣批。其實也多虧了這場「鬥爭」歪打正着，原來與毛素無淵源的鄧小平從此就一直被毛認為是自己人，得到毛的重用。

(3)陳雲在「王明路線」時期的角色

陳雲頗似周恩來，為中共幾個歷史時期的領導人，歷經幾十年風雨而不倒，如果說周恩來是「不倒翁」第一，那麼陳雲應是「不倒翁」第二了。與周恩來相比，陳雲還多一個優勢，就是「工人」出身，因而長期受到莫斯科信任，從1931年9月進入臨時政治局，到整個王明路線時期，都是中共主要領導人之一，1935年春還奉命離開長征隊伍，轉道上海前往莫斯科彙報遵義會議，以後留在中共駐共產國際代表團工作，一直到1937年11月，才與王明、康生等一同回到延安。

有關陳雲與王明路線的關係，陳雲本人倒是頗為坦率，他在毛上台後，特別是40年代後說過，那個時期中央犯的錯，他都有份。但是具體材料並沒有，一般只能以陳雲在這一時期擔任的幾項工作加以推論，如陳雲一度負責中央特科，到江西後擔任中華全國總工會蘇區中央執行局的黨團書記及副委員長，於是判斷陳雲與核心層決策沒有太多關係。新書提供了新的資料，這就是作為臨時政治局成員，陳雲與博古一道前往蘇區，他與博古等在許多看法上是一致的，例如：他們都同意加強中央權威，反對毛的「個人崇拜」，秦書的這一說法應是可信的。1935年夏，博古的弟弟楊琳(秦邦禮)與陳雲等同船同車前往莫斯科，陳雲到達莫斯科後，與王明等也相處較好(王明回憶錄中可見反映)，以後陳雲也沒如康生那樣去控訴王明。1962年夏之後，在毛的「一言堂」下，陳雲以養生為重，避其鋒芒，直到毛去世。作為歷史見證人，在關鍵時刻出面說話，例如陳雲和潘漢年是老戰友，又在1935年夏一同前往莫斯科，1955年潘案發生，毛大怒，周恩來、陳雲都不方便為潘說話，但在毛去世後，陳雲為潘漢年的歷史做了重要證明，若無他主持公道，潘的平反不會那麼順利。

在上海臨時中央、中央蘇區和東北解放戰爭時期，陳雲還有一個老朋友，就是張聞天，他們同為1931年9月的臨時政治局委員，又在六屆五中全會同為政治局委員，以後張聞天長期受毛排斥，以至於張有話不敢直接對毛說，而是託陳雲與高崗幫他轉說，而他們也願意幫他轉達，只是毛對張聞天成見太深，對張的一些請求往往置之不理。又是幾十年後，1979年12月，中央為張聞天平反，陳雲在杭州，特意致電中央請將張聞天的追悼會後延數日等他回京舉行，果然是陳雲親自參加了張聞天的追悼會。

(4)長征前夕博古中央是否考慮把毛甩下？

舊說：博古企圖把毛留下，讓他自生自滅。伍修權在《我的歷程》中寫道：「當初他們還打算連毛澤東同志也不帶走，當時已將他排斥出中央領導核心，被弄到于都去搞調查研究。」《康克清回憶錄》中說，中央革命軍事委員會下達「準備出擊」的命令後，康克清與朱德談到了毛澤東、陳毅是否參加長征的問題。朱對其妻說「這一次，他們總算讓毛澤東一起走啦。」毛澤東的警衛員吳吉清，在1983年江西人民出版社出版的《在毛主席身邊的日子裏》一書中，也回憶了長征出發時因為中央縱隊編隊名單上沒有毛澤東的名字而領不到物品的具體經過。

但是秦書卻說，是毛主動要求留下：1934年10月初，毛派警衛員胡昌保、吳吉清給博古送來急信，信中提出，他要留在中央蘇區，還提出可把中央機關的老、孕、重傷患等一起交給他留下，同時要求把羅炳輝和九軍團的二十師也留下。周恩來專程前往于都勸說毛，大雨中警衛在外守護一夜，周與毛通宵長談，毛才改變主意，同意隨大部隊轉移。

(5)湘江之戰的失敗責任的問題

舊說：湘江之敗，責任全在長征之初博古中央帶着瓶瓶罐罐，致使突圍隊伍行動遲緩，才遭此重大失敗，此為經典敍述。此說還有重要細節做墊托，80年代初，聶榮臻的回憶錄問世，提到一關鍵細節：湘江之敗，博古幾乎崩潰，舉槍要自殺，被聶制止，此情節後來還上了電視劇，影響很大。

秦書提出：湘江之戰的失敗責任在毛。博古原先的計劃是將機關人員分散到各軍團去，但毛不同意，因為機關人員中有老、女、病、孕、編到大部隊，行走不便，他們也不願分散到老鄉家裏去，有些農戶也不願接受。毛的意見是將他們集中，編成縱隊西征，博古等最後接受了毛的意見。

「兩頂轎子」，專指「紅章」縱隊和「紅星縱隊」。「紅星」是中央機關、軍委機關人員，「紅章」是中央政府工作人員。該書說，博古反對多帶物資，遭毛的反對，毛的意見是「擇要隨行」(頁98)。另外現在的「轎子」一詞還專指毛之長征乃坐轎而行，80年代，索爾茨伯里(Harrison E.Salibury)的《長征——聞所未聞的故事》(*The Long March: The Untold Story*)被譯成中文，有「擔架上的陰謀」一節，毛之長征坐轎，才廣被人知。

秦書說，到達湘江之前，發生挑夫罷挑要求發錢回家，不願再西行，博古急電葉劍英，發銀元讓挑夫回，並要求將所有輜重一律拋棄，兩個縱隊合併為一個中央縱隊，不願西行的，可以發回家路費，但此令未得執行，遭毛澤東、張聞天、王稼祥「小三人團」抵制，挑夫走了，輜重還得帶上，葉劍英只能讓八軍團的新戰士當挑夫，一天走不到四十里，「本來五千挑夫挑的東西，現在一個軍團一萬多人來挑也走不起來」，兩個縱隊三天只前進100華里，紅九軍團為保護這兩個縱隊，也被拖着走不快，首尾相差160華里，還得派紅五軍團34師死守在文市，以致延誤渡江時機，造成湘江之戰的重大失敗。

(6)遵義會議周扶毛上台與勸博古下台

此為本書最重要的內容。舊説對周在遵義會議之前為會議做的準備工作，完全不提。此書第一次披露：是周向博古提議開一次政治局擴大會議，對大轉移進行一次初步的總結，博古信任周，讓周主持會議，並向周提出，此次會議應糾正「政府比黨大，有禁不止」，在政治局內搞「中央三人組」小宗派的問題。所謂「中央三人組」是指編在「紅章縱隊」的毛、張聞天、王稼祥，「天天聚在一起」，常常不聽中央號令，自行其是(頁105)，被認為是在博、周、李德「三人團」之外的「小三人團」。

秦書認為，周恩來對遵義會議起了關鍵作用。首先，周在會議前夕，將跟隨毛上井岡山的「湘東嫡系」紅九軍團二十師調上來，替代去年九月由項英挑選的忠誠可靠的幹部組成的原中央警衛營(頁123)，「明擺着是武力威脅，不達目的就動武」(頁123)，後經周的解釋和寬慰，才使博古的心結釋然。第二，周臨時改變與博古商定的會議議程，支持張聞天的發言，還通過自我批判，把會議引到對中央的批判。第三，在會後與博古談心，使博古心悅誠服地交出「總書記」一職。

周扶毛上台，難道不知毛的缺點？他在勸博古下台時談到：老毛這個人最大的缺點是領袖欲太強，好猜疑，主觀，聽不進意見。至於「肅反擴大化」，責任在中央。老毛是借風使船，清除異己，以大手筆統一江西各路紅軍。周向博古解釋，何以「老毛」缺點明顯，但還要推毛出上，乃是一切為了打敗蔣介石，建立無產階級新政權這個大局(頁128–129)。不久，博古和潘漢年談話，叫他向王明彙報時詳細記下他的話，其中就談到博古為什麼同意重新起用毛：完全是為了中央紅軍的命運，為了中央政治局的團結……紅軍需要有一個有獨特軍事才能的人，來幫助中央軍事行動最終決定權的周恩來行使這個權力……雖然毛澤東有不少缺點，尤其是有濃厚的封建帝王意識，排除異己，心狠手辣，但目前是逐鹿中原，沒有一個像曹孟德那樣的人還不行(頁140)。

(7)毛何以對徐向前長期不加重用

此在官方論說中不予涉及，但在民間，特別是網絡上，是軍史愛好者長期討論的熱點，新說：明確點出乃是因徐向前不聽毛的勸告，執意隨張南下，毛臨離開前警告徐，勿忘黃仲岳之教訓，以後事實說明，毛是說到做到，在收編了徐部後，徐向前果然坐了幾十年的冷板凳。

(8)「潘漢年案」的終始原因

「潘案」的解釋多有變化，從舊說「內奸」到80年代平反，雖知此案與毛有較大關係，但一般都以為是潘私見汪精衛又長期不向組織彙報才致使毛震怒而不對潘寬恕。秦書提出，潘之結怨於毛，乃是潘與博古、王明交厚，深受彼等信任，被委之於擔任國內中央和駐共產國際中國代表團的唯一連絡人，而潘身帶莫斯科最新編制電訊密碼九個月，卻奉王明命，先與國民黨談判，不先回陝北交密碼，從而不被毛信任。

(9)季、黃冤案與李特、黃超被秘殺

1931年12月，在江西剿共前線，趙博生、董振堂、季振同、黃仲岳率國民黨第二十六路軍一萬七千人投奔紅軍，史稱「寧都起義」，隨即成立「紅五軍團」，以季振同為軍團總指揮，董振堂副之；並以蕭勁光為軍團政治委員，劉伯堅為政治部主任。趙博生、董振堂後為中共烈士，事蹟廣為人知，但季振同、黃仲岳的史實卻長期被埋沒，兩人直到80年代才被平反，說是被極左路線殺害了。事實上，將彼等送上黃泉路的並不是虛無飄渺的「路線」，而是具體實在的人。秦書說，最初毛要調黃的手槍營，黃不同意，毛大怒，以謀反罪要抓季、黃等。本來上海臨時中央已同意黃等提出的去蘇聯學習的請求，毛擔心他們去上海後會向臨時中央告狀，就給李克農下令，將幾個人逮捕，周恩來也同意，季、黃後被公審判處死刑，項英堅決反對殺季、黃，才分別改判十年和八年監禁，季、黃被處死應是在長征前的1934年9月，但書中未加點明，只是模糊說季、黃「以後」被殺。季、黃被殺，究竟是誰殺的？博古在其中起何作用？博古對此是否認的(頁182–183)，而1972年周恩來在一次會議上承認自己對季、黃被殺負有責任。

另一樁秘殺案也是在90年代末才在內部低調平反。李特是西路軍參謀長，黃超是四方面軍第五軍政委，他們在張國燾和毛的爭鬥中支持張，西路軍失敗後，與李先念等轉戰到迪化。秦書說：李、黃聽說王明從蘇聯回國已到迪化，沒和李先念等商量，就前往蘇聯駐迪化領事館要求面見王明，向共產國際告毛狀。李特、黃超在領事館被康生截下，然後通知陪同王明等同機而來的蘇聯顧問，說此兩人要謀殺王明，蘇聯顧問急忙報告蘇聯領事，後者與盛世才通電話，盛下令要領館的衛兵就地處理。幾天後，黃、李死於督辦地下室的麻袋裏。康生回延安後向毛彙報此事，受毛賞識(頁169–170)，知道內情的李先念從此噤口不語。

(10)博古與米夫等的關係，博古與蘇區肅反等關係

舊說都認為博古等是米夫(Pavel Mif)的親信，蘇區肅反是王明路線的罪惡等，在該書的附錄中收入了博古在延安整風期間所寫的《我要說明的十個問題(提綱)》，博古在文中交代了他和米夫、王明、張聞天及周恩來等的關係是工作關係。他說，他及中國黨，甚至聯共都是不知道「國際為米夫匪幫所盤踞」(頁179)。博古強調在蘇區肅反時，他「絕沒有任何一次指示要殺任何人」，「絕未使用保衛機關作黨內鬥爭的工具」。針對康生等懷疑博古是奉國民黨命在中共內部進行破壞的指控，博古申明，這是對他的「污蔑」，表示自己是堅決反對國民黨並與它做生死鬥爭的，「主觀上是忠實於黨和無產階級的事業的，絕對沒有一點自覺的破壞黨和革命的企圖」(頁180–183)。從該提綱可看出，米夫被斯大林處決一事成為王明、博古失敗最重要的外部原因，在高層整風會議上，對博古的批判火藥味極濃，康生和彭真是最重要的炮手。

此書新說舉其要者十端，與舊說差別之大，完全是翻了一個兒，今天的年輕人可能不以為然，覺得沒有什麼，更不會去注意其間的差別，但關注中共黨史的人，就會知道秦書的這些說法的巨大衝擊性，人們會很自然地追問：作者所說的是真實的嗎？他有什麼證據，資料來源可靠嗎？

二、史源的疑問

編者說此書「先天不足」(頁208)，應該不是自謙，而是

事實，加之作者身份的特殊性(博古的親屬)，這就不能不使人們對此書的史源和客觀性格外關注。

作者說，本書所寫的都是他從長輩中聽來的「故事」，在人們一般的認識和理解中，「史」與「故事」是有區別的：演義或傳奇可稱為「故事」，其特點是有虛構，有想像和誇張；「史」，則應是非虛構的和確實曾發生的。

是不是未經整理或片段化的口述，即為故事？而經史家驗定查證的，即為史？或由官方認定的才是史？雖然按「後現代」史觀，故事可以就是史，史也就是「故事」。只是作者在談他寫的文字是「故事」的時候，不是用「後現代視角」的，他所強調的無非是這些故事雖然是「真實的記述」，但是「畢竟不是講述人當時的錄音和記錄，而是後來的回憶，難免有不準確的地方」(頁313)，書中所說的內容在未經正統黨史「查證和確認」之前，可將其以「故事」視之，這大概就是作者使用「故事」一詞的原因。

此書也不似一般口述史，將口述者的回憶準確地記錄下來，再加以史料的佐證，此所謂「口述史」，但也須有基本要素：口述者敍述的時間、地點，記錄者旁觀中立的立場和態度，嚴格的說，此書尚不符合上述條件。

在筆者看來，此書兼具回憶和研究的雙重性質，但又不完全符合「回憶」與「研究」的基本要求：

1. 回憶主體模糊，例如：西路軍、黃超、李特被殺等部分，是從哪兒聽來的？秦書沒有提供口述者具體回憶的時間、地點；
2. 書中一部份內容明顯是吸取了學界的有關研究成果，卻沒有資料和觀點的引文出處，整理者雖然作了說明，可諒也，但如此這般，就將「回憶」與「研究」煮成了一鍋，無形中誤導了讀者。例如「毛與李先念的一次談話」，就是從朱玉主編的《李先念傳》中的若干章節摘抄而改寫的。[3]

上述特點使該書不同於一般的回憶錄，而對於一般讀者或歷史研究者，他們最關心的是作者這種聽來的「故事」有多少可信度？在考證這個關鍵問題之前，首先須瞭解作者的身份及這本書主要內容的來源。

作者是博古的侄兒，其父秦邦禮，又名楊琳，也是資深中共黨人，30年代初就與陳雲相識，在陳雲領導下以商人身份做中共地下交通和情報工作，1931年6月，中共中央總書記向忠發叛變，供出周恩來的住處，幸而周已撤離，在陳雲的安排下，周恩來夫婦曾在楊琳開的文具煙酒店的閣樓上居住。1935年夏，楊琳與陳雲、嚴樸等同船去蘇聯，又同坐一個火車包廂前往莫斯科，1938年被陳雲派往香港為中共做資金調轉，採買物資的工作，是今天著名的香港華潤集團的前身——「華潤公司」的創辦人，1960年出任外經委副主任兼黨組書記。據作者稱，他書中的一部分內容是聽之於其父，有關遵義會議前後的那些內容，就是其父在橫跨西伯利亞的火車裏從陳雲、嚴樸處聽來的。到達莫斯科後，楊琳在共產國際中共黨史研究室工作，接觸過一些國際與中共中央的往來文件，還親眼看過第五次反圍剿期間，中央軍委召開的幾次會議給國際的報告。在筆者看來，更重要的是，在抗戰前期的武漢，主要就是1938年，當時楊琳為押運物資並取回黃金，經常往返香港和武漢八路軍辦事處(長江局)，在中共代表

3　朱玉主編：《李先念傳》(北京：中央文獻出版社，1999)，頁 312–313。

團任職的博古是有機會和到武漢辦事處的楊琳長談的。

向作者說「私房話」的第二個人是博古的好友潘漢年，1954年前作者多次去上海潘家，作者說，有關湘江之戰、遵義會議，周、博談話、博古和潘漢年的關係等內容，都是從潘漢年那兒聽來的。

向作者說「私房話」的第三個人是嚴樸。在中共黨史上，嚴樸知名度不高，此人且於1949年革命勝利前夕病逝，其事蹟就更少為人所知。1961年，其女嚴慰冰曾創作出版一部文學劇本《于立鶴》，就是以其父嚴樸為原型的。「文革」中，已去世多年的嚴樸受其女婿陸定一和女兒嚴慰冰的牽連，墓地遭到毀壞。嚴樸和博古同為無錫人，早年有交往，又和陳雲交厚，1935年春離開紅軍長征隊伍前去上海，再與楊琳等同船前往蘇聯遠東邊疆區轉去莫斯科彙報。作者說，有關中央蘇區、寧都會議、九月軍委會議、六屆五中全會，都是從嚴樸那兒聽到的。

和作者說的最多的還是其父楊琳，在「文革」中已知不久於世的特殊背景下，楊琳是有可能「放開」對其子說一些歷史上的舊事的。所有這些私下說話，在延安整風後都是犯忌的，延安整風之後，由毛與那些不瞭解蘇區歷史的筆桿子如陳伯達、胡喬木等共同創造的黨史解釋成為定論，毛已上升為人格神，加之不久全國革命勝利，毛的威望如日中天，瞭解內情的人早都噤口不語，可是這幾個人還是敢說，都是有特別原因的。嚴樸敢說，那是因為身體非常不好，可能不久於人世，聽的對象又是好友之後；楊琳敢說，那是在「文革」中，又是對兒子說；潘漢年則情況特殊，經歷過長期黨內鬥爭、且曾遭打擊，更是情報工作負責人的潘漢年怎麼會對一個缺少閱歷的年輕人，談那麼機密的黨內歷史的秘事？但照此書說法，毛早在1936年就對潘有成見了，那麼潘對毛也不會沒有看法。潘缺少軍隊和根據地生活的長期磨練，對毛之新權威多有隔閡，私下對好友之後說一通，偶犯一些「自由主義」，也不是說不通的，這也說明就是在那個時代，毛也不能把每個人的嘴都堵上。

由此分析，該書的來源還是有一定的可信度，但是否是「信史」，還要看有無其他史料佐證，即需要查證作者所說的內容有無直接或間接的證據，以及有沒有提供可資查詢的「說故事」的時間、地點、人物等。以這個標準看，該書部分章節有所來源，也得到其他資料的旁證。例如：關於臨時中央財政非常困難，有賴於蘇區提供，但蘇區金錢支持中央也有限，就有俄國資料的旁證。

1932年1月，共產國際駐中國代表萊謝在給國際執委會國際聯絡部，有關於在華工作報告中提到，由於中共「經費困難，黨的活動嚴重癱瘓」。伊思美洛夫(張聞天)對萊謝說，1931年9月底或10月初，黨從蘇區收到1萬或1.3萬墨西哥元，自那以後，就沒錢了。張聞天要萊謝給中共弄錢，甚至提出應從在上海的蘇聯貿易組織那兒弄些錢。萊謝則要求中國同志「嚴加節約，以便度過困難時期」，但是他得到的印象是中國同志「大手大腳花慣了錢，似乎他們根本不知道沒有錢」。為了幫中國同志「維持生計」，萊謝甚至從更加秘密的蘇聯軍事情報部門駐上海人員那兒「借了1500元」，從另一個俄國在華機構的代表那兒「借了1000元」。[4]

4　中共中央黨史研究室第一研究部譯：《共產國際、聯共(布)與中國革命檔案資料叢書——聯共〈布〉、共產國際與中國蘇維埃運動(1931–1937)》，第13

資料證明，臨時中央收到不少從莫斯科轉來的錢：1932年4月17日，共產國際執委會收到黃平(沃羅夫斯基)來信，說從1931年9月到年底，上海中央共收到共產國際1. 03萬美元，1000銀元和1000墨西哥元；1932年已收到2.5萬美元，包括3月5日收到的1.5萬美元。[5]

1932年5月3日，共產國際執委會書記處書記皮亞特尼茨基(Iosif Piatnitsky)發秘電給在上海的蘇軍情報機構在華人員佐爾格(Richard Sorge，大名鼎鼎的紅色間諜)：1931年12月–1932年1月，給他們轉去3萬美元轉給中共，皮亞特尼茨基查問他們收到多少，確切交給中共多少？[6]

然而，1932年3、4月後，中共中央的財經來源確已中斷。1932年7月14日–7月24日，在上海的中共中央給王明發電報，要求緊急匯錢，稱「財政狀況極其困難」，有四個月沒有收到國際的金錢援助，中央與蘇區的交通也中斷了，「蘇區本身需要經費，因此我們不可能得到蘇區的財政援助」，[7]中共中央還說，前不久收到的一萬美元，都用來救牛蘭夫婦了，「我們一點兒也沒剩下」[8]

由於上海的中共中央已「囊中空空」，1932年7月25日，共產國際執委會書記處書記皮亞特尼茨基再發密電給在上海的佐爾格，要他把收到的2萬美元中的一萬，「立即轉給中國朋友」。[9]

冊，(北京：中共黨史出版社，2007)，頁 91。以下簡稱《聯共(布)檔案》(13)。

5 《聯共(布)檔案》(13)，頁 145。

6 《聯共(布)檔案》(13)，頁 149。

7 《聯共(布)檔案》(13)，頁 186，190。

8 《聯共(布)檔案》(13)，頁 190。

9 《聯共(布)檔案》(13)，頁 191。

以後，共產國際給中共金錢援助就採取更加多樣的方式，並用「專項撥款」的方式來進行，1934年給中共確定的每月預算是7400多美元。[10]

關於「兩頂轎子」，也有重要旁證。最近披露的楊尚昆在1986年的回憶就提到「紅章縱隊」的問題。時任三軍團政委的楊尚昆說：前方的同志叫「紅章縱隊」為「混賬縱隊」，「前方有時候要等兩三天」才能等上中央縱隊，前方同志還責怪「紅章縱隊」拖垮了部隊，造成湘江之戰的重大損失。[11]

秦書中關於查田運動毛的左，也有楊尚昆和劉英的旁證。楊認為，毛領導的查田運動就是「左」的，[12] 劉英提到毛在中央蘇區搞查田和擴紅時厲行極左，曾指示劉英以殺人來推動擴紅，劉英說她在于都第二次擴紅，受毛的直接領導，毛給她的批語是誰反對擴紅的就殺。後來又來電話，要三天找出反革命。於是縣保衛局就抓來一批人，硬說人家是「改組派」。後來是洛甫來了一封信，說反對擴紅的不一定是反革命，才把這些人放了。[13]

雖然該書的一些說法有若干旁證，但總的說來，該書的許多提法和過去傳統說法出入太大而證據薄弱。例如：現有不少旁證資料都證實博古中央要把毛留在蘇區，不帶毛突圍，只是因為蘇聯反對，才允許毛上路。2003年出版的俄羅斯檔案也是如是說。該資料說：遠東局「沒有支持中央蘇區要對毛澤東及其在江西的擁護者開展『公開批評』並要把毛澤東

10　《聯共(布)檔案》(13)，《前言》頁20。

11　張培森整理：《楊尚昆1986年談張聞天與毛澤東》，載《炎黃春秋》，2009年第3期，頁31。

12　同注11，頁30–31。

13　同注11，頁31。

派到蘇聯去的意見(第246號文件)，而共產國際執委會也反對這樣做(第247號文件)。」[14] 只是這份俄國資料沒有具體説明蘇區中央局「要把毛澤東派到蘇聯去」是在什麼時候？從上下文看，似應是博古去蘇區不久反羅明路線那個階段，究竟真相如何，還有待新證據的出現。

秦書中更有不少內容沒有提供具體的時間、地點，例如：第七章中的「季黃冤案和西路軍」，作者在「對故事的説明」中説，這是從(劉述芳)方華那兒聽到的，而此人是誰？結局怎樣？作者並沒有交代。有的內容雖是書中首次披露的，如黃超、李特被殺的詳情，書中説，張懷禮(原四方面軍總部參謀，後在迪化被安排為王明的副官)對李先念説是康生殺黃、李的，可是張懷禮也不在現場，何以知道？書中還説康生回到延安後向毛彙報此事，毛很滿意，有何證據？黃超、李特被殺是很大的事件，長久以來沒有細節證據，今天作者提出新説，就需提出硬的資料來源。

作者稱，他對「故事」做了整理，連貫，「查了大量黨史資料，核對日期」，這本來無可厚非，在口述史上也是需要的，但是過度整理，又會有加工之嫌，兩者如何掌握，確是一難題。鑒於以上各點，似應把此書看為一家之言——有某種特定背景的一家之言，此特殊性就在於作者是博古的親屬，若非此因，該書就會因性質模糊而不具史學參考作用。書中存在的不明確或疑點之處，只能錄以待考，留待將來中共方面有關檔案開放後再加以印證。當然檔案也並非只有中共一家，國民黨方面也有某些重要資料，這些資料對瞭解當年有關博古等情況同樣有參考作用。

14 《聯共(布)檔案》(13)，《前言》，頁 20。

三、當年的國民黨是如何看待博、毛、周的？

在30年代初的共產黨領導人中，博古屬於資歷較淺的年輕一輩，他於1930年9月從蘇聯回國，在上海中共所屬的全國總工會做幹事，和王明、王稼祥一起反「立三路線」及周恩來、瞿秋白的「調和路線」，在1931年1月中共六屆四中全會後，出任共青團中央書記，因顧順章、向忠發相繼叛變，在上海的中共中央處境十分危殆，中共主要領導人準備撤離上海，1931年9月，王明、周恩來指定博古擔任新成立的臨時政治局負總責，並得到共產國際的批准。

博古在當年雖然是中共總書記(1934年六屆五中全會被選為總書記，之前為負總責)，可是知名度卻不高，王明、博古何許人也，白區的黨員不知道，甚至蘇區的幹部戰士也沒聽說過。毛幾十年後對美國人斯諾(Edgar Snow)說，完全不搞個人崇拜就要垮台，用到博古身上是絕對正確的。

然而，在上海共產黨的圈子裏和共產黨「轉變」人員那兒，秦邦憲還是頗有名氣的，1933年，由中共叛徒、國民黨「中統」要角丁默邨主辦的《社會新聞》，經常刊登有關「二十八個半布爾什維克」在莫斯科中山大學以及在上海黨爭的秘辛，大都會提到秦邦憲的大名。1932–1935年，上海的共產黨組織連續被國民黨破壞，一批批共產黨領導人相繼叛變，照例他們寫的「自首書」都會提到留俄派陳紹禹、秦邦憲如何一步登天，在共產國際代表米夫的扶持下佔據中共領導核心，也都意氣難平。

國民黨有一奇怪也頗教條的邏輯，他們雖然知道博古是中共的總書記，[15] 卻只認毛澤東，他們認為毛擔任了中華蘇

15 《透視》，頁 187。

維埃中央執行委員會主席和人民委員會委員長，就是「中國的列寧」了，[16] 因為列寧之所以為俄國領袖就是擔任了俄國蘇維埃政府主席兼人民委員會委員長。「中統」甚至認為，毛的「最高領袖之地位」是在1931年11月7日中華蘇維埃共和國中央政府成立大會上確立的。[17] 中統出版的《中國共產黨之透視》一書甚至說，1932年夏，[18] 毛「設計將王明誘至匪區，加以軟禁，後由國際代表為之說情，始將其逐出中國，派赴莫斯科」。[19]「中統」還說，自王明被逐後，上海中央頓失中心，「乃惟毛澤東之命是聽，將偽中央遷至匪之偽都瑞金」。[20] 從此，黨中央「在毛澤東直接指揮之下，更可御用自由，周恩來以下，亦不得不陽示屈伏，從此毛澤東乃唯我獨尊，成為共黨之唯一領袖」。[21]

上述說法自然都是錯的，可是「中統」為什麼會判斷錯誤？除了信息不靈外，根本原因乃是：蔣介石和陳誠、陳立夫等都是實力至上的槍桿子主義者，他們對不掌中共軍權的留俄書生王、博，完全看不上眼。在「中統」的眼裏，開闢蘇區的毛「自始至終」都是共區的「最高領導者」，「對於匪區一切重要設施，毛澤東顯然有決定之權力」。[22] 國民黨看重毛，不僅僅因為毛握有槍桿子，還在於毛有「主義」和「理論」。除了毛以外，國民黨不認為其他中共領導人有何

16 《透視》，頁 150。

17 《透視》，頁 151。

18 《透視》，頁 150。

19 《透視》，頁 157–58。

20 《透視》，頁 158。

21 《透視》，頁 158。

22 《透視》，頁 26–27。

「理論」，國民黨認為，中共所有理論都來源於共產國際，只有毛才有自己的東西。1935年2月，「中統」在全世界第一次創造了「毛澤東主義」的概念，[23] 並對毛的理論和政策做了初步的概括，[24] 當時他們還不知道毛在遵義會議上復出。而早一年的1934年1月，中共六屆五中全會在瑞金舉行，此次會議明明由博古主持並作政治報告，在最後選舉階段，毛因心情不暢，以生病為由請假缺席。但是，國民黨「中統」卻言之鑿鑿，聲稱此會議「在毛澤東指導下召集」，「實際上為鞏固毛澤東在黨內之中心領袖地位」，[25] 所有這些都是國民黨「中統」的想當然，也說明在國民黨心目中，毛佔據了多麼重要的地位。

蔣介石對毛之重要性的認識，無疑是正確的，這是他從自己的幾次江西赤區圍剿失敗得出的判斷，但是他對江西共區內的情況，特別是對高層情況的瞭解，則是相當隔膜的。國民黨不知道進入江西蘇區的秦邦憲在中共領導層中究竟扮演何種角色，也搞不清博、周、毛等相互間的關係，1935年初，國民黨「中統」將中央蘇區「最高領導權之爭」分為五組關係：

1. 毛澤東與周恩來之爭——毛澤東欲削弱匪軍中周恩來系勢力，周恩來欲取毛澤東之偽主席代之。
2. 毛澤東與秦邦憲之爭——毛澤東現為匪區偽主席，即政治之最高領袖；秦邦憲為偽中央總書記，即黨之最

23 《透視》，頁 29。

24 《透視》，頁 28。

25 《透視》，頁 174。

高領袖。毛澤東欲取秦邦憲之總書記而兼之，而秦邦憲則欲擴大力量，於偽政府方面。

3. 周恩來與朱德之爭——朱德為匪軍領袖，周恩來為黨方之軍事領袖，故兩人爭取軍權亦甚烈。
4. 朱德與毛澤東之爭——朱德為匪軍領袖，但須受到毛澤東節制與命令。毛澤東為防止朱德勢力之擴大，以免將來不易節制之故，對朱極力壓迫。朱德自命為匪區開創人，以為勞苦功高，而不甘受毛之節制，尤不甘受毛之壓迫，故朱毛之間，暗鬥極烈。
5. 秦邦憲與周恩來之爭——周恩來與留俄派各不相容，最近為爭黨權，對立益尖銳。[26]

上述判斷大多似是而非，如周恩來欲取毛之主席位而代之，「周恩來與朱德之爭」就純屬向壁虛構，造成此等錯誤判斷的主要原因是國民黨對中央蘇區內高層動態的信息無法掌握，國民黨一直不能破譯中區(共產黨領導層在當時對中央蘇區的簡稱)與上海電訊的密碼，也不能破譯上海中央局和共產國際遠東局與蘇聯的通訊密碼，所以只能憑空演繹博、毛、周、朱的「爭鬥」。

「中統」不瞭解博、毛、周間的具體矛盾，但是對留俄派與非留俄派的矛盾主因還是大致掌握的。中統認為，「毛澤東等均為黨內元老，且自以為在匪區數年掙扎，勞苦功高，故極自負，不料反受黨內後輩陳紹禹之命令，於心特殊不甘服」[27]，「留俄歸國者，經驗既不豐富，學識能力又極缺乏且

26 《透視》，頁208–209。

27 《透視》，頁150。

自視甚高，自以為盡得俄毛子之秘訣，為列寧私淑之弟子，對於未留俄者，均加輕視，致惹起非留俄派之反感」，[28] 國民黨的就是憑着這條思路，演繹想像出王明被毛趕入蘇區、被毛扣壓，復被驅逐的故事的。《中國共產黨之透視》一書出版時，遵義會議結束沒幾天，毛又重回權力中心，2月5日，博古才交出中央總書記，國民黨一無所知，也不可能知道，還在那兒說留俄派在上海如何如何。

專事反共的「中統」搞不清中共內部的關係，國統區老百姓看到博古、洛甫這些半洋不土的名字就更是一頭霧水：博古、洛甫的名字確實是從俄國而來的，博古是他的俄國名字「波戈列洛夫」的前兩個字的中文諧音；洛甫——取其俄國名字「伊思美洛夫」的後兩字的中文諧音。那些昔日在上海的中共要員進入中區後，受到紅軍的保護，不再有被國民黨特務機構追捕之危險，以至於國民黨瞭解中共高層情況主要還是依靠「收復」瑞金後在那兒虜獲的中共文件。至於國統區人民知道陳紹禹、秦邦憲兩人的大名，則要到抗戰爆發後，那是因為他們都是中共參政員，早已改用他們的中國名字，經常前往武漢和重慶出席參政會。

博與毛，誰是誰非？若以成敗論英雄，答案是現成的，毛是開國之君，博古早被其打垮，後者之「錯誤」且寫在官書中，已是鐵板釘釘，只是歷史更複雜，非線條般簡潔明晰。如今，博古的親屬寫出書，只江西一段，就舉出了博古幾個方面的「是」，秦書說，博古最大優點在於不擅權，不是獨斷專行之輩，此說大致可成立。該書還說，博古負責中央紅軍的大轉移的秘密準備工作是成功的，此一說法也是正

28 《透視》，頁 200–201。

確的，國民黨方面的資料也證實了這點。1934年10月10日，中央紅軍開始突圍，國民黨方面竟然到「十月下旬才得到情報」，當年負責江西剿共，「收復瑞金」的陳誠就承認：「共軍封鎖情報的工作十分成功，因此才有突圍的成功。」他喟歎：「剿共數年，卒使共黨分子數萬突圍，這是我們的失敗」，「竭數年之力，糜巨萬之餉，勞百萬之師」，到了最後收尾階段，「共黨竟開始突圍，其中渠魁如朱、毛等，盡皆漏網，遂使九仞之功，虧於一簣」，陳誠甚至自責道：「這讓我們當時剿共有責的人，真不知應何以自處！」[29] 秦書也不諱言博古之錯，指出其最大的「錯」在於不懂軍事，聽信李德，甚至縱容李德。至於博古其他的「錯」，作者都是照搬《歷史決議》，只是此書和《歷史決議》一樣，未點出博古問題的真正實質，乃因他是共產國際在中國的代理人。

2003年在俄羅斯出版的共產國際與中共往來電報清楚無誤地證明了這點，博古擔任總書記的幾年，在一切重大問題上都執行了國際的路線，甚至五中全會的決議案也是共產國際遠東局駐上海代表埃韋特起草的。[30] 博古主政中共期間，舉凡一切重大政治、軍事方面的方針政策，都事先請示或事後向莫斯科做了彙報，比較重大的幾件事，事先請示的有：臨時中央請求遷往中央蘇區，伊思美洛夫(張聞天)要求前往中央蘇區：1932年12月5日，中央給莫斯科發電說，伊思美洛夫(張聞天)處境很危險，到處都在搜捕他，中央想派他去北京，「因他在那裏不出名，但他反對，不願去，他自己想去中央

29 陳誠：《陳誠先生回憶錄》，第四卷《國共戰爭》(新店：國史館印行，2005)，頁58，59，54。

30 《聯共(布)檔案》(13)，《前言》，頁19。

蘇區，請國際急復意見」；[31] 擬擔任五中全會的政治局委員及書記的名單；事後彙報的，有寧都會議上的爭論等。

博古在中共黨內執政前後四年(1931年9月–1935年1月)，可分前後兩段：前段在上海 (1931年9月–1933年1月)，秦福銓的書幾乎沒有交待博古做的工作，這是該書的一大不足。這個時期是中共在上海最困難的時期，周恩來去蘇區了，王明去了莫斯科，博古以一個24歲的小青年擔任中共總負責人，秦書說，博古受命於危難時期，這是成立的。在國民黨特工組織逮捕、威脅的險惡環境下，到了1932年12月，就在博古去蘇區前一個月，上海中央機關還有大約100人，主要從事聯絡、印刷、保衛等工作。[32]

面對領導中央的繁重工作，博古其實很盼着王明早點回國，1932年3月4日，在上海的中共中央(即臨時中央)給共產國際發電報，請求「伊萬洛夫(王明)立即回來擔任領導工作」，[33] 共產國際也一直考慮王明回國的路線，1932年12月21日，甚至指示急於要開五中全會的中共中央：五中全會一定要等王明進入中央蘇區才能召開，而且要由王明擔任全會的主要報告人之一。[34] 次日，又電問中央，王明是否可直接去香港？可否把王明夫婦從香港接到中央蘇區？[35] 後因返回的安全性無法確保，王明一直沒能回來，一直到了1937年11月才回到延安。

在上海時期，博古主要做了以下的工作：

31 《聯共(布)檔案》(13)，頁 254。

32 《聯共(布)檔案》(13)，頁 263。

33 《聯共(布)檔案》(13)，頁 132。

34 《聯共(布)檔案》(13)，頁 283。

35 《聯共(布)檔案》(13)，頁 285。

1. 保持與共產國際的電台聯絡，另在上海與國際代表溝通；
2. 指導上海與全國的工運、兵運；
3. 保持與江西和其他蘇區的地下交通線，以電台指導江西蘇區的工作；
4. 應付國民黨中統對上海及白區黨組織的破壞。

在這幾樣工作中，最有成績的是保持上海和中區，以及與蘇聯的秘密電訊和地下交通線的暢通。1932–1934年間，在國民黨特工組織的破壞和威脅下，上海地下電台與蘇區的聯繫雖然經常中斷或重新建立聯繫，但在瑞金和上海的電報聯繫已經相對比較穩定。臨時中央通往莫斯科的電報，是由在上海的共產國際聯絡部代表掌控的電台進行的，而與江西聯繫的電台是通過中共上海中央局的功率較小電台進行的。由此，我們才可以從前些年俄國的解密檔案看到當年周恩來(莫斯克文)、王稼祥(科穆納爾)、任弼時(布林斯基)、朱德等給臨時中央的電報，以及博古(波戈列洛夫)、張聞天(伊思美洛夫)給莫斯科的電報。莫斯科為保障與在上海的中共領導機構、國際代表，以及與江西蘇區的電訊聯繫，他們還有另一條最安全、「最可靠」的聯繫渠道，這就是蘇聯工農紅軍參謀部第四局直屬機關與其在上海的秘密機構的電台，他們用這個渠道傳遞最重要的情報和指示。[36] 1932年7月，共產國際就是通過這個電台要求蘇聯軍方在華間諜佐爾格緊急支援上海臨時中央一萬美元，當時上海臨時中央已有四個月沒有從莫斯科得到經費。

為了保證電台所需的工作人員，臨時中央在滬還創辦了秘

36 《聯共(布)檔案》(13)，《前言》，頁 9。

密的無線電報務員學校，有學員十多人，[37] 還秘藏着準備運往蘇區6台或8台無線電發射機和13台接收機，只是運輸困難，才暫時擱在上海的倉庫裏。[38] 1931年11–12月，因懷疑國民黨已破譯了密碼，上海中央和蘇區的所有電報都停止，但是12月後，蘇區使用了根據莫斯科密碼編制的新密碼，[39] 又恢復了與臨時中央的聯繫。1934年9月26日，就在主力紅軍撤離江西蘇區前不久，連接瑞金和國際執委會的直接電報線就建立了起來，[40] 然而根據潘漢年一年後給在上海的共產國際代表的信中說，當時中央蘇區的電訊部門只能聽到莫斯科來的消息，「而莫斯科聽不到我們的聲音，因為我們的發報機的功率太小」，[41] 隨着紅軍突圍西征，電台聯繫很快就中斷了(而潘漢年說，「向西部進發時沒帶這套設備」)。

但是這些成績並不能挽回中共在上海等城市的整體性的失敗，正是在博古領導黨的時期，中共在上海等城市中的組織遭到國民黨毀滅性的破壞：1931年–1935年，大批中共要員投降自首，甚至上海中央局的兩任書記李竹聲、盛忠亮(他們都是所謂「二十八個半」的成員)，在1934年6月和10月分別被捕後，也向國民黨投降。國民黨在1934年10月後還破獲了在上海的共產國際的大功率電台以及上海中央局聯絡蘇區的較小功率的電台，使得與莫斯科和江西蘇區的電訊中斷(這個時

---

37 《聯共(布)檔案》(13)，頁 97。

38 《聯共(布)檔案》(13)，頁 99。

39 《聯共(布)檔案》(13)，頁 98。

40 《聯共(布)檔案》(13)，《前言》，頁 10。

41 中共中央黨史研究室第一研究部譯：《共產國際、聯共(布)與中國革命檔案資料叢書——聯共〈布〉、共產國際與中國蘇維埃運動(1931–1937)》，第 14 冊，(北京：中共黨史出版社，2007)，頁 449。

候，中央紅軍已經開始突圍轉移)。國民黨大量收編前中共人士，「中統」一半人員為「轉變」分子，依靠這批人，國民黨又抓捕了更多的共產黨，形成惡性循環，直逼得中共在上海不能立足，國民黨以「共」制「共」的策略大獲成功。

中共在城市的失敗，其客觀原因是國民政府在這一時期處於上升階段，國人對中共無多同情，更少支持。另外，中共在農村的激烈行動經國民黨曝光，嚇壞了中產階級和知識分子。30年代初的中共，只關注「下層統一戰線」，對高舉全民族抗日旗幟的重要性尚認識不足，也影響國人對中共的觀感，幾年後，《八一宣言》發出，情況才好轉。

由於上海太危險，「黨的領導中心幾乎沒有可能在上海存在」，1932年11月2日，王明給聯共(布)駐國際代表團寫信，請求幫助將中共中央從上海遷往中央蘇區，[42] 1932年12月3日，國際執委會政治書記處討論通過王明的建議，同意將中央、團中央和全總遷往江西蘇區。[43] 正是在這樣的背景下，1933年1月，博古和陳雲進入中央蘇區。

四、從博、毛、周「三國志」到毛「一股獨大」

博古來中央蘇區後，首要問題是調整或處理和毛的關係，確立中央權威。毛是江西蘇區開創者和紅軍的主要締造者，蘇聯和國民黨都因此重視他。1931年11月3日，共產國際執委會政治書記處批准兩項任命：一是批准中共臨時政治局成員名單；第二就是批准中共中央政治局任命毛為蘇區中央局書

42 《聯共(布)檔案》(13)，頁 225。

43 《聯共(布)檔案》(13)，頁 253。

記。[44] 然而江西時期的博、毛、周尤如東漢末年的魏、蜀、吳，各有所恃，卻無一方佔絕對優勢，只能鼎足而立：

博古，有「總書記」的名號，也有俄國人支持，對毛的「野心」有警惕，但不懂軍事，因而喪失了在最重要問題上的發言權，只能依靠李德和周恩來；

毛澤東，有名號(「中華蘇維埃共和國中央執委會主席」)，兼有國際聲望，此為毛的巨大無形資產，又是軍政雙才，有主見，也有「狠」勁，更有強烈的領袖欲，但在一些軍事問題上與莫斯科意見相左，對留俄派整體輕蔑，博、周聯合後，毛暫時受挫，共產國際雖然對毛的「避敵」、「右傾」有批評，但又看重毛的軍事才華，毛隨時可能因局勢變化而東山再起；

周恩來，掌軍權，在黨、軍都有雄厚基礎，性情和善，無領袖欲，甘做輔助，對毛、博皆親善，在博、毛之間，無論傾向哪邊，都會影響大局，若支持博，中央就可發號施令；如支持毛，博古就是「漢獻帝」，只能拱手交權。

相比於創立了江西根據地，又具有國際名聲的毛，博古等不僅名氣不響，更是外來戶，周恩來進入江西蘇區早，1932年1月就到了瑞金，國民黨判斷周與毛將有大的矛盾：「足與毛對抗者，唯一周恩來，周之能力，固不及毛澤東，但因共黨之軍事工作，歷史上即由周一人包辦，故在匪軍中，周恩來之力量，殊不可輕視」。[45]「中統」的上述描述，基本正確，但國民黨只知其一，不知其二，他們只看到周、毛矛盾的一面，卻沒看到周、毛共同的一面，這就是他們都要對

---

44 《聯共(布)檔案》(13)，頁 63。

45 《透視》，頁 156。

付國民黨，都關注怎麼打破國軍對蘇區的軍事圍剿。周雖有軍隊的擁戴，卻不是梟雄類的人物，他比較早知道毛的軍事才華，自知軍事才能不及毛。項英，更是缺少軍事領導的能力。李德進入蘇區後，周認定毛的軍事主張，明顯比李德高明，所以對毛一向遷就。周雖是頂了毛的位置，擔任了蘇區中央局書記一職，卻以「軍事第一」的藉口，基本在前線處理軍務，黨的許多事放任不管，也就減少了和毛的衝突，這是周的「聰明」之處。

博古聰明能幹，比周年輕，但缺乏周的靈活性或妥協性，更沒有毛那般成熟、老到。博古以前雖然和毛沒有直接打過交道，但是對毛還是有所瞭解。1931年春在上海，他曾接待過到來告毛狀的贛南共青團代表，知道毛的「肅AB團」及富田事變的原委，以後也知道毛的「右傾避敵」，孤高自傲，但莫斯科一再要求中國黨尊重毛，所以博古對毛的態度是矛盾的：當面是客氣和克制的，盡量避免和毛的直接衝突；同時又是反感的，其主要原因就是毛藐視中央，藐視從莫斯科回國的同志。

毛的這個藐視，從1931年春以任弼時為首的中央代表團進入蘇區時就有了，而博古所面臨的毛的藐視尤甚之，是博古進入蘇區後面臨的頭等壓力，因為他沒有經過中央委員的台階，一步就當上了黨的總負責，甫進入蘇區的博古沒有威信，全靠周恩來的扶持和配合，為了確立中央權威，也是為了貫徹國際進攻路線，博古到達後就抓住兩件事：

1. 大張旗鼓的反「羅明路線」；
2. 另一件是靜悄悄的，這就是改組黨和軍隊的領導層，將莫斯科回來的同志派去軍隊擔任要職，如派楊尚昆去三軍團任政委，派朱瑞去一軍團任政治部主任等。1932年9月30日，周恩來為書記的蘇區中央局在給臨時中央的電報中批評毛提拔幹部是從私人關係出發，[46] 毛固然有這些問題，(黃克誠就說過，在江西時期，毛有兩大缺點，一是脾氣大；另一就是任用親信)[47]，可是博古等在用人方面何嘗沒有傾向性？

毛的自傲與他的極強的自信心相聯繫，1935年初，國民黨就說過：「毛澤東為一自信力極強之人」，[48] 他素有大志，有極高的自我體認，在江西滾爬幾年，對當地民情、地情有深入瞭解，這是其他任何領導人所不及的，所以他自視甚高，脾氣大，語多譏諷，瞧不起博古，更瞧不起洛甫，對留俄派，是整體看不起。「中統」當時的分析可謂一語中的：「陳紹禹籍國際代表米夫之奧援，居然為偽總書記，其資望能力學識氣度，更不足論。毛澤東實係輕視之而非畏懼之」。[49]

留俄派也確有被毛輕視的地方，站在毛的角度，他們在上海灘混不下去跑到毛的地盤上來，一來就指手劃腳，既然這麼有能耐，怎麼不在上海混呢？既然都是響噹噹的布爾什維克，怎麼一被國民黨抓住就叛變呢，僅幾年，被抓叛變的「二十八個半」就達13人之多，[50] 這讓毛怎麼看得起他們呢(因信息不通，毛當時並不瞭解「二十八個半」被捕叛變的具體

46 《聯共(布)檔案》(13)，頁 210。

47 黃克誠：《黃克誠自述》(北京：人民出版社，1994 年)，頁 100–101。

48 《透視》，頁 27。

49 《透視》，頁 157。

50 萬亞剛(前「中統」資料室「薈廬」負責人)：《國共鬥爭的見聞》(台北：李敖出版社，1995)，頁 268。

情況，但他知道顧順章、向忠發叛變事，1936年後，毛才初步瞭解白區黨嚴重損失，大批黨員向國民黨「自首」的情況)？

在博古這邊，毛利用肅反殺害大批同志，實屬「個人野心家」，博的這個態度與莫斯科明顯不同，共產國際並沒有就此問題批評毛。可能是因為博古身處蘇區，與毛有較多的接觸，對毛的負面性格體會較深，才會對毛有此評語。但是周卻不這麼看，也從沒使用這種語言評價毛。周固然不會如毛這樣去打「AB團」，但他理解毛如此做在客觀上促成了江西紅軍的統一，故稱其為「大手筆」。或許周恩來知道革命不能戴白手套進行的，自己既然缺少那種「大手筆」的氣質，而毛則有這種做革命領袖不可或缺的氣質和膽魄，那就不應批評毛的「肅反」錯誤了。有了莫斯科和周恩來對毛的偏袒，即使博古、項英對毛的濫殺有意見，中央內部也沒有形成對批評毛肅反錯誤的決議。莫斯科雖然對毛的「右傾」(「規避打大城市」，「遇敵就跑」)有所批評，但看重毛的軍事才能，博古就只聽莫斯科的。毛被趕出軍隊後，博古等對毛留有餘地，念其開闢根據地有功勞，團結他一同工作，毛不但不心存感激，卻在寧都會議後「小病大養」，撂挑子不工作，使博、周非常難堪。

毛之桀傲不馴，博、周無可奈何。十年後，蔣介石在重慶見過毛後在日記中評論毛：陰陽怪氣，綿裏藏針。[51] 這評語可能是不錯的，因為和毛有過較多接觸的民盟人士周鯨文也認為毛的性格屬「陰柔」。[52] 毛不是直率之人，儘管他很喜歡性

51 《楊天石談蔣介石》，鳳凰衛視《鏘鏘三人行》，2009.4.10，引自http://club.cat898.com/newbbs/dispbbs.asp?boardid=64&id=2760447

52 周鯨文：《風暴十年》(香港：時代批評社，1962)，頁136。

格直率又聽話的人。毛還有喜歡罵人、發脾氣的另一面，但是國民黨方面並不瞭解，因為毛罵人多在黨內。楊尚昆回憶毛因黨內同志反對他和江青結婚，「經常開會就罵」，「説我無非是吃喝嫖賭，孫中山能夠，為什麼我不能夠？」[53]

毛，非常人也，意志力極堅定，自信心極強。從秦福銓的書中，我們還看到毛有濃厚的山大王作風，傲視一切，一人説了算，江西時期，周恩來每次開軍事會議，都得看毛的眼色(頁12)，否則毛就各説各話，海闊天空，甚至一走了之。龔楚的書對此也有描述，兩書可形成對照。

楊尚昆在1986年回憶張聞天時也多次提到毛的負面性格的問題，如極左，十分多疑，對權力特別看重，記性也非常好，誰反對過他，記得一清二楚。[54] 楊尚昆説的非常客觀，事實就是這樣。毛可以讓別人吃冤枉，他寫於1930年的《總前委答辯書》批評那些在「打AB團」中身受酷刑亂咬口供的同志「不能經得住考驗」，他寫道：縱是冤枉，也有被洗刷的一天。但他自己是一點冤枉也不能吃的，他在江西受委屈沒幾年，卻倒苦水40年，從延安講到北京，從中國人講到外國人。早期元老多瞭解他，至延安整風，毛提拔一些對江西蘇區歷史不瞭解的人，如劉少奇系的彭真、薄一波、安子文等，在他們幫助下，造成「勢」，使瞭解內情的人從此噤口。一段時間，延安最有權勢的人就是四人：毛、劉、康生、彭真。[55]

---

53 《楊尚昆1986年談張聞天與毛澤東》，載《炎黃春秋》，2009年第3期，頁32。

54 《楊尚昆1986年談張聞天與毛澤東》，頁30。

55 參見李新着，陳鐵健整理：《中共北方局整風記》，載《流逝的歲月》(太原：山西出版集團，山西人民出版社，2008)，頁191。

在這幾人中間，毛是領袖，劉等是學生，他們之間不是平行的關係，而是上下的關係。1943年毛在劉給續範亭的一封談人性善惡問題的長信上做了大量批註，對劉少奇進行馬克思主義認識論和中國古代哲學史的啟蒙教育，劉如同一位不及格的小學生。而毛暫時讓周恩來出局，並接受康生等的批判，是為了將來更好的用他，因為毛也離不開周。

毛一時冷凍周恩來，乃是因為周在一個很長的時期，實際上是中共中央當家人，最讓毛不舒服的王明、博古，就是周扶上台的。1931年6月，是周和共產國際顧問商議，增補王明為常委(頁7)，王明去蘇聯擔任中共駐共產國際代表團團長，也是周向國際顧問斯特恩建議的。由博古擔任臨時中央總負責，就是他和王明兩人決定的，這在組織手續上是嚴重欠缺的。博古年輕，世故不深，也可能是深感責任重大就坦然挑起了領導中共的擔子，卻沒有意識到王明、周恩來的這項任命在「法源」上有其先天不足，將會給他本人和黨帶來許多麻煩。果如此，在延安整風期間，毛就提出王、博「篡黨」的問題，經過一番周折，才把王、博問題視為「黨內問題」。

現在真相大白：王明、周恩來對臨時政治局人員的安排是先斬後奏的，以往的文獻都說，臨時政治局得到莫斯科的批准，這不錯，但是新近披露的共產國際檔案顯示，共產國際政治書記處對中共臨時政治局的人選是有疑問的。1931年10月3日，由共產國際執委會書記處書記皮亞特尼茨基簽署的政治書記處政治委員會會議第185號記錄中有以下的話：「詢問中共中央，這個臨時政治局是由哪個機構選出來的？為什麼沃羅夫斯基同志(即黃平，1932年夏被捕叛變)沒有當選，政治局是否一致選出的；如果是，那麼我們對其組成人員沒有意見。」[56] 事實是，在當時的緊迫環境下，王、周沒有召開政治局會議來決定臨時政治局的名單，有關人選就是王、周兩人商定的，其他政治局委員都不知道，這麼重大的事，就由他們兩人決定了。幸而延安整風期間，毛手中還沒有掌握這條檔案，否則周恩來、王明、博古將為此受到更多的責難和懲罰。

共產國際檔案證實，在博古去蘇區前，周恩來和蘇區中央局的絕大多數成員都反毛。1932年5月3日，周恩來、王稼祥、任弼時、朱德在瑞金聯名給上海臨時中央寫信，批評毛不打大城市的主張是「百分之百的右傾機會主義」，並表示他們「決定同毛澤東的錯誤進行鬥爭」。[57]

1932年6月，蘇區中央局給上海臨時中央發電報説，他們在傳閱了國際5月15日關於毛的電報後，召開了中央局會議，「堅決揭露了以前的錯誤」。電報説，毛「在會上表現出很好的態度，深刻承認了自己以前的錯誤」，而他們的「討論是同志式的，只限於中央局委員之間」，「這並不妨礙毛澤東的領導工作」。中央局並表示，會議之後「不會再有任何衝突」。[58]

然而毛的所謂「承認錯誤」是表面的，9月30日，蘇區中央局再發電報給臨時中央，説毛忽視黨的領導，堅持自己的「機會主義」的軍事主張，和毛在一起的周恩來很難貫徹蘇區中央局的意見等等，因此蘇區中央局請示上海臨時中央，他們要把毛調回後方主持政府工作。[59]

---

56 《聯共(布)檔案》(13)，頁 39–40。

57 《聯共(布)檔案》(13)，頁 147，148。

58 《聯共(布)檔案》(13)，頁 164。

59 《聯共(布)檔案》(13)，頁 210。

正是在這背景下召開了寧都會議，毛的軍權被周恩來接管。然而在對毛的人事安排上，博古為首的臨時中央和周恩來為書記的蘇區中央局的意見並不一致，博古支持批評毛的「右傾」，但反對將毛調離軍隊。[60] 共產國際駐上海代表埃韋特和博古持同樣態度。1932年10月8日，埃韋特在給共產國際書記的信中明確提出，蘇區中央局未告知國際代表，就自主作出了批評毛和撤銷毛軍中職務的決定。他在信中抱怨道，蘇區中央局沒有得到共產國際書記的同意，「是不能做出這種決定的」。[61] 他甚至說，蘇區中央局干預蘇區軍事行動的領導，把它掌握在自己手中，「那是完全錯誤的」，[62] 這充分說明，蘇區中央局成員，為首的就是周恩來，他們對毛的態度比博古，比共產國際代表激烈的多。

幾個月後，1933年 1月，博古到達江西蘇區，在上海，雖然他同意蘇區中央局對毛的批評，但是他和毛沒有直接衝突，進了蘇區後，他和毛的關係很快就緊張起來。博古的個人風格是敢作敢當，周恩來又予以配合，中央權威在蘇區才得到真正確立。所以毛在延安整風時指責周說：「經驗宗派」扶持「教條宗派」，並不冤枉。對於蘇區失敗，周也有責任。因為周提出的「六路分兵拒敵」的主張(頁81–82)，導致了蘇區軍事全面危機，最後迫使紅軍突圍轉移。

但是周恩來等談不上有一個「宗派」，當初成立臨時政治局，把博古「扶上去」的是周恩來，現在動員博古下台也是他！而且是周最早發現毛之才能，為毛的復出做了大量鋪墊

60 《聯共(布)檔案》(13)，頁 214。

61 《聯共(布)檔案》(13)，頁 217。

62 《聯共(布)檔案》(13)，頁 218。

工作，幫毛從孤立和自我孤立狀態下解放了出來，是周向博古建議召開六屆五中全會，使毛從政治局候補委員升任政治局委員。長征後，又通過幾次會議，恢復了毛的發言權。在遵義會議前夕，臨時調換中央警衛營(依此書說)。在會上，周又臨時改變原和博古商定的會議程序，支持毛和張聞天的發言，會後又成功說服博古下台交權。其後，毛的軍事領導因土城戰鬥失敗出現危機，又是周幫了大忙。三渡赤水後，部隊怨言多，周開始宣傳毛如何神機妙算，封鎖軍委二局一科科長曹祥仁破譯敵人密碼一事，毛再親自主管一科，直接掌電訊往來的秘密(頁151)，周製造了毛「用兵如神」的輿論，幫毛樹立威信(頁152)。正是由於周的棄博投毛，才使得原有的以黨統軍的格局大崩解，毛才得以一股獨大！

周之一生服膺黨內強者，1935年前，服從斯大林和共產國際，後來，服從於毛，儘管中間有反復。周恩來一向對毛妥協，1931年之前，毛在江西「當家」，周去江西後，毛還是紅一方面軍前委書記，毛與周的權責模糊，周雖是蘇區中央局書記，理應是第一號人物，但毛掌軍隊，使得周很難主持全面工作。國民黨當時所看到的，就是周恩來抵達後，成立了蘇區中央局，「在匪區形成兩個統治權」，即「周的黨權和毛的政權」，他們由此推論毛與周將由此而爭，卻不知道毛的紅一方面軍才是蘇區的重中之重，周雖為中央局書記，卻一切從黨和紅軍最高利益出發，根本不願和毛爭。直到1932年10月，寧都會議後，毛的軍權被拿下，周才掌權。也就是在寧都會議後的一段時間裏，周不再請教毛了，使得毛特別壓抑，「小病大養」，而周又放手不管，只有年輕的博古傻乎乎去得罪毛。

周何以一向對毛妥協？一則是周的性格本來就具妥協的因素，二則因為王明、博古有莫斯科支持。周到蘇區後發現毛的軍事才能和統帥潛質，加之莫斯科又來電，要求團結毛，發揮毛的軍事才能，周就對毛就多有扶助。1937年11月末，王明從莫斯科回來，召開延安十二月政治局會議，王明的背後是斯大林，周就站在王明一邊。然而1935年後，共產國際工作方式已經發生重大變化，一般不再直接干預各國共產黨，於是毛的腰杆又慢慢硬起來了，到這時，周就更多順着毛。

從江西蘇區到1976年初去世，周恩來的妥協使毛可以為所欲為，周恩來等皆為毛的「合謀者」，他們為了黨和軍隊的利益，忍氣吞聲，「顧全大局」，對毛一再妥協，這其中周起的作用最大。周知道毛的性格上的缺點，似乎也希望政治局內有制衡毛的力量，可一旦有可能形成這種苗頭時，也是周把它掐滅。1938年在武漢，他勸張國燾時説過此類話，張知道這不可能，還是沒聽周的勸告，堅持出走，投靠了國民黨。

朱德、陳毅等也是知情者，朱德雖對毛也多有妥協，但保有尊嚴。1959年廬山會議後，陳毅面對面批朱德，批張聞天。1966年5月23日，又當面開重炮批朱德。周知道他必須發言，也在這天的會議上當面批了朱德，只是他批評的口氣比較緩和，在談到朱德所犯的歷史錯誤時，也把自己放了進去。陳毅、周恩來等批朱德自然是為了取悦於毛。如果説建國前，周等的檢討、自貶是為了打敗國民黨，奪取共產黨的天下而突出毛的威信，尚情有可原，他們看到毛天縱神明，文韜武略，早已服輸；那麼在這之後，就是懼怕毛，同時也是想保自己位子。

為了歷史上幾次與王明、博古的合作，周恩來幾乎檢討了大半輩子。周還有意在大庭廣眾下做出姿態，表示自己和王明、博古劃清了界限。「文革」前周恩來去哈軍工視察，校方介紹在那兒學習的高幹子女與周見面，周對林彪的女兒等親切有加，獨對博古之女視若無人。

被毛提拔起來的劉少奇，到了60年代初，看餓死人太多，單槍匹馬，對毛稍有點抗爭，要求對百姓實行讓步，此是劉一生中對國家對民族做出的最大貢獻，但多數時候，劉對毛也是處處衛護。李志綏醫生回憶説，60年代初，毛的老秘書葉子龍私下對毛多有不敬議論，某次劉少奇聞之大怒，下令槍斃葉，後經周恩來、彭真等一再關説，才沒有執行。最近，這一段歷史由劉少奇之子劉源説出來，不僅可和李醫生所述互為佐證，而且還提供了更多的細節。劉源説，葉子龍是「近而不恭，熟不拘禮」，因被下放而對毛發牢騷。葉子龍發了什麼「牢騷」，劉源沒有説，只説彭真在政治局會議上「順口説笑了一句」，引致劉少奇大怒，兩次下令：「彭真，把葉子龍抓起來，槍斃！」後此事，不了了之。劉源還説，「文革」中葉子龍聞劉「反毛」，始終不信，王光美出獄後第一個前來探望的就是葉子龍。[63]

周、劉等的幫忙，使毛躊躇滿志，率性而為，常常指鹿為馬，指白為黑，到了60年代後，他明知大躍進闖下大禍，還理直氣壯，毫無任何道德障礙，整治正確的彭德懷，劉還是配合毛，最後整到自己頭上，劉的嘴巴被毛和自己雙雙封住，正是勝利者寫歷史。

63　劉源：《漫談黨內民主與團結——在院黨委全會上的談心》，載中信富泰研究部、中國稅務雜誌社研究組：《香港傳真》，2009年第8期，頁7。2009年2月6日。

在中國歷史中，開國皇帝搞權謀，是最為平常之事，只是中國共產革命發生在20世紀，自有新的評判標準，如不是這樣，那也就沒啥說了。中共自五四而來，三、四十代還帶有不少五四痕跡，抗戰初期大批知識分子的捲入，將青春、理想、熱情和生命都獻身給這場革命，延安整風將五四個性自由的精神清刷乾淨，他們怎麼知道紅太陽下也有「陰影」。1949年後就是毛的極權專政，他讓所有人都感意外，從民主黨派領袖到大、小知識分子，都從自己的想像和願望去揣度毛，結果毛讓所有人的希望落空。

五、此書的其他不足

博古被概念化或污名化數十年，此書作者為博古的後人，意在為博古辯誣，作者舉事實說明博古之書生氣及單純，使之與毛的老道深沉形成對比，皆可成立，依這個角度看，該書可以說是「恢復了歷史原貌」。

可能有人會認為此書是「翻案」之作，如果案有冤屈，加以澄清，又有何錯？陳寅恪指出：「後世往往以成敗論人，而國史復經勝利者之修改，故不易見當時真相。」(《唐代政治史述論稿》)此言極是。所以，作者澄清歷史事實是有正當性的。毛熟讀中國古史，擅長為了政治目的而改寫歷史，他重視把政治上的勝負以史的形式明確敲定下來，他還喜歡叫政治鬥爭的失敗者參與寫史，例如：1944年，張聞天、博古都參與了《歷史決議》的寫作。1975，毛又命鄧小平主持寫有關「文革」的歷史決議，被鄧婉拒。在延安整風期間和建國後，一些歷史當事者，被迫自打嘴巴，寫出自誣文字，這種壓力下的寫作，也可稱作是權力意志下的書寫，在事過境遷後，由當事人或親屬寫出文字來澄清事實，是合情合理的。

親屬寫回憶錄也有不可避免的缺陷，這就是「為親者諱」的問題，即使一些寫得不錯的回憶錄也有這個問題。那麼博古侄兒的這份兼有回憶和研究性質的文字是否也有類似的問題？這也是不得不存疑的。

此書還有一個很大的問題，這就是作者的思想存有矛盾性。書中有一些內容是說博古與毛的友好和合作，歷史上確有一段時間博與毛是合作的，主要在遵義會議後和張國燾的對立中，博古與毛都是「中央派」，故張國燾提出：打倒毛、洛、周、博的口號。但是在王明回國後的長江局的時期，博古與王明、周恩來又是比較接近的，故再度引致毛的不滿。沒有幾年，在延安整風中，博古成為首當其衝的批判對象，特別是遭到康生和彭真等的圍攻，在一個相當長的時間段裏，博古承受着巨大的壓力。

本書最大的缺點是完全沒有涉及延安整風時期博古被整的情況，該書雖然收入了博古在1943年所寫的《我要說明的十個問題(提綱)》，但是沒有提供博古在整風期間和中共七大上所作的檢討報告，而博古之弟楊琳是有可能瞭解其中一部分情況的，因為博古之妻張越霞當時就在延安，建國後兩家在北京還是有來往的。作者對博古在延安整風期間被整的情況或有可能是真的不知，也可能是知而不說，而對博和毛的合作，又說的很多，至少是缺乏平衡性。是不是就因為毛是勝利者和開國的太祖，就有意無意就想多說博古與毛的合作？作者對毛太祖是又敬又懼，說來還是為了在雲台閣為博古爭一席位。

另外，作者雖然已盡可能對所涉及的史實作了考證和查核資料的工作，但還是存在一些錯誤：

1. 書中說劉少奇是1931年5月去了中央蘇區(頁7)，實際上劉是1933年才去的；
2. 又說盧福坦在1931年去蘇區了，這完全錯了，他從沒去過蘇區；
3. 說1933年10月15日開軍委擴大會議，李卓然作為毛辦主任參加(頁62)，此不確，那時還沒這建制。

當然，對絕大多數非專業者，本書這些內容都很隔膜，猶如遠古年代的傳說，加之現在早不是全民學「兩條路線鬥爭史」的時代了，若以民間角度觀之，毛、周、博的是非恩怨都是他們的家務事，正之、反之，和老百姓又有何關係呢？若以專業的角度審視此書，確實存有諸多遺憾，但是作者畢竟披露了若干史實，為歷史學家的研究提供了一些重要的線索，雖然還嫌單薄，作為一家之言還是可以成立的。退而言之，又何以指望就從一本書或幾本書就能探尋歷史的真實？恰是因為資料有限，歷史學家才有了上下探究的用武之地，方能運用史家對這段歷史的整體性的理解，由此及彼，尋覓這些資料後面所蘊涵的內容，庶幾盡可能的去接近這段歷史真實，筆者希望這篇文字也能起到這樣的作用。

從丁玲的命運看革命文藝生態中的文化、權力與政治[1]

2006年春我在香港中文大學歷史系客座，工作之餘，都要去「中國研究服務中心」查找資料，恰逢徐慶全也在那兒訪問，為他的有關丁玲的新書做資料補充和修改的工作，我們經常在一起談論丁玲，談論圍繞丁玲的風風雨雨。不久我就讀到慶全的書稿《革命吞噬它的兒女——丁玲、陳企霞「反黨集團」案紀實》，立時發現這是一本非常有創意、有深度，以新的視角考察「丁陳公案」的學術著作。下半年，香港中文大學出版社正式決定出版此書，慶全囑我為他的新書作序，我雖應之，卻也惶然，實在是因為丁玲的人生經歷太複雜，圍繞丁玲的一切也太複雜，不由得勾起我對自己「認識」丁玲的歷史的回顧。

丁玲的一生凸顯了20世紀中國左翼知識分子歷史的基本命題

我知道丁玲的名字還是在「文革」前，一次偶然的機會，從一本舊雜誌上讀到姚文元一篇批判「大右派」丁玲的《莎菲女士的日記》的長文，幾十年過去了，那篇文章給我留下的印象只有兩點：丁玲有一個「反動思想」，叫做「一本書主義」；另一點則是，丁玲是從一個「靈魂腐朽的極端個人主義者」，最後「墮落為反黨大右派」，自那以後，丁玲的名字就印在了我的腦海。不久「文革」爆發，在那混亂和知

1　載《炎黃春秋》2008 年第 4 期

識貧瘠的年代，我通過各種努力去尋找書本，我讀了包括丁玲的小說和散文在內的許多五四和30年代的文學作品。1970年，我又從一本舊刊《文藝報》上讀到《再批判》和隨刊登載的王實味的《野百合花》和丁玲的《三八節有感》等，心靈受到強烈震撼。而此前看到的造反派編印的《文藝戰線兩條路線鬥爭大事記》一類小冊子上明確寫道：《再批判》為毛澤東主席在1958年親筆所寫。

1978年，我考入大學，雖然在歷史系學習，但對20世紀中國左翼文化運動史一直抱有興趣，我去中文系全程旁聽了「中國現代文學史」等課程，還長期訂閱一份《新文學史料》。丁玲復出後的新作如《「牛棚」小品》、《杜晚香》、《魍魎世界》等，我幾乎都曾找來翻看。我還買了丁玲的文集、自傳、遊記和有關她的幾種傳記及研究論著，包括大陸、海外和國外學者寫的不同版本。

我關注丁玲和革命文藝史，都是出自思考的興趣，這就是丁玲和革命的關係，20世紀的中國革命文學和革命政治的關係等問題。當我讀了丁玲一系列的作品後，我的困惑仍然沒有得到解答：丁玲分明是一個左翼作家，為什麼會被打成「反黨集團」的頭子和「大右派」？丁玲如此追求革命，可是為什麼「革命」會和她一直「過不去」，一定要把她吞噬？丁玲蒙受了幾十年的苦難，為什麼在「文革」結束後，她不能像巴金等人那樣，對「革命」作出反思等等？若干年後我再看丁玲，竟然發現她的一生是如此具有張力，如此具有戲劇性，她的一生凸顯了20世紀中國左翼知識分子歷史的幾個最重要的命題：革命與知識分子，革命與人性改造，革命與革命隊伍內部的鬥爭，革命政治的懲戒機制和知識分子的關係等等。

徐慶全的新書實際上從歷史的角度都涉及到以上的問題，他的書的標題就是「革命吞噬它的兒女」。他所討論的「丁、陳反黨集團案」在丁玲的一生中是一個轉捩點，在這之前，丁玲是共產黨文藝高級官員，也是一位中外聞名的大作家；在這之後，丁玲從「反黨集團頭目」、「大右派」一直滑向北大荒，再淪為監獄的囚犯，下墮到黑暗的深淵。徐慶全的新著運用豐富的歷史資料，詳細考察了「丁、陳反黨集團」的成因、丁玲的性格與「歷史問題」與革命體制的衝突，丁玲被處罰的機制運作等等前人研究較少觸及的方面，其所論述都具開創性，這是一本以專題和實證研究的方式，詳細考察革命文學家與革命政治體制的關係以及革命政治運作等重大問題的力作。我在這裏想就丁玲及相關的一些問題再説一些話，權當是讀了慶全新着後的一些感想。

革命新政治文化轉換的文化意義

「丁玲、陳企霞反黨集團」案是1955–1956年轟動全國的一件大案，此案的公佈離「胡風反革命集團案」不久，使全國知識界和廣大幹部群體大為震驚，也在國際上造成影響，因為丁、陳均是著名的共產黨員作家，尤其丁玲，早在20年代末、30年代初就在文壇享有盛譽，一些作品還被翻譯成外文，在國外流傳。丁、陳以後都去了延安，丁玲在建國後更擔任了宣傳、文化方面一系列重要職務。丁、陳被打成「反黨集團」後，「問題」升級，在1957年雙雙被打成「右派」，丁玲被送往「北大荒」勞改，「文革」中被投入監獄，1975年釋放後又被流放到山西農村，一直到1978年後，才返回北京。陳企霞也被貶謫基層，先在河北省灤縣國營柏各莊農場三分場勞動改造，後調杭州大學，受難多年。

丁、陳為什麼會遭如此之災難？幾十年來眾說紛紜，眾所周知，出面打丁玲的是周揚，自30年代初開始，周揚就在上海「左聯」呼風喚雨，1942年後，成為毛的文藝理論的權威解釋者和黨的文藝方針政策的首席發言人。建國後，周揚統領全國文藝界十六、七年，不同資料都顯示，周揚作為建國後「文藝戰線」的頭號人物，對50年代後的歷次政治運動對中國文藝界所造成的巨大災難負有直接的責任，經他的手落難的文人不計其數，以致於海外長時間普遍把他看成是中國的「文藝沙皇」，國內文人則懾於他的熏天的權勢，不敢怒也不敢言。直到「文革」，毛飭封中宣部「閻王殿」的惡號，周揚被拋出，被扣上「閻王殿」「二閻王」(「大閻王」是中宣部部長陸定一)的罪名，周揚的「文藝沙皇」的形象也就被固定化了。人們普遍認為是周揚心胸狹隘，妒賢嫉能，利用權勢和極左的政治大氣候，一舉把才華橫溢的丁玲打入地獄。

人們的這種看法甚至還有更有說服力的歷史依據：早在30年代的上海左翼文學圈，周揚就有搞宗派主義，「唯我獨左」，盛氣凌人的特點，並曾受到魯迅的尖銳批判，此更加證實人們的看法，於是人們對周揚反感、厭惡，而對丁玲抱有普遍的同情。

但是事實更為複雜。對於丁、陳的受難，周揚肯定要負相當大的責任，他長期蒙受信任，被委任把守一方，形同一路諸侯，對上奉命唯唯，對下則具有一個「文藝總管」所有的「權威主義」的不良的方面，甚至有論者認為他對丁玲的文學成就也懷有某種程度的嫉妒。但是，周揚如果沒有得到支持或批准，他怎麼能夠把具有國際重要影響的大作家丁玲打成「反黨分子」和「大右派」？70年代末，周揚在與美籍華人作家趙浩生談話時不無自謙地説道：他只是「毛主席的留聲機」，許多人還以為周揚是在推卸責任，現在才知道周揚説的不完全是玩笑的話，如此，人們也能更好的理解周揚説過的這段話了：「整風以後我寫的文章很多都是主席看過的」。近十多年來披露的歷史資料在一定程度上也印證了周揚説過的這些話：把胡風等打成「反革命」，把丁玲、馮雪峰整到那個程度，「都與毛澤東説了話，寫了批語有關。」[2] 在「丁、陳」一案中，周揚固然有其嚴重的責任，但真正的決策者是他身後的最高領袖，就像前蘇聯斯大林時代的意識形態總管日丹諾夫一樣，不存在所謂「日丹諾夫主義」，有的只是由日丹諾夫同志宣達的斯大林主義。

最高領袖對丁玲的反感有歷史原因，也有現實原因，還有更深的思想原因。在歷史上，左翼文化人和革命的關係一直是一對難於解決的矛盾：左翼知識分子傾向革命，這就和共產黨發生思想和組織的關聯；左翼知識分子還要「民主」和「個性解放」，這就和共產黨的「思想一致性」和集體主義發生矛盾；中國革命的主力軍是「最具革命性」的農民，革命自要滿足和代表他們的利益和心理、情感要求，左翼文化人卻深受五四「改造國民性」等「啟蒙」思想的影響，不思改造自己，反而要去改造農民的所謂「落後」和「愚昧」；革命要前進，離不開思想和組織的高度一元化，更離不開革命的化身——革命領袖的思想和組織領導，左翼文化人卻喜歡高談「個性獨立」和「抽象的平等」，對敬仰和服

2　于光遠：〈《周揚和我》發表以後〉，載《周揚和我》(香港時代國際出版公司，2005年)，頁84。

膺革命領袖的必要性缺乏起碼的認識，更不會像樸實的陝北農民那樣去歡呼「大救星」。丁玲去陝北的1936年，中國革命正處於從俄式革命的道路向有中國特色的革命道路轉換的路口，以農民革命為中心的新政治文化正在形成的過程中，丁玲自己有一段敍述頗生動地反映出這個新政治文化的氛圍：

> 在延安的時候，我經常到毛主席住處去。差不多每次去他那裏，他都用毛筆抄寫自己寫的詩詞，或是他喜歡的別人的詩詞。有一次，毛主席突然問我：「丁玲，你看現在咱們的延安，像不像一個偏安的小朝廷？」我知道他是在開玩笑，就回答他：「我看不像，沒有文武百官嘛！」「這還不簡單呀！」毛主席馬上把毛筆和紙推到我面前，說：「來，你先開個名單，再由我來封文武百官就是了。」我沒有開名單，只是報人名。反正是開玩笑嘛。毛主席一邊寫名字，一邊在這些人的名字下面寫官職，這個是御史大夫，那個是吏部尚書、兵部尚書什麼的，還有丞相、太傅等等。弄完了這個，他突然又對我說：「丁玲，現在文武百官有了，既然是個朝廷，那就無論大小，都得有三宮六院呀！來來，你再報些名字，我來封賜就是了。」一聽這個，我馬上站起來說：「這我可不敢！要是讓賀子珍大姐知道，她肯定會打我的。」
>
> 另外一次也是我去毛主席處，他懷裏正抱着一個男孩，我們正聊着，小孩突然撒了一泡尿，把毛主席的衣服弄濕了一大片。這時候毛主席不但沒有生氣，反而高興地對我說：「丁玲，你說說，這是不是太子尿呢？」說完，仍然抱着孩子，

用一隻手把紙鋪開，竟填起太子尿的詞來了。[3]

丁玲這段回憶是在80年代初談的，事隔幾十年，她還記憶猶新，正說明延安時期和毛的這些談話給她留下了難以磨滅的印象，對於丁玲的上述回憶，自可作出不同的解讀，既可當毛的玩笑話視之，也可將其視為理解某些重大問題的注腳，而從中捕捉、感受、體會到當時革命政治文化流向的變化。

歷史事實證明，30年代中期後，中國革命的政治文化開始了意義深遠的轉換和新的建構的過程，也就是從「百分之百的布爾什維克」、「紅色水兵舞」向「逼上梁山」、「林沖夜奔」、「三打祝家莊」轉換。而這個變化的主導者就是毛，他的思想、態度、性格、理想、作風強有力地影響和塑造着這個過程。2002年，中央文獻出版社首次公佈了毛在1939年11月7日致周揚的信，毛在這封信中明確說：

> 現在不宜於一般地說都市是新的而農村是舊的，同樣農民亦不宜說只有某一方面。就經濟因素說，農村比都市舊，就政治因素，就反過來了，就文化說亦然。我同你談過，魯迅表現農民着重其黑暗面，封建主義的一面，忽略其英勇鬥爭、反抗地主，即民主主義的一面，這是因為他未曾經歷過農民鬥爭之故。由此，可知不宜於把整個農村都看作是舊的。所謂民主主義的內容，在中國，基本上即是農民鬥爭，即過去亦如此，一切殖民地半殖民地亦如此。現在的反日鬥爭實質上即是農民鬥爭。農民，基本上是民主主義的，即是說，革命的，他們的經濟形式、生活形式、

3　楊桂欣：〈丁玲就是丁玲〉，載《炎黃春秋》1993年第7期。

某些觀念形態、風俗習慣之帶着濃厚的封建殘餘，只是農民的一面，所以不必說農村社會都是老中國。在當前，新中國恰恰只剩下了農村。[4]

中國革命以農民為主力，以武裝鬥爭為中心，以農村為主要戰場，中國革命的實質就是「農民的鬥爭」，過去黨的領導者博古等不清楚中國革命的這幾個關鍵的問題，直到30年代中期後，黨的多數領導者才對此有了新的認識，但是對於這種巨大深刻的變化在文化上的意義，也就是農民在政治上和文化上都代表「新」，或許只有少數共產黨員才多少有些領悟，潘漢年可能就是其中的一位。1936年秋，丁玲在前往陝北的途中到達西安和潘漢年不期而遇，潘漢年勸她去巴黎為紅軍募捐而不要去保安，但是丁玲沒有接受潘漢年的建議。

潘漢年是老共產黨員，也是革命知識分子，他瞭解遵義會議後黨內政治生態的變化，也感受到那種革命新政治文化的發育、成長的氣息，他在青年時代有過「創造社」和「左聯」的經歷，對革命政治和革命文學這兩「界」的情況都很熟悉，他親眼看過大革命失敗後，一些革命知識分子從狂熱到幻滅的過程，他也瞭解丁玲的自由奔放的個性，他給丁玲的建議是最好，也是最適合的，是對丁玲的真正愛護和關心。因為在巴黎，丁玲既可以利用自己的社會聲望為黨做有力的宣傳和募捐工作，也不致使丁玲對革命有近距離的接觸，而一旦和革命有近距離接觸，未經革命烈火長期考驗的左翼知識分子隨時有可能從動搖走向幻滅。

丁玲是堅強的革命者，根據地艱苦的生活條件和她曾長期

4 《毛澤東文藝論集》（北京：中央文獻出版社，2002），頁259–260。

生活的上海不啻相差萬里，她沒有動搖，更沒有幻滅。然而丁玲和正在形成的強勢的革命新政治文化又有着不小的思想距離，在這個新政治文化中，對農民革命性的突出強調，已在事實上取消了對帶着「濃厚的封建殘餘」的農民的「某些觀念形態」進行啟蒙的必要性。丁玲從五四而來，又從五四走向共產主義，思想上還留有濃厚的五四啟蒙主義色彩，這就和革命新政治文化不相兼容，她的《在醫院中》、《三八節有感》在1942年就受到了包括毛在內的中央領導的批評。因為毛的保護，也因為丁玲的名氣大，加之她迅速進行自我批判，又積極參與鬥爭王實味，才被寬諒。之後，丁玲努力改造思想，按照毛的《在延安文藝座談會上的講話》的精神進行文學創作，寫出歌頌工農兵的作品，受到毛的表揚，因而在建國初風光了一陣，她的小說《太陽照在桑乾河上》甚至得到了「斯大林文學獎」，毛也在建國初到頤和園看望過在那兒寫作的丁玲，還與她泛舟昆明湖上。

無法避免的厄運

但是，丁玲在建國後的厄運卻是無法避免的。毛是「君師合一」型的領袖，特別重視全民思想的改造和重建，在建國初建立革命意識形態新秩序的大變革的階段，毛都是事無巨細，親自領導，親自部署。他派胡喬木以中宣部副部長的身份統領中宣部，領導中宣部部長陸定一；以後又指示胡喬木別管文藝界的工作，委任周揚統領全國文藝界。雖然丁玲和最高領袖的意圖並不衝突，她在建國初的幾次批判文藝界「錯誤思想」的運動中都是衝鋒在前，十分積極的，丁玲在執掌《文藝報》期間，該雜誌對許多作家的作品進行了非常粗暴的批評，引起作家的眾怒，那時丁玲的思想之左，比周揚有過之而不及，可為什麼她還是難逃厄運？

這是因為原國統區的文人、教授都比較老實，置身在建國初萬眾振奮，新中國氣象萬千的歷史轉折的關頭，他們看到那些意氣風發的，來自延安和其他革命根據地的「老革命」、「老幹部」，許多人的內心都有很深的歉疚感，革命理論家用「立場」、「出身剝削階級家庭」和「曾經為國民黨反動政府服務」等幾個概念，就很容易把他們引導到「思想改造」之路。在50年代初的「思想改造」運動中，馮友蘭、費孝通、金岳霖、梁思成、周培源等著名學者都紛紛表示要徹底批判自己的「資產階級反動思想」。一些著名的大作家，像茅盾、曹禺、老舍、葉聖陶、李劼人等，也都根據革命意識形態的標準，對自己過去的成名作，作出修改。相比較而言，比較不順手的反而是那些自認為對革命有功的左派，如胡風、丁玲、馮雪峰等。

長期以來，丁玲就陷入了寫作和做官的兩難之間，經過整風運動，在「工農最有知識，知識分子比較沒有知識」的新型對應性思維認識框架下，最明智的選擇莫過於轉換自己的知識分子的身份，幹革命的實務，才是「幹革命」的正途。當然那個年代的共產黨員，一切服從組織需要，「黨叫幹啥就幹啥」，可是事實上還是存在着某種革命工作的高低排序的，以革命的實務而言，做軍隊工作和保衛工作，最受組織的信任；做根據地的黨和政權的工作，甚至是財經工作，也是重要和光榮的；做宣傳文化教育工作，責任重大，受上級耳提面命的機會多，但犯錯誤的機率也高，負責同志還好，他們雖然也要改造思想，但畢竟更肩負改造下屬同志的思想的責任。至於那些幹文字活兒的普通記者、作家、畫家，雖然在進城後都是各級文宣、教育單位的負責幹部，但是在那時，卻是「思想改造」的重點人群，在某些有「大軍事主義」思想的同志眼中，他們也就和吹拉彈唱的文工團員同在一個系列了。

丁玲本來是有可能幹革命的實務的，1936年秋冬她到達陝北後，毛徵求她對工作的意見，丁玲說要去紅軍，毛就委任她做中央警衛團政治處副主任。但正如西諺所說，「性格即人」，丁玲從本質上做不了「官」。抗戰後去延安的一些左翼文人，因各種原因離開了文藝工作者的隊伍，轉型為職業黨幹部，以後的命運都相對較好，但是丁玲的個性和寫作愛好使她永遠當不成一位「優秀的黨務工作者」。一方面，丁玲非常尊敬領袖和其他中央領導；另一方面，她總是去不掉身上的知識分子的味兒，以為自己是在最艱苦的年代投奔陝北，和中央領導同志是患難之交，所以她很難像其他人一樣，擺正關係，在領導面前畢恭畢敬，而是有啥說啥，放言無忌。丁玲也一直留戀她的作家的名聲，始終不能忘懷她的寫作。而那些轉業做黨的工作或軍隊工作的同志，無不很快找到了自己在革命隊伍上下級關係中的位置和一套報告、立正、敬禮等禮儀程序。以後當人們得知他們在青年時代還寫過詩和小說，有的還是「左聯」成員，無不大吃一驚。因為這些負責幹部的言談、性格和作派都已徹底轉換，再無一絲文化人的味兒，他們更不願意別人知道自己曾是文化人。丁玲的「問題」就是她的個性和她的寫作，她希望以筆為槍，成為革命的主角，可是一寫作就當不成革命的主角，她個人是沒辦法解決這個矛盾的，唯一可以幫助她擺脫這個困境的就是革命領袖的欣賞和保護。

革命領袖對丁玲確實是愛護和關心的，但同時也是嚴格要求的，說到底，革命領袖對丁玲的親善和反感都是政治化的，是超越個人關係而從政治的角度出發的。1936年，丁玲到陝北蘇區，毛真誠歡迎，是那時黨需要像丁玲這樣的大作家來增加黨的聲光；建國初，毛要教育、改造原國統區的知識分子，用的就是周揚、丁玲這批延安文化人。但是建國後的丁玲並不令領袖滿意：儘管經過延安整風的洗禮，但是丁玲的「自由主義」仍然很強，太好出風頭，有所謂「名聲意識」。丁玲更沒有周揚那麼順手，很難駕馭，不符合「馴服工具」的標準。而文壇只能有一個「聖旨」宣達人，領袖絕無可能捨周揚而用丁玲。更重要的是建立意識形態的新秩序，不可能在風平浪靜中進行，所謂「不破不立」，批判一兩個原國統區的作家、文人，對社會的震動不大，而把大名鼎鼎的左派文人胡風和他的「同夥」定為「反革命集團」，再揪出黨內的大作家丁玲，則可以讓全國的知識分子受到震動，使他們受到深刻的教育，大大有利於意識形態新秩序的建立和鞏固。

1954年《文藝報》「壓制小人物」正好是一個突破口，善於捕捉戰機的最高領袖迅速抓住此事，再把戰線擴大和延伸。在這個過程中，人們看到的只是周揚衝鋒在前，聽到的是他聲色俱厲地批判丁玲、馮雪峰，卻長久不知道在周揚的後面還有最高領袖的身影。一份當年親歷者的材料透露，1956年冬在中宣部覆議丁玲申訴的一次會議上，周揚說：1955年對丁玲的批判是黨中央毛主席指示的。他當時「還在毛主席面前講了丁玲的好話」。在周揚講這番話時，中宣部部長陸定一也在場，他沒有對周揚的話表示異議和反對，而瞭解周揚的人都知道，以周揚個性、作風和他對毛的尊從，他絕無膽量捏造毛的講話[5]。由此可見，「丁、陳反黨集團案」的真正決策者還是最高領袖。毛何等細心，對往年舊事都記得清清楚楚，連馮雪峰十年前寫的寓言都翻出來，當然不會忘記丁玲在1942年寫的《三八節有感》。老人家順手一併收拾：先用「丁、陳反黨集團案」廢掉了丁玲，反右時再廢了馮雪峰。1958年初，老人家親自動筆，寫了那篇尤如重磅炸彈、置丁玲於絕境的《再批判》，新賬、老賬一起算，把當年他稱讚過的「文小姐」、「武將軍」一下打入了地獄！

革命懲戒機制的內在邏輯

在這裏有一個現象值得思索，在40年代整風運動結束至建國初，中共黨內已基本不再打「反黨集團」，也不再搞大規模的革命內部的「肅反運動」，全黨上下同心同德，高度團結，迎來了1949年中國革命的偉大勝利。反而在建國後新政權已得到鞏固，特別是在斯大林去世後，「向蘇聯老大哥學習」的聲浪高入雲霄，蘇聯開始蘊釀糾正斯大林的「肅反」錯誤，已不再用打「反黨集團」的方式來處理思想文化界矛盾的1955年–1956年(1957年7月赫魯曉夫打「馬林科夫、莫洛托夫、卡岡洛維奇反黨集團」是蘇共歷史上最後一次的高層政治鬥爭)，中國反而重新運用起這種傳統的斯大林方式來解決黨內問題和社會矛盾：搞過「胡風反革命集團」後，馬上整「潘漢年、楊帆反革命集團」；「肅反運動」剛過去，又搞出一個有別於蘇聯樣式的「反右運動」；其間還穿插打

5　于光遠：《周揚和我》，頁 19–20。

「丁、陳反黨集團」、「丁玲、馮雪峰右派集團」等一系列「反黨集團」或「右派集團」，從此一發不可收拾。

在這個過程中，丁玲的「歷史問題」成了套在丁玲頭上的一道繩索，所謂「歷史問題」是什麼呢？就是1933年丁玲在上海被國民黨秘密綁架，在1933至1936年被軟禁在南京的這一段歷史。丁玲到陝北後，已向黨組織做過多次說明，在1940年的審幹中也由中組部對她的那段歷史作了結論。可是幾年後，丁玲的這段歷史在延安整風、審幹運動中又被重新審查，結果給她定了一個「自首」的結論。其依據就是她在1934年被軟禁在南京的期間，曾在國民黨的壓力下，寫過一張紙條，大意是：「因誤會被捕，生活蒙受優待，未經什麼審訊，以後出去後，不活動，願家居讀書養母」，小紙條並沒有一點反共的內容，而丁玲在南京被軟禁期間也沒有發表過任何反共言論。丁玲到陝北後沒有向黨組織交代過這張小紙條的事兒，在1943年審幹運動中，主動向黨組織談了這件事，並為此做了自我批判。可是這張小紙條真有那麼重要嗎？為什麼一直被揪住不放？丁玲幾十年的革命生涯還不能夠證明她的「紅」嗎？她在共產黨最艱苦的1936年就去了保安，那時共產黨還沒有將來可能在中國執掌政權的跡象，依丁玲的「名氣」，她完全可以在北京、南京、上海等大城市過着舒適的寫作生活。可是丁玲還是在1936年投奔了陝北，這在當時全國的大牌名流中是唯一的，這還不說明她的「革命性」嗎？

中共高度重視幹部歷史審查的問題，這對保衛革命是完全必要的，為此在延安時期就完善和強化了對幹部的嚴格審查制度。在長期的敵強我弱的環境下、為了保衛革命，打擊敵人，黨形成了特有的保持「警惕性」的文化，這是一定歷史條件下的產物。在嚴酷的對敵鬥爭的環境下，黨的組織部門和保衛部門對沒有革命軍隊或根據地的經歷，又是知識分子出身的白區黨的幹部，特別對那些從國民黨監獄出來的黨員，持有一種懷疑的態度。只有經過組織的嚴格審查，那些有白區經歷，特別是曾被國民黨逮捕坐過牢的同志才能重新得到黨的信任。與那些曾坐過國民黨大牢的同志相比，出身農民的紅軍或八路軍、新四軍的幹部、戰士是幸運的，他們的歷史簡單，思想單純，是黨最信任的，但是歷來黨內主持制定審幹政策的恰又是以白區幹部為主，其中一些人也坐過國民黨的監獄，他們在厲行嚴厲的審幹政策時，甚至更「左」。

慶全在書中說，從此這張「小紙條」的事兒就成為丁玲過不去的「坎」。依我看，「小指條」還不完全是「坎」，而是套在丁玲頭上的可緊可鬆的「緊箍圈」。在50年代中期的「肅反」運動中，為數不少的高級幹部也被定為「自首分子」，「變節分子」，多數人只是調整了工作崗位，例如原來是擔任省委常委的，以後不能再做常委，而是改做文教單位領導，並非就被組織上一腳踢開，棄之不用。換言之，審幹既是「優選法」，也是幹部管理中的「控馭法」。如果丁玲「守規矩」，願做「馴服工具」，它可以不發生作用；如果調皮搗蛋，立即就可以拿這張紙條說事。據原中宣部副秘書長、一屆機關黨委書記熊復在1978年9月27日寫的有關證明材料說：「1952年整風時，作協黨支部就提出過丁玲歷史問題」。熊復看過丁玲的檔案，「向周揚同志彙報上述問題，請示他怎麼辦。他說，丁玲的歷史在延安審查過，沒有問題，不要審查了」[6]。可見，制度雖然是嚴格的，但並非完全沒有彈性，在更多的時候還是取決於黨的領袖和主管領導在操行這套制度時的態度。馮雪峰是長征幹部，照樣被打成「右派」；張春橋和江青雖有「叛徒嫌疑」，一直有人揭發，仍深受老人家的信用。姚文元的父親姚蓬子是人所周知的中共「叛徒」，也沒對姚文元搞誅連，在最講成份的「文革」年代，還步步高升，最後官至中央政治局委員。

丁玲過不了「審幹」關，並非就是她的「歷史問題」特別嚴重，而是另有原因，說來還是最高領袖要把她「趕出去」。毛在反右之前的1957年1月召開的省市委書記會議上就明確說過：對於蕭軍、丁玲之類的人，殺、關、管都不好，要抓他許多小辮子，在社會上把他搞臭。1957年9月，毛在接見捷克斯洛伐克代表團時也說：把丁玲趕出去了，文學藝術會更發展。

令人遺憾的是，革命隊伍內部長期以來一場接一場的嚴酷的鬥爭，使得「革命的同志情誼」逐漸稀薄，及至50年代中期後，革命領袖對有戰功的「革命大老粗」有時還有一些「戀舊」；對若干前朝遺老，如章士釗，曾在他年輕時給予過巨大幫助，毛始終給予禮遇；對一些重要的統戰對象和國家急需的科學家，毛也給予一定的照顧；而對於那些在歷史上曾和他有過較多交往的革命文化人，則幾乎沒有「戀舊」的表現。馮雪峰是毛在1934年瑞金時代的舊識，丁玲在1936年就到了保安，從此沒離開過革命隊伍一天，兩人都是在革命最困苦的階段前往蘇區的，但是，就為了一些說不上理由

6　黎辛：《關於〈丁玲冤案及其歷史反思〉的辯證》，載《粵海風》2006年第1期。

的事兒，再掀出「歷史問題」(1937年夏秋，馮雪峰因與博古爭論，負氣離開中共駐南京辦事處回浙江老家兩年，1939年回到新四軍，1941年「皖南事變」被國民黨囚於上饒集中營，後在黨的營救下前往重慶做革命文藝工作)，說打下去就打下去了。

更重要的原因是革命領袖需建立一嶄新的「無產階級新文化」，50年代中後期後，極左思想急劇升溫，「無產階級新文化」的路越走越窄：第一條就是要提拔那些「文化少、知識少」的「青年闖將」。毛在1964年說，「老粗出人物。」「自古以來，能幹的皇帝大多是老粗」。「知識分子其實是最沒有知識的，現在他們認輸了。教授不如學生，學生不如農民。」1970年姚文元給毛寫信彙報讀書心得，也自稱讀書少，知識貧乏。和「新生的無產階級筆桿子」戚本禹、姚文元等相比，周揚這批人各種書畢竟讀得太多，受「封、資、修」的影響太深，早已不中用了；第二條，要把那些「舊文化」的代表人物，「反動學術權威」、反領導不聽話者、歷史可疑分子、各種「烏龜王八」都清除出去。慶全的書中引用了一份重要的回憶資料：1979年理論工作務虛會期間，周揚曾談到1957年反右時的情況。他說：「抓右派之前，主席給我一個名單，名單上的人都要一一戴上帽子，而且要我每天彙報『戰果』。我說，有的人鳴放期間不講話，沒有材料，怎麼辦？主席說，翻延安的老賬！我當時常常說『在劫難逃』，許多人聽不懂。」「在中宣部，陸定一和我都『左』得不得了。即使沒有主席的這個名單，恐怕也好不了多少。」1964年，為落實毛對文藝界的兩個批示，周揚等部署開展「整風」，毛已準備對夏衍、田漢、陽翰笙進行點名批判，老人家還不放心地訊問周揚：「你和這些人有千絲萬縷的聯繫，下不了手吧？」

極左思想是有一套內在邏輯的，它以「不斷革命」、「階級鬥爭」、「為全世界三分之二人民的解放」等宏大詞語和未來光明的遠景直指左翼知識分子的靈魂，將他們拉上「烈火戰車」，一路風馳電掣，又將無數的左派甩下，被拋甩下來的人，並非就是異類，只是隨着革命向更高階段發展，在極左的顯微鏡的放大下，他們的「左」已演幻成了「右」。到了60年代中期，過去的「革命文化」也整體成了「舊文化」，統統都在掃蕩之例。「舊文化」的載體就是那些知識分子，不管他們是來自延安還是來自重慶，把他們打下去，都是「文化革命」的題中應有之意。於是在這張名單上又不斷加上一長串新的名字：巴人(王任叔)、孟超、夏衍、田漢、陽翰笙、邵荃麟、齊燕銘、林默涵、劉白羽、鄧拓、吳晗、廖沫沙、老舍、李達、翦伯贊、陸定一、姚溱、許立群、蔣南翔、陸平、江隆基等等，他們中的不少人本來就是黨的高級官員，原來是奉旨打別人，是「反胡風」、「反丁、陳」、「反右」運動中的「大左派」或各單位「反右」的主事者，但最終還是給「烈火戰車」拋甩出來。1966年7月1日，《人民日報》公開點名批判周揚，稱其為「反黨反社會主義反毛澤東思想的文藝黑線的首領」和「修正主義文藝的祖師爺」，這位整人無數的「大左派」最後還是被歸入到胡風、丁玲一類，被「無產階級的鐵掃帚」一下掃入到了「歷史的垃圾堆」。這一次他們不僅是思想和靈魂遭到鞭打，身體也被「踏上了一隻腳」，許多人甚至還丟失了性命。他們的罪名也和丁玲差不多，不是「叛徒」，就是「特務」，或者是「反革命」，再不就是「反革命兩面派」(這是1968年姚文元給周揚的「定性」，姚文元的那篇《評反革命兩面派周揚》經最高領袖修改過)，這也和30年代斯大林整肅前蘇聯知識界著名人士的罪名差不多。

極左文化發展到這個階段，就完全演變成文化「廢墟主義」：除了滿世界的「紅寶書」，再加上「八個革命樣板戲」，以及作為象徵的馬恩列斯、魯迅，一切中外文化都在禁止之例，而當全國各地紛紛舉辦有數萬或十多萬群眾參加的對領袖的「敬頌」活動時，所謂革命文學或革命文藝也就到了壽終正寢的地步，只落個「白茫茫一片大地真乾淨」。中國的極左文化比斯大林時代的蘇聯還要專橫，斯大林還保留了俄羅斯十八、十九世紀的文化傳統和典籍，還給予知識分子一個「人類靈魂工程師」的稱號，希望他們用他的「偉大理想」去改造人民的思想，中國的極左文化則更自大、更狂熱，不僅對知識分子一概不信任，更要在一片「舊文化」的廢墟上建立「無產階級新文化」的宮殿，最後除了「領袖崇拜」的形式主義，在文化上什麼也沒有留下。

丁玲不是阿赫馬托娃

丁玲蒙受多年的苦難，蘇俄詩人安娜·阿赫馬托娃也是如此，但是丁玲不是阿赫馬托娃，她沒有那種從苦難中昇華、進入普世大愛的精神氣象，她的氣質、境界、胸懷和眼光離那個層次都還遙遠。丁玲一直是一個高度政治化的女性，也是一個思想豐富，才華卓越的大作家，她的一生都在這兩者間打轉，既使她意氣風發，也使她蒙受羞辱。建國初，她以「勝利者」自居，對一些原國統區的老作家態度高傲、輕慢。同樣是丁玲，1970年後被單獨監禁五年，是靠着背誦幼時母親教給的古詩篇，才沒使自己失去語言功能。丁玲受的苦難超過了阿赫馬托娃，但她沒有勇氣揭露極左文化的罪錯，她可能從自己幾十年的痛苦經歷中悟出：極左力量太強大，惹不起，於是啐面自幹。她晚年復出後寫了不少作品，除少數外，已失去了年輕時代的鋭氣，更少了思想的光彩。她在漫長的苦難歲月中學會了世故，她為了讓某老幫她説話，就寫頌揚某老的文章，這點倒也無可厚非，阿赫馬托娃為了從死亡陰影下救出她的唯一的兒子，也寫過歌頌斯大林的詩篇。可是當80年代復出後，小平同志倡導的思想解放已蔚為潮流，「丁、陳反黨集團案」也被徹底平反，已沒有什麼力量可以讓丁玲封口，她卻沒有寫出像巴金那樣的反思的文字，更沒有向過去傷害過的同志表示歉意或懺悔，這説明什麼呢？是她不認為有反思的必要？或是她認為自己當年打擊那些同志並不錯？丁玲把這些疑問留給了後人，也留給了歷史。

丁玲在幾十年的苦難中，從沒放棄「希望」，這就是祈求領袖為她説話，可是大環境如不發生根本變化，她這個被領袖欽定的「大右派」又如何能夠平反？1962年夏，丁玲勞改所在地的農場黨委，中國作協黨組都同意為丁玲摘去「右派」帽子(不是甄別，更不是平反)，也向中央打了報告，可是領袖已決定重提階級鬥爭，對國家機關準備為右派甄別一事大發雷霆，斥之為「猖狂之極」，於是一切又都成為泡影。丁玲對領袖又敬又懼，她當然知道，是那篇《再批判》把她一巴掌打成「人民之敵」，但她絕不敢涉及領袖，1960年，丁玲以「右派代表」的身份到北京參加第三次全國文代會，「在會場上望見毛主席」，她雖然非常想迎上去和老人家說話，卻「沒有勇氣走上前去，悄悄走到一邊去了」。即使領袖已故去，也是虎威尤存。她有一句名言：「他對我怎麼樣，不管，但我對他是一往情深的」。丁玲給自己的受難找到一個「合理化解釋」，這就是周揚等要弄權術、瞞上欺下，一手遮天，蒙蔽領袖，使她遭受了幾十年的苦難。對領袖的信念和對周揚等的憎惡是互為聯繫的，她將對毛的信念深植心中，也將對手永遠盯住，成了她在漫長的艱苦歲月能活下去的精神力量。

丁玲受委曲時唯一的辦法就是向上級寫申訴信，這是多年形成的一種習慣，「左聯」的一個傳統就是「集團化」，左聯內部紛爭的哪一方都期求黨的領導的支持和仲裁，丁玲對這套行事方式極為熟悉。丁玲從幾十年的革命經歷中，也從自己的痛苦生活中體會到了在實際生活中存在的那條「潛規則」：只要能「找上人」，有了實權人物的關照，就可以枯木逢春、逢凶化吉。例如：在1955年「審幹」中，幾個著名的文藝界領導同志也是因歷史問題被定為「變節」，但是他們都很幸運，不在最高領導的關注視野下，同時也一直是周揚的「親信」，所以波瀾不驚，事後還是繼續做官。因此，只要有通天的人物伸出援手，就有希望，就是勝利。

70年代末至80年代初，丁玲已屆八十高齡，為平反自己的冤案，往返奔波，四處求人，吃盡辛苦，令人無限同情。1979年丁玲復出回到北京後，曾主動前往醫院看望周揚，她對在「文革」中受盡苦難的周揚抱有希望，以為周揚會向她伸出援手。誰知周揚為反右的事，向不少人表示道歉，唯獨不向丁玲道歉，他的理由是，丁玲是「變節」分子！

和周揚的態度一致的還有陸定一、張光年等。周揚此舉極大地傷害了丁玲。在我看來，周揚等如此並非是為了維護所謂「黨性原則」，因為在他手下做各路文藝高官，又有所謂「變節」、「自首」歷史問題的人不乏其人，只要是周揚一個「圈子」的，都不成為「問題」。周揚等唯獨不想放過丁玲，說來還是根深蒂固的「宗派」情結在作祟，他們要用那個「緊箍圈」套在丁玲的頭上，一直套到她死！這正說明了周揚人性深處的幽暗。1984年，在胡喬木的幫助下，中央恢復了1940年對丁玲的結論，承認丁玲在南京被國民黨軟禁的那段歷史不屬「自首變節」，「四十多年的沉冤得以大白」。丁玲自然感激胡喬木，她發表了不少談話，對那個時候胡喬木的一些有爭議的觀點予以積極配合。她甚至還寫了一首缺乏詩味的「政治表態」長詩《「歌德」之歌》，她一點也不在意讀者是否愛讀，卻說她的這首詩「會有人理解。」對於丁玲晚年的言行，譽之者，如《中流》雜誌等稱讚丁玲是堅定的「老革命文藝戰士」；批評者則稱丁玲「錯把極左當親娘」；丁玲又一次成為文藝界、知識界關注的中心。

晚年丁玲高調左傾，雖然也有心情不順的時候，但總的說來是意氣風發，且不無表演的色彩——也就是很刻意地向那些會「理解」她的同志展現她那「雖九死而不悔」的忠誠。周揚呢？他在晚年復出後不向丁玲道歉，揪住毫無意義的丁玲的所謂「歷史問題」不放，說明他對丁玲成見太深，氣局太小，對極左文化的反思尚不能躍過某些重要的「坎」。然而這位馳騁中國文藝界數十年的「大左派」，在「文革」入獄多年後，思想卻發生了重大的變化，1975年他剛出獄，就前去看望了馮雪峰，甚至「不知輕重」地上書最高領袖，請求他恢復馮雪峰的黨籍，自然沒有任何回音。周揚雖然不放過丁玲，卻多次向當年受他打擊、被迫害的文藝界人士表示道歉，也向陳企霞當面道歉，並幫助他調回北京，安排了新的工作。更重要的是，這位「文革」前對毛意志的堅決的執行者竟轉變為1979年後思想解放運動的探索者，但是周揚卻因此受到批判和冷遇，晚景淒涼，這正是歷史的複雜和吊詭。

徐慶全條分縷析，絲絲撥開，通過對大量歷史資料的梳理，把歷史帷幕後所發生的活劇一幕幕呈現出來，寫出這本具有較高的學術價值的研究性著作，他能做到這一點與他長期從事對新時期的文藝思潮的研究是分不開的。徐慶全已出版多部有關當代文藝思潮方面的著作，其所着的《文壇撥亂反正實錄》、《周揚和馮雪峰》等得到學界的好評。作者在這本書的資料方面尤其做了很大的努力，不僅搜集、運用了大量的已刊史料，還運用了一些關鍵性的未刊資料和口述史料，使得該書的立論具有了堅實的史料基礎。慶全具有敏鋭的觀察力和洞察歷史的眼光，雖然這部著作的某些看法或容進一步討論，但總的來説，這是一部高質量的研究論著，不僅有助於人們重新認識當代文學思潮史，對中國共產革命史和當代中國史的研究也是一重要的貢獻。值此慶全兄新著出版，僅以此序為祝賀！

沙飛：在祖國的天空中自由飛舞的一顆沙粒[1]

首先感謝中山大學「沙飛影像研究中心」邀請我參加這次會議，也感謝王雁(沙飛之女)和會務組周到的接待。我對沙飛的攝影思想不熟悉，但是把它放在中國近現代史的脈絡裏面再看他的作品，我也還有一些感想。我知道沙飛這個名字比較遲，雖然比較早的就看到沙飛的作品，其中一張就是《魯迅與青年木刻家》，但是這些照片都沒有署名，不知道是沙飛拍的。80年代中期我知道沙飛了，對他的結局感到很惋惜，但對他的事情還是瞭解不多。我對沙飛熟悉起來是到21世紀了，前幾年，小彥、馮原和我們一起到珠三角去，在開平，他們兩位給我介紹在當地非常有影響力的司徒家族，他們也談到沙飛。隨後楊小彥送給我一本《沙飛攝影全集》。經過楊小彥和馮原的介紹，我又翻開了那本厚厚的《沙飛攝影全集》，我腦海中的沙飛影像就逐漸清晰起來了，似乎有一根線把我去過的延安和我從來沒有去過、但在我腦海裏有一種想像的晉察冀邊區聯繫在一起了，讓我對沙飛有了一些感想，今天我談幾點。

我對沙飛的基本看法是沙飛一生有兩個高峰，成就了他非常傑出的、極具鮮明個性的左翼藝術家的事業。我先說一個的看法，我認為思想上和文化上的左翼和組織化的革命並不

1　2008 年 11 月 15 日在「沙飛影像研究中心」首屆學術研討會上的發言。已收入《戰爭、苦難、與知識分子的視覺記憶學術研討會論文集》。

完全是一回事。左翼可以革命，也可以是「一個人的左翼」或者「書院裏的左翼」，1930年代的李達等人，他們都是左翼，可是他們大多不跟中共發生組織聯繫，他們是「一個人的左翼」或者叫「個體左翼」。

左翼不一定革命，但是革命一定是左翼的。左翼是多種選擇中的一種，革命則是一種組織化的行為。沙飛的第一段階段是1936年至1937年，我稱之為沙飛的「個人化左翼」的階段，這個時期沙飛的作品，剛才幾位先生都提到，一個非常重要的內容就是魯迅，再一個是他的人道主義的情懷、對底層的關注。1936年8月至11月，這對沙飛是一個非常重要的時期，他到了上海和魯迅接觸，拍了一組關於魯迅的照片。從這些照片可以看出來，沙飛非常敬仰魯迅，這組照片完美地表達了沙飛對魯迅的尊崇。到了1937年，沙飛還有一些關注底層的照片，但就我看，我覺得這種關注還沒有到尖銳化或者直白化的程度，也就是他的這個左翼還是一種溫和性的左翼。

從這個時期沙飛的代表性作品《老國民》、《人力車夫》、《碼頭工人》、《擺小攤的人》，還有一個老太太在縫衣服等影像，我們更多的感受是一種日常生活，或者是一般性的人道主義。這種一般性的人道主義實際就是「五四」以後「為人生的文學」在更廣泛的文化藝術領域的發展。關注底層、關注社會，這些主題從「五四」就出現了，比如一個人力車夫的故事。「溫和左翼」和「激進左翼」是有區別的，激進左翼有一些重要的標誌，首先要反映底層的苦難，再一個要反映底層的反抗。這兩個是共產黨領導下的組織化的左翼最鮮明的標誌，而不僅僅是一般性的展示底層的日常生活。還有一點，作為一種整體現象，二十世紀三十年代的中國左翼文學藝術是集團化的，是一個有組織的、有綱領的行動。1930年成立的左聯，有左翼文學、左翼戲劇、左翼電影、左翼音樂、左翼新聞等八大類，全都是有組織，有綱領的。沙飛顯然不在這個左翼組織化的隊伍中間。他參加的「黑白社」跟「左聯」完全沒有關係。我還要補充，這個時期的左翼還有一個鮮明的特色，它一定要直白地表達對「偉大蘇俄」的嚮往，熱愛蘇俄，嚮往蘇俄，是中國三十年代左翼文學藝術的特徵。可是反觀這個時期的沙飛，他的作品裏沒有這個主題。他就是個人化的左翼，或者叫溫和左翼。長期以來我們有一個看法，這就是左翼和中共是劃等號的，離開中共就沒有左翼。但事實上，情況可能更複雜一些，在中共之外確有左翼，把這種個人化左翼聯繫和聚集在一起的就是魯迅。這就是我對1936、1937年沙飛作品的感受。

沙飛的第二階段也就是大家都在討論的晉察冀13年。這是沙飛作為個體的左翼藝術家匯入到組織化的抗日革命洪流，成為了一個革命宣傳戰士。沙飛是作為一個戰地攝影記者去華北根據地的，當時還有一個青年記者陸詒也去了，陸詒很快就離開了，沙飛卻留了下來。晉察冀是八路軍和侵華日軍最接近的地區，八路軍的抗日和沙飛的抗日疊合在一起，在這裏沙飛達到了他一生裏創作最高峰。在晉察冀13年里間，他置身在高度組織化革命戰爭的體制之下，「抗日」、「革命」、「自由」都在他的身上體現，使這個時期的作品形成了一種張力。但是我還有一個看法，那就是沙飛很特別，他沒有能夠如同大多數前往根據地的文藝工作者一樣都實現左翼知識分子的兩次轉型：第一步，從左翼藝術家轉變成革命宣傳戰士，這一步他跨過來了；但下一步，他沒能夠再向成熟的黨的工作者轉變。

晉察冀的革命知識分子有三個代表人物，一個是鄧拓，還有一個不得不提的就是張春橋，他們和沙飛都是前後同事。鄧拓、沙飛、張春橋是左翼知識分子前往晉察冀的三種類型，他們這三個人長期在晉察冀工作和戰鬥，但在這之前，這三人都曾不同程度地涉足上海左翼文化運動。鄧拓去上海最早，他在1929年就去了，1930年他參加了中共，是左翼科學家聯盟的成員，1933年離開上海，1937年以鄧雲特的名字在上海出版了一本學術界都認可的專著《中國救荒史》。沙飛去上海很遲，也就是在上海呆了三、四個月，但因為沙飛拍了魯迅的照片，他在當時影響就比較大。張春橋是1935年5月去上海的，這年他18歲，是通過朋友的介紹投奔左翼作家陳白塵的，還和陳白塵一同在上海的西愛咸斯路的一個閣樓上住了兩個月[2]。張春橋在上海待的時間比較長，1935年10月參加了「左聯」，他自稱是1936年春夏在上海參加了共產黨，但在建國後「審幹」運動中，上海市委確認的他的入黨時間是1937年春。張春橋在上海的幾年，雖然寫了不少雜文和小說，但除了用筆名「狄克」寫過被魯迅批評過的一篇文章，在左翼文壇上名氣不大，人們很少知道他。

這三個人就左翼的自覺意識而言，鄧拓最高，張春橋次之，沙飛最低，但是這三個人在上海特殊環境下都沒有被高度組織化。1932年12月，鄧拓被國民黨逮捕，被押往蘇州反省院，後經他的家庭營救出獄後回到了家鄉福州，和共產

2　陳白塵：《我這樣走過來……》（南京：鳳凰出版集團公司、江蘇美術出版社，2008），頁74。

黨組織失去了聯繫，再轉到開封讀河南大學，成為一個「個體左翼」。張春橋是另一種情況，在國民黨的嚴酷打壓下，1935年後的上海共產黨組織基本被打散，張春橋在上海接觸較多的就是這樣一些被打散、失去組織關係的共產黨員。所以從嚴格意義上講，沙飛、鄧拓、張春橋都是一種鬆散狀態下的左翼分子，或者說他們都是左翼的散兵游勇。從上海到晉察冀，他們都經歷了一個從個體化的左翼分子被納入到軍事一元化戰爭體制的轉變過程。這三個人都抗日，都追求革命，我不專門研究張春橋，但我想，他在1938年1月去延安，再轉去晉察冀根據地，應是追求抗日和革命去了。

鄧拓去晉察冀，他是歸隊，他是老黨員，但因失去組織聯繫，有關情況有待調查，因而在1937年末重新入黨。張春橋也是歸隊，但是沒有人能證明他在1936年入了黨，故而在1938年8月在延安重新入黨。沙飛不一樣，他去的主要原由是抗日，但也不能排除有追求左翼革命思想的成份在裏邊。因為這個時期國民黨也抗日，1938年的武漢是全國愛國知識分子都想去的地方，在那兒有非常活躍的影響全國的革命文化活動。沙飛為什麼不去武漢而去了共產黨的根據地？我認為這和他有一種左翼的追求，即嚮往共產黨所強調的社會平等、社會革命的理想有關。三個人去晉察冀之前，思想不完全一致，去了以後差異就顯現出來了，當他們被匯入到共產革命洪流之後，鄧拓和張春橋很快就被革命組織所規馴，就是被改造、融入到革命的洪流中去了。今天我們沒有看到有關反映張春橋在這個時期有什麼痛苦和苦惱的歷史資料，鄧拓還有一點，在1944–1945年整風審幹運動中，他寫的個別的詩，抒發了某種苦悶的情緒。

沙飛是很早去晉察冀的，他是1937年下半年就去的，比張春橋早，可是他入黨是在1942年。我們知道1938年和1939年是中共大發展的時期。這個時期只要你有一點入黨意願，歷史比較清楚，大致就能夠入黨。到了1939年下半年才有一個鞏固黨的決定，就是停止大發展。在這個黨員大發展的階段，為什麼沙飛不入黨或者入不了黨？我們通過王雁提供的資料知道有兩個原因：一是組織上對他的經歷有一些懷疑，這主要是沙飛是李公樸介紹去根據地的，而不是中共地下黨介紹，也不是八路軍辦事處介紹的。在當時的中共黨人看，李公樸是一個「灰色政客」，這樣就對沙飛起懷疑了；另外一個原因是沙飛對入黨沒有什麼積極性，這在當時絕對是少數。當然類似的情況在延安也有：一個就是蕭軍，他到延安也是很早，當他最後確定想入黨已是1945年，彭真也同意了，但是他去東北不久就被認為犯了一個「嚴重錯誤」，於是就入不了黨了；還有一個老同志也是革命藝術家，他就是塞克，他也是很早到延安，卻是一個「異類」，始終沒有入黨。

我想沙飛在1942年之前，他是作為一個很有成就的專業人士被黨重用的。應該屬於「統戰對象」；1942年之後，他是共產黨內的「民主人士」。為什麼呢？因為他太個性化，他保留了比較多的藝術家的知性、感性的方面。他的個性化的左翼色彩到晉察冀以後還沒有完全消失。我們的沙飛同志對體制化不敏感，他居然對長期保護他、重用他的聶榮臻司令員還有意見，甚至發展到要給在延安的毛澤東寫一封信告聶的狀，這在當時是很大的事，是完全違反組織紀律的，也是非常奇怪的。這件事，王雁的書上寫了，我覺得寫下這一段史實很重要。

第二點是在1945年8月，八路軍快到張家口的時候，他居然要寫信給毛澤東，還是血書，他要和毛澤東討論黨的重大戰略問題。他是不是神經失常？我覺得他頭腦還是清楚的，他就是充滿一種瘋狂、癲狂的革命激情，他身上的個體化左翼色彩還保留着。張春橋就肯定不會這麼做，所以沙飛雖然也入了黨，也作了大量革命工作，但他身上還多多少少保留着自由的思想。昨天也談到，沙飛非常認同、並身體力行了「革命藝術是一種戰鬥的武器」的思想。其實主張革命藝術是戰鬥的武器，這個概念在1929年就有了。在延安的丁玲、蕭軍、王實味等，都認同革命文學藝術是宣傳真理的戰鬥武器，所以持「戰鬥武器説」並不説明什麼，我看來看去，總覺得沙飛有一點王實味的影子。

依我看這裏有兩點：一個是他對聶榮臻司令員的態度；第二是他要和毛澤東討論問題這件事，這些都屬於「非常不合時宜」。我們知道有一個高長虹先生，他曾經和魯迅打過筆仗。高長虹1941年來到延安，他也是寫信要和毛澤東討論重大戰略問題，本來還很好，把他作為民主人士，請他吃飯，也請他講話。在高長虹和毛談過話以後，組織上就不理他了，把他邊緣化。到1945年他隨着八路軍到東北，高長虹也算是一個老同志了，就長期由東北局的宣傳部把他養着，高老先生最後不知所蹤，到哪兒去了人們也不知道。他是一個思想奔放的老先生，他們都對革命組織缺少很認真的體會。

我的意思是沙飛的聰明才智和聶榮臻對他保護成就了他在晉察冀的13年。前邊講了，沙飛有所謂「歷史問題」，今天我們看這個根本不是問題。但在當時這是很嚴重的事，第一，他參加了國民革命第一軍的北伐，這是蔣介石嫡系部隊，在國民黨反共的時候，沒有看到沙飛的反抗。第二，1931–1936年，沙飛在汕頭當了國民黨軍隊電台的一個報務員。放在1942年的晉察冀，這兩點絕對是大問題。我看沙飛在激情和癲狂之下，有一種清醒在裏面，他沒有糊塗，他沒有向組織上彙報交代這段歷史。他知道如果交代了這段歷史，他就非常危險，因為當時情況下，黨組織沒有辦法去「外調」，到汕頭去瞭解他的歷史。這樣，輕則把他「掛起來」，重則如果是在陝甘寧邊區，那就要送到邊區保衛處的。沙飛是知道其中的利害關係的，他不會不知道他的同事和朋友鄧拓，儘管在《晉察冀日報》的工作崗位上做出重要的貢獻，但就是因為歷史上曾兩次被國民黨逮捕，還進過蘇州反省院，在1944年夏–1945年春的整風審幹運動中，被送到邊區黨校，在那兒接受了長時間的嚴厲審查。所以沙飛啥也不説，而聶榮臻則是堅信他沒有問題，對他很是重用，讓他當了《抗敵報》的主任、科長、《晉察冀畫報》的主任，這都叫破格重用。我認為，沙飛遇到聶榮臻，是他的人生的機遇，成就了他的創作高峰。聶榮臻是攝影愛好者，很喜歡照相。他念念不忘在法國勤工儉學的時候照的一些相片，這些照片以後都遺失了，他和沙飛既是上下級的關係，也是一種知音的關係。

當然沙飛也拍了很多珍貴的聶榮臻的照片。這個時期還沒有經過整風運動，這些照片都刊登在《晉察冀畫報》上，送到延安，延安不太高興。其實毛澤東對攝影還是喜歡的。1938年秋，延安攝影團成立後，毛親自接見工作人員，對他們的工作更是給予大力支持，「每當攝影團給他拍攝電影和照片時，室內光線不夠，又沒有照明設備，毛便愉快地接受他們的安排，搬到室外去拍攝」。電影團負責人吳印咸「是被專門請來延安拍攝《延安與八路軍》的，每月給他老家120塊大洋的生活費，供其家用。黨為發展自己的電影事業，考慮得很全面，在經濟上也付出了極大的努力」(參見吳築清、張岱：《中國電影的豐碑：延安電影團故事》)。1939年斯大林派了一個蘇聯攝影隊來延安，領頭的就是著名的記錄片攝影家羅曼·卡門(Roman Karmen)，斯大林要他們拍一部反映中國抗戰和革命的電影，羅曼·卡門拍了《中國在戰鬥中》和《在中國》，在延安也給毛拍了不少鏡頭，毛對他們的工作，也很配合。有一組鏡頭，時間是1939年，毛拿了一本書，就是剛剛出版的斯大林的《聯共黨史》，從窯洞裏走出來然後坐在院子裏的籐椅上這樣翻看。這組鏡頭究竟是延安攝影團還是羅曼·卡門拍的，現在已不易說清了，如果是羅曼·卡門拍攝的話，斯大林是一定要看的。羅曼·卡門還在蘇聯《消息報》上發表過通訊《毛澤東會見記》。我是傾向於相信是羅曼·卡門拍攝的，因為延安攝影團此時已去了華北根據地，《聯共黨史》在1938年還沒有中文本，而此前延安攝影團拍攝的《延安與八路軍》，在1940年袁牧之帶膠片去蘇聯沖洗時，因衛國戰爭很快爆發而遺失了。這是我看到沙飛作品時的聯想，想到了毛。

沙飛攝影理念是「武器論」，在這種思路下，他確實是拍了一些非常重要的照片，這些照片是充滿戰鬥性和鼓動性的，當然有一些是「擺拍」。我不知道有沒有一種叫「觀念攝影」的說法？對這個「觀念攝影」，我認為要放在一個大背景下來看。當時我們的老百姓不認識世界，照片的作用就太重要了，至於以後「觀念攝影」怎麼發展，責任不在他。

我們中國傳統講究「文以載道」，寫小説要有「思想」在裏邊，要「啟蒙民眾」。他這個攝影也是「文以載道」，他要表達一種觀念，表達一種思想，至於以後怎麼變成「高、大、全」，那是以後的事，中間還有很多很多的環節。那主要是革命勝利以後領袖要建立文化新秩序，沙飛則是在抗戰時期，我的意思是要分開。我看到沙飛拍攝的《戰鬥在古長城》那幾幅照片，有很深的感動。在民族戰爭的大背景下，顯現出中華民族的崇高和壯麗。

第二，沙飛也很重視「即時」，他拍魯迅時捕捉的一瞬間，非常感動人，這些保留下來的東西都是非常動人的。作為學歷史的，我還特別重視沙飛拍過的那些反映晉察冀邊區國共合作，統一戰線的照片。這些照片在以後的歷史敍述中全都被遮蔽了，比如晉察冀開一些重要會議，會場上既有毛的照片，也有蔣介石的照片，所以沙飛拍的這些照片都是很有歷史價值的。在我看，攝影的紀實性、思想性和藝術性都重要，當然還有一個時代性，以及作品中的人文內涵、這就是對人的生命的尊重。沙飛在晉察冀這13年中的作品，都包涵了這些重要的原素。

陳瑞林先生和王璜生先生都提到沙飛的結局，我覺得沙飛的個性對他的命運有決定性的影響。在革命的體制內，張春橋完全不説話，或是非常聽話，他成為一個「優秀的黨務工作者」，所以他以後步步高升。1949年在革命勝利的前夜，沙飛的緊張、焦慮和疾病，還有那種無名的恐懼感，可能使他精神崩潰，也可能使他做出非常極端的行為。我有些懷疑，那段沒有交代的歷史成了沙飛的一個心病。如果我們置身在當時的黨的集體中間，在那種環境下，才能體會到沙飛內心中所承受的一種巨大的壓力。因為共產黨員任何事情都要跟組織說，這麼大的事情你不說，1942年入黨時不說，1944年–1945年的整風時也不說(晉察冀在1942–1943年處於日寇嚴酷的「掃蕩」，整風運動推遲至1944 –1945年進行)，1947年、1948年還不說，包袱越背越重。沙飛的「不說」很嚴重，因為建國以後馬上就可以「外調」，別人的交代也會把你扯出來，所以說這是一個很大的問題。還有，他在1948年整黨的時候堅持把其他同志打成「反革命特務」，這說明什麼呢？可能是他的精神高度緊張，也可能是他「以攻為守」吧。到了1949年10月的開國大典，他居然無動於衷，這時已是權力再分配的時候，我覺得與他的心病有關。我非常同意王雁的看法，以沙飛的個性，沙飛過不了建國以後政治運動一道一道的「關」的。

最後我講一點，革命是破壞一切秩序，革命戰爭年代是一個極端的年代，沙飛成長在這個年代，他的激情和癲狂，他的敏感和偏執都和它有關。沙飛的結局是不幸的，他永遠定格在38歲，在即將革命勝利的時候倒下，使他沒有成為領導幹部，這看起來遺憾，其實也沒什麼，這使得沙飛永遠是一位有本色的人。1949年前鄧拓最大的貢獻還不是編《晉察冀日報》，而是在全黨首編《毛澤東選集》，可是鄧拓如果不編的話，別人肯定也會編。張春橋在這個時期不露山、不露水，沒有留下任何個性化的東西。沙飛卻留下了大量的東西，他的這種東西是不能複製和被取代的。沙飛那些非常著名的照片：《魯迅先生最後的時刻》、《白求恩大夫做手術》等等，其意義已經超出了攝影，成為20世紀中國歷史最生動的影像記憶。從這個意義上講，沙飛具有永恆性，他真的就像他自己所說的「成為一顆在祖國的天空中永遠自由飛舞的沙粒」。這就是我對沙飛的一些感想，謝謝大家。

「思想」的累與痛
——胡伯威《青春 · 北大》讀後[1]

幾年前我就陸續讀到胡伯威先生這本今天定名為《青春 · 北大》的回憶錄文稿，立刻被其深深吸引。二十多年來，已出版的一些有關反右的回憶錄大多集中於當時的知名人士和文化名人，對於右派中的「小人物」在反右運動中的經歷，以及其後幾十年的命運沉浮，出版界興趣較少，所幸這幾年也看到「小右派」的回憶錄，畢竟，當年被打成右派的絕大多數人都是小人物，即生活在社會下層的普通人。相比於那些著名的「右派」，這些人言說的聲音雖然微弱，而且較少受到社會的關注，但他們的際遇卻更能反映這個重大事件對國家和社會帶來的影響。

胡伯威當年在北京大學求學，相比於眾多被打成「右派」，散佈於窮鄉僻野的小學教員和城鎮企、事業單位的小幹部、小職員等，他算得上是社會的「精英人士」，但是和那些黨內外大名鼎鼎的「右派」相比，他又是一個「小人物」。胡伯威的「從左向右轉」的成長道路，頗具歷史學和社會學研究的價值，與大多數毫不涉及「思想」，只因對基層領導的官僚主義有所不滿，而提了一些批評意見，或根本沒提任何意見，就因歷史問題被打成「右派」的人完全不同，作者確實是因「思想問題」而被劃為「右派」的，而他

1 原載《博覽群書》2006 年第 5 期。

的「思想問題」恰來自於他對馬克思主義的信仰。作者從一個虔誠的「少年馬列信徒」，「墮落為反黨反社會主義反人民的右派分子」，是在北京大學完成的，這就使得他和北大這所中國的最高學府緊密地聯繫在一起。北大在中國二十世紀歷史上有重要的地位，作者在北大求學的歲月正是北大發生重大轉變的年代，它構成了胡伯威的「右派生成史」的外部環境。胡伯威回憶錄的最大的特色是寫出了50年代積極靠攏黨組織的「進步青年」，在時代的大轉變中思想發生的一系列變化的軌跡，以及在這一過程中北大師生等各色人群的精神風貌。因此他所書寫的就不僅是他個人的一段歷史，而是從個人的角度，提供的50年代我國教育和思想文化領域的一個橫切面，胡伯威的「右派生成史」的特別之處就在這裏。

胡伯威是從少年時代接受馬克思主義的，顯然是受到中國革命勝利的時代大環境的影響，但是他的「接受」的過程卻是自動自發的。作者的中學年代是在上海度過的，橫跨了新、舊中國兩個階段，他親眼目睹了戰後中國的動盪和40年代末國民黨統治的衰敗、混亂，也親身感受到解放大上海的人民解放軍的紀律嚴明和秋毫無犯。他雖然出身於「非無產階級的家庭」，但被革命和革命領袖完全吸引，1949年8月就參加了新民主主義青年團，在初中三年級就是團總支委員。他熱烈的擁護新社會，支持黨在建國初開展的一切社會改造的行動，真誠地按照黨的要求，不僅積極參加學校黨團領導的一切活動，在家中也積極宣傳革命的道理，教育父母弟妹也要熱愛新社會。他以「革命」為判斷是非的標準，家人要給受到革命打擊的親戚寄送物品，他也要憤而指責，加以制止。1953年3月，年輕的胡伯威為斯大林的去世而悲傷地流淚，他和他的那些高中同學，模仿起蘇聯30年代那部按照斯大林思路反映列寧去世後的蘇共黨內鬥爭，把斯大林塑造為列寧唯一接班人的有名電影《宣誓》，自發地在斯大林畫像前宣誓，表達他們要繼承斯大林的遺志，永遠忠誠於共產主義事業的決心。胡伯威在1953年以優異成績考入北大，又成了團支部書記，他根據組織上的要求，放棄了自己熱愛的物理專業而進了氣象專業，一如既往地聽組織的話，跟黨走。在北大最初幾年，胡伯威的政治熱情持續高漲，他積極爭取入黨，一時間也左得可愛，他有一個同學，在和他「交心」時提到一個長輩的告誡：政治都是兇險的，被胡伯威批評是染上了「舊社會的偏見」。

那時，1949年革命的勝利還散發着巨大的熱浪，國家剛結束新民主主義的時期，開始向社會主義過渡，新民主主義時期相對寬鬆的社會氛圍還沒有立即消失，「第一個五年計劃」正在起步，工農大眾中湧動着創造新生活的寶貴的熱情，新社會和新中國發出耀眼的光芒，對美好未來的理想，強烈地激勵着像作者這樣的青年。在全國所有高校，學生讀書住宿都免費，北大甚至還發給每個學生一大、一小兩個由社會主義兄弟國家捷克斯洛伐克所贈送的白色半球狀搪瓷缽用於食堂打飯，「開會談的都是學習的事」，校園裏每天飄蕩着中國和蘇聯革命歌曲的旋律：「提起那雀兒山，自古少人煙，飛鳥也難上山頂，終年雪不斷。人民解放軍，個個是英雄，雀兒山上扎下營。要把山打通……」。剛剛進入北大的胡伯威滿心振奮，所聞所思在這個時期實現了完全的一致。

應該說，在50年代初，特別是在「反胡風運動」之前，國家在積極建構新意識形態秩序，對知識分子加緊進行思想整合，使之適應新社會的同時，對知識分子總體上還是寬和的，尤其在北大這樣的學校。老校長馬寅初登台做報告開口還是「兄弟我」，黨委書記江隆基每次都很謙虛地讓馬校長走在前面。從舊社會過來的老先生還在講台上繼續上課，「出身不好」的青年依成績仍然能考入大學，他們比1962年後，那些因家庭問題不能升學的青年幸運得多。科學與民主思想，質疑和討論的空氣還在理科類的專業課中延續，獨立思考也得到老師的鼓勵。

在兩大陣營嚴峻對峙，和西方文化完全隔離的狀態下，這時期中蘇友好的文化氛圍，以「蘇聯和社會主義陣營」為符號的視野和世界觀，為廣大青年提供了一個「進步人類不斷走向勝利」的激動人心的圖像，顯出朝氣蓬勃的力量，更激發青年的理想主義熱情。作者高唱「莫斯科—北京」，「蘇聯的今天就是我們的明天」，完全信服當時報刊對蘇聯現狀的描繪，這就是蘇聯「展開了壯麗的共產主義建設的宏圖」：宏偉的古比雪夫水電站、伏爾加—頓河大運河、土庫曼大運河、預計比頓巴斯還大的庫茲巴斯大煤礦，還有烏拉爾的馬格尼托哥爾斯克鋼鐵基地(在這裏產生的工業管理體制被中國人稱之為「馬鋼憲法」，以後在大躍進運動中受到批判)等等，作者對蘇聯經濟建設的成就，就像對新中國的建設成就一樣如數家珍。他雖然學的是理科，但和那個時代的許多大學生一樣，熟悉和熱愛蘇聯的歷史和小說、電影、歌曲。每年的五一節，胡伯威和他的同學們滿懷真誠，高舉着社會主義各國領導人的畫像在天安門廣場遊行，他們像尊敬中國的革命領袖一樣，牢牢記住各「兄弟國家」領導人的名字：蘇聯的馬林科夫和赫魯曉夫、保加利亞的契爾文科夫、羅馬尼亞的喬治烏‧德治、匈牙利的拉科西、捷克斯洛伐克的哥特瓦爾德、波蘭的貝魯特、阿爾巴尼亞的霍查、德意志民主共和國的皮克和烏布利希、外蒙古的喬巴山和澤登巴爾、朝鮮的金日成、越南的胡志明。今天的人們除了還記得赫魯曉夫、金日成和胡志明，早已忘記當年東歐社會主義各國和外蒙古領導人的名字，他們已消失在遙遠的時光隧道，可是在當年，就是他們組成50年代中國青年大學生在中國之外的「世界」。

然而非常遺憾，伴隨着向社會主義的快速過渡，在革命的凱歌行進中，隱藏在革命肌體中的極左因素也漸漸擴散。對於革命的政治，作者在解放初感覺非常親切，看到的都是「一片光明」，可是當他來到北大一兩年後，他的心裏卻漸漸生出了「悽愴之感」，胡伯威發現，他理想中或想像中的新社會和眼前的不完美居然還存有不小的落差，他為這落差而沮喪，而在建國初年種下的崇高的理想主義，又不容得他「眼睛裏揉進一顆沙子」。他漸漸失去了以往那種走在坦蕩大路上安然自信的感覺，「不時襲來一陣忐忑、一陣躁動、一陣惶惑」。

作者作為北大學生是幸運的，他有機會聽許多領導同志和名人的報告，但胡伯威卻沒有對自己比一般大眾可以多獲得一些資訊而心懷感激，他聽過報告後的感受反而是：平常百姓在資訊獲取的方面「貧乏到多麼可憐的地步」，「統一、簡單、標準而響亮的口號」，把「翻身當主人」的老百姓「搞得頭腦簡單又簡單」。作者也發現，那些赫赫有名的「理論家」，沒有哪一個有什麼自己的研究結果，「統統都是革命領袖的傳聲筒」；「我百思不得其解的是，革命成功、人民掌權以後除了一個革命領袖就再不允許有任何一個獨立發表新論點的理論家了嗎」？

教條主義的壓抑和枯燥逐漸吞噬了胡伯威心頭的熱情，那時蘇聯已開始走出斯大林教條主義的泥沼，出現了「解凍」的早春天氣，可是非常吊詭，當時的中國，正全面向蘇聯學習，而且是把向「蘇聯老大哥」學習的問題上升到政治的高度來認識的，卻沒有跟上蘇聯的新變化，「照搬蘇聯的教條主義」仍堅硬如常。理論宣傳上的照本宣科，對理論問題不能發問，如果發問，那就是「階級立場」和「思想感情」有問題，會受到老師的警告。政治理論課從講課到「課堂討論」，到總結複習，到考試評分的過程，都「僵硬死板到極點」。課堂討論發言不能按自己理解去發揮，「用不同的話說出同樣的意思也不行」。伯威回憶的一個細節極為生動：北大某副教務長為了說明無產階級情感和資產階級的情感的區別，在台上先後高歌《馬賽曲》和《國際歌》，他的結論是：《馬賽曲》反映的是資產階級的鼓噪、張揚、浮華，而《國際歌》表達的是無產階級的深沉和莊重。因為無產階級飽受最深重的苦難，而又肩負着最沉重、艱巨、複雜的、最終要解放全人類的偉大歷史使命，因此無產階級的革命者就要像《國際歌》那樣洗淨一切浮華，表現出堅毅、沉穩的品格。

於是，在北大，在當時的社會上，就出現了一種被正面提倡的，叫做 「馴服工具」的人群，胡伯威「逐漸感覺到，解放若干年來，人的性格普遍朝着一個令人喪氣的方向被塑造着」。「人要盡可能沒有個性，沒有色彩，老成持重循規蹈矩到了索然無味的程度才算是『進步』到家了。」在他的班上有一個留級下來的女生是唯一的黨員，她選中的幾個入黨培養對象，個個都有這種特點，「他們按照上面的精神說話一句不多、一句不少；你看不出他們有什麼作為，也找不到他們有什麼錯誤」。而後來在「肅反」和「反右」運動中，他們都是那個黨員在班上最可靠的臂膀。作者發現，這並不是他所在的這個班上的特殊現象，在北大的同學中早就流傳着對這種人的各種形容詞：「麵包乾」、「五分加綿羊」等等。

作者發現，一些從老解放區來的幹部，「不像搞學生運動出身的人那麼民主和透明，有的還帶來些等級地位觀念」，北大在那時雖說是官場氣氛最淡薄的地方，卻也見過對「首長」點頭哈腰的現象。胡伯威偶然出外時更見到個別官員拿腔作勢，這又和他心目中的共產黨員的形象相去甚遠。

50年代中期發生的「高饒事件」，對作者這些還沒跨進黨的大門，更未經歷黨內鬥爭考驗的青年人更是一巨大的衝擊。曾幾何時，高崗的《榮譽屬於誰》是和劉少奇的《論共產黨員的修養》、陳雲的《怎樣做一個共產黨員》並列，都是入黨積極分子必讀之書，但一瞬間，高崗成了人民的敵人，這使作者非常困惑，因為經過幾年的宣傳，高、饒在他的心目中「都是令人敬仰的黨性、正義和高尚品德的化身」，他們「都是環繞在毛主席周圍的親密無間的戰友」，胡伯威一直以為，「他們之間的關係無疑應該是共產主義的誠摯友愛的典範，可是怎麼一下子他們就被宣佈為極壞的壞人」？「平時他們教導給我們的那種偉大人格怎麼在他們身上一點都沒有了」？於是又有「更多疑團湧上心來揮之不去」。

北大的「反胡風」運動，對作者的刺激更大，他在思想上

「打起疙瘩以及政治上的消沉」就是從看到「反胡風」開始的。在北大的肅反運動中，極左思維隨意化，甚至把不安心讀氣象專業的同學打成「反黨集團」，都為作者親歷所見，都使之發生困惑，使其對理想和現實的落差發出更多的疑問。

在北大，胡伯威真誠地實踐着那個時期國家對廣大青年的要求，他懷着新社會「主人公」強烈的責任心和使命感，不僅關心國家大事，還真正按照「德智體全面發展」的方向，要求自己，提升自己，在專業知識學習之外，他熱心關注着我們國家文學電影藝術等的發展，可是這一來又帶來了新問題，他覺察到建國後文藝、電影出現了嚴重的「公式化」偏差：「解放初一接觸『人民的』新電影、新小說、新歌曲，還感到一股新鮮味。後來漸漸就感到千篇一律，索然無味的老一套」。他和那個時代的許多大學生一樣，不由自主地喜歡上蘇聯的電影和文學，因為蘇聯的電影和文學，雖然也強調「政治正確」，但還保留了人性和人情之美，不像他曾一度喜歡的某些解放區文學和建國後的作品，盡是一些標準化的「英雄語言」、「群眾語言」和「壞人語言」，「看了上面，下面就能猜出來」。

其實，那時我們的體制剛剛建立，而它又是從高度集中統一的蘇聯的斯大林體制以及戰時狀態下的中國革命根據地的體制互相融合而來的，由體制的不完善而衍生的一些缺失在當時只不過剛剛萌芽。世上本不存在絕對的完美，「水至清則無魚」，這是普通的道理，問題是沒有經歷過革命戰爭和根據地歲月的像胡伯威這樣的青年人，都是在建國後「理想、純正的共產主義理念和道德準則」教育下成長起來的，他們已被培養出一種「完美主義的世界觀」，於是他們理所當然地追求一個美麗的新社會，而當他們以這種眼光觀察現實，再以這把尺子衡量眼前的事物時，就覺得如鯁噎喉，難以容忍了。

正是在作者的思想苦悶中，他迎來了1956年，這一年可稱得上是二戰後世界歷史的一個轉捩點，在這年二月舉行的蘇共二十大上，蘇共領導人提出的一系列新概念，震撼並改變了世界，對斯大林個人崇拜後果的揭露，對胡伯威和他的那一代人，更是石破天驚。然而，他看到的卻是「沒有人公開地大事談論，人民日報上照登了會議情況，除了一般的套話，對那些新鮮、敏感的內容沒有作什麼評論」。他感到納悶，「為什麼建國後人人都不斷地受着各種形式的政治教育，參加頻繁的政治學習，可是當蘇共二十大這樣一個大情況出現的時候，至少在表面上反映出一種普遍的『麻木』狀態？」胡伯威得出的結論是：教條主義對人們的長期影響，已使得人們「對黨和國家的大事獨立動腦筋甚至發表自己意見的那種功能早已退化殆盡」。作者其時並不知道，有關領導和有關方面受蘇共二十大的震動更大，其中一些同志正密切關注着社會各界，特別是黨的高中級幹部和知識分子對蘇共二十大的反應，正等待「烏龜王八旦」露頭，好一舉殲滅之。

年輕的胡伯威和當時許多人一樣，他們並不清楚中國和蘇聯的差異性，他們看到的更多是兩國的同一性，他們以為中蘇兩國的差異只是在於蘇聯是「老大哥」，工業比中國發達，集體農莊的康拜因比中國多，科技比中國先進，人民生活的水平比中國高，他們想當然地以為，蘇聯提倡的，中國也會跟着提倡，殊不知完全不能把中國等同於那些有蘇軍駐禁，靠蘇軍解放而建立的東歐社會主義國家，「中蘇友好」雖然在一段時間裏響徹雲霄，但絲毫沒有影響到中國的獨立性，中國從來就是從自己的角度來取捨蘇聯經驗的，在一些核心問題上，中國絕不會隨蘇聯亦步亦趨，事實也正是如此，就在蘇聯「解凍」的同時，中國風緊雲急地開展了「反胡風」和「肅反運動」，只是在「中蘇友好」的大氣候下，連老同志要理解和讀懂這其間的複雜性和微妙性都是不太容易的，更不要説那些涉世不深、思想單純的青年人。

天真的胡伯威「沉不住氣」了，他覺得中國方面對蘇共二十大有一種「曖昧態度」，他為此而焦急惶惑，他也不滿意《人民日報》上先後發表的那兩篇論無產階級專政歷史經驗的宏文，認為這兩篇文章以「一貫正確」的姿態，否認中國和蘇聯一樣，也存在着對領袖的個人崇拜，是不符合事實的。胡伯威並非不知道這兩篇文章所具有的權威性和指導性，但他還是「本着對黨的事業的高度責任心」，以真名投書「中央政治局和毛澤東同志」，懇請最高領袖在黨的八大上親自出面制止對他的個人崇拜的宣傳。他也寫信給《人民日報》，請求黨報把東歐正在發生的變化的準確資訊告訴人民。胡伯威期待一種真正體現馬克思理想的新政治文化，它的內核仍是擁護社會主義，擁護共產黨，他以赤誠之心，把組織看作親人，把自己的苦悶和希望向黨傾訴。胡伯威給中央的信沒有得到回音，他給《人民日報》的投書也沒有發表出來，但作為思想動態，刊登在當時供黨內省部級主要領導幹部閱讀的《內部參考》上(幾十年後，胡伯威才看到了這份《內參》)。在刊發胡伯威來信的「編者語」中，沒有對這封來信的性質直接下判斷，只是説該信提到一些重要的問題，

不久，《中國青年》雜誌派專人來向胡伯威徵求意見，並向他約稿，

在1956年為時很短的幾個月的時間裏，中國似乎出現了一種尋求新發展、新路徑的可能性，在有幾十個兄弟黨代表團參加的黨的八大上，最高領導只是致了一個簡短的開幕詞，沒有涉及反個人崇拜的問題，但是中央領導同志在八大的報告卻提到了反對個人崇拜的問題，黨的八大通過的新黨章在黨的指導思想的表述上甚至有了新的提法。然而，在遙遠的幾萬里之外的波匈事件的發生，卻在中國造成了極其嚴重的後果，強大的傳統思維迅速將創新的思想火花撲滅，剛剛開始的對新發展、新路徑的探索在轉了一個彎後不但沒回到了原地，卻朝向一個更極端的方向急速滑去。胡伯威鑄下了「大錯」，他的「錯」，就在於他的「思想」太活躍，背離了「思不出其位」的數千年的祖訓，竟受到蘇共二十大「修正主義」的影響，也要在中國反對「個人崇拜」；也「錯」在他真的相信了「蘇聯的今天就是我們的明天」，以為同屬一個社會主義陣營，中國也會走蘇聯的路；更「錯」在他真的把自己當成了「主人公」而忘了自己僅是一介「小民」，竟敢上書言事。胡伯威是一個依「思想邏輯」而存在的人，而他的那個對「政治」懷有恐懼，曾被他批評留有「舊社會偏見」的同學，是依「生活的邏輯」而存在的人，他雖然沒有「思想」的勇氣，卻無可厚非。正因為他遵從了「生活的邏輯」，才在反右運動中毫髮無損，不少和那個同學一樣，抱「明哲處身」態度的同窗，雖然在反右運動中受到驚嚇，卻暫時躲過了一劫，在運動中落網的都是如胡伯威這樣的「理想主義者」。

作者為自己的「理想」和「思想」付出了沉重的代價。在北大的反右運動中，他被打成「比較嚴重的反社會主義分子」，1958年北大「反右補課」，又被升格為「極右分子」，成了北大幾百名右派的一員，其時胡伯威才二十二歲，已畢業被分配到湖北省氣象部門，不幸中的萬幸，是他已離開了北大，如果是在北大被定為「極右分子」，那就有很大的可能被逮捕了，北大的一些「極右分子」就是在當時被逮捕，以後被關押、勞教了二十年。胡伯威是在湖北被送往農村勞動改造的，60年代初被摘了「帽子」，成為「摘帽右派」，在「文革」中再受衝擊。胡伯威的個人生活也完全被破壞，直到1976年，才得以成家，那時他已四十歲。

作者最富創造力的青春歲月就這樣被極左思維無情地摧毀了，胡伯威的不幸，既是個人的，也是國家、民族、人民的。「文革」的極左氾濫成災有其精神來源， 這就是在50年代中期就冒頭的，以極左面目出現的，帶有濃厚蒙昧主義色彩的專斷思想和專斷作風，胡伯威在幾十年後給這個現象一個概括，稱其為封建政治文化在「無產階級專政」外衣下的復辟和延續。正是這些匯溪成流，導致我們的國家在50年代後期陷入了長期的極左的方向，而一步步滑入「文革」。

胡伯威的這本回憶錄在不經意中觸及到一些重大問題，這就是革命與知識分子的關係問題。在二十世紀中國革命和社會改造運動中，有兩種突出的現象：一是對革命知識分子作用的強調，另一是對知識分子思想改造的強調。人們都熟悉這樣的領袖名言：沒有知識分子的廣泛參加，革命是不能成功的；人們也都記得「文革」中的那句流傳全國的口號：「知識越多越反動」。革命離不開知識分子，建設也離不開知識分子，所以我們在胡伯威的書中看到，在建國初百廢待興的情況下，國家給大學生提供了在那個年代所能提供的較好的學習和生活的條件。對「思想一致性」的要求，在革命戰爭年代自有其必然性，但是當國家進入到和平建設時期，「思想一致性」卻逐步轉入到絕對主義的領袖崇拜的軌道，除了國際共運在知識分子問題上極左的傳統，還有「中國革命道路模式」的深刻影響。中國革命是以農村為中心，以農民為主體的革命，到1949年12月，農民出身的黨員有340萬1千人，佔黨員比重的75.8%，文盲共309萬6千人，佔全黨黨員比重的69%。[2] 1949年，革命的勝利者滿懷自豪進入城市，其中一些同志對知識分子充滿鄙視和偏見，革命領袖雖也看到農民的狹隘性，但認為「忠誠」更重要。胡伯威的書中提到，在反右運動前，北大一些「思想正統」的同志非常不滿物理學、氣象學專業課上的那種質疑討論的氣氛，他們一直為此感到憋氣，認為北大是一個資產階級思想的大染缸，一直到了反右運動打出幾百名右派，才出了那口氣。

自那以後，較具開放和人道主義色彩的50年代蘇聯文化就逐漸成了歷史名詞，未幾就被貼上「修正主義」的標籤受到批判和禁止，當拒斥了「西方資產階級文化」後，中國對蘇聯東歐文化又關上了大門，從而真正走向了完全封閉的自我欣賞的方向。「馬克思(實為斯大林)加秦始皇」被尊為治國之不二法門，「外行領導內行」已成為鐵律，蒙昧主義和思想專斷越演越烈，思想盲從，領袖崇拜，農民思維，農民習氣，被認為是體現了純正的無產階級特質而受到高度推

2　趙生暉：《中國共產黨組織史綱要》，頁 236、243，安徽人民出版社 1987 年 10 月版。

崇，而與城市相聯繫的知識分子等階層則因其出身和所受的教育被認定是舊階級、舊思想的載體，被無休止地要求純化思想。在這種蒙昧、專斷的狹隘思路下，配之以強力的懲戒手段，繼50年代在知識分子中不斷「排隊」、「分類」，發展到60年代「文革」前夕對知識分子整體「一鍋煮」。有名言：我們沒有大學教授，沒有中學教員，沒有小學教員，全是國民黨的人。除了極少數「紅色筆桿子」，乾脆把新老知識分子，包括黨員知識分子全部打入另冊，一概加之於「資產階級知識分子」或「臭老九」的「帽子」。北大這所已經打了幾百名「右派」，不斷受到階級鬥爭洗禮的中國最高學府，更被視為 「反動堡壘」，還被加封了「廟小神靈大，池深王八多」的貶抑。由極左思想滋生的蒙昧主義終於掀起「文革」的滔天惡浪，荼毒了人們的心靈，嚴重戕害了國家、民族的發展和科學文化創新的生機。

胡伯威在回憶錄中提到葉企孫先生的遭遇尤其令人唏噓。葉氏是著名物理學家，一貫同情革命，抗戰初，曾派遣他的學生為晉察冀根據地籌集和運送材料，製造軍火。解放北京時葉先生又不畏艱險參與組織護校，50年代還在北大給一年級大學生親自講授基礎課。「文革」期間，古稀高齡的葉先生受盡摧殘羞辱，一位留校任教的胡伯威的當年的同學有一次從外面回校，「看見一個老叫花子坐在西校門邊牆腳下，用一根草繩繫着又髒又破的棉襖，手上捏着一個乾饅頭在那裏啃，走近了一看竟是葉先生！！」

胡伯威先生的書是一個蘊涵豐富思想性的個人實錄，多年來我們熟悉「人民群眾是歷史的主人」這樣一個充滿歷史正當性的響亮的命題，可是在我們的官修正史或學院修史中，卻很少見到普通大眾的蹤影，看到的更多是一些闡述歷史大規律的宏大敍述。今天作者以他個人在北大「右派生成」的具體經歷，為我們提供了北大歷史上一個重要時期的橫剖面，甚至是更廣闊的「五十年代史」的某些重要方面的生動圖像，對當今和以後的歷史編纂學都是一個貢獻和不可或缺的補充。我也注意到在這部獨特的個人化的「五十年代史」中，作者對他在反右後的痛苦遭遇着墨很少，他談的更多的是他在那個火紅的年代的理想、激情和對國家健康發展的期盼，他真切的希望我們的國家能吸取歷史的教訓，實踐社會主義民主、法治和「以人為本」的理想，他的全部文字都滲透着對祖國無限的愛。胡伯威的敍述細膩而耐讀，讀者隨他走進一段歲月，看到一個革命青年的理想是如何燃燒，又怎麼被極左思想所摧殘，走向無邊的深淵，再到80年代改革開放獲得新生，作者不怨不忿，更增添他這本書的感染力，帶給讀者更多的回味和思考。

2006年3月於香港中文大學

一個「外逃者」眼中的蘇聯
——雷光漢的《一個中國知識分子的蘇聯流亡記》[1]

一本奇書

雷光漢的未刊書稿《我的中國心結：一個中國知識分子的蘇聯流亡記》是一本奇書，這是一位為躲避「文革」中「一打三反運動」的鎮壓，於1970年「外逃到蘇聯」的前北大歷史系畢業生在蘇聯中亞地區飄泊沉浮的實錄。二十世記以來，雖然中國人寫的旅蘇觀感為數可觀，但稱得上是名篇的卻不多，只有20年代瞿秋白的《餓鄉紀程》和《赤都心史》、30年代初曹谷冰的《蘇俄視察記》和胡愈之的《莫斯科印象記》等。及至郭沫若1946年的《訪蘇記行》和1952年劉白羽的《莫斯科訪問記》，已完全落入程式化的俗套，無一不是對蘇聯新制度直白的讚美。建國後的訪蘇遊記寫得好的也是屈指可數，給我留下較深印象的只有尚未結集，發表在1957年春《文匯報》上徐鑄成的訪蘇遊記，從中多少能捕獲一些蘇共二十大後蘇聯社會的變化(1975年我曾拿着介紹信在南京圖書館逐日翻看1957年的《文匯報》，時間一長，警惕性很高的管理員覺得不對頭，就打電話到我單位進行調查，結果很快就禁止我再看了)。另一本就是少年時期閱讀的《在阿爾迪克夏令營》，它敘述了一群中國少年兒童在1951年由老師和醫生陪護前去蘇聯克里米亞半島索契附近的阿爾迪克夏令營度假的經歷，曾激起我無限的神往。至於青少年

1　原載《領導者》2011 年 4 月號。

時期在蘇聯長期生活過的一些高幹子弟，則很少看到他們親自寫的作品，主要原因可能還是生活經歷的限制，人們只能通過《紅櫻桃》一類的影視作品多少瞭解一些當年他們在蘇聯的生活。

中國人寫的批評蘇聯的長篇紀實性讀物直到1980年代才出版了寥寥幾本，其中1984年由群眾出版社內部出版，馬員生的《旅蘇記事》最具史料和研究價值。另一本是湖南人民出版社1988年出版的唐有章《革命與流放》，內容都是中共早期黨員在蘇聯黨爭中被打成托派，在蘇聯極北地區做苦役幾十年的經歷，這些蘇聯大清洗的倖存者在50年代中赫魯曉夫時期才回到祖國。60年代初中蘇關係破裂後，雖然有不少在新疆的中國人逃往蘇聯，但從沒聽説他們中有人就他們在蘇聯的生活經歷寫出了作品，雷光漢先生的這本書稿應是第一本。

雷書的貢獻和價值

雷光漢是「文革」期間的「外逃者」，寫了中蘇關係緊張時期他在蘇聯中亞地區被審查、被監視、做工謀生活等等傳奇般的經歷，作者被KGB(克格勃)長期監控，以後又試圖逃往伊朗，被抓回後再流放到南西伯利亞的國際囚犯農場。1979年中越之戰，蘇聯入侵阿富汗，他都在中亞，還經歷了中蘇關係解凍的80年代和90年代初蘇聯解體的歲月，稱得上是一本內容豐富的實錄。

蘇聯的中亞地區，而不是遠東地區，中國人相對瞭解不多。「文革」中紅衛兵翻印過反修小冊子，寫中國留蘇生在塔什干，都是蘇聯人怎麼偷偷對中國留學生説他們熱愛毛澤束，從這些膨脹的敍述中，根本無從瞭解當時當地的真實情況。實際上，從第二次世界大戰起，蘇聯當局就將許多政治上被懷疑的少數民族大量遷徙至中亞，中國音樂家冼星海就是被安置在阿拉木圖，以後也病逝於此。

雷先生長期生活在蘇聯的底層社會，他接觸的多是「下里巴人」，這是那些短期訪蘇，走馬觀花的中國高幹和社會名流根本接觸不到的群體。這些人所寫的訪蘇遊記，除少數外，或是浮光掠影；或是借遊記抒發滿頭腦的親蘇、慕蘇情緒，在價值上和雷光漢的書稿完全不能同日而語。通過他的書稿我們才知道，勃列日涅夫時期中國人在蘇聯受壓最深，歧視中國人最厲害的還不是俄羅斯人，他們中的多數人都中國人都還友好，對中國人最壞的是蘇聯的朝鮮族等少數民族，「朝鮮人的姓名因和中國人一樣，長相也差不多，他們害怕別人把自己當成中國人，和中國人的距離拉得越遠越好」，所以處處表現出自己對於中國人不一般的「憤恨」。他們口口聲聲我們蘇聯怎麼好，你們中國怎麼壞，每當遇到壞事，都是中國人幹的，一逢上節日，大家都緊張，「中國要向我們進攻了」的謠言總會傳到耳中。

雷先生的書稿描寫了形形色色的中國「外逃者」，提供了在中亞地區中國人的眾生相。例如，「伊塔事件」(1962年4–5月)前在中國新疆軍區任少將的維族人(其實是俄羅斯族)，跑到蘇聯後就在阿拉木圖市場賣西瓜。作者說，在蘇聯的中國人死心踏地做漢奸的多是那些素來革命的「左派」，「被KGB利用的狗腿子也大多數是這些人……跑到外國來了，失去主心骨了……自然和KGB一拍即合」。相比之下，那些被解放軍趕到蘇聯的前國民黨時代的軍政官員，一般都潔身自好，也心繫祖國。筆者印象特別深的是雷先生提到一位新疆邊防軍戰士，因為一直入不了黨就越境跑到了蘇聯，為了討蘇聯人的好，馬上將對中國領袖的崇拜轉變成對勃列日涅夫的崇拜，他將俱樂部掛着的勃列日涅夫的畫像偷偷拿下來，壓在自己房間桌子上的玻璃板下，周圍還用紅布鑲上了邊，在像前供着插在酒瓶裏的松枝，松枝上掛着一首用毛語錄改成的快板詩表達忠心：「領導我們的事業的核心力量是蘇聯共產黨，我一顆紅心獻給蘇聯共產黨，永遠跟着蘇聯共產黨中央」，每天像念魔咒般對着勃氏畫像表忠心。他以為這一套在中國吃得開，在蘇聯也一定吃得開。可是蘇聯人見了覺得很奇怪，「因為沒有一個蘇聯老百姓如此熱愛勃列日涅夫，更沒人在宅內貼他的肖像」。後來也是因為蘇方沒有接受他當蘇共黨員，他就把勃氏肖像的眼睛挖了，一個月後，區警察局派人把他抓走了，判了15天勞役。蘇聯人下手還是輕的，如果在中國，就憑這一條，就得挨槍子兒。此等鮮活的細節，是那些短期訪蘇者，甚至留學生也永遠無法發現的。

「外逃」曾是一個嚴重的罪名

雷先生是一位「外逃者」，這在「文革」或「文革」前都是一個令人毛骨悚然的罪名，且不說那時被檢舉「偷聽敵台」就得坐牢，「叛國投敵」或「企圖叛國投敵」，被捉將回來，不被槍斃，也得判個長期徒刑。

最早知道「叛逃」，還是在「文革」前，報上說中國駐荷蘭代辦叛逃到美國！看到這條消息使我非常震驚，這麼重要的外交官怎麼也會叛逃？以後讀書多了，知道的也多了，有一次居然發現我喜歡讀的那本反蔣小說《侍衛官札記》的作者也是一個「叛國投敵」分子。更有甚者，還聽說「文革」中的中國駐越南大使要叛逃朝鮮，在鴨綠江邊被抓了回來，結果被判了十年徒刑(1979年後該大使獲得平反)！

以上都還是一些個別現象。實際上，「外逃」作為一種社會現象，在建國後就出現了，1957年後人數迅速擴大，除了廣東沿海一帶的居民外，在政治運動中蒙受打擊走投無路的右派、知識分子也加入了外逃大軍，只是後者成功的極少。他們大多天真，缺少社會閱歷，又不熟悉當地的地理民情，更無錢和蛇頭拉上關係，加之不會說廣東話，要逃到香港，比登天還難。我的一位忘年朋友，1957年在大學讀書時被打成右派，他倒是頭腦清醒，當大多數右派大學生對什麼南斯拉夫、英國想入非非時，他既不去北京的英國代辦處要求政治避難，也不去南斯拉夫大使館尋求保護，而是塗改了學生證，然後買了一張南下深圳的火車票，準備逃往香港，誰知剛下火車就被當場捉去，從此在青海格爾木勞改了二十多年。

那些成功逃港者，多是廣東沿海一帶的居民，人數最多的一波是1962年5月，以後才知道這是當時的廣東領導者有意睜一隻眼，閉一隻眼，在大饑荒年月中放饑民一條生路，同時也是為了減輕當地的糧食壓力。廣東老作家陳殘雲的小說《深圳河畔》的書名很吸引人，可是他一字都未提逃港風潮，在那個年代，誰都不敢公開點出這個問題。

與廣東大逃港差不多同時，發生在1962年4–5月的新疆「伊塔事件」，既與當時中國的經濟困難有關，也是蘇方對中方「反修」的報復，在蘇聯駐伊寧領事館人員的策動下，北疆幾個縣有六萬多中國人外逃到蘇聯。在這之後，在中國的壓力下，蘇方關閉了邊界，一直到「文革」初期。可是沒想到，「文革」中居然還有人不怕死，通過不同方式越過中蘇邊境當局設置的種種障礙，跑到蘇聯去，而逃蘇的人數之多，要不是讀雷先生的書稿，也是很難想像的。

所以在「文革」中的大字報上看到老人家就傳聰「叛逃」一事說的一番話，就知道決不能當真。他說，讓他們跑(到國外去)吧，讓他們去吃黑麵包(大意)。雖然在「伊塔事件」發生時，他批准新疆軍區的兩個俄羅斯族少將(新疆軍區副參謀長祖龍太也夫、伊犁軍分區參謀長馬爾果夫)要求回蘇聯的申請，甚至還指示給他們開歡送會(跟隨他們回蘇聯的還有軍隊中的俄羅斯等族校、尉級幹部四十餘人)，但那只是極個別的事例，不具普遍意義。最高領袖批准軍隊中的親蘇分子回蘇聯，其着眼點是為了徹底清除蘇聯在中國軍隊中的影響。李丹慧的研究提到，「伊塔事件」後，中國大大加快了遣返蘇僑的行動，甚至放寬到：「蘇聯僑民中的政治嫌疑分子和接觸一般機密的人申請出境，一般不要阻留，應當迅速批准，讓其離境」。「申請出境的蘇聯僑民，如有未了民刑案件和債務糾紛，應當盡快設法解決」。「蘇聯僑民的中國籍直系親屬，要求一同出境，可以聽其隨走」。中方對要求前往西方國家的蘇僑333人，也提供協助，這在過去都是不可能的。所有這些都是為了政治上考量，即把「蘇修」在新疆的「腿子拔掉」，具體辦法就是「擠其出境」。到了1966年「文革」爆發前夕，50年代末在新疆的12萬蘇僑，只剩下堅決不肯離開的201人了，而他們實際也處在中方的監控之下，這樣就基本清除了蘇聯在北疆地區長期經營而形成的社會基礎。

所以，橋歸橋，路歸路，1962年對「伊塔事件」的忍讓態度，並不意味中國將把此奉為長期政策。在社會主義國家中，只有卡斯特羅在60年代前期的幾年讓願意離開的古巴人坐船前往美國的邁阿密，其他社會主義國家，中國、蘇聯(20年代初很短的一段時間裏，列寧曾放了一些俄國著名知識分子去歐州)等都沒有這樣「灑脱」。東德為了防範它的人民「叛逃」到西德，1961年8月13日，還特地建了那道有名的「反法西斯防衛牆」，不知有多少東德人被自動步槍掃射倒在柏林牆下！也是在1967年，還是從大字報上看到音樂家馬思聰在逃到美國後寫的那篇有名的文章《我為什麼離開中國》，至今還記得這份大字報前人頭攢動，卻沒有聲音。寫到這裏，連想到中國在1979年後允許自費留學，進入21世紀後，又開放港澳遊、港澳自由行以及中國公民國外旅遊，這是多麼大的變化和進步啊！

雷的書稿中説，1966年6月「文革」開始後，7月份伊犁就有人逃蘇，最先逃去的漢族人，蘇聯都送回來了。一送回中國，就開公審大會，把外逃者槍斃了，以後蘇聯就不往回送了。「這次外逃雖然沒有成潮，可經歷的時間十分長，一直延續到1982年」。「逃亡者也是泥沙俱下，有受迫害的知識分子，下鄉的知識青年，失敗了的『造反派』，犯了罪的紅衛兵，被打倒的『走資派』，甚至，還有一些不得意的中國邊防軍官兵」。

據雷先生的觀察，KGB是按幾種情況處理的：「凡屬受政治迫害的知識分子一律收留，不判刑，審查後即分配在城市工作。凡帶家屬或孩子逃過來的或者受到政治迫害的普通工人，農民，學生，在審查後安排在城市或農村，大部分在農村工作。凡一般因生活問題逃過來的或者在中國有刑事問題的紅衛兵，群眾組織的頭頭或成員，在審查後便會以『破壞蘇聯國界罪』送到國際勞改營服刑1–3年，再送到集中中國逃亡者的北方農場幹活」。

雷先生說，中國人過來以後，大部分在農場或工廠打工，也有照相、釘皮鞋、賣烤肉串的，只有個別人當上了教員，醫生和畫家，也有以後成了工程師、博士的。他們中只有少數人保留了中國國籍，大部分都入了蘇籍，少部分不願歸化蘇聯的人就持無國籍者的護照生活。

這些當年的外逃者如果不是「文革」結束，註定是要被當作「叛國投敵分子」永遠受到譴責，他們自己也不敢回國，除非認罪自首。雷先生在1980年代後，作為「無國籍者」，和我國駐蘇使館取得了聯繫，使館人員對他親切有加，還恢復了中國國籍。

這一切都是因為國內大氣候發生了變化。他有所不知的是，在平反冤假錯案的大潮中，最高法院1979年後有了新精神，宣佈要將因生活困難，出去投親靠友，找生活出路，或在運動中因一般問題，或沒有問題而偷越出境的人與因販毒等追求私利而出逃的人區別開來，更要同為叛變投敵，資敵而出逃的人區別開來，前者是違法行為，後者是犯罪行為。這樣，雷先生等才獲得解脱，後來還成了愛國僑領。

70–80年代初，蘇聯百姓豐衣足食，生活水平遠超過中國

在中國官方的對蘇敍述中，有關蘇聯人民生活水平的問題是隨兩黨兩國關係的好壞而變化的，簡言之，關係好時，中國人被告知蘇聯人生活在天堂裏，「樓上樓下，電燈電話」，那部攝於戰後烏克蘭大饑荒歲月，粉飾生活的蘇聯電影《幸福的生活》在中國大放特放，不知迷倒了多少天真善良的中國人，以至於1949年任弼時要對陪同他前去蘇聯治病的中方工作人員提前打預防針，告訴他們，蘇聯剛從戰爭中走出來，正在恢復，各方面都很困難；中蘇交惡後，中國人又被告知，蘇聯人吃的是黑麵包，蕃茄只有乒乓球那麼小。再以後，國人又跟着領袖嘲笑赫魯曉夫的「土豆燒牛肉共產主義」，好像自己吃得比蘇聯人還要好，其實中國當時不知有多少農民真的如同赫魯曉夫所說，喝得就是「清水大鍋湯」(這句話也是道聽途說，到現在也沒見過赫氏原話的材料)。

應當說，在50年代中國公私合營前，中國的輕工產品大大豐富於蘇聯。我有一前輩朋友是1952–1957年列寧格勒大學的留蘇生，他告訴我，在參加1955年屠格涅夫國際學術研討會期間，一個不熟悉的蘇聯教授用各種花言巧語(「中蘇友好」一類大話)用他質地非常差的領帶，和他交換了他從中國國內帶來的一條領帶。他臨畢業時，蘇聯朋友看中他的一件出國時由組織上置辦的呢絨大衣和一隻牛皮箱，也想交換去，但他沒有答應。儘管如此，赫魯曉夫上台後，蘇聯一般百姓的生活水平仍明顯高於中國。1957年夏，我的這位朋友學成歸國，他發現怎麼國內到處都有「叫化子」，此事給他留下極深的印象，當時正是反右運動高潮，他知道，必須對此三緘其口。他如此謹慎是有道理的，以後僅列寧格勒大學的中國留學生中就打了四名右派，並被遣送回國。

斯大林去世後的赫魯曉夫的十年和勃列日涅夫的十八年執政歲月是蘇聯承平的年代，勃氏上台坐穩江山後，逐漸停止了柯西金的經濟改革措施，以推行新斯大林主義、維護特權集團利益和加緊對外擴張作為基本政策的出發點，但是畢竟沒有像中國那樣瞎折騰，到了70年代，國家的整體實力走向高峰。

雷光漢生活的地區是蘇聯欠發達的哈薩克加盟共和國，以後被KGB安置在塔拉茲(斯)市，此城在斯大林時代叫江布林市，江布林是哈薩克一位偉大的行吟詩人，活了將近百歲，在50年代的中國頗有名氣，他曾因歌頌「興都庫什山的雄鷹斯大林」而蒙受恩寵。

雷書稿提到，蘇聯地廣人稀，工作非常好找，中亞地區體力工人的工資很高，遠超過醫生、教師等知識分子，女醫生、女教師嫁給工人比比皆是，政府且不斷下調物價和增長工資，在蘇聯實行的是全民公費醫療，全民義務教育，全民社會福利，「只要在蘇聯土地上，不管戶口在何處，看病，上學都不花錢，住院了還發全額工資」。「人人都得上完十年制中學，相當我國高中畢業。學校全部免費，包括免費教科書和午餐」。「每個城市，每個區，甚至每個大些的單位都有自己的兒童夏令營，建在山上或河邊的風景優美的地方，房子像療養院一樣好，輔導老師、醫生、護士、廚師一應俱全；學習、遊樂、體育設施應有盡有」。

物價、房租和交通費極其低廉，一塊列寧格勒出產的東方牌手錶，才15個盧布。水電煤氣和公共交通費用都只是象徵性的。市內交通一次，不分遠近都是5戈比。1個人1個月煤氣費50戈比，水費20戈比，一度電2戈比。一般群眾的生活都非常富足。作者在80年代初結婚生女，政府馬上分配給市中心一大套三居室，房屋雖然不豪華，但鋪有地板，房租極其便宜。

現在知道，70–80年代初蘇聯人的生活富足全賴政府出口石油和天然氣掙得的大量美元所賜，到了1984年後，物價出現上漲而工資都已凍結，90年代葉利欽上台後推行「休克療法」，使老百姓手上多年積攢的盧布一夜間變成了廢紙。

蘇聯的KGB全面滲透中亞華人社區，已達到無孔不入的程度，但作者對中國方面60年代後針對KGB的反制行為完全不瞭解

該書詳細敘述了他所接觸的蘇聯KGB(克格勃)，這個神秘的組織全面滲透在中亞的華人社區，大量招募特務，無孔不入，其搜集情報的效率之高，也可堪稱世界之最。從他的書稿中也可以得知，到了70年代，KGB工作人員已一改斯大林時期之魔鬼形象，全面實現了知識轉型，僅他所接觸的KGB，就發現有100多人通中文。這些職業特工有禮貌，有文化，他們攻心為上，在審查雷先生時會對着他唱50年代中蘇友好歲月時的流行歌曲《莫斯科—北京》，中國第一顆人造衛星上天，KGB居然向雷先生表示祝賀，使他雖亡命異邦，還能保有一份作為中國人的自豪。作者還說，「KGB的監獄是蘇聯最文明的監獄，沒有見過犯人受罵挨打的。伙食不好，麵包卻吃不完，發的莫合煙也抽不完。每月允許親屬送食品和日用品一次，每次四公斤」，「至於警察局管的監獄則是暗無天日的地獄……搬到當時的中國來也是駭人聽聞的」。作者感歎蘇聯特工的文化素養之高與他曾打過交道的「文革」期間的中國「公檢法」之簡單粗暴形成強烈對比。

作者對建國前KGB在中國的活動有一定的瞭解，他知道大名鼎鼎的KGB——塔斯社駐華記者羅果夫和他的掩護單位——上海著名的時代出版社，但不知蘇聯駐國民政府大使，以後又擔任蘇聯首任駐中華人民共和國大使的羅申就是一個KGB將軍，此人在建國後還故伎重演，企圖在中國人中發展蘇聯情報員。蘇聯駐重慶的潘友新大使也是KGB將軍。作者對50年代末以來中國方面對KGB的反制行為基本不瞭解。說來中蘇原是一家人，中國的反間諜相關業務也是在蘇聯專家的全面指導下開展的。例如，剛進北京城不久，蘇聯就派出KGB專家檢查中南海的空氣，查空氣中「有沒有什麼有害物質」，讓許多老幹部開了眼界。又譬如，領導人的食品檢查制度，也是蘇方手把手教的。郵件檢查系統也是在蘇聯專家的幫助下建立的。蘇聯在中國公安部總顧問的辦公室就安排在部長羅瑞卿辦公室的外屋，他可以閱讀公安部的一切報告和文件。所以毛要求李克農對蘇一切公開，「脱得光溜溜」，但李心中有數，他私下對社會部幹部説，即便脱光，心中想什麼，對方還是不知道的。

到了50年代末，中蘇關係出現裂痕，中國方面對從蘇學習歸來的留學生已有防範，提醒他們不許亂説蘇聯的情況。中國官員與蘇聯人的私下的一般交往，甚至在北京著名的莫斯科餐廳與蘇聯記者吃個便餐，都會被懷疑是「傳送情報」，第二天就會受到單位領導的警告。接下來的幾年是中國的大饑荒，都有中國大學生不知深淺地給蘇聯駐華使館寫信，甚至要求蘇聯方面批准他們前去蘇聯留學，其思想之幼稚，令人難以想像。更有甚者，60年代初，在中南海工作的工作人員，有親屬曾留蘇的，原家住中南海的，被要求一律搬出。而1960年從蘇聯高幹子弟雲集的學校——莫斯科國際關係學院學成回國的中國留蘇生，整體被不信任，全體被安排做次要工作。所有這一切，都是為了防範KGB在中國的滲透，今天看來則是反應過度。

60年代初以後，隨着中蘇關係的惡化，一些領導人對蘇焦慮感與日俱增，KGB被無限放大，諜影憧憧，康生等有了用武之地，也懶得對留蘇人員作區別分析，乾脆採取「一鍋煮」的政策。長期擔任毛的俄文翻譯的師哲雖然在30年代曾是「格伯烏」(KGB的前身)工作人員，但在1940年就回到延安，早在1962年就被關進秦城。同年，康生還把前中共駐共產國際代表團工作人員，原東北局外事處負責人，中共婦運元老盧競如投入秦城，一關就是十八年。到了文革，更是把大批歷史上與共產國際、蘇共有聯繫的老幹部、新幹部，例如閻寶航、閻明復父子、吳克堅、蕭三、李立三的夫人李莎等統統打成「蘇修特務」或「蘇修特務嫌疑」，全部投入秦城監獄。

作者雖是北大學生，思想卻很幼稚，即使跑到蘇聯，還對官方宣傳信以為真，結果大為失望

以常理看，當年的北大學生，當屬天之驕子，學養、見識都應卓越，其實並不盡然，建國後，北大歷經各種政治運動特別是1957年反右運動的衝擊，五四以來的學統已完全斷裂。老知識分子遍體鱗傷，早已三緘其口。校系黨的領導，多為政治掛帥的政工幹部，學校還收取了為數眾多的調幹生，康生、陳伯達等也不時來北大作大報告，學校的整體氛圍已徹底改變，在這種情況下，學生能學多少，全賴自身的努力，而學生間的對社會批評性的思想交流，因恐懼告密，也基本不復存在。這就使得一些學生除了專業，幾乎不再有個人的思想活動，他們對世界，對中國的看法，全都來自《人民日報》和領導的講話。雷光漢的書稿中提到他逃到蘇聯後，向審查他的KGB提出，要求把他送到台灣和新加坡，他的理由是那兩個地方都是中國人的地方，他願意生活在中國人中間。可問題是，蘇聯人為什麼要滿足他的個人願望？雷說，因為中國報刊說，蘇美合作主宰世界，他以為到了蘇聯，就可以自由到世界各國去。讀到這一段，頗為震驚，雷先生不是北大畢業生嗎？他怎麼會如此天真？還有，雷先生竟然不知道中國反間諜系統曾經長期由康生領導，當蘇方KGB上校告訴他時還大吃一驚！這可能與雷先生身處邊疆，信息閉塞有關，口內的大中城市，都有去過延安的老幹部，而凡是去過延安，經歷過整風運動的老幹部，大多都知道康生的身份。「文革」初的大字報更是把康生的身份半公開了，不少人都知道這個「康老」非同小可，是一位讓人談虎色變的「反特專家」，他經常不需有任何證據，動輒就指別人是「蘇修特務」，說憑他的眼睛和四十年的革命經驗一眼就可看出某某是壞人等等。1967年的南京大字報上就有他表揚江蘇某高幹曾向他「報過一個重要的案子」的消息，這位老幹部很快被結合進奪權後成立的新領導班子。

雷先生如此天真，自然是處處碰壁，在KGB眼裏，判斷一切事物的唯一前提就是估量他對蘇聯有無實用價值。「文革」中跑到蘇聯的流亡者，他們中的絕大多數人，既不接觸中國的絕密情報，也不是中央領導人的子弟，他們的利用價值非常有限，不把你派回中國做間諜，已是開恩，你還想這個，要那個，純屬異想天開。作者提到，他向KGB提出「政治避難」的要求，被當場擋了回去，蘇方告訴他，可以接受他「避難」，但他不具「政治避難」的資格，「只有王明才有政治避難的資格」，「因為你只是一個教員，不是劉少奇，不是烏蘭夫。」

作者對中蘇兩國體制的弊端有較深的認識，但過於強烈的愛國主義也使他存有某種「護短」的心態

作者是1961年的北大歷史系畢業生，因對歷史上俄國侵華行徑不滿被被打成「反蘇分子」和「右派」，後被發配在伊犁離霍爾果斯口岸七公里的一所中學教書。作者在中蘇兩國的經歷使他對兩國體制的弊端有很深的體會，他認為蘇聯是一個「虎狼之國」，一直對中國抱有擴張的野心，但是他也承認，蘇聯比中國文明進步。他說蘇聯的制度和「文革」前的中國制度相比有一個大的不同，「那就是蘇聯還容許人性的存在，而中國把所有人的人性都消滅光了」。他待過幾個蘇聯監獄，發現「裏面的獄頭獄卒，審判官員，都還有人性，對不幸者有同情心，只要在框框之內，請他們幫點忙，給點方便是不會遭到拒絕的。中國卻完全相反，一次次嚴酷的階級鬥爭把官員最起碼的人性都抹掉了，他們的教育水平又低，又少文明修養」。他說，他見到的國內那些整人的人，「沒有一個不是性如虎豹，心似蛇蠍，一臉兇相有如夜叉的」。他還說，雖然「離開祖國也多半輩子了，還時時做着挨整的夢。夢中整我的人不是KGB」，而是國內那些自己的同胞。

然而，作者在某些關鍵性問題上的態度也是矛盾的。這本書稿寫於2000年，作者聲稱，他壓下書稿是擔心書稿出版後會損害中國，其實批判極左主義與損害中國，完全是風馬牛不相干的事。更令人匪夷所思的是，他跑到蘇聯，卻情不自禁地成為了國內某些極左方針和理論的辯護士，例如，他讀中蘇論戰的「九評」，覺得「篇篇是雄文」，而蘇方的應戰文章又是如何沒有水平。國內在「文革」中大罵王明是叛徒和叛國分子，他也跟着大罵王明是「奸賊」，說如果王明在他眼前，他要上去打他幾個耳光。KGB告訴雷，陳伯達倒台了，他卻說這是毛的戰略部署，一切都是毛安排好的。

總之，他看蘇聯是處處不順眼。依常理，作者亡命蘇聯，蘇聯縱有千般不好，萬般不是，但是沒有把他送回中國，否則等待他的只有被槍斃或被判重刑，對收留他的蘇聯，他似乎多少應有一絲感激之情，可是從書稿中一點也找不到這樣的痕跡。書稿中KGB對雷說的那句話是擊中要害的：「你們中國人逃到蘇聯後都說自己是愛國者，可是誰都不敢反對毛澤東，一挨鬥就跑到外國去，你們都是怕死鬼。」雷先生也承認，聽到這番話，感到無地自容。

儘管覺得面子上難堪，然而並不影響雷先生的態度，他的態度就是愛國，由愛國的立場出發，他絕不允許蘇聯人當他面罵中國最高領袖。以後發展到，「如果有人罵毛澤東」，雷先生就要和他「幹仗」。有的蘇聯人奇怪地問他：「你們如此地熱愛你們偉大的領袖，為什麼還跑到我們蘇聯來了呢？他回答道：「我們中國的事不能叫外國人管，中國的毛澤東不能叫外國人罵。」

雷先生的思想和邏輯出現了嚴重的不連貫性。與雷不同，我所讀過的一些外逃者的回憶錄在思想和邏輯上大都保持着一貫性，其中一本回憶錄的書名就是《月是異鄉明》。該書作者生活在著名僑鄉廣東潮汕地區，在建國時只有12歲，對共產黨充滿崇敬之情，但因「原罪」在身(其父是逃往台灣的國民黨少將)，與其母被掃地出門，又因長期收不到僑匯，饑寒交迫，被當地幹部和群眾蔑視，最後抱必死決心，於1958年冒險犯難，偷渡深圳河，來到香港，以後投奔在台的父、兄，雖然受到國民黨特務機構長達五年的秘密審查和監控，但他還是覺得「月是異鄉明」。有意思的是，在作者的出逃計劃中，居然把蘇聯也例入出逃國之一，儘管放在最後一位，他説雖然蘇聯也不好，但起碼不天天搞運動、開批鬥會，還可以讀書升學。他有如此的認識是令人吃驚的，因為他唯讀了六年小學，其間因是地主後代還被無辜開除，以後千辛萬苦才上了一所極為簡陋的華僑子弟補習學校，也因是地主子弟被開除學籍，他的知識和識見主要來自於他的借書自學和人生經驗。

雷光漢的思想和邏輯矛盾的深層原因，説來還是源於「自大的愛國主義」，雷先生在新疆當年的朋友蕭默先生稱他是「徹底的愛國主義者」，想來是有道理的。從他的書稿看，雷先生的愛國主義有時顯得混沌不明，在對蘇聯的問題上尤其如此。説來他並不瞭解50年代後中蘇關係破裂的原因，隨着更多的歷史檔案資料的問世，現在已越來越清楚，中蘇雙方對此都負有責任，而不能把關係破裂的責任全都歸咎於蘇方。作者多次提到，在赫魯曉夫時期，在蘇聯的中國人比較自由，可以自由選擇居住地，但是到了勃列日涅夫時期，蘇當局全面收緊在蘇中國人的居住自由權，中國人不許居住在莫斯科與列寧格勒，只能集中安置在中亞地區或其他邊遠地區。1964年10月勃列日涅夫上台後，幾乎公開批判赫魯曉夫，沒多久就開始在思想和政治領域全面倒退，為斯大林恢復名譽；中國方面批判「赫禿子」更是不遺餘力，一時間雙方似乎形成了歌頌斯大林，反對赫魯曉夫的統一戰線，而中蘇兩國的老百姓對這些言論都照單全收。作者雖然肯定赫魯曉夫在推動蘇聯「解凍」方面做出了貢獻，但幾乎未提及赫氏在改善中蘇關係方面所作的努力，這是書稿的一個不足。今天我們從蘇聯解密檔案中知道，1954年10月赫魯曉夫訪華，他頂住蘇共政治局內不同意見的壓力，堅持要把從中國獲取的權益歸還中國以及大規模對中國進行經援和軍援；而被中國高度稱頌，視為同志和親人的「伏老」(伏羅希洛夫)卻是地道的大國沙文主義者。1957年春伏羅希洛夫訪問中國，本來只是一次沒有具體任務的禮儀性訪問，卻受到最高禮遇，中國方面可能是為了給赫魯曉夫一點「眼色」看，有意超規格的接待這位斯大林的戰友，中國最高領袖不僅親自去機場迎接，還罕見的陪同客人乘敞篷汽車前往賓館，接受數十萬群眾的夾道歡迎。他和其他中國領導人何嘗知道，就是這位貌似慈祥，動輒就會流淚的「伏老」，堅決反對將旅順軍港歸還中國，赫魯曉夫為了爭取他的諒解，做了大量工作，直到出訪北京前幾天，才勉強得到他的同意。

你到底要什麼？

讀雷先生的書稿，不由得讓我想起三十多年前讀過的一本蘇聯長篇小說《你到底要什麼》，這本書於1972年在中國以「灰皮書」的形式由內部出版，作者是蘇聯著名作家柯切托夫，此人是一個頑固的斯大林主義者，在中國很受歡迎，他的長篇小說《茹爾賓一家人》、《州委書記》、《葉爾紹夫兄弟》等都曾被譯成中文，1960年，《葉爾紹夫兄弟》還被作為反修教材由著名導演孫維世搬上中國話劇舞台。柯切托夫在《你到底要什麼》中，以60年代為背景，抨擊蘇聯青年受了美國等西方國家文化的毒害，沉迷於被政府查禁的俄羅斯「反動作家」的禁書，從而喪失了共產主義理想和信仰。作者痛心疾首，質問這些迷失方向的蘇聯青年：你到底要什麼？

幾十年後，雷先生的書稿讓我又想起了柯切托夫的這本書名，當然是反其意而用之。隨着雷先生展開他的奇特的旅蘇生涯，我在思索雷先生究竟要追求什麼？

雷先生要生命安全。他在「文革」的高潮中為免遭鎮壓，被迫亡命蘇聯，這是無可厚非的，孔大了也說過：「道不行，乘桴浮於海」，我們總不能要求一個無罪的人引頸待戮來實踐他的愛國主義。他因地利之便，一腳跨到了蘇聯，當年又有多少知青逃港不成而浮屍深圳灣海面，相比之下，雷先生是幸運的。

逃到蘇聯後，雷先生被KGB長期監控，又受到在中亞的蘇籍XX等族人的惡意對待，激起他強烈的愛國主義。雷先生來到蘇聯後寫的有關新疆四年「文革」歷史的材料被蘇聯人改編後以化名出版，以後在他出逃伊朗被抓回後還因此減輕了對他的處罰。但蘇聯人要他在批判中國的電視片中現身，他堅決不從，還處處批判蘇聯，歌頌中國，這才引起KGB的那些嘲諷話。儘管雷先生不願批評中國最高領袖，但他出逃本身就是一種無聲的抗議，於是雷先生更加熱愛中國，甚至到了80年代，他還帶話給國內有關方面：在我國憲法上加上一條：在蘇維埃帝國沒有崩潰以前，凡主張中蘇友好者，應以漢奸論處！其態度之絕決，令人難以想像。看來在絕望和困境中，愛國主義可以成為一種宗教，雷先生就是一典型的範例。

那是一個意識形態大行其道的特殊的年代，蘇聯和中國都不正常，置身在那個時代，中蘇兩國的大人物或是升斗小民，他們的言和行，在今人看來多少都有些不合情理。今天若再讀在幾十年內被奉為金科玉律的蘇聯理論沙皇蘇斯洛夫或波洛馬廖夫的大作，幾乎就是一種自虐行為了。所以，雷先生的愛國主義即便有些偏頗，也是可以理解的，在當年的那種情況下，除了愛國主義，他還有什麼可憑藉的？雷先生畢竟是北大畢業生，和那些普通逃蘇者不一樣，除了要活命，還要追尋「生活的意義」，作為一個「無國籍」人士，在蘇聯到處被監控，台灣、新加坡不能去，大陸搞「文革」天昏地暗，更是有家不能回，這種內心的辛酸和煎熬，外人又怎麼能夠體會？於是愛國主義便成了他的安身立命的防禦性的武器！

讀雷先生的書稿，很自然帶出一些問題，但更多的是一份尊敬和欣賞，就是那些疑問的方面，我也願意回到歷史的具體情境中去，以一種同情與理解的態度，設身處地的去體諒他。今天無論從哪個角度看，雷先生的書都是有很高價值的，是他用半生的心血寫出來的，值得研究和關心中蘇關係史的人們的重視。

2011年2–3月

新中國五十年代初是如何進行社會統合的
——對十五個「小人物」回憶錄的研究[1]

一、序言

二十世紀50年代對於中華人民共和國是一個新時代的開端，「統一」、「改造」、「社會主義工業化」、「農業集體化」等都是構成50年代歷史的重要內容，也是那個時代的基本面相，但是新國家究竟是通過什麼具體的方式和路徑實現它對全社會的「統合」的？這個問題長期以來在一些宏大的詞語下被高度簡略化了，本文所要探討的就是50年代新國家是怎樣進行社會「統合」，如何實現高度一體化的？

本文所稱的「統合」，是指建國初新國家依着某些重大理論和概念，通過一系列政治運動，把某些被認為是敵對、異己或偏離新國家的思想和組織原則的人群加以清除、治理和整頓的過程。

筆者認為「新中國在50年代的社會統合」這個問題是很值得研究，其中一個重要原因乃是如筆者這樣的一代人都是50年代初出生的，對這個問題有一種很自然的「關切」，可是我們對於自己出生的那個年代的瞭解是非常有限的；我們只是一般性的知道50年代的那些歷史過程，也知道用於描繪這些過程的語彙和概念，但是我們對於更具體的操作層面或「行動」的層面及其背後的思想背景，所知甚少，而那些方面，對

1　本文的寫作利用了香港中文大學中國研究服務中心所藏資料，謹致謝意。原載《領導者》，總第 17 期，2007 年 8 月。

中國在50年代後的歷史進程曾經起過非常重要的影響。

對於二十世紀50年代中國的歷史，近年在社會學和政治學領域，都已有了一些研究，但歷史學的研究還很少，現在已經進入二十一世紀了，上世紀50年代歷史可以不再僅屬於政治學，也應是歷史學的研究對象了。歷史學研究強調資料，現在已開放一些檔案資料，更兼之出版了一些個人回憶錄，使50年代歷史的研究已具備了初步的條件。

近二十多年，有關中華人民共和國建國後的回憶文本的作者主要是政治家、軍隊將領、地方大員和知識名流，很少見到普通人的回憶錄。從90年代末開始，因社會自由度的擴大，這種情況有所改變，陸續出版了一些名不見經傳的「小人物」的回憶錄，這是一種新的趨向，就是「小人物」也要表達他們的經驗。

我的這篇論文主要是利用15個「小人物」的回憶錄，並結合其他歷史資料來研究「50年代社會統合的問題」。當然研究這個問題，還有許多資料可以利用，可是我認為，我們能夠看到的資料，特別是有關檔案資料，一是開放不夠；同時，那些檔案資料又有一定的局限性，它們對一般民眾的思想、生活，感受等等，反映不多。即使有所反映，也有一個自上而下的角度的限制的問題。一般而言，我們很少見到普通人對過去歷史經歷的敍述。

在毛時代，曾經有過一次集中性的對普羅大眾生活史的群眾性的寫作運動，那就是從1963年自上而下發動的「寫三史」的活動：工廠史(公社史或生產隊史)，街道史，家史，或者可以統稱：「憶苦思甜」活動。在這之前，還有40年代後期，在解放軍中進行的和在建國前後在土改運動中推行的「訴苦」。只是這類寫作和口頭表達，有不小的局限性，第一，這是一種政治性的集體行為，都是着眼於服務當時的政治目的的，例如：在文革時期的「憶苦思甜」中，又加入了對劉少奇的批判，説他要在中國復辟資本主義，要讓我們「吃二遍苦，受二茬罪」，在形式上，也有新發展，例如：從「訴苦」，發展到「吃憶苦飯」；第二，毛時代的所有的群眾性的「憶苦思甜」，它的所有前題和結論，都是預先就設定的。這就是1949年前是「苦」的，現在是「甜」的。

90年代後期以來出現的「小人物」的回憶錄，情況則完全是不一樣的，首先，這些回憶錄的寫作都是個人行為，作者的表達都是個人化的。其次，他們的回憶使我們可以看到50年代開始的那場社會大變動對社會底層的影響，對一個個具體的個體生命的影響，而過去我們在研究50年代的那些重大事件時，對這些問題往往是不夠重視的，我們對社會大眾的生活、命運的理解都是高度概念化的。

回憶錄能否作為單一史料來使用，其史料價值究竟如何？筆者認為單純利用回憶錄來做歷史研究是有缺陷的，但是如果結合其他資料，以及不同回憶錄之間的互相印證，回憶錄還是有其重要的價值的，特別是那些寫作態度比較嚴肅的回憶錄。本文使用的15本回憶錄都是非文學性的出版物，我沒有經過特意的挑選，是隨機性的，這15本回憶錄，除個別外，出版後都沒有引起學者和一般讀者的注意[2]，它們大多都是大陸的公開出版物，其中一些，我判斷是通過「買書號」的形式自費出版的，因為它們的發行量都很小，這些文本同

2　國亞的《一個普通中國人的家族史》最初是在網絡上發表的(作者的網名：雅可夫)受到讀者的歡迎，後結集由中國廣播電視出版於2005年1月出版。

樣也經過了出版社的審查。在這15本回憶錄中，有3本是自印本。這些回憶錄都是作者對他們一生生活的回憶，但是都有一個主線，這就是從個人和社會底層的角度，對50年代初期的生活經歷給予較多的敍述，重點反映的是歷次政治運動對他們的思想、工作、生活以及家庭的影響，雖然都是個人的敍述，但可以和其他歷史資料互相印證。

這些普通人的回憶文本所反映的作者的生活和工作地區包括了中國的東北地區、西北地區、華東地區、中南地區和西南地區，在地區分佈上有一定的代表性。15本回憶錄中有14本是個人回憶錄，也有一本是多人回憶的合集：

1. 吳文勉：《風雨人生》，中國文史出版社，2003年9月出版，反映地區：江蘇、黑龍江。
2. 劉益旺：《昨夜風》，華齡出版社，2004年1月出版，反映地區：北京、吉林。
3. 胡伯威：《青春．北大》，廣西師大出版社，2006年6月出版，反映地區：上海、北京、湖北。
4. 倪艮山：《沉思集》，香港天馬出版公司，2005年8月出版，反映地區：北京、遼寧。
5. 喻明達：《一個平民百姓的回憶錄》，作家出版社，1998年12月出版，反映地區：湖北。
6. 李蘊暉：《追尋》，甘肅人民出版社，2002年12月出版，反映地區：遼寧、黑龍江、甘肅。
7. 陳星：《風雨人生》，當代中國出版社，2004年1月出版，反映地區：甘肅。
8. 紀實文集《二十一年》(上、下兩冊)，作家出版社，

2005年6月出版，是一批在雲南省彌勒東風農場監督勞動21年的右派倖存者回憶錄，反映地區：雲南。

9. 茅家升：《卷地風來：右派小人物記事》，遠方出版社，2004年10月出版，反映地區：安徽。
10. 國亞：《一個普通中國人的家族史》，中國廣播電視出版2005年1月出版，反映地區：河南。
11. 鄭延：《人生之曲：我和我的一家》，中國青年出版社，2003年9月出版，反映地區：北京。
12. 章正邦：《如歌歲月》，汕頭大學出版社，2004年9月出版，反映地區：西藏，四川、貴州。
13. 常振威：《血色洗禮：讓人長噓一兩聲》，自印本100冊，2005年印行，反映地區：湖北。
14. 許岳林：《一個醫生的風雨足跡》，自印本，2006年2月印行，反映地區：浙江。
15. 李理：《俺這一輩子》，自印本，2004年6月印行，反映地區：河南，湖北。

上述回憶錄的共同的特點是：

1. 14個人是親歷，只有1人是今天的年輕人，他主要是根據他的父母的回憶來寫他的「家族史」。
2. 這些回憶錄的作者都是普通人，不是社會名流。
3. 作者中有4個大學生，其中2個是在新中國的大學畢業的，其他多數人是小知識分子，也有普通工人，革命軍人，後兩類作者原先沒讀過什麼書，只有初等文化，是通過長期的自學，才能寫書的。

4. 只有一個人在1949年前在國民黨的黨務部門及軍隊工作過，是低級人員。
5. 多數人出身於非無產階級的家庭。
6. 回憶錄作者的絕大多數都在50年代受到政治運動的衝擊，並在1957年被打成了「右派」，但導致他們成為「右派」的原因和50年的社會統合的大趨勢是一致的，這就是新國家對「階級背景」和「思想一致性」的高度要求。

本文就以這些回憶錄做參照，結合其他歷史資料來探討以下五個問題：

一、新國家以不間斷的「運動」作為統合社會的最重要的方法

15本回憶錄的作者都對新中國的誕生表達了歡欣鼓舞之情，從他們的筆下，讀者可以看到，在建國初的幾個大的政治運動後，新社會的基本面貌就形成了：社會秩序井然，黨和國家及其領袖的權威已完全確立，工農地位提高，民族資產階級、知識分子通過政治學習已經認識到必須轉變思想和立場，長期接受改造，工農商學兵都明白應在一切領域「向蘇聯老大哥學習」等等。然而就是在這個過程中，這些回憶錄的作者逐漸成為了新社會的「對立面」，他們在自己的回憶錄中都談到50年代的政治運動對他們的思想和心理所造成的巨大的衝擊，並且都程度不同地流露出對不間斷的政治運動驚懼的情緒，這就牽涉到一個重要的問題：這些新國家和新社會的擁護者為什麼會在新中國成立短短幾年後就成為社會統合所打擊的對象？新國家開展政治運動的和社會統合的關係是什麼？

筆者認為，過去僅從總結歷史教訓的角度來認識政治運動，是不全面的，從50年代的歷史看，新國家進行社會統合的基本方式就是不間斷地開展以階級鬥爭為中心內容的政治運動，新國家以「階級論」作為區分敵我的標準，突出強調一個人的階級出身和他的政治歷史的背景與對黨和國家政治忠誠的關係，由於用這種思想意識指導的政治行動的效力巨大，在毛時代的三十年裏，它不僅是一個主宰性的思想意識，更成為一種固定化的分析和治國模式。

中華人民共和國建國初期，執政黨依據蘇聯經驗和中共領導革命根據地的歷史經驗，對中國社會各階級、各階層重新予以定位：明確工人階級為國家的領導階級，工農聯盟是國家的政治基礎，民族資產階級既是革命的盟友，也是革命的對象。知識分子則是一個中間階層，既可為新社會和革命服務，也是資產階級思想的載體，而國民黨殘餘力量、地主、反革命則是新社會的敵人。

新政權建立和鞏固自己的階級基礎的重要手段就是「搞運動」，其方式有別於蘇聯：在斯大林時代，蘇聯主要是依靠專門機關的鎮壓，用肉體消滅和大規模監禁和流放的方式鎮壓異己力量，形式上還有一些法律，而不是搞群眾性的政治運動。

中國則是在黨和國家的領導下，成立臨時性的領導運動的機構，制定臨時性的條令和法規，以黨組織為核心，運用組織和宣傳的手段，大規模發動群眾參與，形成巨大的社會氛圍，用群眾運動和公安機關相結合的方式，打擊、震攝和鎮壓敵人，以達到運動預期要完成的目標。對鬥爭對象，以教育、感化、改造為主；以鎮壓為輔。

「搞運動」在中國之所以成為常規方式，首先是因為它是中共在革命年代的一種常用的，行之有效的方法，因而成為建國後的一種路徑依賴。借助於政治運動，可以將黨深深扎根於社會生活的各個層面，從而發現積極分子，建黨、建政、建基層組織，在全國廣大人群中通過組織「階級隊伍」，區分敵、我、友；第二，「搞運動」之便捷還在於：可以在一個短時期內，形成鋪天蓋地的強力、快速的攻勢，以達成革命的目標。

對於政治運動的這種特殊功用，黨的領導人並不諱言。1954年，黨的負責政法工作的領導人董必武、彭真都曾說過：共產黨就是靠運動吃飯[3]。

建國初期，執政黨對農村和城市採取了不同的策略。在農村，黨組織的中心工作之一就是用極大的精力，來劃分農村的階級成份，加速建立黨在農村的基層結構。執政黨用於政治動員的思想原則和組織原則就是依據階級出身尋找「自己人」，以此來聚集階級和社會基礎，這主要表現在土改運動中，通過嚴厲打擊地主階級，組織以貧雇農為核心的「階級隊伍」，並迅速在此基礎上建黨(黨支部，黨小組)、建政(村委會)、建立民兵、婦聯、治保小組，將黨和政府的影響力牢牢扎根在農村最底層，從而實現了中國歷史上空前未有的中央政府通過各級機構對農村基層的垂直領導。

50年代初的政治運動有一個重要特點，這就是在進行思想政治教育，促成鬥爭對象轉變思想的同時，較多並直接運用革命暴力，帶有明顯的政治清算的色彩，即通過政治運動，檢查、發現敵人——歷史上有嚴重反共行為的分子、一般參與反共活動的分子、敵對階級的社會基礎——地主、「偽保

3　參見周鯨文：《風暴十年》(香港：時代批評社，1962)，頁158。

甲長」等等，對之採取嚴厲的懲罰或改造措施。

新政權在農村對「階級敵人」實行專政的主要措施是「管制」，其基本內容是規定：被「管制」的對象「只許規規矩矩，不准亂說亂動」，並隨時接受群眾的監督和批鬥。從理論上講，「管制」是針對一小部分特定的人群，即被「管制」對象都是「戴帽」的「地主」、「反革命」、「壞分子」等，依照1950年頒佈實施的《管制反革命暫行辦法》，管制對象為：土匪、反動黨團骨幹分子、反動會道門頭子、堅持反動立場的地主等。一般地主、煙鬼、遊民、懶漢、小偷、反革命分子和地主家屬子女不屬管制範圍[4]。但在實際操作上，地方基層往往大大突破這項規定，在許多農村，一般都擴大所有地主及其家屬和居家的子女。因為是否符合「戴帽」和「管制」的條件，並無十分具體可供操作的標準，其解釋權多掌握在基層幹部手中。回憶錄作者之一的喻明達，在建國初只是一個14歲的少年，已離開家鄉在外地讀中學，以後又考入華中農學院的中專部，但是他家鄉的鄉政府拒不同意為他「轉戶口」，其理由是他是「大地主的細崽子」，「應留在農村，老老實實接受勞動改造」，[5] 以後當地的鄉政府的工作人員還寫信給華中農學院，要把他帶回家鄉，充當「地主」。這種現象在50年代初並非個別，一些地區的縣、鄉領導為了表示站穩「階級立場」，習慣性地採取「寧左勿右」的方針，大面積擴大被管制人群的範圍。1953年貴州省紫雲縣四區的德興鄉二村共有330戶，人口1627人，卻管制了

4 新華社編：《內部參考》1953年7月15日，第163號，頁247。

5 喻明達：《一個平民百姓的回憶錄》，作家出版社，1998年12月出版，頁201。

23戶(全家所有人均被管制)，共150人，佔全鄉總人口的千分之九十二強，超過了中央規定的千分之三的三十倍。貴定縣都祿鄉管制面竟達到該鄉總人口的一半。獨山縣基長鄉人口總數為8361人，共管制了456人，經上級部門複查，只有11人符合管制條件[6]。四川省豐都縣七區蓮花鄉七村被管制者高達250人，而真正符合管制條件的只有3人。灌縣大觀鄉竟將繳不起公糧的農民及調皮的小孩也予以管制。「其他如管制反革命分子家屬的現象亦很普遍」[7]。甘肅省武山縣洛門區蓼陽鄉將地主50戶共340人，一律管制[8]。山東省歷城縣一區冷水溝鄉符合管制條件的只有23人，但實際管制了105人。裘家營、梁王、王會人三個鄉共有地主82戶，連同地主家屬子女共394人，也全部被管制。這些被戴「帽子」、受到「管制」的地主及其家屬，都受到公開的歧視，生存境遇十分困難，某些地區的群眾甚至公開命令地主和被遣送返鄉的舊官吏稱自己為「爹」和「爺」[9]。這在50年代初的農村是較為普遍的現象，並曾受到上級部門的批評。

1951年上半年，大規模的「鎮壓反革命運動」全面推開，這是面對國民黨殘餘力量的破壞活動，新國家對敵對階級及其社會基礎發起的一次規模空前的政治清算鬥爭。「鎮反」運動形成巨大的威懾效應，也教育、提高了群眾的「對敵鬥爭覺悟」，極大地鞏固了新政權。對於鎮反運動，在這些回憶錄都有所涉及，作者的態度都是表示擁護。回憶錄的

6 《內部參考》1953年4月13日，第83號，頁262。

7 《內部參考》1953年5月13日，第107號，頁167。

8 《內部參考》1953年5月27日，第119號，頁413。

9 《內部參考》1953年6月25日，第144號，頁425。

作者李蘊暉回憶了當時的情景：瀋陽的中國醫科大學為配合政治學習，「組織學生列隊去到鎮反處決現場，親眼看到反革命分子應槍聲倒下」[10]，以致幾十年過去了，作者對此場景還記憶猶新。回憶錄另一作者吳文勉原是無錫永泰絲廠的工人，1947年為躲避「抓壯丁」，全廠男工，包括50多歲的老工人，都集體參加了「三青團」，建國後，他們都清一色成為「反革命分子」，而作者為了找靠山，在別人勸導下，還參加了國民黨的特務組織「中統」，並在工友中發展了10個人，除此以外，沒有其他活動，他自己也沒當一回事，作者前後只做了「中統」特務一年，建國後在北大荒卻改造了25年[11]。他的經歷説明，50年代初政治運動所具有的鮮明的清算的性質。

二、共產黨內的純化是重中之重，對肅反運動偏查的批評往往帶來嚴重後果

中共在長期的戰爭環境下，從來就把清理內部、純潔組織看成是一項有關革命成敗、勝利果實能否保持的極為重要的問題，建國後，這又作為一項成功的經驗加以繼承與發展。在黨和軍隊、國家機關內部清理「異己分子」本身就是歷次政治運動的重要內容。執政黨對黨內的統合的問題更加重視，它的主要特點是：對黨員的階級出身的問題尤其重視，在50年代，黨內清理的對象主要集中在非無產階級出身的那些黨員和原南方地下黨，它的背景之一是黨內長期存在的對知識分子黨員和對非主力武裝的歧視，以及毛對黨的「純化」問題的強調。

10　李蘊暉：《追尋》，甘肅人民出版社，2002 年 12 月出版。

11　陳星：《風雪人生》，當代中國出版社，2004 年 1 月出版，頁 87–88。

《二十一年》等回憶錄的一些作者都很困惑也不理解：為什麼建國後原中共地下黨員都普遍被打擊？現在隨着一些歷史檔案的披露，答案找到了：建國後清理中共地下黨，是有思想背景的一項全局性的行動，南方的情況更加嚴重。

1952年3月18日，劉少奇在向蘇聯大使羅申通報情況時說：

> 解放戰爭時期投靠我們而很少經過考驗的那部分黨的工作者，在很大程度上同我們在思想上格格不入。他們當中，有的是地主、富農、商人、國民黨分子等人的子弟。這部分人在思想上同民族資產階級接近[12]。

1951年，中央政法委負責人董必武也向蘇聯大使羅申說：

> 在清理過程中，尤其對1947年以後入黨，進入黨政機關的所有人員重點進行審查[13]。

這就是建國後原地下黨同志被重點清理的思想背景。這種由對「敵情」過份估計而產生的「純化觀」，它所造成的影響是全局性的，在這個過程中，還夾雜着地域和宗派觀念的消極因素。回憶錄作者之一的許岳林在建國前就參加了中共領導的浙南游擊縱隊，就是因為對南下幹部的工作作風提出批評而被列為「肅反」對象，以後還被打成右派，而他所在的浙江省天台縣的原地下黨幹部，自山東老解放區的南下幹部到

12 《1952年3月18日羅申與劉少奇的談話備忘錄》，俄國檔案影本存沈志華處，編號SD09870。

13 《1951年7月25日羅申關於鎮壓反革命問題與董必武的會談備忘錄》，俄國檔案影本存沈志華處，編號SD09868。

來後，都被免職，其中一部分人還被扣上「叛徒」的帽子[14]。

南方各地的地下黨被打擊，原負責人被清理是普遍現象。雲南省原「邊縱」、地下黨的縣團以上幹部被整掉200餘人[15]。中共廣東地下黨在1947年成立的「人民解放軍粵中縱隊」，擁有一萬多人，內有大量的知識分子幹部，這支部隊為迎接解放軍南下，作了大量工作，但在建國後其成員大多被視為是「可疑分子」。中共華南分局領導人陶鑄認為，「地方武裝不純」，「過去參加革命的人大多是地主、官僚、資本家家庭出身的人」，其結果是，原廣東地下黨中的許多人都被清除出黨，或被戴上「地主」的帽子，少數人甚至被槍斃[16]。至於南方地區那些在革命勝利前夜曾參加迎接解放工作的原國民黨軍政人員，更被普遍視為是「投機革命」，「混入革命的反動分子」就在「鎮反」等運動中受到懲辦[17]。相比之於南方，北方是老區，解放得早，更重要的是，40年代原華北地區的地下黨是受彭真、劉仁領導的，被認為是在劉少奇的正確路線上的，因此，華北地區的地下黨員，很少受打擊，建國後都受到重用。

執政黨對於在黨內貫徹「階級路線」，表現出堅決的態度。這主要體現在嚴格入黨條件和在黨、軍隊、政府機關、人民團體、學校和企事業單位對幹部進行頻繁的政治審查和清理。建國之初，中共開始在產業工人中大量吸收黨員，知

14　許岳林：《一個醫生的風雨足跡》，自印本，2006年2月印行，頁140–143。

15　《二十一年》，作家出版社，2005年6月出版，上冊，頁337。

16　牧惠：《松仔嶺事件真相：前言》，1999，五柳村網(http://www.taosl.net/dirl/muhui001.htm)。

17　蕭一湘：《幹部變遷五十年》，載《南風窗》，2002年8月號(上)，頁26–27，總219期，2002年8月1日出版。

識分子入黨則要經過嚴格的挑選。在「抗美援朝」戰爭期間，執政黨在朝鮮戰場上吸收了一批參軍的知識青年入黨。但是對於和平環境下要求入黨的知識分子，則取決於他們在各項政治運動中的表現以及他們的家庭背景是否清白。如果階級出身有較大的問題，親屬中有被殺、關、管或有海外關係者，即使在政治運動中表現十分積極，也不會被吸收入黨。

1951年，由毛澤東親自領導和部署，在全黨範圍內，開展了清理內層(黨機關)、中層(政府機關)的運動。被清洗的對象大多是「階級異己分子」，即出身於地富家庭、對地富家庭表示同情的共產黨員。《昨夜風》一書的作者在北京輔仁大學學習時就參加了地下黨，建國後，以為國家只是推行「新民主主義」，由於是少東家，受父母影響，對自家的產業過於關心，不久就被黨內除名，以後雖擔任了長春市工商聯秘書長，但在「五反」運動中就受到衝擊，1957年又順延成為「右派」，這說明執政黨對於黨內的異己游離傾向，絕不手軟[18]。

1952年4月，在「三反」運動中，毛澤東又向全黨發出指示，命令幹部中「凡與帝國主義、國民黨和地主階級有關係者」，必須作出交代[19]。緊接着，全國各級黨政幹部向黨組織普遍交代了各自的經濟關係和社會關係[20]。在這類運動中，交代階級成份、本人歷史和社會關係都是中心內容。

1953年是新中國歷史上的一個分水嶺，在這一年，毛澤東終止了新民主主義的路線，宣佈向社會主義過渡。其後，

18　劉益旺：《昨夜風》，華齡出版社，2004年1月出版，頁79–80。

19　《建國以來毛澤東文稿》，第2冊，頁383–384。

20　《建國以來毛澤東文稿》，第2冊，頁416–417。

國家對社會經濟生活的控制日益加強，計劃經濟體制也初步確定，在政治和意識形態領域，各類批判運動接踵而至，其高潮是1955年的「反胡風運動」和繼之在全國範圍內展開的「肅反運動」。

新民主主義階段的終結使黨在國家政治和社會中所起的領導作用更加突出，在執政黨內部實行了更為嚴格的「純化」政策。1955–1956年，全國黨政機關、軍隊和學校又開展了一場「肅反」運動，在「內層」(黨機關)和「中層」(政府機關)中又清洗出一批「異己分子」，其中包括那些在建國初期，隱瞞自己的階級出身，「混入」黨內和政府機關內的「嫌疑」人員。僅1955一年就對機關、軍隊、企業的220萬人進行了審查。「查清了每一個人的過去、他的聯繫和情緒」。在這批人群中，有將近5%的人被視為是「不可靠分子(國民黨的偵察人員、外國間諜、反革命分子、流氓)」[21]。以後這個數字被壓縮，認為被查出來的各類可疑分子，約佔百分之二。廣東省的「肅反」運動從1955夏–1958年12月底，分四批進行，前三批參加運動的共61萬人，清查出的反革命分子和壞分子約佔百分之一點四。[22]

1955–1956年的肅反運動對新中國歷史的影響很大，民主人士等對肅反運動偏差的批評帶來嚴重的後果，他們中的多數人在一年後都成為「右派」。

肅反運動的「主觀化」、「擴大化」是普遍存在的。據曾任廣東省委「肅反五人小組」組長的文敏生回憶，廣東第

21 《1955年11月15日費德林與劉曉關於中共第六次全體會議的談話備忘錄》，俄國檔案影本存沈志華處，編號SD09832。

22 《文敏生回憶錄》(由薄一波題寫書名)，自印本，無印行時間和地點，頁224。

一批開展肅反運動的單位有410個，「由於種種原因」，「運動開展不到一個月，竟揭發出上百個「小集團」。[23] 回憶錄《如歌歲月》的作者章正邦當時在四川省峨眉縣參加肅反，該縣將所有肅反對象集中歸口，統一安排住宿在禮堂和大會議室，為時一個月。為激發參加者的階級鬥爭的警惕性，每天在讀文件和報紙後，還安排專人讀肅反小說和報告文學，「以此來推進肅反運動的深入」，[24] 最後「抓了七八個暗藏的反革命分子」，但是一段時間後，這些人又回到原先的工作崗位。[25]

對於肅反運動的偏差，民主黨派的領導人，黃炎培、李濟深、馬寅初、邵力子、黃紹竑、陳其瑗、陳銘樞、羅隆基、李書城等，都曾提出過批評，有的人甚至稱肅反是「違法」和「違憲」，是「慘無人道」，要求政府結束正在進行的肅反運動[26]。李濟深責問公安部長羅瑞卿：既能對舊人員包下來，為何又對其中有的人進行處理？羅瑞卿回答：我們從來沒有說要把反革命也包下來[27]。李書城批評說，中國的「逼供信」和斯大林的「逼供信」只是形式不同，其實都是折磨，一個是肉體上的折磨，一個是精神上的折磨[28]。有的民主人士還把革命黨比做張獻忠和黃巢[29]。用羅瑞卿的話說，民主人士

---

23 《文敏生回憶錄》(由薄一波提寫書名)，自印本，無印行時間和地點，頁224。

24 章正邦：《如歌歲月》，汕頭大學出版社，2004年9月出版，頁48–49、75。

25 章正邦：《如歌歲月》，汕頭大學出版社，2004年9月出版，頁49。

26 《羅瑞卿同志在全國省、市檢察長、法院院長、公安廳局長聯席會議上的發言》，1956年7月13日，江蘇省檔案館藏。

27 同注26。

28 同注26。

29 同注26。

對「肅反」是「一片不滿之聲」[30]。

羅瑞卿說：他們說的事例經過調查，大都屬實，「而我們在工作中實際存在的缺點錯誤，還不止他們所說的那樣，是大大超過他們講的程度的」[31]。周恩來總理也說，黃紹竑在人大三次會議上的講話，據上海彙報也是基本上符合事實的。[32]但是，羅瑞卿在1956年7月就已經稱他們為「右派」。羅瑞卿引用毛澤東的話說：民主人士批評「肅反」，這種問題的性質是我們「肅反」使他們太傷心了，「肅反」挖了他們的牆角，他們失掉了依託，他們與反革命有深厚的感情，他們總想保存反革命以推遲社會主義的建設，和他們在「肅反」問題上的鬥爭，實質上是階級鬥爭[33]。所以，還在1956年7月，羅瑞卿就批評：黃紹竑最壞，是個機靈鬼，他是表面恭維我們幾句，具體攻擊。[34]一年後，果然黃紹竑被打成右派，對他的處理要比其他人都重一些，章伯鈞、羅隆基被打成「右派」後，都還保留幾個職務，如政協委員等，對黃的職務是完全剝奪。而在「肅反」運動中被波及的人，雖經調查，絕大多數人以後都被解脫，但是一年後，凡是在1955年「肅反」運動被觸及的人，絕大多數又都成為右派。

回憶錄作者之一的陳星因抗戰時期加入過國民黨和國民黨軍隊，建國後在甘肅基層林場工作，沒有任何錯誤言論，在

30 《羅瑞卿同志在全國省、市檢察長、法院院長、公安廳局長聯席會議上的發言》，1956 年 7 月 13 日，江蘇省檔案館藏。

31 同注 30。

32 《周總理在 1956 年 7 月 15 日全國省、市檢察長、法院院長，公安廳局長聯席會議上的發言》，江蘇省檔案館藏。

33 《羅瑞卿同志在全國省、市檢察長、法院院長、公安廳局長聯席會議上的發言》，1956 年 7 月 13 日，江蘇省檔案館藏。

34 同注 33。

「肅反」運動中被送進單位的「剝皮組」接受審查，[35] 後順延成為「右派」。

回憶錄作者之一的倪艮山在解放前曾報考有國民黨背景的南京政治學校，留下歷史疑點，建國初被分配到東北財委，又「看不慣老幹部供給制的特權」，禍從口出，「肅反」運動被懷疑是敵特，因對之不滿，「反右」中再度落網[36]。

回憶錄作者之一的中國醫科大學的學生李蘊暉對肅反運動「先假設，後求證」的主觀化提了意見，也被打成右派[37]。

安徽合肥醫校被「肅反」觸擊的人，全都順延成為右派[38]。

新中國在建國初期開展的肅反運動是鞏固新政權的重大行動，它所要完成的任務之一就是清理在黨和政府機關，以及企事業單位中和舊政權有歷史和思想聯繫的那一部分人群。肅反運動的審查對象大多在歷史上和國民黨有過不同程度的聯繫；或者出身不好，被審查後心懷委曲，不能「正確對待」；即便沒有表示不滿，在當時被激化的階級鬥爭的思考中，也會被認為是受到審查，心裏肯定不滿，於是這批人就成為了「右派」。

在各類因歷史問題而被審查的對象中，也有因所在單位審幹小組認真負責而被「解脫」歷史疑點的。回憶錄作者之一的鄭延當時在北京的《中國少年報》工作，她在學生時代曾「誤入」過國民黨復興社的外圍組織「三青團青年救國

35 陳星：《風雪人生》，當代中國出版社，2004 年 1 月出版，頁 65。

36 倪艮山：《沉思集》，香港天馬出版公司，2005 年 8 月出版，頁 41–42、44–49、59、64–65。

37 李蘊暉：《追尋》，頁 12–16，32–35。

38 茅家升：《卷地風來——右派小人物記事》，遠方出版社，2004 年 10 月出版，頁 121。

團」，並在參加革命後向組織作過交代。肅反運動中，她所在的單位派出外調人員前往她中學時代讀書的蕪湖女學，調查結果和她本人的交代一致，鄭延的歷史問題就得到了澄清。[39] 回憶錄《俺這一輩子》的作者李理在肅反運動時是解放軍某步校教員，因在抗戰時期讀中學時參加過「三青團」而成為肅反對象，他的運氣也很好，組織上「派人千里迢迢作了調查」，與他本人的交代沒有出入，就把他的問題視為是「一般的政治歷史問題」，也沒影響到他的授銜[40]，儘管以後他還是因歷史問題被轉業到地方，並被劃為「右派」。

三，在城市進行「統合」的方法和步驟

新國家特別關注在城市的「統合」，它的基本內容是摸清「民情」，對廣大城鎮居民進行細緻的政治分類，以瞭解每一個城市成年人口的政治面貌，新國家很快就建立起對全社會人員，特別是城市人口的「政治忠誠度的識別體系」。新國家對社會狀況的廣泛調查，也包括工人，但是出於意識形態的考量，新國家對工人比較寬容，調查和「排隊」的重點對象是資產階級，民主人士和知識分子，因為這些人群被認為和舊中國有較多的歷史聯繫和思想聯繫。這也和蘇聯的方式不同，蘇聯是依靠專門機關的調查，在中國主要是依靠建立黨委領導下的人事保衛制度，是對蘇聯經驗的發展。

和黨內統合同步進行的是社會統合。從建國初，新國家對全國民眾的社會調查工作就開始穩步進行，這就是摸清全

39 鄭延：《人生之曲：我和我的一家》，中國青年出版社，2003 年 9 月出版，頁 166–167。

40 李理：《俺這一輩子》，自印本，2004 年 6 月印行，頁 160–161。

國各階級，各階層的「民情」，基本策略和方法是對全社會成員，尤其是對城市成年人口，結合現實言論和歷史的背景，進行「排隊」、「摸底」。在大規模經濟建設全面開始後，這項工作的進展進一步加快。新政權高度重視對全國人民政治態度，階級出身的調查，尤其是城鎮人口階級成份的調查，借助政治運動的巨大衝擊力和震懾力，採取一系列方法(動員檢舉揭發，填寫表格，寫自傳，審幹人員外出調查等)檢查每一個社會成員的政治面貌(階級出身)，將每個人的階級出身視為是對新政權忠誠度的識別標誌，通過階級成份的確定，在社會廣大人群中排列出左、中、右的區分，從此建立起可供查證的社會成員政治忠誠度的識別體系。

在革命年代，根據地所在的農村是革命的中心，經過土改運動，黨在農村的階級結構已經建立，敵、我陣線分明。相比較於農村，城市的情況則較為複雜。建國初，共產黨比較不熟悉城市，而且在新民主主義時期，受到《共同綱領》的制約，執政黨要團結民族資產階級、小資產階級及其知識分子。但是，執政黨一定要在城市建立起自己的階級陣線，這就是一方面執行新民主主義的方針；另一方面，又要在城市居民中區分敵、我、友。執政黨的辦法是：在城市中開展較為和緩的民主改革。所謂「城市民主改革運動」，發生在1949–1953年，就是配合幾個大的政治運動，在城市各工廠、機關、學校、商店、街道，對所有人員進行「階級摸底」，重點對舊人員進行細緻的調查(家庭出身，1949年以前的職業、經歷)，包括查歷史，查社會關係，查生活。這項工作在50年代的整整十年裏一直持續進行，50年代初只是這項工作的開始階段。

50年代初的「城市民主改革」推動建立起執政黨在城市的組織基礎(黨、團、工、青、婦)，1953年後，更建立起以戶口制為中心的，單位、街道、派出所三位一體的綜合治安保衛制度，將新國家在城市中的基層結構全面建立了起來。

1953年上半年西南民政局為配合人口普查，對重慶市三個派出所桂花街(商業區)、王爺石堡(居民區)、小龍坎(工廠區)所轄人口的政治面貌進行了調查，3個派出所共轄人口64026人，但「特種人口」高達1868人，佔人口總數的3%，佔18歲以上人口的6%。所謂「特種人口」是指被管制分子、「釋放犯」、緩刑犯、在押犯、居住在城裏的地主、登記自新未予管制者、「社會遊蕩分子」(小偷、暗娼、妓女、舞女)[41]。至此，所有城市居民的各種情況也被黨和國家全面掌握。

1953年後，隨着加速向社會主義的轉變，在國內一些社會階層中出現了某些不穩定的情緒。1955年6月，上海市公安局局長許建國在政協上海市常務委員會第二次會議上講話中提到，計劃在5年內再鎮壓一大批反革命分子和各種犯罪分子，由於數字太大而引起上海市工商界、知識界人士的異議[42]。對於當時是否存在敵對階級的大規模的反抗和破壞，現有資料無從證實，但根據各種資料反映，1953年後推出的「統購統銷」、「農業合作化運動」、「反胡風運動」、「肅反運動」等，確實造成了部分城鄉人民和一部份知識界人士的強烈不滿。

1953年11月初，天津市實行麵粉統銷計劃，立即「遭到

41 《內部參考》1953 年 4 月 27 日，第 95 號，頁 538–541。

42 《內部參考》1956 年 6 月 30 日，第 150 期，頁 504–507。

天津市部分資本家和反革命分子的諷刺和謾罵」，泰明鞋店資本家說「毛主席強，但全國沒有糧食吃」，「總路線一公佈，和軍事管制一樣」[43]。河北省的一些黨員幹部也為農民「抱不平」、「喊冤」，說「政府對農民太苛刻了」，「對農民又一次下手」[44]。1956年，歷史學家，全國人大代表翦伯贊回湖南省常德老家視察，家鄉的父老向他哭訴，有三分之一的人沒有飯吃，只吃樹皮、野菜、菜餅[45]。新國家將這種不滿言論視為是敵對階級的反抗和破壞，所採取的反擊措施還是強化階級鬥爭，其具體方法就是將政治分層進一步細密化，把前一階段出於策略考慮而暫時未受觸動的人員也劃入敵對階級範疇。

1953年後的「敵對階級」範圍較前有了新的擴大，在原先的地主、反革命、反動會道門、土匪等之外，又增加了富農。「反革命」的種類也有了新的增加，歷史上有一般的反共行為，和舊社會聯繫較多的人員，如中下級國民黨軍政人員、保甲長等，也被劃入「歷史反革命」之列。

1953年後，1949年前舊中國學校培養的知識分子總體被劃入了「舊知識分子」的範疇，他們被一般視為「不純」階層，其主要依據是，他們中的大部分人都出身於剝削階級家庭，並曾為舊社會服務。在這群人中，「歷史不清分子」和「不純分子」佔有相當的比例。

「歷史不清分子」和「不純分子」都是50年代初出現的指涉特定人群的概念，「歷史不清分子」一般指「歷史複

43 《內部參考》1953年11月5日，第259號，頁55。

44 《內部參考》1953年11月10日，第263號，頁129。

45 《內部參考》1956年6月19日，第1911期，頁429。

雜」，參加過反動組織、或曾在舊政權重要機構服務，有一般的「反動」行為，或有「反動」嫌疑但查無明顯證據者，例如：原國民黨軍、公、教系統人員，反革命分子的家屬(簡稱為「反屬」)，被鎮壓、被管制分子的家屬等等，在階級鬥爭激化的時期，這個人群又被視為是「反動階級的社會基礎」。所謂「不純分子」是一個動態概念，隨不同的歷史時期而不斷擴大，在50年代有相對的穩定性，所指多為和舊社會有較多聯繫的人員，即在「革命群眾」和「敵人」之間比較靠近右邊者，例如：原國民黨一般黨員，三青團員，原舊軍隊士兵(統稱為「兵痞」)，資本家，有海外關係者或仍與海外有聯繫者。

15本回憶錄的作者基本都在肅反運動中被衝擊，他們所在的單位花費大量錢財，在全國各地對他們的歷史情況進行「外調」，使得單位領導有機會去了許多過去從不可能去的地方。「外調」的行動受到被審查對象的普遍歡迎，他們相信「外調」有助於澄清他們的歷史疑點。1955–1956年，全國範圍的「外調」大規模進行，它的核心是「重證據，重調查研究」，這也是新中國在確立社會主義體制方面的獨創，斯大林時代的「肅反」是沒有這項舉措的。僅中央直屬機關就派出達四位數的外調人員，國家機關也是四位數，[46]大批審幹人員奔走於全國各地，進行查證資料的工作，這種現象在中國歷史上是第一次。通過大規模的「外調」，基本查清了黨和國家機關以及企事業單位工作人員的歷史疑點，使許多人得到解放。

46　楊奇清：《專案小組怎麼進行工作》，在黨中央直屬機關和中央國家機關專案小組組長會議上的講話，1955 年 11 月 26 日，江蘇省檔案館藏。

新國家對社會情況的調查也包括城市中的工人階級。為了加速向社會主義過渡，實現「一化三改造」，執政黨採取的是依靠工人階級，強化階級鬥爭的方針，然而這並不表明城市中的工人一概都被視為是黨的依靠對象，對工人也得進行「階級分析」，換言之，作為個體的工人並不就屬於「工人階級」，在工人中也需落實「階級路線」。

50年代初中期，開展了對全國職工狀況調查，各級黨組織對所屬企業的工人的歷史狀況進行了普遍的「清理」，以「摸清」工人的政治歷史情況，具體辦法是：1. 讓工人填寫登記表；2. 由單位黨委與工人住地派出所配合，將派出所掌握的資料添入登記表；3. 由單位進行進一步審查[47]，北京石景山鋼鐵廠1952–1953年新招工人4857人，有政治歷史問題或成份複雜者582人[48]。據全國總工會1953年對上海私營工廠工人狀況的調查，「過高的生活水平已使一些工人腐化起來。大隆機器廠工人不願聽共產主義的道理；大滬製鐵廠50%的工人嫖賭」，「有不少工人還討了小老婆」，「有些廠的工人還和資本家結成『統一戰線』，欺騙政府」[49]。萍鄉煤礦一萬職工中有1200人被認為「不純」，其中工人有903人[50]；1955年初，鞍山鋼鐵公司有5萬職工，其中「不純」分子有5000人，佔職工總數的10%[51]。

「排隊摸底」不僅限於調查工人中的「不純分子」，它也包括對工人的思想狀態進行分類排隊，即區分出工人中的

47 《內部參考》1953 年 7 月 2 日，第 150 號，頁 29。

48 《內部參考》1953 年 7 月 2 日，第 150 號，頁 28。

49 《內部參考》1953 年 4 月 25 日，第 94 號，頁 508–509。

50 《內部參考》1955 年 1 月 15 日，第 12 期，頁 237。

51 《內部參考》1955 年 1 月 15 日，第 12 期，頁 237。

先進層、中間層和落後層。一般而言，「先進工人」多指老工人，對老工人也要根據他的「階級意識」與現實表現來判斷他是否「先進」。萍鄉煤礦工人解放後娶的老婆，成份不好者達到10%以上，這樣的老工人一般就被認為是「落後」工人[52]。如果老工人注意獎金、工資一類，則會被認為是「經濟主義思想嚴重」，「思想覺悟不高」，也不會被劃入「先進」工人行列[53]。「落後工人」則指青年工人，所謂「落後」是指青年工人受到「資產階級生活方式」(怕苦怕累，追求享受)的影響。

對於工人中的政治歷史和思想背景的差異，黨的領導層十分瞭解，鄧小平在1957年的整風報告中說，佔65%的新工人中，農民、學生、城市貧民出身佔一半以上，還有3%新工人是地、富、資產階級、偽軍警和遊民分子，他提出，這些人的剝削階級意識和壞習氣尚未得到應有的改造[54]。然而從總體上看，新國家對工人是比較寬大的。1957年9月中央發出文件，規定在工人中不劃右派，只進行「先進」、「中間」、「落後」的分類，不作左、中、右的劃分，對技術人員和科室以上的幹部可以劃「右派」[55]。

50年代新國家對社會成員的「排隊模底」的重點是民主人士和知識分子，這和當時領導層的認識是相聯繫的，由於民主人士和知識分子和舊中國有較深的歷史和思想聯繫，他們被順理成章地視為是有待進一步加強改造的社會群體。對

52 《內部參考》1953年2月12日，第35號，頁54。

53 《內部參考》1953年4月7日，第78號，頁134–135。

54 鄧小平：《關於整風運動的報告》，《人民日報》1957年10月19日。

55 《中共中央關於在工人、農民中不劃右派分子的通知》，1957年9月4日，江蘇省檔案館藏。

知識分子和民主人士的「排隊摸底」，就是對他們進行左、中、右，甚至是更深入、更細密化的「中左」、「中中」、「中右」、「極右」的政治劃分，然後依據不同情況，給予區別對待。這是一項全國性的行動，一直深入到縣和縣以下的城鎮的小學教員這一級。廣東省的和平縣在建國初是一個人口不到三十萬的小縣，也在小學教員中進行「左」、「中」、「右」的排隊。[56]

對於如何幫助、教育知識分子也有許多細密的規定。在「肅反」運動中，1955年8月25日，中央指示，對技術專家，應列出「少數確有學問和技術並有資格和名望的人」的名單報送中央審查，「對他們集中組織學習，不放到群眾中去鬥爭」[57]。

兩年後，在反右運動時，又提出，對大人物中的右派，對社會科學方面的要「放手進行，鬥深鬥透」，而對一些有重大成就的自然科學家和技術工作人員，除個別情節嚴重非鬥不可者，其他應一律採取保護過關的方針。

具體策略有許多：有的是「鬥而不狠」；

有的為了將來能夠使用，應採取控制新聞報導的方法，有的不登報，有的「小鬥登報」；

對有重大作用的科學家，採取「談而不鬥」；

對科學界中的「老右派」，即民主革命階段的右派，在鳴放期間沒有表現或很少表現反動言行的，「當然不要排隊，也不好批判」。[58]

56 盧陸勝：《憶崢嶸歲月》，自印本，2002 年 5 月，頁 48。

57 《交通部黨組關於交通系統肅清一切反革命分子和壞分子的意見向中央報告》，1955 年 10 月，江蘇省檔案館藏。

58 《中共中央關於自然科學方面反右派鬥爭的指示》，1957 年 9 月 8 日，江蘇省檔案館藏。

反右運動的勝利使毛澤東更加意識到「保持社會生活高度緊張」的必要性，在1958年黨的八大二次會議上，他號召全黨進一步提高政治警惕性，加強意識形態領域的工作，他指出：「應該保持社會生活的高度緊張，這是查明可能生長在我們大地上的毒草的可靠保證」。[59]

保持社會的緊張氣氛，在這個時期被認為是團結人民的重要條件，為滿足階級鬥爭的需要，許多基層單位寧枉勿縱，在50年代，安徽省蕪湖地區無一所高校，也沒有民主黨派，更沒有「文聯」和「作協」，某農場集中的1500名右派，都是文化程度不高的「小人物」：小學老師、辦事員、保管員、送貨員、半文盲等，他們都是當地領導為完成右派的「指標」而被湊成「右派」的。而其中許多小學老師只有小學畢業的文化程度，唯讀了半年速成班就做了小學老師，在反右暑期學習班中因答錯題成為右派的。這些小學老師都是鄉里孩子，見識很少，工作的地方又在農村或山區，看不到報紙也聽不到廣播，他們被要求在考試中判斷一個題目：有人說現在是黨天下，你認為是對還是錯？他們根據有限的知識都填了「對」，於是全部成為「小右派」。[60]

四，新國家高度重視社會成員的階級背景和思想一致性，以此作為社會統合的基礎

15本回憶錄都提到他們或他們的家庭成員因歷史問題或出身問題在社會統合中被衝擊，如果再加上在思想一致性上和

59 1958年7月26日安東諾夫關於中國政治經濟形勢的報告，俄國檔案影本存沈志華處，編號SD09901。

60 茅家升：《卷地風來–右派小人物記事》，頁3。

新政治文化等方面存有矛盾，就會演變為極嚴重的問題而被劃入「敵人」行列。

新政權在初建時期，執政黨開始強化意識形態中的反資本主義的敘述，而這個過程是伴隨政治運動有序進行的。為了「教育」城市中的資產階級，促進他們改造「階級立場」，黨組織安排這兩個階層的「頭面人物」參加「土改」運動，讓他們接觸「活生生的階級鬥爭的事實」，並根據他們對「土改」、「鎮反」的態度，對其作出「進步」、「中間」、「落後」、「反動」的政治劃分。只是在50年代初期，由於實行「內外有別」的策略，民族資產階級和知識分子以為只要熟讀領導人的講話，就是解決了「立場、觀點、方法」的問題。於是，出現了許多滿口新名詞的「愛國資本家」和「進步知識分子」，但是伴隨幾個大的政治運動，特別是「土改」、「鎮反」、「抗美援朝運動」、「思想改造運動」、「三反」、「五反」運動、「審幹」運動(也稱「忠誠老實運動」)，民族資產階級和知識分子才知道，執政黨有關「立場」的認識與他們的認識完全是兩回事。因為「立場」不完全是一種政治姿態的展現，無產階級的立場是需要通過否定資產階級來體現的，而最簡潔的方法就是看這個人的階級出身和他在1949年以前的政治歷史關係。因此，階級出身和過去的歷史記錄是第一位的，現實政治態度是第二位的。所以，給「立場」和「何為正確」下定義，是一項重要的權力，掌握了這個權力，再把「立場」和「階級出身」結合起來考察，就一勞永逸地掌握了改造資產階級和知識分子的主動權。

回憶錄作者之一的李理回憶說，在建國前夕的南下部隊中，就有知識分子因在舊社會的經歷「不那麼乾淨」而在「訴苦」時感到負咎而喝DDT自殺的。[61] 1950年11月1日，中宣部部長陸定一在南京市歡迎蘇聯駐華大使尤金博士學術演講的報告會上提出新概念：「美國沒文化」，此時正是中國人民志願軍入朝參戰的初期，陸定一以如此口吻批判、否定美國文化是可以充分理解的，但當時南京的知識界對陸定一的講話卻持有異議，[62] 當負責同志提出「立場」問題後，他們才噤口無言。回憶錄作者之一的喻明達50年代在華中農學院中專部學習，他對當時被神化的蘇聯的「米丘林學說」有所懷疑，認為「通過人為的努力，使生物的遺傳按照社會主義的需要不斷地變異，似乎於理欠通」，當他把這個看法告訴老師時，就受到老師的警告。[63] 而湖南軍大的教員在講「隧道」一詞時，因舉了一個「紐約地鐵」的例子，也受到批評，被指責為「崇美」，他被告知，應舉「莫斯科地鐵的例子」。[64]

由此可以證明，執政黨還在執行「新民主主義」建國方針的時候，在思想意識方面，民族資產階級及其知識分子就已被視為對立面。只是在這個時期，在落實「階級論」的原則時，仍然表現出相當的彈性：各級政府都吸收了部分民主人士參政，在許多大、中城市，資本家家屬甚至擔任了居民委員會負責人。非工農出身，「歷史清白」的知識青年，即使不是黨、團員，也可參軍、參幹。

新政權在初建時期，就高度重視對「舊知識分子」和民

61 李理：《俺這一輩子》，自印本，頁111。

62 《內部參考》1950年11月23日，第276號，頁107–108。

63 喻明達：《一個平民百姓的回憶錄》，頁218。

64 李理：《俺這一輩子》，自印本，頁144。

族資產階級的改造，在開展了一系列針對知識分子的政治運動的同時，各地還創造出一些專門針對知識分子和資本家的改造形式和新詞彙，「思想剝皮」就是1955年內蒙創造的經驗，即對知識分子和資本家的階級背景和現實表現進行更深入的調查，「對重點人逐個全面分析，具體對待」[65]。甘肅省有的基層單位更將這個詞語加以簡化，直接稱之「剝皮」，肅反對象一般都要被送到「剝皮組」接受教育[66]。1955年，對上海資方人員335人調查的結果是：「不純」分子佔80%[67]。1954年之前，上海城市基層組織居民委員會主任一職許多是由資本家的家屬擔任，但在這之後，已基本由工人家屬擔任。

在這一時期，對於1949年後在校的大學生，新國家的態度總的來說是較為寬和的，認為他們雖然多為非無產階級出身，但接受的是新社會的教育，歷史經歷清楚，經過長期的思想改造，還是有可能轉變世界觀的，但是這並不能保證在執行「階級路線」時，各地不會出現極端化的情況。如四川大學團委就組織了對「反動」、「落後」學生的孤立打擊行動，從1951年3月「鎮反運動」開始，被「孤立」的學生達418人，佔全校學生總數的14%以上。這些人大都曾參加過反動黨團，社會關係和個人歷史複雜。「孤立」的方法有：不讓他們與其他同學接近，經常組織開他們的鬥爭會[68]。

出身問題和個人歷史在建國前是否清白決定一切，這在1955年肅反運動後就基本確立了，自那以後，歷次運動都

65 《內部參考》1955 年 8 月 22 日，第 191 期，頁 171。

66 陳星：《風雪人生》，頁 66–67。

67 《內部參考》1955 年 8 月 2 日，第 178 期，頁 14。

68 《內部參考》1953 年 3 月 24 日，第 66 號，頁 573–574；《內部參考》1953 年 4 月 30 日，第 98 號，頁 590–591。

以出身不好的人群為重點打擊對象，肅反運動如此，反右運動也如此，東北地區是這樣，西南地區也是這樣，全國都如此。反右運動前夕，雲南傳達領導同志的指示，「反右是新的肅反，劃右的標準首先是看有無政治歷史問題」，雲南又傳達彭真內部講話：對右派，我們採取的是一棍子打死的態度，或叫「打悶棍」[69]。

在判定「右派」時，家庭出身和歷史背景起最重要的作用，許多「家庭出身不好」、歷史經歷複雜，或有「海外關係」，在歷次審幹運動中都受到懷疑而查無實據的人，雖然本人在運動中沒有任何「鳴放」言論，也被一勞永逸打成「永不翻身」的「右派」。例如原甘肅省幹部石天愛，在運動中沒有一句不當言論，就因為她是軍閥、漢奸石友三的女兒，就被扣上「右派」的帽子，被遣送到甘肅酒泉夾邊溝勞改農場勞教，類似石天愛的情況在當時並非是個別現象[70]。廣東省和平縣出身地富家庭的小學教員，雖然並無錯誤言論，也多事先被定為「計劃內的右派分子」。[71] 回憶錄作者之一的湖北的常振威因出身不好，在和幾個小伙伴玩耍時，曾互相封官許願，於是15、16歲的八個少年就被打成「現行反革命集團」，1962年9月才獲釋[72]。另一位回憶錄作者章正邦，在建國初參軍入藏，但因他曾在1949年前的重慶民營報館擔任過編輯，在1951年的部隊展開的「民主運動」中被懷疑是國民黨員，審幹的同志堅信，「我們新華社的記者都是黨員，

69 《二十一年》，頁 6。

70 和鳳鳴：《經歷：我的一九五七年》(修訂版)，(蘭州；敦煌文藝出版社 2006)，頁 367。

71 盧陸勝：《憶崢嶸歲月》，自印本，頁 52–53。

72 常振威：《血色洗禮：讓人長噓一兩聲》，自印本，頁 36。

不是黨員不能作這個工作，你在國民黨統治地區報社工作，天天宣傳戡亂救國，不是黨員能做這個工作嗎？」[73] 雖然他的歷史問題以後得到澄清，但還是被列入有歷史和政治疑點的「第四類幹部」而被轉業到地方，[74] 1957年又被順延為「右派」。回憶錄作者之一的湖北的喻明達由於是地主出身，家鄉幹部要把他留在家當地主，他好不容易才走出家鄉考入了中技學農林，就是想離人群遠點，畢業後主動要求去林區工作，他有自知之明，一輩子「夾起尾巴」做人，才躲過歷次運動的打擊[75]。

在新國家加速對社會進行統合之際，人們的生活方式和衣着也有了新的變化，回憶錄作者之一的胡伯威當時是北大的學生，他回憶說，這就是要強化個人與組織的關係，個人和上級的關係，而不應發展個人間的橫向關係，因為那會被認為是「搞小圈子」等等，正確的態度是，要老成，不要活潑，人們要盡可能沒有個性，沒有色彩，老成持重循規蹈矩到了索然無味的程度才算是「進步」到家了，「黨性」到家了[76]。回憶錄作者章正邦從部隊轉業到四川省峨眉縣，他所工作的縣文化館的工作人員多數是從部隊文工團轉業下來的，由於「在部隊實踐工作中都有體會，都變得持重」[77]，作者為避免被認為是「搞小集團」，從不和別人有工作之外的私人的來往。在當時的社會上，就出現了一種被正面提倡的，叫做「馴服工具」的人群。李理也回憶到，他當時的領導也一

73 章正邦：《如歌歲月》，頁 34。

74 章正邦：《如歌歲月》，頁 65。

75 喻明達：《一個平民百姓的回憶錄》，頁 233–234，243。

76 胡伯威：《青春。北大》，廣西師大出版社，2006 年 6 月出版，頁 219。

77 章正邦：《如歌歲月》，頁 47。

再告誡大家，「要做沙和尚，不要做孫悟空」。[78]在人們的衣着上，「男女同志都是藍、黃、黑三種顏色，如果在色彩和服飾上稍有變化，就會遭來非議」[79]。而在「中蘇友好」的年代，一些知識分子特別買了蘇聯在中國傾銷的「大花布」來做衣服，以此表明自己「擁護中蘇友好」的政治立場。[80]

五、工資收入和政治忠誠度的關係

回憶錄的多數作者都提到他們的經濟收入在運動前後的變化，由於這些回憶錄的作者多是「小人物」，原來的工資就較低，當他們在成為「反革命」、「右派」或「反社會主義分子」後，他們的工資又被大幅下降，有的只發十幾元到二十多、三十多元的生活費，這也就涉及一個大問題，即工資收入和政治忠誠度的關係問題。

新國家是根據政治忠誠度來進行經濟利益的分配的，這在1957年後大致確定了下來。

建國後的政治分層造成一種新的身份制度，但是，在一個較長的時期內，政治身份與經濟收入之間並不一定存在着必然的連帶關係。1957年前，民主人士的工資都很高，反右後，一些民主人士成為「右派」，他們的工資就被降了下來：

章伯均：原3級，1957後降為6級；

羅隆基：原4級，1957後降為9級；

章乃器：原4級，1957後降為10級；

78　李理：《俺這一輩子》，自印本，頁111。

79　章正邦：《如歌歲月》，頁46。

80　李泥：《歷史傷口》，自印本，2004年6月印行，頁21。

龍雲：原2級，1957後降為6級；

陳銘樞：原3級，1957後降為10級；

黃紹竑：原4級，1957後降為10級；

黃琪翔：原7級，1957後降為9級[81]。

1953–1957年，城市中的資本家、舊知識分子的中上層已被普遍視為是「不純」分子，但他們的經濟狀況仍是比較優越的。但城市中的下層「不純」分子，如原國民黨低級軍政人員和中小學教師中的「不純」分子，他們的經濟狀況則相對較差。青海省有些小學教師工資低於工友[82]。江蘇省揚州中學老師的平均月工資是30元，江蘇省阜寧縣將1949年前畢業的小學老師一律降薪至80%，有的人一個月只有幾元工資。在徐州、鹽城工作的一些原籍南方的教師，因工資低缺少路費，幾年不能回家，以至於有人要求轉業到政府機關食堂當炊事員[83]。

在50年代社會改造的洪流中，1949年前的市場就業方式已徹底改變，黨政機關、重要的文教單位、大型國有企業都建立了嚴格的人事審查制度，一些和舊社會有較多聯繫的人員根本無法進入，他們中的一部分人只能相對集中在社會的一些底層行業或以出賣勞動力為主的行業謀生，這些行業計有：

城市圖書出租行業：1955年，國務院通令整頓1949年前出版的文字書籍，有關部門對天津從事個體圖書出租的從業人員展開了調查，天津市共有740個圖書出租戶，其中出租小人書的674戶，出租文字書的66戶，後者擁有的舊書共5萬3千

81 《中央統戰部關於對民主人士中的右派分子的處理意見》，江蘇省檔案館藏。

82 《內部參考》1956 年 1 月 11 日，第 3 期，頁 50。

83 《內部參考》1955 年 10 月 15 日，第 220 期，頁 70。

冊，而需清理淘汰的書籍共4萬冊。天津市該行業的「不純」分子共171人，佔該行業人數總數的24%。1955年，瀋陽市從業人員共有551戶，其中有「政治歷史問題」的佔從業人口的24%[84]。

城市人力板車運輸、騾馬運輸行業：1954年，南京市搬運公司共有4000多工人，其中4%為前國民黨官兵，包括少校、連長、工兵[85]。

城市建築行業：據不完全統計，1953年廣州市建築工程系統700多幹部中，有反動會道門分子40人，國民黨員81人，三青團員23人。武漢市建築工程局980個幹部中，有400人多人有政治歷史問題。湖南省建築系統共有幹部1300餘人，但「階級異己」分子佔全部幹部總數的33%。鄭州市4300建築工人中，有1000多人有政治歷史問題[86]。

城市廢品收購行業和城市私人補習學校行業：這兩個行業也相對集中了較多的「不純分子」，50年代中期後，國家實現了教育資源的全部國有化管理，私人補習學校全部取消，部分人員轉入小學擔任教師或勤雜人員，或轉往城市中的煤炭店(煤球廠)等服務行業。

在這些集中「不純分子」較多的行業中，除建築部門的技術或重體力工種外，一般從業人員的收入都較低。新國家用區別對待的方式，分化敵對階級和「不純」分子，用金錢來剝奪城市資本家和知識分子的政治地位，但對底層「不純分子」，則輔之以經濟收入的限制。

---

84 《內部參考》1955年，第253期，頁296。

85 《內部參考》1954年10月6日，第226號，頁64。

86 《內部參考》1953年4月23日，第92號，頁485–486。

回憶錄的作者中有一部分人在社會統合中被發配到邊遠地區工作，這也反映了當時的一個重要現象。為了貫徹落實「階級路線」，「純化」社會環境，新國家在50年代中期，將幾個大城市的「不純分子」遷往西北等邊遠地區。1952年，一些華東地區的「不純分子」被遷往新疆。當年華東人民革命大學共有1161名學員被調往新疆，其中140多人為嚴重「不純分子」，這批人在一年後仍未予以安置，主要原因是新疆各機關不願接受。因為在這批人中90%以上為國民黨中統、軍統特務，其中12人曾分別擔任過國民黨政府內政部次長、國防部最高委員會參事、上海財政局副局長；有9人是省參議員和國民黨集團軍黨部書記等；還有37人是薦任科長[87]。1955年10月，北京市將「不純分子」628戶，共2696人遷往寧夏自治區各縣。在這批人中，真正的「階級敵人」只有15人，其餘是：「説書的」、「打花鼓的」；「舊職員」；「偽官吏及家屬」；「錢莊老闆」；「袁世凱的六姨太及孫輩」[88]。回憶錄的幾個作者，也因為出身問題，或自覺前往邊遠地區，或被發配到邊遠地區，相比於沿海地區和大中城市，邊遠地區和縣以下基層單位的生存和改造的環境更為艱苦和惡劣，尤以西北、西南地區為甚。

六、結論：50年代建立起新結構是超強結構

十五本回憶錄在對50年代社會狀況大背景的描述方面是比較客觀的，基本情況彼此可以互相印照，雖然具體到每個人的情況的敘述，其準確性無從查證，但也可以判斷基本是真

87 《內部參考》1953 年 4 月 22 日，第 91 號，頁 469。

88 《內部參考》1955 年 10 月 15 日，第 220 期，頁 70。

實的。這十五本回憶錄，不可能涉及到新國家在50年代進行社會統合的全貌，但是它們所涉及的地區比較廣泛，反映的情況卻有強烈的同質性，和相關的歷史資料也是能夠互相印證的，從而反映了當時社會統合的某些重要的特徵。本文的結論是：

1. 推動50年代新國家進行社會統合的動力是政治運動，思想背景是「階級論」。以1953年為界，之前，在建國初進行了急風暴雨般的「鎮反」和「土改」運動，打擊對象集中在國民黨殘餘力量、前國民黨軍政人員和地主階級；之後，社會統合向縱深發展，波及面擴大，特別是「反胡風」和「肅反」運動，以及「統購統銷」等經濟和社會領域的一系列新政策推出後，新國家對社會的統合的力度大大加強和加速，通過城市中的「單位」和農村中的「人民公社」，最終建成了一個由國家掌控一切的超強的新體制。

2. 新國家的領導者為了快速建立起一個強大的社會主義的國家，他們一直在謀求一種「最好的」治理中國的制度或管理形式，他們有許多創造，建構了一種新意識形態敘述，中國傳統的思想及制度資源，革命年代的經驗與蘇聯因素融為一體，都被運用其中，被用來統合社會大眾的意識。他們也非常重視做動員、組織民眾的工作，使社會的組織化、軍事化程度不斷增強。

3. 構成了一種社會統合的「中國模式」，是對蘇聯經驗的改造和發展，尤其是通過政治運動加緊完成和不斷完善對社會成員的政治類別分類，建立起社會成員的階級身份識別體系，效果明顯，再和計劃經濟體制相配合，形成一高效、貫通的新結構，在政治上就是依靠革命專政、革命意識形態鼓動和經濟利益的不斷分配，形成激勵和懲戒機制，從而很快實現了政治上的高度一體化。

4. 它的正面價值是中國的新國家、新制度的創立，使中國出現了新的面貌：民族獨立國家地位的新確立，改變了近代以來民氣衰落的局面，社會主義工業化的展開，全社會的高度組織化，普通民眾對國家政治生活的廣泛參與，全社會共同意識、共同價值觀的建立等等。

5. 但是也留下嚴重的後遺症，由於當時是處在冷戰大環境下，又是剛剛從戰爭年代過來，長期的對敵鬥爭，養成領導層強烈的敵情思維和戰爭思維，而糾錯機制長期缺位。一些基層單位的領導，盲目信仰和依賴階級身份識別體系，或因文化和政策水平較低，或存有濃厚的宗派和地域情結，利用政治運動提供的機會，打擊報復，傷害無辜，使大批民眾尤其是知識分子成為社會統合的犧牲品，對個人而言是不幸，對國家的建設和發展，也是嚴重的損失。

6. 從歷史長時段的角度來審視，新中國在50年代進行的社會統合是革命黨從革命奪權向建立並鞏固新政權的過渡的一個階段性的現象，隨着新政權穩固性的不斷加強和新秩序的完全確立，50年代那種法治缺位，單純依靠革命意識形態和革命專政的嚴峻的治理方式在取得顯著成效的同時，它的負面作用也在逐漸擴大，並在以後的歷史進程中對國家的發展和人民的生活帶來嚴重的消極影響，勢必要被後來者以溫和政策加以逐步調整，1978年後鄧小平領導的「改革開放」和「三個代表」的提出以及構建「和諧社會」的主張，就意味着新中國歷史發展的一個新階段的到來。

台北所藏大陸20世紀50–60年代資料過眼錄[1]

2004年2至7月，我應邀在台灣政治大學歷史系擔任客座，此前我雖多次去過台灣進行學術交流，但這次居留的時間最長，故而對台北所藏資料的情況有一些瞭解。和大陸的情況完全不同，台北沒有一般意義上的檔案館，台北所藏的有關大陸20世紀50–60年代的資料又和一般歷史資料不同，它是一種特殊性質的資料，1949年後，海峽兩岸長期軍事對峙，台灣對大陸50–60年代資料的搜集主要是用於「反攻大陸」的政治和軍事目的。在長達40多年的時間裏，這些資料在使用範圍上有着極嚴格的限制，隨着台灣社會在90年代後加速轉型，今天這些資料中的一部分已對公眾開放。

台北所藏有關大陸20世紀50–60年代的資料主要收藏於5個單位：「國史館」，「黨史館」，政治大學的「國際關係研究中心」，「國防部情報局」，以及「司法行政部調查局」(1980年改為「法務部調查局」)的「薈廬」，現分別敍述如下：

原「國史館」1947年成立於南京，1957年在台灣復館，是台灣最重要的檔案資料收藏單位。該館收藏的「蔣中正總統檔案」，有台灣各重要軍情單位上報的有關大陸情勢的報告及蔣氏的題簽、批示。1948年冬，淮海戰役失敗後，蔣介石已預感國民黨在大陸的江山不保，下令將有關他個人的重

1　原載《華東師範大學學報》2007 年第 2 期

要函電，文件秘密轉移到台灣。1949年，蔣介石的這批資料轉移到台北遠郊大溪頭寮賓館，次年成立「大溪檔案室」，所以蔣氏資料又稱「大溪檔案」。1979年，「大溪檔案」被轉移到台北市陽明山的「陽明書屋」[2]。1995年2月，蔣氏資料由「國史館」接收，正式命名為「蔣中正總統檔案」。1998年，「國史館」出版《蔣中正總統檔案目錄》(籌筆)兩冊，起於1923年，止於1972年，橫跨蔣氏活動的大陸和台灣兩個歷史時期。所謂「籌筆」，就是蔣氏親筆手書的函電、文稿。「國史館」還收藏有一部分「外交部檔案」，位於北投的「外交部」檔案館已將一部分檔案移送「國史館」，其中有涉及中華人民共和國成立後，台灣當局為對抗大陸影響，「聯絡友邦」，「拓展國際空間」的大量資料。

「黨史館」現隸屬中國國民黨文化傳播委員會，該館收有豐富的國民黨歷史文獻。1978年，由時任中國國民黨中央黨史會主委秦孝儀擔綱，組成編委會，根據「國史館」和「陽明書屋」(「黨史會」的史料自南京運台後長期存放在台中附近的南投縣草屯鎮鄉間的「荔園」，20世紀70年代後期轉移到台北，和「大溪檔案」一起集中在陽明山的「中興賓館」，秦孝儀將「黨史會」的新址定為「陽明書屋」)等單位所藏檔案及其他重要資料，編成《總統蔣公大事長編初稿》共8卷12冊，時段截止到1949年。秦孝儀解釋之所以編到1949年，是因為「部分圖書，尚涉及國家機密，整齊次第，蓋仍有待」。時隔24年後，到2002年12月，由於「檔案資料多已開放，續編之條件初具」，加上蔣家後人蔣方智怡提供其保存的蔣介石日記，由「中正文教基金會」編出《總統蔣公

2　《國史館重要史料概述》(臺北：「國史館」，2000 年)，頁 174–175。

大事長編初稿》第九卷(1950年)，2003年12月又編出第十卷(1951年)，[3] 上述兩卷所反映的都是蔣介石敗退到台灣後的活動，許多內容涉及到大陸。

「國際關係研究中心」在兩蔣時代是台灣研究大陸事務和國際問題的重要單位，早先隸屬於軍情系統，是該系統進行大陸事務研究和對外開展學術活動的掩護單位。「國關中心」的前身為1953年成立的「國際關係研究會」，下轄6個研究組，首任主任為國民黨前駐韓國「大使」邵毓麟，一年後由「蘇俄通」卜道明繼任。1955年，該會編印《問題與研究》月刊，1958年印行《匪情月報》，這兩份刊物在當時都是不公開的「機密刊物」。

1961年，蔣介石、蔣經國為判斷中蘇論戰的性質，同時有感於台灣缺少研究大陸問題的「匪情專家」，以及為了針對所謂「國際姑息主義」，經「教育部」批准，將「國際關係研究會」改名擴編為「中華民國國際關係研究所」。[4] 同年10月，又將《問題與研究》公開發行。1966年1月，在該所成立「資料供應中心」，其宗旨是向美國的「中國研究」提供有關中共的歷史資料。

1967年2月，蔣介石召見「國關所」負責人吳俊才，指示成立「東亞研究所」，由政治大學與「國關所」合辦，以培養「研究國際共黨和大陸問題」的高級專門人才，郭華倫、曹伯一等曾任該所代所長和所長。1968年，政治大學東亞所開始招收第一屆碩士生。

3　秦孝儀：〈「總統」蔣公大事長編初稿卷九編撰例言〉，載《「總統」蔣公大事長編初稿》卷九（臺北:「中正文教基金會」，2002 年），頁 1–2。

4　陶涵（Yay Taylor）著，林添貴譯：《臺灣現代化的推手：蔣經國傳》（臺北：時報文化出版公司，2000 年），頁 282。

「國關所」和政大「東亞所」各有分工，「國關所」主要從事研究，「東亞所」主要則從事教學和培養學生，但「國關所」的一些資深研究人員也在「東亞所」兼課，指導碩士生和博士生。在20世紀60–70年代的「國關所」研究人員中，有一些20–30年代的留俄生，這些人原先多是共產黨員，被國民黨逮捕後叛變，1949年後又來到台灣。以《中共史論》一書而聞名的郭華倫，原名「郭潛」，又叫「陳然」，曾參加過長征，在抗戰時期的中共東南局擔任過宣傳部長和中共南方工作委員會組織部長，1942年被捕叛變後成為國民黨特工。郭華倫去台灣後，曾任「國關中心」代主任、副主任等職。另一著名人士是鄭學稼，是俄國問題專家，曾長期被視為是「托派」，其代表作有《第三國際興亡史》、《陳獨秀大傳》、《魯迅正傳》等，鄭學稼去台灣後，先在「政戰學校」教書，後被蔣經國安排在「國關中心」。

1975年，「國際關係研究所」易名為「國際關係研究中心」，劃歸政治大學。在兩蔣時代，「國關中心」起着「智庫」的作用，如在蔣經國時代前後擔任過「陸委會主委」的張京育、邵玉銘，都曾做過「國關中心」的主任。20世紀90年代後，「國關中心」和「東亞所」的功能已發生重大轉變，1996年，「國關中心」完全併入政治大學的建制，已轉型成為一般的研究和教學單位，也和大陸學界開始進行學術交流。近年來東亞所開設的碩、博士課程有：馬克思主義、中共意識形態、中共政治體制、中國大陸經貿問題、中美與兩岸關係、中共外交、東北亞問題、國際關係理論、大躍進專題研究、「文革」專題研究等。近年來隨着政治大學教學研究機構的重新調整，國關中心原有的4個研究所約一百多研究人員，2004年夏被壓縮到30–40人，其他研究人員被分流到政大，台大的其他系所。

「國關中心」收藏的有關大陸20世紀50–60年代的資料已完全開放，大陸來訪學者可自由查閱，其收藏資料大致可分為四類：

(1)1949年後大陸的公開出版物，包括報刊及經「國關中心」整理的大量的大陸報刊分類剪報、書籍以及經國民黨軍情系統翻印，再另加標題的大陸有關各類文件。這些資料在20世紀 50–80年代對於一般的台灣學者，都是「機密」資料，根本無法接觸。「國關中心」的所在位置在當年也是特別選擇的，它位於距政大校園不遠的一個山坳裏，據説也是出於所謂安全方面的考慮。

(2)台灣專業人員的有關論著，這些著述可分為兩類：一部分為「國關中心」出版物，例如：《中共的土地鬥爭》(1965)，《中共文化大革命和紅衛兵》(1969)等。從1961–1995年，「國關中心」共出版中文各類書籍共116種，從1965–1995年，用英文出版的書籍46種；另一類多為政大東亞所碩、博士論文，早期論文的題目涉及60–80年代大陸的政、經、軍事、文化等領域，例如：中蘇爭論研究，60年代文藝整風研究，劉少奇與「文革」，林彪事件研究，中共九大研究，中共十大研究等等。這些論著所用資料一部分為大陸資料，另一部分為台港資料。

(3)所謂「中二組」和「中六組」資料。「中二組」、「中六組」指去台後的「中國國民黨中央委員會第二組」，「 中國國民黨中央委員會第六組」，這是兩蔣時代為「反攻大陸」，在國民黨內專門設立的對大陸進行特務破壞活動[5]、高層政策研究和情報單位。20世紀50年代初，蔣經國曾任「中六組」副主任，「中統」老牌特工陳建中任主任，實際上當時台灣的軍情單位統由蔣經國負責。這兩個單位都曾編印過一些公開和機密讀物。例如：1961年由「中二組」編印的「機密」資料《匪區來信中透露之大陸饑荒實況》；1967年由「中二組」和「國防部情報局」編印的《從大陸來信看共匪「文化大革命」暴行》等等。

(4)由台灣軍情系統收集的大陸資料和對大陸政經情勢的分析報告。例如：1963年由台灣「中央廣播電台」編印的《一年來大陸聽眾來信之發展》；1968年由「國防部情報參謀次長室」編印的系列內部讀物《談談林彪這個人》，《談談朱德這個人》，《談談彭德懷這個人》，《談談劉伯承這個人》，《談談許世友這個人》等12本；1970年由「國防部戰地政務局」編印的《訪問大陸來台義胞徵詢戰地政務意見總結報告》；1974年由「國防部情報局」編印，1975年改由《中共研究》雜誌社修訂再版的《中共文化大革命重要文件彙編》，1998年由台灣「國防部軍務局」編印的《八二三台海戰役》等等。

「國防部情報局」是台灣主要的情治單位之一，專門針對中共和大陸，其前身為大陸時代戴笠的「軍統」，一些中共變節人員曾長期在此「服務」，例如：投降國民黨的原中共台灣省工委書記蔡孝乾(蔡乾)，20世紀30年代「托派」代表人物嚴靈峰(曾擔任「軍情局」副局長)，原中共六大政治局

5　王芳：《王芳回憶錄》(杭州：浙江人民出版社，2006年)，頁120–124。

委員徐錫根，女作家丁玲的前夫、30年代初負責中共和共產國際電訊聯絡的馮達等。據聞，該局也成立有「大陸研究中心」，又稱「中國大陸問題資料研究中心」，曾掛靠在「國父紀念館」，王思誠曾擔任主任一職。該局曾長期抄錄蘇聯對華廣播，也曾編印過一些中共文件集。

「司法行政部調查局」的前身為「中統」，其資料室又稱「薈廬」，目前已對台灣學者和其他國家的學者開放，[6] 但仍不允許大陸學者查閱資料。長期擔任「薈廬」資料室主任的萬亞剛先生也是老牌「中統」，曾以「萬大紘」的筆名，將原「中統」頭目徐恩曾1953年撰寫的未刊回憶錄《我和共黨鬥爭的經歷》在台灣影印，限定在很小範圍內閱讀。萬亞剛還編過有關中共史料彙編三大冊，和《續編》兩冊。其人在20世紀70年代移居加拿大，再移民美國，80年代後多次回大陸觀光，曾受到廖承志、汪鋒、羅青長等的接見。

「薈廬」資料室最早起源於20世紀30年代「中統」在南京的總部——「瞻園」的「中統訓練股」的一個小圖書室，當時主要收藏被國民黨破獲的中共機關所得的秘密文件和書刊，但是這些材料並沒有受到國民黨的重視。抗戰爆發後，這些資料被轉運重慶，直到1943年才開箱整理，「其中不少已霉爛破損」。1945年後，這批材料又運回南京，「沒有多少損失」，但從南京轉運台灣時，正逢國民黨兵敗如山倒之際，這批資料被「露天堆放在基隆碼頭上，任其風吹雨淋，達數月之久，損失多少無法估計」，直到1952年後才被移置

6　「中華民國調查局匪情資料室藏書內容簡介」1、2、3，載臺北：《共黨問題研究》第10卷，第1、2、3期。

台北郊外的新店附近的青潭，「調查局」專門為收藏這批材料建了房舍，命名為「薈廬」。[7]

一般認為，「薈廬」是台灣地區收藏有關中共歷史資料最豐富的單位。該處收有從20世紀20年代後期–70年代經過初步整理的大量的中共原始資料，涉及革命年代和建國後的兩個時期，種類繁多，但多為1949年前國共鬥爭的相關資料。這部分資料大多為原始資料，具有較高的史料價值，在冷戰時期，吸引了許多西方學者前來查閱，並寫出了一批博士論文和論著。一些台灣學者也利用這些材料寫出反映早期中共歷史的論著，雖然具有濃厚的意識形態色彩，但是對研究若干歷史問題仍具有一定的參考價值。

新中國成立後，由於在資料保密方面有十分完善的措施，台灣方面很難得到大陸的內部資料和文獻，[8] 只是在「文革」初期的混亂期間，大陸資料大量外流，台灣才得以收集和印行了一些中共中央文件和其他內部資料。

1967年1月31日，在大陸「文革」的高潮中，台灣的《匪情研究》出版。此時大陸「文革」進入到「全面奪權」的階段，該刊以較多的篇幅跟蹤大陸的「文革」的動態，不定期刊載他們所收集到的最新的大陸文件，例如：在1970年2月的第4卷第2期(總38期)，發表了1965年12月27日中共中央下發的毛澤東的重要文章《論十大關係》。由於不時發佈大陸的一些文件資料和刊載大陸一些正被衝擊和遭打倒的黨政軍高級幹部的歷史傳記資料，該刊成為當時廣被西方和日本注意的

7　萬亞剛：《國共鬥爭的見聞》(臺北：李敖出版社，1995 年)，頁 310–313。

8　陶涵 (Yay Taylor) 著，林添貴譯：《臺灣現代化的推手：蔣經國傳》，頁 226。

一份觀察和研究大陸動態的重要刊物，「國關中心」也成為當時亞太地區研究中國「文革」和大陸事物的一個中心。

歷史上國共長期鬥爭，互為對手，彼此都有很深的瞭解，1967年1月和7月，《匪情研究》先後發表對林彪和江青的歷史的評介文章，文章雖然在一些史實細節方面有不少錯誤，但是基本敘述還是可以和大陸在20世紀70年代後披露的資料互為印證。例如對林彪評介的一文，對林彪的軍事才能有較客觀的描述：「林彪的長處是善於運用戰術，創造戰術，作戰勇猛沉着，指揮果斷，作風實際，精於策劃，十分注重調查研究及發動戰爭之前的準備工作」。《剖視江青》一文則較準確地描述了江青早年的歷史，並指出「江青完全缺乏自知之明」，30年代末以後，「她那崇尚尊貴尊榮，愛露鋒芒，快意恩仇，全盤個人本位主義的思想絲毫沒有獲得改造，她無時無地不在窺測名利，思圖插手黨政，攘功奪權，以滿足她個人的欲望」。文章預測，「毛澤東一旦去世」，「亦必帶走江青的一切」，江青將被「予以總的清算」，此段預言也被十年後的歷史所證明。

然而，在那個年代，台灣對大陸20世紀50–60年代歷史的高水平的研究總體說來是很少的，僵化的反共意識形態把新中國的歷史發展給予極簡化和平面化的解讀，而資料的缺乏和對大陸語境的嚴重隔膜導致不能對變化中的大陸發展的情況作出客觀研究。1967年7月，大陸的「文革」如火如荼，各級黨組織已完全被衝垮，《匪情研究》第7期發表的一篇文章《中共近期的文藝整風》，專論1967年5月江青、陳伯達等組織的對周揚的大批判，作者對當時大陸發生的「文革」十分隔膜，不知道如何概括「文革」中的這個現象，只能套用中共歷史上的一個常用詞語「整風」，但是使用「整風」的概念來描述「文革」高潮中的「大批判」，顯然是不確切的，因為「整風」的最重要的前提就是黨組織的領導，而當時各級黨組織已全面癱瘓。

台灣在冷戰年代對大陸20世紀50年代後的歷史研究，是在極為封閉的環境下進行的，存在着高度的保密性和神秘性，與外界很少有正常的學術交流，從而影響了研究水平。60–70年代的「國關中心」和東亞所的幾個教授雖然對馬克思主義理論、蘇俄史、中共早期歷史等方面有一定研究，但一旦涉及到大陸50–60年代的歷史，就比較隔膜，尤其容易產生望文生義的錯誤，由他們指導的一些碩士和博士論文，也程度不同地存在一些史實錯誤。甚至和中共軍隊打了20多年仗的國民黨軍方，對其對手的瞭解也是不完全的，例如：1968年台灣軍方內部印行的《談談林彪這個人》一書，雖然對林彪在建國前的歷史和性格特徵等方面的敍述，還是比較準確的，但一涉及到建國後的內容，就出現了嚴重的錯誤，書中竟然稱林彪曾率志願軍入朝作戰，在進攻漢城時，「再度負傷」，「因腰部傷勢嚴重……又轉送莫斯科治療」云云[9]。權威研究機構對大陸50–60年代的歷史尚有嚴重的研判錯誤，社會上的一些讀物和電影中的錯誤就更多。1980年代中期，台灣拍攝的一部反映「文革」的電影《皇天后土》，雖獲「金馬獎」，還被當時的島內輿論評價為「史詩」，但是作者缺少有關大陸和「文革」的起碼的知識，這部電影所反映的「文革」只是作者想像世界中的產物，與真實的「文革」無涉。

9　《談談林彪這個人》（臺北：「國防部情報參謀次長室」，1968年編印），頁3–18。

進入20世紀90年代後，台灣學界的相關研究已擺脱了過去的意識形態化色彩，一些刊物也實現了從內容到刊名的轉型，《匪情研究》繼1969年改名為《中共研究》後，80年代再易名為《中國大陸研究》，原《共黨問題研究》更易名為《展望與探索》。90年代末出版的，由台灣大學政治系主辦的《中國大陸研究教學通訊》側重介紹台灣各院校對大陸研究的動態，最近創刊、由台灣中央大學歷史研究所主辦的《兩岸發展史研究》則側重於從歷史學的角度刊載相關研究論文。目前在台灣中研院近代史所和政治大學東亞所等一些院所，都有一些學者和研究生在從事「50–60年代歷史」的研究，儘管不少研究仍存在語境理解、歷史背景掌握、資料收集及釋讀等方面的缺陷，但在總體水平上已較過去有長足的進步，一些研究成果有較高的學術價值，得到大陸同行學者的重視。

近年來民間的當代史書寫[1]

從語言社會學的角度，在中國大陸，「書寫」和「民間」都是「新詞」，與「書寫」有關的「民間」之出現，還應是90代中期《天涯》上的「民間語文」，後有徐曉等編輯的「民間書信」，那算是「民間」二字在書寫領域浮現了。

再有就是「書寫」一詞，現在這是一個平淡的詞，過去叫「寫作」。「文革」前的「寫作組」，是很神聖的，最有權威性的，應是釣魚台的反修寫作組。還有就是毛發動「文革」的推動力量：上海丁香花園的市委寫作組。「文革」起來後，中央「文革」組織起對劉少奇「黑六論」的「大批判組」，各省也都有屬於當地省革委會領導的「大批判組」，都能呼風喚雨。那時參加者，被稱作「筆桿子」和「秀才」，雖然也是招之即來，揮之即去的「文學僕從」，但是他們多數的自我感覺還是很好的。中央級「秀才」中最顯赫的，如陳伯達、張春橋、姚文元，都是政治局成員了，甚至是常委。

過往歷史的寫作，就是史官壟斷，其原則就是「成王敗寇」，野史筆記是不入流的，寫史是神聖的事，所謂「文章千古事」，都是官家行為。官史寫作，一是自我論證合法性，再有就是強調歷史的教化功能，當然也有司馬

1　2008年12月9日在華東師範大學歷史系；2009年6月28日在華東師範大學國史講習班。

遷等良史，所謂「以史為鏡，可以知興廢」。

三方面互為聯繫，也互為矛盾，最重要的還是自我論證，這些好像和普通百姓沒什麼關係，說來說去，什麼資治啊，都是叫統治者如何管教老百姓。

可是到了科技革命興起，90年代中後期，特別是進入21世紀後，電腦和打印機普及化，個人博客興起，現在書寫進入尋常百姓家，早先神聖化的寫作也就平淡化、平常化了。

「民間」一與「廟堂」對應，二與「學院體制」對應。與「廟堂」對應的民間，自古有之，即「官史」之外的野史。與「學院體制」的對應，則複雜一些。近代以來，政治社會對人們的束縛逐步鬆懈，私人寫作、出版方興未艾，私人撰述歷史與學院修史沒有明確界限，評價體系也是單一的。出現大變化是在新中國建國後，書寫國家化，歷史著述更是被視為是一種國家行為，有關社稷安危，被完全納入國家指定的軌道，也就沒有任何私人化的歷史書寫了。

1949年後，出現另一種歷史書寫，那就是大規模的個人自傳的書寫，只是它不是一般意義上的歷史書寫：

1. 它是用於領導審查幹部或個人之用；
2. 它不會公眾化，不進入公眾閱讀領域。

前幾年出版的郭小川的《檢討書》等都有這方面的內容。

久而久之，形成一種認識定勢：歷史是官家所寫，這特別體現在一些大項目的通史和斷代史的寫作上。歷史也可由個人所寫，但要體現官家的意志。在這樣的背景下，形成了歷史讀物的一個生產、出版、推廣、評價的系統化的體系，再加上官辦的史學會和省社聯一類的機構，有幾個大佬分兵把守，項目之獲得、評獎，都與作者的利益掛鈎，形成一條產業鏈。這就是近六十年來，我們所看到的歷史書寫的大致情況。遺憾的是，許多被評獎的官史的學術價值很低，還是余英時先生說得對：「人文著作尤其需要通過時間的測驗，轟動一時之作，未必真站得住」。

民間書寫的興起有其大背景：平反冤假錯案，1981年的《歷史決議》提供了一定的空間；「文革」後讀書界對「假大空」的厭惡；對外開放，域外讀物的引進而帶來的刺激；社會空間的擴大、市場化，都是對長達幾十年的一元體制下的國家化歷史寫作的反彈。

然而，社會上對民間的歷史書寫是不是歷史，是有疑問的。要回答這個問題首先我們還是要問，歷史是什麼？我們說，歷史是過去的事實；歷史也是歷史學家的作品。克羅齊認為，人們通常認定的歷史中有一部分並非是真正的歷史。和其他人往往強調歷史事實不同，克氏認為只有被表述的歷史才可能是歷史。為什麼有的被表述，有的被省略，這必定有選擇，換言之，即如葛劍雄所說，「今天我們所看到的一切歷史，都有其主觀性」他說：「歷史不僅是指過去的事實的本身，更是指人們對過去事實有意識、有選擇的記錄。」

說到民間的書寫，這裏的情況千差萬別，有的是史家的文字，也有的只是普通人的作品，其中多為回憶性的作品，主觀性強，當然沒有大量的注釋，也不符合學術規範。

第二，歷史由誰來寫？學院內的人可以寫，民間的人能否寫？而且學院內的人是否就能一定要以官家意志來寫？何為「民間」？是不是學院之外的，都是民間？以我看，區分官史和民間的歷史，就是看有無民間的視角和民間的價值取向：

1. 官史都是從執政者的角度，是運用宏大話語來闡述歷史規律，在這種角度下，人民是附帶和附屬的，不是被觀察被研究的中心。民間的取向就是跳出這個框框，去「自我論證化」，但還是繼承「鑒往知來」的中國優秀的良史傳統，

2. 官史談現代有避諱，需遮蔽，談古代好得多，因為和現實的關聯性較少，民間不避這個忌諱。即如唐德剛先生所言：誰說歷史學家不能對現實說話！我是歷史學家，我知道過去是怎麼回事，我當然可以對現實發言。我的看法可能不對，對不對需要時間來檢驗……在我看來，歷史不是一條直線，而是彎彎曲曲、有上有下，許多歷史，恐怕還要等到相當長一段時間才能評斷。[2]

3. 官史論人看地位，分等級；民間的取向看人物看多重面，看底層，也是多重面，沒有神聖的大人物，也沒有神聖的勞動人民。最近我看一本書，張勝寫他的父親張愛萍的書，《從戰場中走來：兩代人的對話》，是一本難得的好書，有民間的取向。該書去領袖神化和聖化。1958年，領袖穿泳衣召見張愛萍談粟裕問題，張愛萍回家對其妻表不滿，這是非常罕見的。

以上是舉其要者。從這個角度看，官史堅持國家化的歷史寫作也是可以理解的。前幾個月我在看電視劇《浴血堅持》，拍得很不錯，對項英的描繪有很大的突破，對陳毅的描述也較真實，但還是有一些敗筆。例如：幾次讓陳毅說他想念毛澤東同志，又說項英也懷念毛，這些都是無中生有，中央到陝北後自顧不暇，一直沒去聯繫項英、陳毅。當然這是影視作品，可以藝術加工，但也不能太離譜。所以，國家化的歷史敘述就是這樣的了，你不能指望它怎麼樣，我只是

---

2 《唐德剛：活在別人的歷史裏》，《三聯生活週刊》，2006 年 4 月 10 日。

希望在國家化的敘述之外，還有民間歷史這一塊，我曾在幾年前參加過福建師大歷史系一博士生的答辯，他的論文題目就是談1934年10月中央紅軍長征後，國民黨對中央蘇區的恢復和整理，並對之有較高的評價，這是一份很嚴肅的研究，可以和國家化敘述對照起來看。

我認為，學歷史、讀歷史，記住余英時先生的一段話是很重要的。他說：學歷史的好處不是光看歷史教訓，歷史教訓也是很少人接受，前面犯多少錯誤，到後面還是繼續。因為人性就是大權在握或利益在手，但難以捨棄，權力和利益的關口，有人過得去，也有人過不去。所以我認為讀歷史的最大好處是使我們懂得人性。[3]

近三十年的民間書寫有幾類：

第一類：重點敘述文革期間名人和普通人遭遇的一些出版物

例如：馮驥才的《100人的十年》(1986)，余習廣：《位卑未敢忘憂國：文革上書集》等。現在看，80年代在執政者、知識界和民眾之間，有一種共識，這就是記取歷史上的極左教訓，防止悲劇重演。因此，有關討論「文革」歷史的作品較多。90年代後，這類出版物載數量上大大減少。在赫魯曉夫十年執政期間(1954–1964)，前蘇聯出現了一批「反思文學」，勃列日涅夫即位後很快銷聲匿跡，在中國也不知從何時起，「文革」敘事已被視為是不合時宜。前幾年上海的《收穫》雜誌闢出專欄，從文學角度刊登有關「文革」的回憶與研究文章，記錄了我們民族不應忘卻的那段歷史，現成

3　〈余英時：歷史研究要恢復「人」的尊嚴〉，李懷宇(南方都市報記者)，載《南方都市報》，2008 年 7 月 9 日。

書為《親歷歷史》，其執着和真誠令人感動。《親歷歷史》是《收穫》雜誌同名專欄的結集，收有張賢亮、楊憲益、藍英年、王蒙等十七人的回憶，其中最為珍貴的，卻是葉兆言、費振鐘、萬方、嚴平這四位的述說。因為「文革」開始時，他們最大的才十三歲，最小的還不到九歲。「那個年代」中的少年兒童及「文革」對少年兒童的影響，以前確實少有提及。他們的回憶說明了階級鬥爭教育對青少年兒童成長的嚴重影響。

二章的作品——章立凡主編的《記憶：往事未付紅塵》和章詒和著的《往事並不如煙》等系列作品，這兩本書既可歸於文學書，但在我，卻是把它們作為歷史來讀的，我把它們看作民間的歷史，去官方化是這兩本書的共同特色。當然，可歸於民間修史範疇的圖書還有很多，但能夠達到這兩本書水平和境界的並不多。

章詒和一再強調此書的真實：「曾經，最珍貴和最難得的個人活動，便是回憶。因為它是比日記或書信更加穩妥的保存社會真實的辦法」。沒有經歷那場運動的人，對這句話可能不會有刻骨銘心的認同感。1957年那場運動的殘酷，非一般常人所能想像，被打成階下囚和下放的人的數量是如此之多，所使用的各種謀略和卑鄙手段在生活在太平盛世中的普通百姓看來，簡直是荒唐透頂。但在當時，這些無法想像的手段卻都是被看作光明正大的行為。和《往事並不如煙》一樣，《記憶：往事未付紅塵》也從民間的眼光出發，強調歷史的真實還原，強調真實地反映當年的那些心比天高，命比紙薄的人的悲慘遭遇。

第二類：一些研究性讀物

例如：謝泳的部分作品。王學泰：《發現另一個中國——遊民文化與中國社會》等。楊天石的《找尋真實的蔣介石》，以美國胡佛研究院最新解密的蔣介石日記為基礎，揭示了蔣氏早年的思想、性格及其發展，和其不為人知的內心世界；剖析了近代中國的許多政治內幕。是作者研究蔣介石20年的集大成之作。作者為知名的蔣介石研究專家，卻不抱殘守缺，以七十多高齡遠赴美國，兩度在斯坦福大學圖書館抄錄剛開禁的蔣介石日記，以高度的學術熱情和同情之理解的態度，重新勾畫了蔣氏大陸時代若干重大事件的原委，逐步接近了一個真實的蔣介石，該書對重新認識中國近代史有重要意義。

胡文輝的《陳寅恪詩箋釋》，其背景是1983–1985年，余英時教授在海外發表文章，認為陳寅恪晚年詩文裏存在着一套「暗碼」系統(即借助詩的古典與今典，表達詩人的心曲)，此論一出，堪稱石破天驚。不過，正如很多學者所指出的，余英時的解説雖有篳路藍縷之功，但他解讀的只是陳寅恪晚年的部分詩作。胡文輝的這部著作，解讀陳詩一句不遺，旁征之博，考訂之精，令人歎為觀止。陳寅恪身處二十世紀的革命、內亂、外敵入侵的大變局中，目睹傳統文化與道德之花果飄零，更在上世紀中葉開始的空前一體化的舉國體制下，憂國感時，將其私語訴説投放在詩稿中，「以詩證史」。數十年後，作者將其「密碼」破譯出來，使我們得以瞭解這位文化泰山的心跡和他的筆下的那段驚心動魄的歷史。

《吳宓日記》，收集的是吳先生建國後詳細的私人日記，對瞭解50–70年代歷此政治運動對知識分子的影響有非常重要的史料價值。

第三類：自印本

一些前右派和知識分子的作品。這類讀物數量較大，前右派長期生活在底層，對社會和體制的缺失和弊端有深度體會和觀察，又有一定的寫作能力，一般反思力度都較強，例如：趙文滔的《傷害》等等。還有一些知識分子在海外寫的回憶錄，其中劉光華《烈日之下》，就很有價值，作者是南京工學院建築系教授，該書全面展現了他所工作和生活的南京工學院(前身為中央大學，現今為東南大學)在建國後的歷次政治運動及其對高級知識分子的影響，此書是留美華人歷史學會印刷的文本。

另一些是前高幹某些不符主旋律的作品，例如：粟裕夫人楚青的《慰英靈》，高崗前秘書趙家梁的自傳，河南省省委書記處書記文敏生的自傳等。

第四類：在境外出版的不符官方宣傳口徑的前文革或高幹讀物

這些出版物數量頗大，水平參差不齊，在大陸較為嚴格的出版環境下，只能拿到香港出版，例如：在境外出版的「文革」人物的讀物，計有：王力、陳伯達、徐景賢、聶元梓、金敬邁、《朝霞》主編陳翼德的《生逢其時》、吳法憲回憶錄等，博古侄兒秦福銓的回憶錄，趙家梁的《半截墓碑的故事——高崗在北京》，鄧力群的《十二個春秋》等。還有前改革派的讀物，這類讀物多有民間取向：宗風鳴，胡耀邦年譜、李銳、李昌、馮蘭瑞等。再有一些是歷史類的著作：東夫：《麥苗青菜花黃——大饑荒川西記事》等。

網絡中的一些讀物，包括個人博客，使得書寫進入平民百姓。

我看過的，有內容的，比較有內容的歷史類的個人博客有：

1. 方子奮的博客，「狗日的檔案」，「方園里六號的冤魂」。
2. 蕭一湘的博客，作者是湖南常寧人，80多歲，談建國後該縣歷年政治運動。
3. 《釋證紀歷》，所收都是「文革」名詞解釋，刊於「凱迪中途島」。
4. 《我的階級鬥爭的第一課》，說的是「文革」前西寧市中學中存在的嚴重的出身歧視，反映的是當時全國一個普遍性的問題。初中第一節課，老師叫每個同學報家庭出身，令作者屈辱、憤懣，更令他感受到政治的殘酷無情。

說的是作者的一個同學，「文革」大亂的時候，校長室的文件扔的到處都是，他拾到一些紙片，其中一份就是《北京小學教職員工情況》，說的就是作者的母親，當時作者所在的北京一家中學在「文革」前對老師搞的政治類別的排隊。原來在44年以前，每個人就是這樣要被基層黨組織：五名「支委」——三個不太老的老太太和兩個不太老的老頭，在會議上逐一仔細排隊。該校總共有54個「群眾」，31個都有「問題」。只是1963年的那五個支委，沒有一個逃過了1966年坐「噴氣式」被鬥爭，鬥他們的大多不是他們認真分析過認為有各類嫌疑的人，而是從這個「黑名單」上漏網的黨團員和群眾。

還有一些網上發表的個人長篇回憶錄，例如：丁人卜編著《難忘的歲月——安徽省無為縣共產風史跡》，包含了豐富的史料。《一個鄉村教師的人生回憶》，作者安壽，發表在「貓眼看人」，2007年4月發表，我是7月初看到的，說的是上海青浦縣一位鄉村教師的普通的一生，其中寫到反右和大躍進對作者一生的深刻影響，很樸實感人。此正印證了某位哲人的話：「人人都是他自身的歷史學家」。

另有兩個綜合性的，與民間回憶相關的網站，也受到讀者的歡迎和重視：

1. 香港中文大學中國研究服務中心主辦的《民間歷史網》；
2. 加拿大陶世龍主辦的：《五柳村》。

有兩份個人主持的網絡電子刊物，在記錄歷史方面也做出很大的貢獻：

1. 《往事》。2004年由原中宣部幹部鄭仲兵創辦，作者1939年生於福建長樂市。1963年畢業於中央民族學院(現為中央民族大學)。「文革」中兩次入獄，1978年平反，後調中宣部理論局工作。《往事》不定期，已有70多期，主要為回憶和專題研究文章。
2. 《記憶》，2008年，9月13日創刊，綜合性電子刊物，由吳迪、何蜀主編，已出26期。主要刊登「文革」回憶和研究資料。

由此可見，互聯網拉近了學院研究與民間的距離，促進了學院與民間的交融。民間對歷史尤其是近現代史的興趣一直較高，這可能和所處的時代有關，凡是與當代現實有某種關聯性的歷史，都會引起社會的興趣。一些網站闢歷史專欄，也設立個人專欄，如「天益網」等，也受到讀者的歡迎。

湯因比(A.J. Toynbee, 1889–1975)説：「歷史學家必須提防的事情之一，就是聽任勝利者壟斷對後人敍述故事的權力。」歷史保存，歷史真相不是不可還原的，至少是部分還原。民間書寫的興起體現了普通人的價值得到尊重，是人性的彰顯。民間敍述的興起也受惠於印刷術的改進和互聯網、個人電腦的普及，但是對於研究者，在使用這類資料時還應詳加考辨，與其他材料互相印證，以求更準確地反映歷史真貌。

和研究生談幾本史學名著[1]

談鄒讜《中國革命再闡釋》

此書由何高潮翻譯，由香港牛津大學出版社出版。何高潮曾研究農村革命問題，80年代在武漢學習，後去國外讀書。

80年代中後期鄒讜在北京大學做客座教授多年，北大當時是全國高校政治學教師的進修基地，把鄒讜先生的看法很快傳播了開來，這就是他使用的「全能主義」的概念。其實「全能主義」概念和「極權主義」概念在英文是一樣的，只是鄒讜考慮到當時大陸的語境而使用了「全能主義」，從而拉開了一個口子，使這個原先禁忌的問題可以談了。「集權主義」的概念在改革開放後偶爾出現，「社會主義集權主義」在80年代用過。在鄒讜說了此概念之後，中國學者就運用此概念談「國家與社會」。90年代初，「市民社會」概念復蘇，大凡重要理論或概念的出現都與時局變化有關。「市民社會」概念進入中國時分成兩塊討論區，一為鄧正來主辦的《中國社會科學季刊》(香港)，另一為《天津社會科學》。

鄒讜是國民黨原老鄒魯的兒子，居正的孫女居蜜曾是美國國會圖書館東亞部的負責人。謝持的孫子謝幼田對「西山會議派」有研究，寫了《謝持年譜》，是研究「西山會議派」必看之書。

中國革命的解釋原來是有巨大覆蓋面的解釋，鄒讜的新解

1 2006年10月9日

釋與此是有交匯的，原來的解釋是共產國際、列寧、民族與殖民地綱領給的。共產國際和蘇聯對中共的幫忙其中之一是在關鍵性的理論問題上，為中共提供了理論的基本框架和論說體系。20年代共產國際有中國問題研究機構，列寧吸取了專家的意見，比如印度的羅易。1937年以後，毛的幾篇文章建構了他本人對中國革命的解釋框架，毛澤東在此前基礎上發展。他的解釋大致能說明問題，所以說中共傳統的解釋覆蓋面很大。

孫中山和蔣中正的解釋與毛澤東的解釋有共通之處。孫中山的重點在滿漢對立，滿人對漢人長期欺壓，對中國文化壓制，使中國的立國精神喪失，這與唐君毅和牟宗三有了交匯。新儒家不是在象牙塔裏做學問的，他們感時而發，唐君毅有強烈的歷史文化精神，1978年病逝後安葬在台北，他說台灣是中華文化最後的乾淨地。

孫、蔣說中國是「次殖民地國家」，與「半殖民地國家」差不多。1927年以前國共的理論分界是很模糊的，中共方面左翼主題並不突出。1927年以前為「國民革命」，與以後的「工農革命」有重大區別。1927年後中共階級意識出現了，1935年後「中國」概念也突出了。

中國第一個民族主義政黨為國民黨，中共在毛澤東掌權後開始中國化，毛澤東對中共的精神氣質有重大改變，此前中共的國際色彩很重。

近代的主題是建立民族獨立國家，背景乃東西洋對中國全面的侵略，如果沒有他們打進來，中國則處於改朝換代的循環中，東西方列強的入侵促使中國變化。

毛澤東和蔣中正對歷史的解釋都有有效性和局限性。中國傳統文化崩潰(特別是1905年廢除科舉後)，毛對此不太在意，新儒家注意到了，可以參看唐君毅的文章。

中國舊制度自我更新慢了，研究20世紀中國第一個10年很有意思。那是大幅改革時期。要讀20世紀中國第一個10年的歷史，中國在發生巨變。全方位的改革，清政府想改革，但又為何失敗了？革命往往產生於改革時，改革是危險的，不改是安全的。金正日為了自己的家族而不改革。

鄒讜的新敍述的「新」在於突出了外部因素對20世紀中國革命的影響問題。國共都淡化了這個問題。對國民革命和工農革命以及後來的人民革命，外部因素起的作用太大了。

蘇聯對中國的影響

蘇聯為20世紀中國的政治集團提供了強有力的治國新模式，國共都吸取了。中共吸取列寧主義上、下端，上端是階級鬥爭和暴力革命，下端是黨治、黨軍。國民黨只要階級調和，孫中山認為階級鬥爭是社會病態的反映。日本沒有提供整體性東西，而蘇聯提供了很多。

蘇聯對中國的影響是持續的，從20年代到70年代。大陸敍述肯定了蘇聯對中國的幫助：(1)蘇聯在大革命時期對中國的幫助。(2)抗戰初期蘇聯對中共的幫助。但是30年代中期前蘇聯對中共的支持一般不提，因為當時在黨內是留蘇派掌權。(3)40年代後期對中共的幫助。(4)建國後對中國的幫助。

60年代對蘇敍述開始大變(1960–1970)，對於蘇聯的幫助一般只提列寧，斯大林對中國的幫助一筆代過。敍述有矛盾之處，一方面，指責赫魯曉夫對斯大林焚屍揚灰；但又批評斯大林對中國的霸權主義。

1956年蘇共二十大對中國國內政局的發展有持續性的影響，赫魯曉夫的秘密報告對毛澤東晚年的政策和人事安排有重大的影響。1957年把批評斯大林大國主義的知識分子打成反蘇、反共分子。毛澤東自己可以批評斯大林，但不允許群眾對斯大林有任何批評。陸定一是中央書記處書記兼中宣部部長，他跟在毛澤東後面批評斯大林，結果在「文革」中被打成反斯大林分子。1960–1970年代的敍述突出了斯大林的大國主義和斯大林對王明的支持。斯大林和中共的交往及毛澤東和斯大林的交往別人是不能插手的，毛與斯討價還價。表面看起來毛更高明，但中國還是吃了斯大林許多悶虧。

中國在外蒙古問題上對斯大林有批評。1924年中蘇簽訂了《中國解決懸案大綱協定》，可見北洋政府是有原則的，中國領土在北洋政府時期至少在法理上是完整的，失去領土是以後的事。

1949年後中國制度架構一半來自蘇聯。1976年毛澤東去世後蘇聯發來唁電稱毛澤東為「同志」。1969年中蘇關係惡化到極點，但雙方還是互稱同志，這是很矛盾的。(歷史應該清晰去描繪，但這很難，很多事錯綜複雜)。

1979年後北京大學出現了「共產國際與中國革命」專業(後轉型為國際政治專業)，很多學科隨時代而變遷。由於各方的檔案不開放，研究處於瀕死的狀態。1985年前中蘇關係也不好，看不到蘇聯的材料。90年代情況變了，蘇聯解體，檔案開放了。但普京上台後要重振蘇聯時代的大國雄風，檔案又不開放了。鄒讜強調外部因素對中共的影響是正確的。他有生之年雖然沒有看到蘇聯解密後的材料，但他的論斷很準確。

關於日本對中國的影響[2]

中國近代化向日本學習，其中就包括清末新政。19世紀末開始中國向日本派大量留學生。社會主義思潮向中國的傳播也是通過日本。日本侵華破壞中國現代化的進程，對此國民黨提得很多。鄒讜強調偶然事件對歷史的重大影響，這也是對的。他認為日本的入侵救了紅軍。紅軍會師陝北不算長征的勝利，對於前景大家心裏都沒有底。情況很危急，共產國際來了指示，要求建立統一戰線，毛打出抗日旗號，這樣才名正言順。到1936年下半年，情況大為好轉，又發生了「雙十二」事變，國軍停止剿共，紅軍才算勝利。日本對國民黨、共產黨正反兩面的作用太大。蔣中正將精銳的部隊全部用在淞滬一戰，70萬人損失殆盡。而毛澤東則是繞道敵人後方去，發動群眾。毛蔣的思維不同。蔣中正認為自己是大國元首，要有責任和義務。

鄒讜的缺點在於他對知識分子和中國革命的關係體會不深，他的人文感覺稍有欠缺，這是一個不小的缺陷。國民革命、共產革命和知識分子有重大關係。參加革命的是兩類人：知識分子和農民。毛澤東稱是共產黨的農民打敗了國民黨的知識分子。為什麼知識分子打不過農民？因為國軍將領的拼勁不大。(看書要看他的優點，但也要看其不足。)

鄒讜對延安時期的敍述有偏差。他認為，在毛澤東、劉少奇領導下，溫和理想的黨內鬥爭模式建立起來了。(1)鬥爭大會開得少。(2)失敗者不被處死。如果說理性是對革命和人性的精密分析上，鄒讜的這個觀點能夠成立，但「溫和」肯定不能成立。鄒讜說鬥爭大會開得少是錯的。在延安時期鬥

2　2006年10月16日

爭大會是很常見的。研究「鬥爭大會」是個很好的博士論文題，這是受到了莫斯科中山大學的啟發。鬥爭大會的模式在江西時期開始建立，在延安時期經常開。鄒讜說失敗者不被處死是對的，但問題是這種模式也不是毛澤東一手建立的，1921年後黨內鬥爭失敗者都不會被殺死。蘇聯有這個殺死失敗者的情況。毛澤東吸取了江西時期的經驗，他主政後，一般不處死黨內鬥爭失敗者，但會長期監禁他們。

關於美國對中國的影響

(1)精神、思想上的影響。三民主義一定程度吸收了美國價值觀，林肯的東西影響力更大。

(2)在文化、教育、宗教方面，培養了一代中國現代知識分子。中國留學生在日本學習短快，回來幹革命、做生意。中國沒有產生「留日派」，但有「留蘇派」、「留美派」，留美生橫跨自然、社會科學領域，尤以自然科學為重。1949年後有從美國回來的知識分子，從事軍工業。而台灣一直受美國影響。

(3)美國在某種程度也干預中國政治，但與日本、俄國是不一樣的。日本從甲午戰爭至1945年一直干預中國的政治(比如支持孫中山、幫助康梁、支持制約蔣介石的力量、北洋時代政府更迭的背後都有日本的影子)。美國為階段性的干預。1927年後國民政府有親美色彩。美國的干預主要在抗戰後特別是在珍珠港事件以後。在1941年後支持國民黨民主派，對蔣介石獨裁進行制約。美國既支持蔣，又對蔣的專制有抵制。美對國共關係也強力干預。1949年美國對台灣有巨大影響。美國從戰略出發必須支持蔣介石。1949年後美國在大陸的影響被全面掃蕩。美國的影響只存在於表面，在制度架構上沒有在中國留下任何東西。今天台灣制度架構中已融入了美國因素，比美國更自由，是一人一票選總統。

鄒讜的貢獻在於分析了19世紀中國革命發生的原因和後遺症的問題。19世紀西方進入後，中國社會崩解(軍事、政治、精神上全面崩解)，導致了要求重組社會的新力量的出現，北洋是新舊捆綁的過渡性政權。國共乃重組社會的重大力量。

20世紀重組社會的方式

新社會力量要重建國家，方式乃是社會革命。國共社會革命綱領在一定程度上滿足社會要求。(十分吊詭，大家在享受着北洋的自由，但又要打倒它)

(1)追求國家獨立、領土完整。蘇聯無民族概念、無地域概念。(馬克思：工人無祖國，祖國乃地主資產階級國家)，國民黨罵他們，因為國民黨有民族主義色彩。

(2)都提出社會公正問題。孫中山的三民主義也談到社會公正。

(3)提出社會解放(禁煙、反對裹小腳等)。

以上三點國共都具備的，社會革命綱領順應時代要求。革命不是幾個人就能策動的，革命不是想不想的問題，關鍵是有革命的條件了(西洋和東洋對中國的侵害，中國人的痛感)。蔣介石認為中共革命背後有莫斯科的黑手。其實這是不對的。不是幾個人就能煽動起革命的，20世紀中國革命有深刻的背景，基於反抗壓迫的革命是合理的。慈禧太后和北洋政府解決不了這些問題。國共革命要解決這個問題，但有很大的後遺症。國民黨進行的是有限革命，國民黨的革命是政治層面上的革命，政權一到手則革命就告一段落。國民黨的革命後遺症小，因為革命是有限的，未進入精神革命領域。共產黨進行的是無限革命，革命的後遺症大。國民黨是同鄉、同學、利害關係和信仰關係的結合。1928年後蔣介石開始建構國民黨的理論，但馬馬虎虎，搞「黨義」的，被人稱為是買狗皮膏藥。國民黨黨部的工資收入低，大家都削尖腦袋往政府部門跑。國民黨的性格太中國了，只是鍍了一層西洋的外衣。大家都稱兄道弟，而共產黨是不來這一套的，叫一聲「同志」，就把所有親朋好友、七大姑、八大姨的傳統倫理聯繫切斷，只認共同信仰的人是親人。

中共的全面革命要求進入社會、生活、個人、精神價值觀的層次。「文革」是「靈魂深處爆發革命」。現在看來革命不能進入最後領域。人為的大力推動到最後層面是有問題的，限制了社會、個人自由。馬克思說要建立自由聯合體。中共建立了巨大的、無所不在的國家，國家完全控制一切空間、資源。列寧稱此為「兵營式的社會主義」(現在只有朝鮮才是這樣的模式)。

國民黨理論來源

國民黨理論來源有三：

(1)中國傳統文化。

(2)蘇俄一黨專政的黨治國家概念。

(3)西方自由主義思想。

以上三點對國民黨以後的行為有巨大影響。1931年「九一八」事變後國民黨內和社會要求國民黨結束訓政，進入憲政。1936年通過《五五憲草》。1950年國民黨去台灣後才實現國民黨對社會的全面滲透，1987年蔣經國去世前才發生變化。

國共是對近代中國問題的回應。國民黨是中國第一個對社會中下層的人士產生影響的黨，代表近代工商業階級的興起。國共都追求民族獨立和社會改造，但路徑不一樣。中共重點面向社會底層，主張激進快速的社會改造。1927年不是這樣，當時中共階級特徵不是很明顯，1927年國共分家後才顯現階級特徵。國民黨則重視中間階層。1927年後國民黨放棄對社會底層大規模的社會改造活動。江寧曾為國民黨縣一級改革的模範縣。但改革不激進。

1934–1937年國民黨對中央蘇區的社會恢復工作是一個研究問題，當時的「恢復」是階級調和而非現在大陸宣傳的「反攻倒算」。這是江西一博士建立在大量資料的基礎上所做研究得出的看法。當時蘇區人口大量跑到白區去，因為中共在紅區搞極左經濟、政治政策。中共以革命專政搞社會改造，包括對本階級群眾。

談許倬雲《從歷史看組織》[3]

80年代開始「中共組織史」的寫作(李銳的建議)，各級黨委組織部門有專門的常設機構負責此事。有中央卷和地方卷，價值很高。中組部收集的最全。研究近代史要會用這套材料。台北中央研究院近史所圖書館收藏的非常多，香港中文大學的中國研究服務中心收的也不少。

許倬雲乃大師級學者，國內知道他的名字是80年代中期，最先是美國華文的《知識分子》雜誌介紹的。雜誌裏選了一些一流華人學者的文章，許倬雲在上面發表文章談軸心時代，他把中外歷史打通，將中外歷史作比較研究，確實談中國史應該放在世界歷史大背景下談，過去國內是將兩者完全分隔開來研究的。

許倬雲先生看書多，感悟強。他將人和組織結合起來談，他說，一個傑出人物需要有幾個重要的條件：

1. 知識，這可以通過學習得到；
2. 見識，這也可以在經驗中培養，要胸襟開闊；
3. 膽識，這個不太容易，碰到問題要當機立斷，與人的性格有關。前提是要具備前兩者，而且還要有使命感。

而做一個領袖，則需要：

1. 目光遠大(毛澤東肯定有，鄧小平也有，曾國藩也有)；
2. 堅毅果斷(堅強的意志力，認定了就非常執着，紅八軍軍團長周昆在中途放棄，就是意志力薄弱)；
3. 胸襟開闊，這是成大器者所必須的；
4. 公忠體國；

3 2006年10月30日

5. 能開一代之風氣；
6. 能帶動一批人成為自己的追隨者。

下面談一談中共革命組織形態的來源問題：

1. 來自於蘇聯，列寧主義黨提供了組織制度。一元化、同心圓結構適應中國人組織意識的嚴重缺失。50年代後中國人對組織的依賴，高度計劃經濟下，每個人都有組織。組織控制了一切資源外，個人離開就不能生存。除此之外，還有人的心理需求的一面，因為人要有歸宿感。1949年，毛澤東就提出要將全國人民安排到各個組織中。中國革命之「新」在於有了現代組織。
2. 中國的傳統(20年代片斷性而非全面進入黨)。
3. 毛澤東的獨創(總學委、「文革」小組等)，現在還沒有文章專門來談這個問題。

列寧主義黨可以領導軍隊。博古二十幾歲領導軍隊，得到李德和周恩來的輔助。博古在黨內有權威，博古會斷、周恩來謀多，周會綜合個各人觀點，取中庸的方法。

中共跳出歷代農民起義造反的傳統，就在於有「黨」的組織。毛澤東一身兼黨、軍兩職。

地方首長兼軍區政委。60年代初後，社會潮流尚軍，以軍為榮。

建國後周恩來掌政務院，政務院有黨組幹事會，周恩來是黨組書記，政務院各部都聽周的，包括公安部在內。按不成文規則，公安部應歸一號人物控制，所以毛澤東對周主管公安部很生氣。1953年毛澤東作出重大改革，公安部的一切全部直接送給毛，抄送周。

丞相是外朝，權力太大時皇帝就要依靠內朝了。近代中國也是這樣，所以研究近代史必須瞭解一些古代史。

中央書記處是黨最重要的機構而非國務院。蘇共中央書記處管意識形態和幹部的任免和升遷。劉少奇組織政治局會議，落實在書記處。周恩來的國務院是業務部門，要聽書記處的。彭真在1956–1966年的權力很大。

黨管業務，這也是學蘇聯。1956–1966北京市委有大學部，工交部等。政府每個機構都由黨委管。

組織與制度(經過一個階段就要重新調整)：(1)因事設置。(2)因人設置(只是給你一個位置)，張聞天為政治局委員，但他在東北時受政治局委員高崗的節制。

許倬雲的結論：(1)制度由人來建，制度中有人。(2)組織也會老化、渙散。組織內部會因各種變數轉變而產生張力，要借力轉力，開創新局面，笨人狂妄、自私，誤用張力走向失敗。

對唐德剛其書的看法

唐德剛的研究方法基本是傳統的，也就是不太運用西洋框架，而是根據若干史料，以中國人和中國知識分子的是非觀、價值觀(20世紀中國知識分子的價值觀已融入一些西洋自由民主的原素)，結合他個人的感悟，發表看法。由於唐德剛生於戰亂的20世紀中國，又長期居住美國，在美期間曾為顧維鈞、李宗仁、張學良等民國要人撰寫回憶錄，和胡適也有較多的接觸，故對歷史幃幕後的政治、社會等各種複雜因素有具體的體察，加之他和台灣知識界，一些政界人物有密切的聯繫，二十多年來又經常游走於海峽兩岸，故而他對歷史的看法有比較開闊的視野，同時滲透他個人強烈的主觀感受。

一般而言，他在史實陳述方面着墨不是很多，重點在議論，而這就是他作品的精彩之處。他的文筆非常流暢，但也有一些戲謔之氣。唐德剛不能算是學院派，一是他的作品嚴謹性欠缺，二是他沒進入美國主流漢學界，只是在一般大學教書。儘管如此，我以為他仍可稱為傑出的史學家，雖然唐的考據功夫不強，有些作品在具體時間、地點、數位上有錯誤。

余英時、許倬雲、杜維明、張灝、林毓生等肯定是學院派，唐不是。但他在兩岸三地的讀者一定比前幾位多。唐自有其地位，學院派中有些食洋不化的年輕後生難望其項背，這就是他具有史學家最重要的特點：史識，即洞察歷史的眼光。唐德剛的強項不在史料。例如：他總結毛的三十年，能一字點破天機，就用一個詞就概括之：專政。這起碼是1949–1979年社會治理的最重要的特徵。為什麼他沒用「追求理想的三十年」？那也是一個很重要的方面，因為在他看來，那不是這三十年最重要的特徵。而「專政」是一個客觀詞，任你怎麼想都可以，留了一個空間給讀者。另有一點我也很欣賞，唐是「民眾本位論」者。這點也不是很多史學研究者能做到的，許多史學研究者是「國家，民族，領袖三位一體論者」。唐的作品不少，我以為唐的代表作是有三本：

1. 《晚清七十年》
2. 《毛澤東專政史末》
3. 《袁氏當國》

這幾本書能夠稱上是著作。

談魏斐德的作品[4]

魏斐德(Frederic E. Wakeman, Jr)有《歷史與意志》、《洪業》、《中國特工》、《上海警察》等著作。魏斐德是「上海學」的最早的推手和代表性的學者。地方史研究是現在的熱點，上海影響太大，對上海歷史的研究成為國際漢學界的趨向。我剛從德國回來，發現德國《德意志報》每天都有上海的新聞。通過研究地方而回答大問題，不能拘泥於一個地方，不能一村一理論，沒有那麼多理論。魏斐德不提上海理論，一切從實際出發，在他書中沒有上海理論。史家可運用一些當時的文學性作品作為研究資料，比如對上海的研究，就可以看《良友畫報》、30年代左翼文化作品(左翼的《吶喊》)。30年代上海乃全國出版中心，各種出版物很多。

魏斐德《上海警察》(*Policing Shanghai, 1927–1937*)是名著，看這本書要注意控制、權力、人性、國家、社會的意識等，學歷史到最後要融會貫通等。中國現在的警察制度是向日本學習的。民國警察部門級別不高，這值得思考。國民黨對社會控制不強，但1949–1980年台灣控制就嚴了。

我去維也納開會，發現維也納街上沒有警察，有人認為像共產主義社會，這個城市犯罪率很低，第二大城市薩爾士堡也沒有警察。魏斐德說1927–1937年上海警察是有組織的犯罪，香港警察70年代之前一直如此，這在第三世界是普遍的情況，可能是必經之路。現在警察除了維持治安的功能，還有服務大眾的功能。台灣的警察社會管理能力較強，也是兼顧社會治理和服務公眾的功能。我去派出所辦暫住登記，一

4 2006 年 11 月 20 日

警官馬上上來請座，還送上一杯水，牆上的標語寫着「做人民的褓姆」。大陸的警察也在轉型，現在已增加了服務功能。

「公安」一詞由孫科提出，此前稱警察。廣州現代化從20年代開始。公安和警察有區別，警察乃強力符號，公安則比它更寬泛，有社會管理協調能力。

蘇區的社會管理模式

(1)中共軍事先行。領導根據地的力量以軍隊為主導，有軍隊才有地方蘇維埃。

(2)中共與國民黨的區別在於動員民眾參加革命，所以建立各種群眾組織，由基層黨來承擔公安的功能，以群眾路線為導向，蘇聯革命不是這樣。

1931年7月中華蘇維埃政權成立後，開始建制，成立了國家政治保衛局。此前由一方面軍中的政治部來負責這方面的工作，由毛澤東統領。保衛局的成立，標誌着將蘇聯鬥爭管理模式移入中國，其任務是肅清內部反革命，包括軍隊、社會底層、幹部，它是公開的機關，是一個強勢的部門。

到延安後，改為陝甘寧保安處，再成立中央社會部(主管特工業務，對敵、反特)。三頭並進：中央社會部；地方社會部；軍隊社會部(鋤奸部)；根據地還有公安局。

1949年在此基礎上建公安部，1949年後主要功能既對內，也對外，協助政府處理民事問題(「馬錫五調解法」)。此組織來源於：本土革命經驗；30年代蘇聯模式的引入，兩者融合，難解難分。也有中共自己的特色，毛強調保衛部門必須在黨委的絕對領導下，康生系統不能進入軍隊系統。

1949年後公安部有段時間在周恩來的領導下，後來由毛澤東管，只是名義上隸屬於國務院。軍隊和警察這兩把刀由毛澤東控制，「文革」後期華國鋒負責公安部，此前還有羅瑞卿、謝富治，他們都是毛澤東非常信賴的人。

「文革」前有公安軍，是現在武警的前身。「文革」前公安軍人數在20萬以上，負責保衛邊防線和內衛等。今天的邊防線，和平地帶由武警負責，敏感危險地帶由解放軍負責。公安部有邊防總局，管理邊防武警(80年代修地方史時有公安志，公安志查閱有限制)。

談魏斐德的《間諜王》[5]

《間諜王》一書的序是劉東所寫，寫得不錯，提煉出了魏斐德此書的主旨。特工在中國歷史上有，在世界上也有，在中華革命黨時期沒有這種組織，大革命時期也沒有。中共為了保護自己而先於國民黨有這種組織。1926年，周恩來派陳賡、顧順章、李士群等去蘇聯遠東學習「格伯烏」方面的東西，此時國共尚未徹底決裂。説明周恩來高瞻遠矚、未雨綢繆，蘇聯在這方面的經驗非常豐富。

國民黨1927年後才開始建此組織，蔣中正面對的問題很複雜：(1)中共造反，南方農村廣泛土地革命，對國民黨有威脅，中共背後有蘇聯支持；(2)蔣中正以正統自居，要建立以他為中心的現代國家，各地軍閥成為阻礙；(3)1927年後，日本侵佔中國的野心暴露，干涉蔣中正的北伐，蔣中正要面對這個問題；(4)國民黨派系太多，這是歷史留下來的問題，蔣中正要針對黨內離異力量；總之他要實現他本人及國民黨對中國的廣泛控制，這是他建立這類組織的根本目的。

5　2006 年 12 月 4 日

這個組織在1949年前的發展靠戴笠、徐恩曾等。1949年後，有人認為如果戴笠活着，蔣中正不會那麼快失敗。國民黨在台灣的特工掌控者為蔣經國，他是特工系統的核心負責人。白色恐怖與他有密切關係，他同時又是台灣現代化推手。在蘇聯則是安德羅波夫，同時他還是蘇聯80年代改革的推手，也是主張蘇聯入侵阿富汗和捷克的強硬派分子。

在中共那裏，特工組織的思想動力是馬克思主義，為無產階級的解放等等，意識形態的解釋特別重要。

在國民黨那裏則是蔣式愛國主義，特別在外族入侵時，愛國主義可以超越黨派，金錢是次要的。而且國民黨特工組織營造大家庭氣氛，家長是戴笠，領袖是蔣中正。此組織是不流動的，所謂「生為領袖人，死為領袖鬼」，有自己特殊的倫理。1949年去台灣後，每年4月1日是國民黨紀念戴笠的日子。在這個組織中子承父業。在台灣的兩蔣時代，國民黨強化了意識形態敍述，「領袖、主義、國家」三位一體是他們的精神力量。

中統、軍統是國民黨的兩個特務組織，蔣中正成立調查統計局，這個詞兒，有意思，表面上看就是搞調查研究，比較能迷惑人。1943年後，中共也全面對國內的社會組織、社會名流進行調查統計。

30年代中統用的口號是「中華民族復興」(「新生活運動」)，活動範圍在知識界。1936年「中華文化本位宣言」的發起者中不少是中統外圍組織的成員，他們比較認同了國民黨的政策。中統的活動集中於知識圈。中統不幹髒活，很文雅。髒活由軍統來幹。許多知識分子被中統的溫情拉下水。中統頭目是陳立夫、徐恩曾。中統也有雜誌，邀學者文人寫稿。陳立夫名聲沒有戴笠那麼壞。陳立夫乃反共高手，他手下有大特務張沖，在上海打擊中共很兇，但又支持國共合作。《現代史料》乃中統特務雜誌，乃中共變節人員主辦，寫的東西有真有假。30年代是國民黨特務的黃金時代。

中統、軍統重視利用中共變節人員。1931年後對中共的方式發生變化，從一味屠殺到動員自首。「九一八」事變後南京政府認為自己是合法政府，在外敵入侵的情況下，國民黨若再殺中共人員會受到國人的指責。他們認為中共是受了蘇俄的影響，是可以迷途知返的。於是國民黨對中共採取自首政策，只要認同三民主義，就可以不殺，送進反省院，不勞動，寫寫「三民主義」讀後感。中國女革命家殺身成仁的多，而男性則自首的多。寫讀書報告的一部分人乃是應付國民黨而不出賣組織，少數人做國民黨的鷹犬。寫了認同三民主義的讀書報告但不出賣組織的人，還可以留在黨內，出賣了組織的人則是叛徒。對不自首、情節不是特別嚴重的則送去軍人監獄，如陶鑄。對堅決不自首的則殺，這是為了打擊中共的士氣，如瞿秋白，因為他是一個時期的中共負責人。向忠發誠心向國民黨自首，但蔣中正還是殺了他。

萬亞光寫過《國共鬥爭親歷記》，此書基本真實，有重要史料價值，在香港可以買到。80年代作者回國內，受到楊尚昆、鄧穎超的熱情接待。他長期當國民黨特務組織圖書室主任(瞻園為中統最初工作處)，他護送中統材料去重慶，後來又護送材料去台北，但不對大陸學者開放。他還編過徐恩曾寫的回憶資料《我和共黨鬥爭的經歷》，台灣、美國、中國大陸都有。似乎上海圖書館也有。該書一直沒有出版，哈佛大學東亞研究中心有一本。

戴笠為了凝聚團體的人心，制定了軍統局局歌。30年代蘇聯每個行業都有歌，除了「格伯烏」外。從國家和民族角度看，戴笠系統地做了兩件好事：(1)在孤島領導鋤奸(不是所有軍閥都是漢奸，比如吳佩孚、段祺瑞嚴守民族大義，不做日本人的漢奸)。(2)收集、判別日軍情報，知道了珍珠港事件和德國要對蘇聯進攻的消息，提前告知了美國。

英美特工組織的界限清楚(除麥卡錫主義盛行的年代以外)，特工組織不能干預民間。界限模糊的情況主要在後起國家，應該有一個界限化的過程，而斯大林就完全界限不清。毛澤東在革命時代也嘗試明晰界限：(1)軍隊不能受康生系統的干涉。(2)對黨內人士不能採取特工活動，這是毛澤東吸取蘇聯教訓，界線化和區隔是很重要的。

談史華慈的《中國共產主義與毛澤東的興起》[6]

史華慈(Benjamin I. Schwartz)寫過《尋求富強》，也寫過《中國古代的思想世界》，他關心中國，還寫時評。史華慈最初想做猶太教傳教士，他有思想家的特點，他用平常的史料，又能釋出新意，說明他的敏銳。他的史料來自於中國、日本。但是，他對中共相當意識形態化的史料照單全收，因為他對中共運動同情。日本的史料相對客觀。日本對中共做了深入研究。史華慈不用國民黨的材料，他不相信國民黨的史料。其實應該作具體分析，不應該帶有偏見。

他也引用李昂的《紅色舞台》一書，此書可能南大民國史中心有，20多年前我看過。書的內容反映大革命時期和30年代初期的情況，50年代很流行，作者是朱其華，寫有《大革命的回憶》，後離開中共，被中共視為托派，1940年代被胡宗南殺了，具體情況如何，到今天也不甚清楚。

史華慈該書首次使用「毛主義」的概念。毛澤東主義最早由中統提出，其實1935年國民黨中統就提過「毛澤東主義」，稱中共革命是披着馬列外衣的流寇進行的農民造反運動(見《中國共產黨之透視》)。中共打下了中國後，史華慈在該書首用「毛主義」的概念，這個詞才被注意了，也流傳開來了。

毛主義在不在馬克思主義的範圍內？我們看是否屬於馬列的標準是：有沒有階級鬥爭？有沒有無產階級專政；對私有制的看法(消滅私有制)。從以上標準看，毛澤東的思想基本在馬列主義的範圍內。毛澤東從來說自己是馬列主義者，即使在「文革」時，也是如此。但朝鮮的金氏父子完全否定馬

6　2006年12月11日

列，覺得自己是超出馬列之外的。當然毛也吸取了馬列之外的東西，其中最重要的是中國傳統思想。

史華慈這本書成書於冷戰的開始，當時西方普遍認為中共乃蘇聯黑手下的一部分，毛澤東是斯大林的代理人。而史華慈則看到中蘇的差異，毛澤東是另一個鐵托，乃是「異教徒」。這顯示出了史華慈的遠見。此書有一部分隨着時間過去而過去。現在人們更關心的是中蘇的相似性、毛澤東和斯大林的相同性問題(這是九十年代開始新的研究動向)。現在看，中蘇的相同性遠超出差異性。

史華慈不知道富田事變的性質，照單全收了毛澤東1936年與斯諾的談話，且史華慈認為AB團是存在的。他認為他的基本觀點大致成立。我們現在的世界有不確定性，史華慈乃優雅的知識分子，他怎麼可能理解20世紀複雜的共產主義運動？有的東西不是檔案就能反映的。斯諾60年代到中國，受到了高規格的接待，但他看到的中國並不是真實的中國情況。他寫了《大洋彼岸》一書，有許多不實之處。

最近香港出了《吳法憲回憶》，是本很好看的書，此書對周恩來的形象有衝擊。反映了高層的精神氛圍，當時毛一言九鼎。吳法憲以親身經歷來寫那段歷史。要看到當時的一個思想背景，這就是毛在任何情況下都保護江青、張春橋等，這背後是毛對「文革」思想的堅持。

史華慈的這本書主要談四個問題，中心是中共運動的內部關係：1. 中國共產主義運動與蘇聯的關係；2. 馬列主義與中國的馬列主義思想的關係；3. 思想起了什麼作用(共產主義背後的思想背景)。本書後附的是他的《德性統治》一文，就是談共產主義運動背後的思想。史華慈針對恐怖政治背後的道德和思想的追求，談了他的看法。他對文革有深入剖析。史華慈有兩點論：既不完全是權力鬥爭，也不完全是思想鬥爭。他的看法有道理。共產主義運動不完全是意識形態追求，也不是沒有思想的權力追求。意識形態與革命運動的關係是大問題。實際上既有意識形態，也有權力和政治運作問題。

史華慈對人的局限性有充分的認識，不那麼自負，這是很了不起的。還有就是史華慈知性的追求，他無固定的方法論。我一再說，不是學了方法論就能成為歷史學家的。關鍵在於要有關切和預設。「可能是這樣」即預設，也可稱之為猜想。猜想要有史料基礎，已經有了大概看法即預設，預設會不斷修正的。史華慈還有跨文化研究的優勢，他對蘇俄的政治和思想史有深入的瞭解，而中國20世紀政治的母本是蘇聯。他有相當的思想性，他的作品有濃厚的人文色彩。歷史乃研究人與社會、環境的關係。如果沒有人，政治史就枯躁乏味。千萬要注意對人的關切，人非常複雜、有不確定性。歷史學中要有人文精神底蘊。

史華慈的政治史研究強調了三個關鍵要素的關係：(1)意識(人都有思想)，(2)處境，(3)行動。政治史就是討論這三者的關係。上述三點是政治史三要素，優秀的政治史作品一定要有此三要素。史華慈是思想史與政治史的融匯，這是他傑出的地方。史華慈提出了德性統治這個大問題。恐怖統治背後肯定有思想背景和理想，但能否稱德性統治？複雜的東西怎麼能用那麼簡單的詞來概括？這個問題值得研究。精神分析學在20世紀初年興起，在社會科學方面滲透，關心心理、精神對重大事件的影響，但不要將其絕對化。它有一定可解釋性，但不應過份泛化。

討論張鳴的《鄉村社會權力與文化結構變遷》[7]

張鳴是近來大家關注的學者，他作品中有思想性，即使是隨筆，他所說的東西都有深厚的學術支持。他的書寫乃率性而為。他完全瞭解中國最基本的情況。他關心晚清以來的歷史。張鳴與黃宗智、杜贊奇有區別：(1)他最先研究義和團，研究底層民眾。(2)他深入下去調查湖南、貴州、廣西的基層社會。(3)他的草根性很重。

20世紀後國家權力下移，國共和地方派都重視農村，農村結構大大改變，中共起了最大的作用。建國後國家權力下移的目的之一在於國家工業化，農民付出了巨大的犧牲，中國用農產品向蘇聯換武器。為了這個而建立了城鄉二元體制，農民完全被固定在土地上達三十多年，今天國家對農村有支持，特別是從2007開始免除農村中小學學費。

控制是為了動員，張鳴講了鄉村近代以來社會變遷的過程。張鳴有些哀婉，對鄉村文化的失衡有很深的感傷，蕭功秦寫過《冀豫日記》，也有這種感傷，但不及張鳴強烈，蕭功秦認為鄉紳文化的破壞導致現在山西農村的衰敗，源頭在於50年代的暴力土改。謝泳寫過20年代閻錫山在山西開展防疫工作的文章。他的作品雖然短小，但很不錯，他很重視發掘民間史料。

張靜也是研究農村問題的著名女學者，讀張靜的書與張鳴有完全不同的感受，她曾寫過《階級政治和單位政治》，非常學理化。傑出的學者，兩種敘述模式都能輕鬆駕馭，首先

7　2006年12月25日

應知道規範，但任何理論都有其局限性，千萬別成了理論拜物教。

歷史的書寫是高度自由，歷史是(1)過去發生的事實。(2)歷史是史學家對過去歷史的重建。讓我們去感知、認識。史學家要有思想性，要有能力去看懂材料，檔案不是唯一的。要瞭解社會的眾生態，比如日記、隨筆很重要，日記乃重要的材料，比如《吳宓日記》。歷史書寫當然有主觀性，所以歷史學非科學，觀察角度不同則呈現出不同的東西。

青年人第一步要熟悉學術規範，鄧正來主編的《中國社會科學季刊》最早提出學術規範的問題，背景在於80年代中國史學的復蘇，但有些淩亂，許多人在空疏談論，沒有規範。90年代學人的頭腦冷下來了，回到學術中去。1959–1980年不強調學術規範，只是為偉大領袖的著述做注解。1956年，由於毛澤東提出「雙百」方針，《新建設》開始講規範，當時歷史類重頭文章刊在《歷史研究》、《光明日報》和《新建設》上。

談湯森等合著的《中國政治》的幾個重要觀點[8]

湯森(James R. Thompson)認為：

1. 中國傳統對預測這個國家的未來有重要作用；

2. 歷史和歷史學家在中國政治研究中具有特殊的地位，因為過去和現在的歷史有關聯，只有從歷史中才可以理解今天和過去的區別的意義。為什麼外面的觀察總是錯？就是因為不瞭解這個時代從歷史中繼承下來的智慧。而在這領域內的政治學家卻相對較少；

3. 革命的基本特點是什麼？反體制的批判性和分裂性，所以鄧的改革不是革命；

4. 中國革命是否衰落的一個標誌是看軍隊在中國政治過程中的作用之強弱。他認為政治鬥爭的激烈，就使得理想主義者或野心家就會毫不猶豫地突破遊戲「規則」，使用軍隊；

5. 分析中國政治的幾種模式：

A　集權主義模式，他在這裏說的是50年代美國西海岸學者的範式，裏面有些論述不完全錯，書中把極權主義翻譯稱集權主義是不對的。極權主義是指希特勒和斯大林的暴政，不能通過審核，只能將其譯為「集權主義」。

湯森認為該模式有四個基本特徵：一個官方意識形態，一個單一的大眾政黨，一個獨斷領導，控制傳媒，對經濟的控制；

B　「發展中國家模式」，有一個動員系統和新列寧主義的大眾政黨，實行激進的或集權主義的一黨體制；

8　2006 年 12 月 30 日

C　中國模式。

他提出中國現行體制的起源有四：

1. 中國政治傳統；

2. 革命的背景；

3. 蘇聯共產主義(這是研究中共必須考察的)；

4. 中國在1949年前的歷史(更應該看1949年以前國共互動的歷史，要搞清脈絡，這是歷史的延續性)。

湯森的書有其重要價值，比較客觀。所羅門寫過《文化革命與新政治文化》，已經翻譯出來，但沒有通過審核。白魯恂和所羅門是研究中國政治的專家。施拉姆對毛澤東有同情。麥克法夸爾(Roderick MacFarquhar)則不同，他寫過《文化大革命起源》(第三卷)，但中國沒有出版。

有關軍隊是現代化的推動者和先鋒隊，此說在西方學者那兒已是共識，在部分第三世界國家是成立的。50年代中國軍隊對政治影響不大，1953–1959年全面學蘇軍，注重軍隊現代化，從農民軍隊變成了強大的軍隊。1959年後，毛澤東將軍隊引入國內政治。林彪治軍十年軍隊現代化進展不大，而且在往過去傳統回歸，例如：搞「騾馬化」。但林立果《571紀要》中有軍隊現代化的影子，有由軍隊主導現代化的色彩。

湯森對中國資料掌握得比較差，他為本書材料不足作辯解，他說，因為一個被內部戰爭和革命搞的支離破碎的社會，獲取材料是極其困難的，但這不完全對。他的研究的長處在於他用了政治學作為學術支持，對中國的政治有真知灼見。他對中國歷史只是概念性的描述。裴宜理是政治學中的歷史學家，要瞭解當下社會從歷史中繼承的智慧。政治學家要有歷史的資源，而歷史學家要有政治學概念，如「政治社會化」的概念。毛主義、毛思想的政治社會化，是通過哪種方式灌輸乃至社會化的？顯然，50–60年代政治社會化成功了。歷史研究要借用社會科學的若干概念，運用政治學等概念能打開一個新天地，歷史研究要會吸取社會科學其他概念。另外，注釋也有兩種(1)資料引用性(包括觀點的引用)；(2)解釋性注釋(西方學者用的多，中國學者用的少，對前人作品提出有依據的分析和評判)。

附錄一

答楊錦麟：回首延安[1]

問：毛澤東與王明關係在延安時期的主要發展脈絡，問題存在的實質，與國際共產的關係。

答：在1937年11月底之前，毛與王明兩人沒見過面，他們是兩種完全不同類型的人，和毛共事或直接衝突的是博古、張聞天、周恩來等。

但是，毛對王明沒什麼好感：

王明沒有經過中央委員的台階，一下當上常委，全靠米夫的扶持，「和博古、張聞天等是一夥兒」；

他知道博古等的頭兒是王明，博古自覺以王明為領導；

但是在江西時期，毛與王明沒有直接衝突，在博古去之前，讓毛不高興的是項英、周恩來、任弼時、朱德等，他們都反對毛的軍事主張，反而是共產國際駐華代表和博古反對撤毛的職，江西方面不等上海發話，就把毛軍隊的職務撤掉了；

1933年1月後，博古到達後，在周恩來的幫助下確立中央權威，和毛的關係緊張。

延安時期毛與王明的關係是從1937年11月底開始的，12月政治局會議上就有分歧，王明的主張被會議接受，王明在政治局佔了多數，核心問題：是抗戰期間中共的「獨立自主」的問題。王明代表了斯大林的意見。

1　2009年8月8日

武漢時期，毛與王明發生較大的矛盾，形成事實上的兩個中心，毛更強調「獨立自主」，王、周、博的思想較一致，比較重視與國民黨的「統一戰線」。但是到了1938年9月，王稼祥回國，帶回季米特洛夫支持毛的口信，形勢翻轉，毛完全佔了上風。其背景是斯大林一向看重毛，一是他在中共黨內最有實力，二是毛看事、辦事比較實際，與斯大林本人類似。此時，王明的後台米夫在蘇聯被清洗，嚴重削弱了王明在莫斯科的地位。六屆六中全會，毛已成為中共第一號人物，張聞天雖然還是常委，但只是陪襯，他的總書記一職一般也不再被提起。

1941年後，毛要清算黨的歷史，批判內戰時期的中央的路線，博古首當其衝，王明暫未被涉及，恰共產國際來電，要中共配合蘇聯。王明發言批評中共對國民黨的路線太左，引起毛和多數的反擊，王明生病住院。從此，毛將王、博一起煮，原叫「博古路線」，後改為「王明路線」。

問題的實質：

毛要馬克思主義中國化，要以自己的思想解釋馬克思主義，以自己思想改造黨的思想意識，王明等照抄照搬，壟斷對馬克思主義的解釋。

毛也要改組中央機構，重新組合，把支持他、擁護他的人提拔起來，例如：劉少奇、彭真等，實現以他為核心的一元化領導。用楊尚昆的話說(1986年，前國家主席楊尚昆在一次小範圍談話中談到毛)：「他就是要把權都抓到他手裏」，「他全部是在矛盾中活下來的。但是基本的是要保存他這個權」。道理很簡單，沒有大權在握，就無法實現他的改造黨、改造中國的理想。

毛上台後與共產國際關係：

從毛的角度，一方面，離不開國際的幫助，這其中有理論上的幫助、幹部的幫助、經費等的幫助。1938年8月，王稼祥回國帶回30萬美元的支票。另外還有心理上和精神上的需要，只要國民黨一打壓中共，周恩來就會請蘇聯駐重慶大使出面給國民黨施加壓力。

在另一方面，毛要自主性，受不了共產國際的干涉。1935年後，共產國際的干涉減少，原來按照嚴格的組織程序，中國黨只是共產國際的一個支部，到延安後，毛慢慢把這種關係加以轉換，起碼從此以後由他代表中共和莫斯科打交道，把從莫斯科來的指示的「解釋權」攥在自己的手中。毛更高明的一招是把共產國際與王明、博古區別開來，歌頌斯大林，批判他在中國的代理人王、博，讓蘇聯人挑不出毛病，「有苦說不出」。

從蘇聯的角度看毛：

斯大林當然老謀深算，他對毛，有意見是一回事，但知毛有能耐、有本事，早就看上並選中了毛。加上1941年後，蘇德戰爭爆發，斯大林自顧不暇，對延安整風基本沒有干涉。斯大林的中國戰略需要毛，他需毛來牽制蔣介石。就像中國對金日成在50–60年代清洗朝鮮黨內的延安派，波爾布特大規模清洗柬共中的華人共產黨員，基本上也都不干預一樣。

問：延安十三年對毛澤東一生的影響，必須關注哪幾個要點？

答：毛自己沒有專門論及這個問題，都是側面提到，我們只能從旁觀者、研究者的角度來談。

中共領導的紅軍，從抗戰初不到三萬，經過這十三年，奪取了全中國，延安成了毛的「龍興之地」。中共全部的路線、方針、策略等，都來自於這十三年的創造，包括軍事的、政治的、思想的、文化的、群眾運動等等。從這兒出發，毛走進了北京，住進了中南海，站上天安門，這十三年的經驗，他肯定看重。

問：延安整風的意義，對今天的折射點如何解讀？

答：那要看你怎麼理解，從什麼角度。譬如：蔣介石對延安整風就很羨慕。1947年，他把「批評、坦白」等一套稱之為「科學的精神與方法」。當然他也曾批評過整風，1944年，他批評延安已造就了「獨裁社會」，或叫「階級獨裁」，但蔣介石更多是欣賞。依我的研究，延安整風在相當程度上成就了中共1949年的勝利，形成了一種戰爭年代下政治動員、黨內思想清理和組織清理的模式。

問：如何客觀解讀延安整風所出現的審幹擴大化，搶救運動的失控問題，對於其後歷史發展以及造成的負面影響，如何解讀？

答：審幹「擴大化」和搶救運動的「失控」有外部、內部等多種因素所造成。首先，就是抗戰中期以來國共關係的緊張和惡化。中共為與國民黨關係破裂而提前做了許多思想準備，很快從抗戰初的「友黨」、「友軍」或「統一戰線」的概念，轉變到國民黨「是大地主大資產階級集團」的概念，1943年後，兩黨關係更趨緊張，中共存有強烈危機感。

所謂「失控」更有內部因素：抗戰後知識分子大量進入延安，「組織上」對知識分子既有需要的一面，也有不信任的一面，因為歷史上就有對知識分子懷疑的傳統(江西時期)，所以審幹又是清理和改造知識分子的一種組織手段。

從毛對審幹之重要意義的理解來認識，也可知曉「失控」之不可避免。1943年毛給彭德懷寫信，提出，此事辦好，我黨百年大計即告奠定。在戰爭年代下，對「失控」的認識也比較簡單，就是「為了給孩子洗澡，灰猛氧放多了一些，燒傷了同志們的皮膚」，以後也甄別了，要向前看，不要去考慮什麼心靈受傷痛啊，那麼多先烈都犧牲了，為了革命的勝利，吃點冤枉，不算什麼。

至於「負面影響」的問題，關鍵在於它構成了一種鬥爭模式：初期：反右傾，大膽懷疑，寧左勿右；後期，適當甄別，留個尾巴，是不是傷害了同志，一般是不考慮的。這套模式很無情，對任何同志都是這樣：對小人物是如此，對大人物也如此。在台上，整別人是這樣，大幹部被整下台，也得經受這樣的模式。它是革命戰爭年代自我清理的一種經典路徑，曾經有效，因為毛的革命有兩翼：意理系統和行動系統，兩者互為依託，互相支持。「意理系統」提供「正當性」解釋，「行動系統」提供方法和手段。一旦後者「失控」，「意理系統」的解釋功能就發揮出巨大的說服作用，簡言之：為了革命，受點委屈算個啥，這樣革命者就會抖抖身上的灰塵，重新振作精神，繼續出發了。

這套模式以後用了幾十年，問題不少，給許多同志造成傷害，關鍵是環境變了，它也應當改變，遺憾的是這個變化比較遲，一直到鄧小平、胡耀邦時代才改變。

總結國共 60 年歷史教訓

——高華專訪[1]

從兩岸六十年的經驗看，只有與民休息，促進憲政民主，實踐「以人為本」，才會培育出一個健康正常的社會。到那時，民族復興，國家統一也是水到渠成的事。

當代人能否修當代史？中共建政後很長一段時間，「歷史的鐵的邏輯演進規律」成為對歷史、現實和未來的全部解釋，歷史成為政治禁忌。要突破大敍述、大概念的革命史觀，需要有智慧有功力的當代人不懈的堅持與努力。

高華的《紅太陽是怎樣升起的——延安整風運動的來龍去脈》出版已十年，這本書早已成為研究中共黨史和中國現代史的必讀專著，在海內外歷史學界廣獲讚譽。他的研究領域，一路從民國到共和國，從左翼文化到領袖人物，十年十年的斷代研究，到最後觸類旁通，現當代史上一個個的名字已熟如故友。然而，多年的辛勞，嚴重損害了他的健康，讓他勞累病倒，至今仍在接受治療。他也因而退出了原先承擔的香港中文大學出版社十卷本《中華人民共和國史》第七卷的寫作。

儘管高華身體有恙，但是他並沒有停止對歷史的思考。歷史學家所做的，不僅是象牙塔裏的學術，同時包含着對當下和未來的關照。

高華談到兩岸分治後的大陸前三十年的運動連綿、台灣五六十年代的白色恐怖，感慨只有與民休息，社會才從革命

1　《亞洲週刊》2010 年第 1 期，採訪：柴子文

年代的急風暴雨中走出來；而從兩岸六十年的經驗看，發揮「市場」和「社會主義」的優勢，促進憲政民主，實踐「以人為本」，才會培育出一個健康正常的社會。到那時，民族復興，國家統一也是水到渠成的事。以下是高華接受專訪的摘要：

問：最近十年來，國史(黨史)研究的狀況如何？還有哪些限制？

答：有幾本重要的資料性著作出版，如：《建國以來周恩來文稿》、《建國以來劉少奇文稿》、2003年出版的《毛澤東傳》(建國後部分)，也使用了較豐富的史料。張素華的《變局：七千人大會始末》是很重要的成果，資料很豐富。楊奎松利用檔案資料對「鎮反」運動的實證研究，沈志華運用了中、蘇等方面的史料，對五、六十年代中蘇、中朝關係的研究等。還有一些在海外出版的著作，如香港中文大學出版的十卷本《中華人民共和國史》、楊繼繩的《墓碑》等。其他的研究成果，印象不深，其中有一些是重複性的研究。

有關研究的「限制」問題：沒有見到文字形式的「幾准幾不准」，但限制是明確存在的，例如：某些議題事實上是不允許研究的；而研究的角度或書寫的詞語也是有一些約定俗成的限定的。「主旋律」之外的研究，沒有發表的空間。國家和省部級社科資助項目，更是在國家思想的嚴格指導之下，多是為現實需要服務的。如此等等，也是可以理解的，現在如果研究明代的城牆或鼻煙壺製作工藝，那是完全自由的，也會得到國家資助，這畢竟和現實沒有任何聯繫。

問：回看過往六十年，你覺得歷史的迷霧是否已經基本撥開？有哪些特別值得當下的中國人關注，去汲取教訓？

答：這要看怎麼理解，大的方面，都有研究者涉獵了，是否深入，還遠遠談不上；例如：1962年1月，「七千人大會」後，中央實行較為寬鬆的政策，2至7月這半年就沒搞運動，這在毛時代是罕見的。8月，毛就在北戴河重提階級鬥爭，發起反擊。這半年到底發生了什麼事？我們已知的是，有劉少奇對「三自一包」的默許，有周恩來、陳毅在廣州會議上對知識分子「脱帽加冕」，有對大批「右傾機會主義者」的平反，有對香港電影的進口等，現在我們還知道，在這半年中，一些省開黨代會，有的同志就在會上直接要求中央為彭德懷平反，我想這些省的黨代會的事對毛肯定會有影響，而過去我們的研究者就從來不注意這些問題。

再譬如，革命是我們在過去那個時代使用頻率最高的詞句，革命實際上就是意味着一種新的生活方式，我們回頭看六十年前那些人們，當年他們是以什麼的態度來接受或適應生活方式的變化？1953年3月，斯大林去世，上海一些資本家痛哭流涕，有些人甚至向政府提議，將南京路改名為斯大林大街，幸而上海市政府沒採納他們的意見，否則以後又要把路名改過來。這件事也説明，當年的革命是如此深入，逼得這些見多識廣的上海資本家實現了嘴巴革命化或超革命化了。

學歷史是否會汲取教訓，這是很難説的。我們讀史寫史，往往着眼於「鑒往知今」，但是人類有一個最大的缺點就是忘性大，事實上，我們人類很難從過去的錯誤汲取教訓，所以還是余英時先生說的對，學史讀史有助於我們理解人性，或者說，我們可以從過去的教訓中豐富人性，增長智慧，從而提升公民意識。

問：你怎麼看1949年後，兩岸走的不同道路？

答：回答這個問題，離不開十九世紀後半葉以來中國的大背景，這一百多年中國的基本主題就是爭取民族獨立和進行深刻的社會改造。這兩大主題在二十世紀有不同的回應方式，簡言之，一條就是中國共產主義革命，這是激進的、面向社會底層的社會改造路徑；另一條就是國民黨的「國民革命」，這是主要面向社會中間階層的漸進改造的路徑，其間的差異巨大，但兩者都是為了追求建立一個現代民族獨立國家，1949年中國內戰結束，國民黨敗逃台灣，在冷戰的大背景下，兩岸分別走上不同的道路：

大陸從最初的效法蘇聯，到走自己的路，順着戰爭年代的慣性，50年代在蘇聯的幫助下，開始宏偉的工業化過程，其間取得過重大成就(一五計劃順利完成)，也經歷嚴重的挫敗(大躍進、大饑荒)，更發展到以意識形態治國的極端(文革)，至到1979年鄧小平啟動改革開放，中國改而奉行務實路線，才走上使國家強盛、人民安康的道路，經三十年的奮鬥和努力，雖然還存在着許多有待解決的發展中的問題，但人民生活得到普遍的提高，中國已成為世界上舉足輕重的國家。

台灣在1949年後被納入美國的體系，在兩蔣的領導下，長期與大陸武力對抗，與此同時，大力發展經濟，保持了政局的長期穩定，成就為亞洲四小龍之一。在蔣經國接班後，開始大量提拔台籍精英，紓緩因「反攻大陸」失敗而造成的執政合法性危機，到晚年進行一系列重大政治改革，推動台灣實現民主化轉型，而台獨思潮也借機蔓延，逐漸擴大影響，形成左右政局的力量，對台海和平形成很大的威脅。

問：兩岸六十年當代史中，有哪些共同的經驗和教訓？

答：第一條感觸是，發展經濟，走務實路線，是使社會安定、國家強盛的不二法門。國共兩黨都曾經非常重視意識形態論述，希望以此整合社會意識，如此，站在歷史的角度，都是可以理解的，但是僅靠那些，並不能真正解決國家強盛、人民安康的現實問題，關鍵的還是要大力發展經濟。蔣介石在這方面有值得肯定之處，他汲取大陸時代經濟崩潰導致國民黨失敗的教訓，去台後，非常重視經濟，經常親自主持開會，聽取彙報。他重用技術官僚，尊重專家的意見，如尹仲容、李國鼎、嚴家淦等。毛也想發展經濟，也曾親歷親為，一九五六年春聽取各部委彙報，做「十大關係」報告，但是他的思想多浪漫，又過於自信，1958年發動大躍進，聽不進不同意見，遭受嚴重挫敗，從此對經濟不感興趣，專搞政治不回頭，甚至發展到以意識形態治國，給國家民族帶來嚴重不幸。所幸鄧小平、胡耀邦在70年代末把國家的航向撥正，才有了這三十年的發展和成就，而鄧最寶貴的思想就是務實。

第二，兼顧貧富，合「市場」和「社會主義」之優勢。搞市場經濟，也要兼顧社會公平，從孫中山那兒就有這種思想，他稱為「均富」，所以孫中山也被稱為「社會主義者」。台灣在此方面有許多努力，如早期扶持中小企業，推行「九年國民義務教育」，以後的「全民健保」等等。大陸從社會主義的理想出發，過去一直強調社會「平等」，但是在高度集權、等級森嚴的政治體制和計劃經濟體制下，特別是在城鄉二元體制下，並沒有真正實現平等，廣大農民事實上被排斥於社會主義保障體系之外的。80年代後的改革打破「大鍋飯」，使經濟迅速發展，但是毛時代的許多社會福利也嚴重縮水，引致不少群眾產生平等缺失的強烈的社會感覺。現在國家已經重視這個問題，推出一系列紓困的民生措施，例如：對中小學生免費教育，幫助西部窮困農民實施安居工程等等，如此就把「市場」和「社會主義」的優勢結合了起來。

第三，應走漸進民主之路。毛和蔣是一代人，他們用他們的方式回答了那個時代的主題；毛說的一句話很對：「放下包袱，輕裝前進」，大陸在建國後前三十年，運動連綿，嚴刑峻法，中國歷史上的開國之初，大多如此，都要用一段時間，鞏固政權基礎。國民黨剛敗逃台灣，如驚弓之鳥，故有50年代國民黨在台灣的「白色恐怖」，到60年代後，才有所緩和。在大陸，只是這一段鞏固政權的時間太長了，在和平的環境下，人民所付出的犧牲太大了，馬上得天下，也是馬上治天下，把敵人的範圍不斷擴大化，1979年後開始調整，與民休息，整個社會才從革命年代的急風暴雨中走出來了。

問：在歷史的巨流河裏，你怎麼看兩岸未來的走向？

答：兩岸應互相學習，殊途同歸，只要是中國人，思維和處世方式就離不開中國文化的背景，為政者安邦治國，最高的境界還是要「為萬世開太平」，用今天的話說，就是要使中國走上長治久安的道路。

從兩岸的六十年的經驗看，發揮「市場」和「社會主義」的優勢，促進憲政民主，實踐「以人為本」，就可以培育一個健康的、正常的社會發展，到那時，水到渠成，就可達成國家的統一，如此，中國走出「歷史的三峽」(唐德剛語)，實現全面的民族復興，是完全可以期待的。

革命敘述的興起、延續與轉型
——高華訪談[1]

七月的南京已是酷暑，高華手捂着左腹，身穿長衣長褲從書房走出。一月份因癌症做的伽馬刀手術副作用極大，加之怕影響大腦而拒服止痛藥，他至今每日疼痛。但他始終以驚人意志忍耐，精神矍鑠，談話中偶爾因身體不適離開小憩，也從未露出異樣神色。

高華是歷史學界眾人服膺的學者。2000年，他的著作《紅太陽是怎樣升起的》在香港出版，係第一次有學者全部利用大陸已公開資料做出的扎實梳理，系統揭示了延安整風運動的前後過程及影響。

2010年1月，高華的史學隨筆《革命年代》出版，這是大陸第一次公開出版他的作品。本書收錄了他近年來35篇對民國十年、革命詞語等問題的研究文章，猶以《紅軍長征的歷史敘述是怎樣形成的？》《在革命詞語的高地上》等引人矚目，角度獨闢蹊徑，專門從歷史被建構的過程追溯還原歷史本真。

今年7月1日，恰逢建黨九十周年，滿街紅歌飄揚，訪問者前往高華在南京的家中探望，並請教有關中國近現代革命中話語建構的諸種問題。

高華對「革命敘述」的興趣由來已久，可以追溯到童年。他清楚地記得，1963年8月5日他家搬到南京市市中心臨近新

1　本文來源於財新《中國改革》2011 年第 10、11 期，記者劉芳。本文得到熊景明女士與胡傑先生的鼎力支持，特此感謝。

街口的長江路上一家汽配商店的樓上，每天晚上他都可以把店裏訂的報紙拿上樓去讀，就在當月的某日，他看到《新華日報》上有大字型大小標題《赫魯曉夫擁抱哈里曼》的新聞報導。哈里曼是當時美國派往莫斯科簽署蘇美英三國禁止部分核子試驗條約的特使，按照一般的報導方法，標題大致應為「蘇聯部長會議主席赫魯曉夫接見美國特使哈里曼」，可是中國的報導特別強調「擁抱」，他聯想到課堂上老師說，世界革命的中心已從莫斯科轉移到北京，顯然報上用的「擁抱」是暗指蘇聯勾結美帝國主義。9歲的孩童敏感地意識到詞語的力量，自此每天看報，直至今日——當然，他說許多前就不看大報了，唯讀當地的市民報，《南方週末》和讀書類報紙了。

「我很早就讀毛選，在文革前就讀了，最喜歡看的是《毛選》中收錄的《關於若干歷史問題的決議》，也不知讀了多少遍，那個時候就知道什麼瞿秋白、李立三、陳紹禹、秦邦憲同志。」高華追溯起自幼對歷史、政治的興趣，「這跟時代有關係。在那個時代，毛的講話，大量都是談歷史。還有搞革命傳統較育，也是從歷史開始談，久而久之，對歷史就感興趣了。」

他很早故去的姨娘是五十年代初的中國人民大學的學生，家裏就有了一些政治和歷史讀物。諸如：莫斯科外國工人出版局出版的精裝的中文本《聯共(布)黨史》、斯大林的《列寧主義基礎》和人民大學出版的《列寧主義基礎教學參考資料》，以及人民出版社出版的《蘇共二十大文件集》和范文瀾的《中國通史簡編》等。文革初，把《蘇共二十大文件集》燒掉了，但《聯共(布)黨史》、《列寧主義基礎》是斯大林著作，就保存了下來，所以他一早就知道托洛茨基、季洛維也夫、加米涅夫、布哈林是所謂「匪幫」，也是從《列寧主義基礎教學參考資料》上讀到莫洛托夫就法西斯德國入侵蘇聯發表的廣播演說《告蘇聯人民書》，以及能找到的所有俄蘇文學。「那時就感覺到，雖然中國的報紙天天在罵蘇修，但是中蘇都是社會主義國家，歷史、政治上有很多相似之處。」

而以後形成對蘇聯歷史的審視態度，則是看了三本意義非凡的書。《赫魯曉夫回憶錄》、錫蘭共產黨員古納瓦達納寫的《赫魯曉夫主義》，以及《第三帝國的興亡》，尤其後者揭露的斯大林與法西斯的勾結，令高華極度震驚。他回憶道，因為此前的1965年9月，中國為紀念抗戰勝利二十周年和世界反法西斯戰爭勝利二十周年，在文革之前最後一次集中放映蘇聯二戰舊電影，高華就是在那次看了「莫斯科保衛戰」等幾部蘇聯影片。在影片中，斯大林都是作為「偉大統帥」的形象出現的，而《第三帝國的興亡》中揭露「蘇聯電賀德國佔領歐洲諸國」，「將反法西斯戰士送給希特勒」等，這和「偉大統帥」的反差太大了！此外還有一篇長文，是蘇共理論家蘇斯洛夫在1964年2月在討論中國問題的蘇共中央全會上一個反毛報告，1964年5月才公開，中國報紙隨即全文發表，對此前毛在他心中的神聖地位大有衝擊。

在那個混亂的年代，少年懷揣着巨大的秘密，按捺住內心的激動，投入更多的閱讀。他從不與家人分享自己的想法，父親因參加中共地下黨，被黨打入國民黨要害部門，做黨的情報工作，為革命作出很大的貢獻，反右時雖然沒有說過一句出格的話，還是在1958年末被補劃為「右派」。高華說，以後才知道，革命的親兒子是軍隊，二兒子是根據地，做秘密工作的一般都不會有什麼好結果，不是被國民黨殺掉，就是蒙受自己人長期的不信任，所以他一看到什麼諜戰片胡編亂造就會情不自禁地發笑。六、七十年代一家人吃了無數苦頭，母親從來教育孩子謹言慎行，一再告誡子女「禍從口出」。

他唯一從家庭接觸到的「政治」話題，是父親與幾個「右派」老友聊天時，其中還有當年南京的地下黨員，他們頻頻説到的兩個詞：「安徽」和「摘帽子」。高華回憶道，那時他家住在梅園新邨一號，樓下常州人王大娘家的女兒每天編草帽去賣錢，是不是常州話「摘帽子」就是「編帽子」？我家也要開始編草帽了嗎？

後來他從文革中的大字報上瞭解到，那是1962年初七千人大會以後，中央一度開始在安徽和山東試點甄別「右派」，但到了七八月份，毛澤東便中止了這一糾偏活動。

一方面是對歷史、政治的敏感天賦，一方面是家庭給予的謹言慎行的教誨，高華在畢生的歷史研究中無不顯示出這兩方面特點。「他有一種特殊的第三感覺，能從歷史中剝離出埋於歷史深處的真實來」(學者蕭功秦語)；他又有嚴格的尺度和律己精神，約束自己的主觀性，講究有一份證據説一份話。也因此，很少見到他接受媒體採訪隨意發言，若干年裏數下來不足十篇。

2011年7月1日，恰逢建黨九十周年，滿街紅歌飄揚，本刊記者前往探望高華，並請教「革命敘述」的延續與轉型。

建立革命敘述的兩個傳統

問：您一直注重從革命話語敘述的角度研究近現代史，比如對中共而言，這套話語的建立對其建立政權助力很大，但同時也埋下很多隱患。希望在此能系統地梳理一下這條線索。

答：二十世紀中國的大規模社會改造運動，都有一個共同特點，就是重視革命敘述。中共如此，早期國民黨也是如此。這有兩方面傳統。一是中國自清末以來開始的社會變革，需要有一套新的敘述。當時大多數中國人認為皇權統治天經地義，那麼怎樣讓大家認為它有問題呢？先是提改良，後來發現改良的路不順暢，以孫中山為代表的少數激進派就提出要推翻它，於是就建構了滿漢對立、種族革命的新解釋。這是中國留日學生受到西方新思潮、包括日本本身的新思潮的影響。應該説這套解釋在發動辛亥革命的過程中起到了很重要的作用。另一方面傳統來自蘇聯，它給出了相對準確的概念。

問：既然有中國自身的傳統，為什麼北洋時期沒有自己的説法？

答：1912–27年的十多年裏，北洋政府統治中國，沒有建立新解釋。所以今天一些年輕一代的朋友，甚至學界的朋友，有時會開玩笑地講，中國最好的時期是北伐之前，因為北洋時期有相當的思想自由、結社自由，國會有參、眾兩院，初步的公民社會開始成長，經濟增長也很強勁等等。當時多數的知識分子和工商人士有一個基本想法，就是中國在各方面都落後，應該全面擁抱西方價值，包括西方的制度建構和思想觀念，袁氏稱帝失敗後，就連北洋軍閥的主流也被這種看法所「裹挾」，而不敢提出對立的看法。

北洋武夫雖有槍桿子，但理不直，氣不壯，反而覺得自己不好意思。因為一開始北京就有了國會，最多時有上百家報紙，大家已經覺得這是天經地義的，亞洲第一個民主共和國嘛。

當然，面對某種社會思想界的改變或學生的行動時，北洋的社會輿論也有詞彙來表述。比如對學生的某些激烈行動，對馬克思主義派，他們稱之為「過激派」，但這些詞語只是現象之描述，沒有進入到對性質的準確把握。後來所謂新的理論，都是從莫斯科來的。

問：蘇聯在革命話語架構方面帶來的影響主要是那些？

答：共產主義運動的最大特點，就是意識形態色彩極其濃厚。蘇聯先是給國民黨提供了一套解釋。比如，它明確提出，現階段中國要進行國民革命，要打倒軍閥。這兩個口號是國共兩黨共用的一套詞語，是大家都接受的。另外還有一個口號「勞工神聖」，實際上已經帶有共產黨的某種階級訴求了，但國民黨覺得也能接受。

蘇聯給共產黨的更多。最初中共成立時，共產國際的指示是要建立共產社會，這在中共一大綱領裏已提出來。但是當時就那麼幾個人，怎麼建立共產社會？所以1922年中共二大提出中國革命要分兩步走，現階段要反帝反封建，要進行資產階級民主革命，要與其他民主派建立反帝統一戰線，但是在統一戰線中要佔據領導權。這些是諸如陳獨秀、李達這些老先生們，自己創造不出來的，他們就是看本子，是要莫斯科指點迷津的。這些概念到了中國就開始有了自己的生命力，因為它好像跟中共黨人的感覺一致。如果不一致，慢慢就被淘汰了。

問：這麼說國共兩黨都很迅速地意識到了革命理論的重要性？

答：對。但是國民黨和中共有個最大的區別：共產黨早期的領導人大多都是理論家，國民黨只有一部分理論家，大部分是行動家。

國民黨的社會成份非常複雜，有幫會分子、資本家、學生、華僑富商，專職的理論家只有戴季陶等少數人。但共產黨裏面許多是理論家。一大的十三個代表，包括最初幾屆黨代會的核心人物，不少是大學生。共產黨應該是工人階級黨，但是一到中國就有了自己的特點，成了知識分子黨。在一大二大三大，這個知識分子黨沒有太大的發展。到1923年三大，全黨也就是幾百多人，還是局限在一個知識分子理論討論俱樂部的框架下。當然這時已經有一些行動，比如「中國勞動組合」，希望在工人階級裏面能發揮一點影響。二十年代初，蘇聯人在中國調查，要找他們在中國的支持力量，選來選去，覺得還是國民黨比較適合。因為那時國民黨力量最大，成立最久，有基礎，除此之外，還有一個重要原因，他們發現在廣東的工人中間，國民黨的影響很大。馬超俊就是國民黨裏最早搞工運的。所以，最初在工人階級中影響大的，不是中共，而是國民黨。那時的共產黨比較國際化，成份很單一，而國民黨比較中國化，裏面什麼人都有，像幫會分子，潮州幫、寧波幫什麼的。

中國共產黨一開始還不太懂這些東西。它早期就是創辦幾個小雜誌《勞動者》、《勞動界》、《勞動音》，共產國際的錢一旦不能及時到賬，雜誌馬上就停了。在我看來，共產國際對中共的幫助，主要有三個方面：理論幫助、經費支持，以及後來的幹部培養。幹革命是需要錢的，這個時候還沒有以後的打土豪分田地，錢從哪兒來？今天披露的大量史料表明，沒有錢，早期中國共產黨人連去廣州出差的十多塊錢車票都付不起。

國共話語的分化

問：那麼中共的宣傳是從何時形成大規模影響的？

答：1924年開始的國共合作。很重要的一點是，當時國民黨的宣傳工作是由中共包辦的。毛澤東在國民黨中起家，是因為汪精衛看中他的才華，讓他做國民黨中宣部的代部長。毛澤東對理論有興趣，但跟書齋式的理論家又不一樣，他辦過國民黨中宣部的刊物《政治週報》，有實際經驗。所以國民黨的宣傳搞得有聲有色，不是真正的國民黨搞的，而是加入國民黨的中共黨員(國民黨稱為「跨黨分子」)操辦的。

最初中共的領導人都是理論家，到了1928年中共六大在莫斯科召開，幾個人還在爭論，布哈林就講，滾出你們的共產主義教研室！自此以後就是李立三、周恩來等行動派佔據上風，當然在莫斯科的安排下，他們是需要得到斯大林真傳的「理論派」的「幫助」的，理論派最後的夕陽殘照，有幾個代表人物，就是王明、博古、張聞天。其實，如果仔細分析，王明固然可以稱得上是理論家，博古就談不上，他是留蘇派中間的行動家，當然博古的俄文很好，在延安翻譯了不少馬列名著。王稼祥寫過幾篇文章，但談不上是理論家。真正有理論的就是張聞天。

行動派上台，是當時的革命形勢需要。因為大家發現，空談理論不能解決現實問題。最現實的問題是：黨要生存。這個時期中共就開始有自己的理論，從與國民黨共用的革命話語中間分化出來，形成自己鮮明的階級意識的獨特話語。這套話語主要強調兩個特點：階級鬥爭；訴諸底層。

問：也就是説，大革命失敗之後，中共才建立了和國民黨不同的意識形態？

答：大革命之前已有萌芽，比如剛才說的「勞工神聖」，已經帶有突顯工人階級作用的特點。後來，「勞工神聖」演變成「打倒土豪劣紳」，甚至一段時間還出現了「殺殺殺，殺盡一切反革命」——這個後來也淡化了，被認為是「左傾盲動」，把它算到了瞿秋白的賬上去了——但這套突顯階級鬥爭和暴力革命的精神一直繼承了下來，以此重新組織階級隊伍。

階級隊伍很重要，過去黨的骨幹力量多是知識分子，行動派上位以後，知識分子很多人都離開了，變成左翼知識分子。(當然，有些人雖然脱離了共產黨組織，但是寫小說、做研究，滿頭腦還是共產黨意識。)這時重新組織階級隊伍，上山的上山，最有代表性的就是毛澤東，以及各地很多的上山、起義，迅速農民化、迅速中國化；沒有上山的就在上海變成「密謀革命家」，開始我們熟悉的地下黨生活：聯絡三教九流，保衛中央機關，暗殺叛徒、秘密接頭，每天都高度警惕。

問：這個時期的國民黨呢？原來負責宣傳的中共分化之後，他們的話語出現什麼變化？

答：國民黨也有自己的話語系統。對內，它用很中國化的、比較溫柔敦厚的四個字，就是黃埔軍校的「親愛精誠」，這是蔣介石提的，在蔣的嫡系內頗有凝聚力。對外，就是「反共剿匪」，也有號召力，起碼在1927年至1931年「九一八事變」之前是有效的，因為這種提法滿足了民族資產階級願望。民族資產階級怕共產黨怕得不得了，光是「共產」這兩個字就讓他們發抖。今天我們聽得太熟，已經不去想這層意思了，現在聽說不少企業家和大明星非常崇拜毛，搶着要入黨，他們可能沒學過《共產黨宣言》。馬克思講過，《共產黨宣言》，一言以蔽之，就是消滅私有制，並且和傳統觀念做最徹底的決裂。我估計新入黨的大學生，也不學《共產黨宣言》吧，呵呵，這是題外話。國民黨罵共產黨為「土匪」，因為中共在農村搞的就是打擊、消滅地主的暴力革命，很像歷史上劫富濟貧的農民造反軍，但畢竟中共是有思想有組織的政治軍事集團，在思想上是有強烈追求的。「打土豪分田地」，「建立蘇維埃政權」，「井岡山土地法」，「興國土地法」，和歷史上梁山泊式的起義軍還是有很大差異的。還有一點，共產黨除了有中國文化的背景，也有國際背景，瑞金和延安都有與莫斯科的電訊來往，梁山泊的宋江108將，他們和「遠方」可沒有什麼電訊聯繫，也沒有外國顧問和聯絡員，更得不到「遠方」的金錢援助。

抗戰初期，國民黨的口號是「抗戰建國」，不僅要抗戰，而且要在此過程中建設三民主義新中國。所謂「抗戰必勝、建國必成」，國民黨的軍、公、教，全國的大中小學生，都會說這句口號。國民黨對共產黨，1937–1945年，表面上是國共合作，共產黨在重慶有代表團，實際上對中共也很防範。國民黨一直以「正統」自居，它的詞彙也有進攻性，大革命時期，用「跨黨分子」稱中共，就有一些貶意。抗戰後，在內部先用「異黨」，後用「奸匪」、「奸偽」暗指中共，大家一看就知道説誰。我查過中國第二歷史檔案館的抗戰檔案，連張治中這位國民黨內的溫和派在給蔣介石的電文中也用此語指稱中共。毛澤東也厲害，他和蔣一度是棋逢對手，毛發明新詞「反共頑固派」、「摩擦專家」，互相戴帽子。

問：國民黨的「抗戰建國」口號，聽起來也不錯，也符合民眾期待，為什麼效果不佳？

答：這個口號固然不錯，但惠及百姓的實事做得太少，這是最重要的原因。另外，宣傳不是空對空的，必須要依託組織。共產黨從來都是有組織的，每個支部裏都有宣傳委員，建國初至1958年，學蘇聯的方法，在全國建「宣傳網」，連工廠車間，農村生產大隊都有宣傳員，負責出黑板報，刷大標語等。國民黨沒有這樣的依託，只有幾個理論家，在三十年代寫寫文章，抗戰期間主要是靠葉青(又名任卓宣，是早期的共產黨員，二十年代初留法支部的，1927年大革命失敗以後被國民黨抓住槍斃，從死人堆裏爬出來，之後投降國民黨，被認為是托派，他後來成為國民黨中宣部代部長)，1940年他寫了一本書叫做《毛澤東主義批判》，沒有形成幾個朗朗上口的中心概念，文筆不流暢，影響也不大。

抗戰時期兩黨像打乒乓球一樣打來打去，共產黨批判國民黨消極抗戰、積極反共；國民黨指責共產黨游而不擊、保存實力；但是他們的影響力、傳播面不一樣。在共產黨統治的區域是共產黨影響大，實現了思想全覆蓋。蔣介石要比其他國民黨高官或民主人士老道許多，所以中共領袖說他是「集古今中外一切反革命之大成」，他在1944年日記中寫道，共產黨在邊區已造成「極權制度」。但在國統區應該說對於大部分民眾而言，還是國民黨宣傳作用大，但是國民黨遠沒有創造出針對中共的、能支配人心的觀念。比如，根據地軍民一開口就會講「毛主席」、「邊區政府」、「三三制」等，當然，國統區百姓也都會講「蔣委員長」，國民黨雖有「領袖至上」，「一個黨、一個主義，一個領袖」，卻不能使這些口號廣泛社會化。是非他願，還是做不到？我看主要還是後者，1947年，蔣介石就多次提出要學習共產黨在延安的做法，但國民黨的體制、結構、話語系統和那些是兩碼事，實在是力所不能逮。

左翼文化佔領國統區

問：說到這裏，有個有趣的現象。三十年代即便在國統區，也是左翼文化盛行。為什麼國民黨佔據統治地位的地區，依然不能在思想領域形成主導？

答：左翼文化盛行的一個重要原因是，國民黨是很世俗化的黨。雖然它似乎想做到思想統一，但從來沒有踏踏實實去做，當時的中國也缺少實現思想獨裁那個大的環境條件，嚴格講在大陸時代它不是極權主義的黨。

國民黨的思想來源有三個部分，一是中國所謂正統思想；二是蘇俄的一黨專政思想，包括領袖獨裁、思想控制，蔣介石三十年代就非常羨慕德、意和斯大林；三是英美，特別是美國的思想和體制的影響較大。國民黨的組成，尤其最初辛亥的元老，基本都是華僑資產階級、華僑知識分子。再嚴格的說，國民黨代表的是都市，1937年之前，它的勢力基本在東南沿海地區，代表中國近代的工商文明。所以它要進行的革命是有限革命，即到奪取政權為止，而不是無限革命。

它在思想領域做了一些努力，比如「總理紀念周」，要求讀三民主義，實行「黨化教育」，大中學都有黨部，大專學校裏還有「職業學生」，但都是一般性的例行公事，控制色彩比較淡。它也頒佈了一些檢查禁令，但落實的渠道有限。比如丁玲有幾本書雖然是禁書，但換個封面還能出版。另外，三十年代在上海有租界，租界成為共產思想、自由思想的傳播點，國民黨對此沒有辦法。

問：除了國民黨控制薄弱之外，可能還因為中共宣傳太強大？

答：魯迅有句話比較準確，說在一般國家革命失敗了，革命文學就衰落了，但中國不一樣，革命的失敗帶來革命文學的昌盛。大革命失敗以後，大批作家、詩人、小資產階級文學愛好者，從北伐的火線下來，到上海寫寫小說，罵罵國民黨，在亭子間裏面抒發一下革命情懷，還可以活下來。這批人在那兒慢慢聚集起來，成為一種力量。用意大利一個馬克思主義者葛蘭西的話講，這批人是「有機化的知識分子」，或者說「組織化知識分子」，是以宣傳革命為志業的人。他們跟胡適這些傳統的知識分子不一樣，後者對探究知識、傳授知識興趣更濃，但前者是天生的革命家。這就出現葛蘭西講的一種情況，「在敵人控制比較薄弱的地方，實現無產階級的文化霸權。」中國的情況最典型。三十年代的上海，左翼文化運動風起雲湧，有左翼電影、左翼文學家、戲劇家、音樂小組、蘇聯之友社、攝影家、美術家、教育工作者聯合會，方方面面，都是共產黨組織的。

上海這個社會，貧富不均的現象歷來非常嚴重，特別容易產生具有反抗意識的左翼知識分子。我很多年前有次到上海，朋友帶我去一個友人家。他的家就在波特曼大酒店附近，一條破舊的里弄，聳立着一排破敗的小樓，左曲右環地爬上窄窄的樓梯，昏暗的小燈泡，旁邊都是各家鍋碗瓢盆。好不容易到了那個小房間，窗子一打開，「疑是銀河落九天」，對面簡直是星光燦爛。我當時就說，這個地方絕對是產生左翼作家的搖籃，是「憤怒的一代」天然的滋生地。當年那批人的情況也類似這樣，吃了上頓沒下頓，想着還有一篇稿子沒有賣掉……這種環境使他們憤世嫉俗，成了國民黨的反對派。其實他們基本上是小知識分子，大多數出生在「非勞動人民家庭」，到了延安之後也還要進行思想改造的。

除此，不能忘記的一點是，中共的解釋特別吸引人的地方，就是蘇聯是一個活生生的巨大的存在。而這個時期，當你在思想上已經形成一個固定看法，你就會自動地過濾掉任何對蘇聯不利的描述，認為那是世界上最完美的地方，是沒有剝削，沒有壓迫的人間天堂。你去聽一聽蘇聯作曲家杜那耶夫斯基三十年代創作的那首被譽為「第二國歌」的《祖國進行曲》吧，此曲1936年5月由蘇聯電台播出，很快就傳到了中國，北京的一些左翼青年馬上就會唱了。它是多麼激動人心，使人心潮澎湃啊！歌詞寫道：

「沒有任何地方可以像在這塊土地上那樣自由呼吸」，呵呵，有意思吧，要知道這是1936年，幾年前的烏克蘭大饑荒，無數的自耕農拖家帶口被押送到北極地區勞改，許多人死於途中；第二年的1937年，又有殘酷的「大肅反」，然而就在這個時候，音樂家在高談「自由呼吸」，這就可以解釋為什麼在那個年代，在國民黨統治的中心，有這麼多左翼思想的追隨者。

問：國民黨有概念但沒影響，是因為它沒有嚴密的組織來貫徹宣傳吧？

答：它有組織，但是這個組織是空殼化的。國民黨在上層有組織，但也是稀稀鬆鬆，在「南京十年」，從來沒聽説過國民黨高官要「過組織生活」，倒是不少高官要坐京滬快車去上海度週末。國民黨到省以下就基本渙散了，完全沒有辦法把宣傳推行下去。

共產黨最重要的兩翼，一個是組織，一個是宣傳，當然它的核心是軍隊，在我看來，這就是中共賴以存在的三要素。

領袖的創造力

問：大革命之後，中共行動派上台，理論方面有什麼不同？他們以行動著稱，卻也沒有拋棄理論解釋的權力。

答：共產黨若沒有理論解釋，無以標示自己的特性。行動派不是理論家，他們依靠和服從那批斯大林的弟子們。

大革命之後，階級意識強烈了。革命話語的第一個特點，就是把「我們」和別人區別開來，區分「我們」和「你們」。「我們」是自己人，「你們」是敵人或者可疑的人。比如「同志」這個詞，今天無所謂，過去這個詞不得了，被稱呼「同志」像有了一張入門券一樣。如果對哪位老先生只稱「先生」不稱「同志」，他難過得很。有的時候搞得很神秘，說你就留在黨外吧，你在黨外的影響更大之類，把民主人士說得一愣一愣的，既激動，又失落。第二個特點，有鬥爭的作用。第三，還有動員的作用。一套語言本來只是詞語與詞語之間的聯繫，但是經過跟一定的經濟社會環境發生互動之後，就產生自己的生命力了。

中共與國民黨建立聯合戰線，在聯合戰線中發展壯大，此時它的階級特性還不明顯。到1927年湖南農運，開始鬥土豪，有了階級特性，但還沒有提出建立工農兵蘇維埃政權。一直到南昌起義，秋收起義之後提出建立政權，中共就開始突顯新階級屬性，就有自己的新革命話語了。

這套話語怎麼更契合中國，中間又經歷一個過程，它的完成是在延安時期，王明、瞿秋白提供的也是中共的解釋體系，但是如何更適合中國的需要？毛澤東此時就開始用蘇聯經驗和中國底層造反文化傳統進行重新組裝，一切為了現實服務。所以中共武裝化以後，從表面上看，確實有強烈的農民造反色彩，稍微不注意的話，還以為是農民造反軍，但是它有兩個新因素；一是有黨；二是有意識形態，且對這個意識形態有一套不複雜的解釋。這個解釋很重要，能產生凝聚力。另外，今天再看，它是通過不斷的與對立面的鬥爭和黨內鬥爭，把黨鞏固下來的。

問：在這個過程裏，領導者個人的因素也有很大作用吧？比如對理論的創造能力。

答：對，領導者創造新概念的能力影響非常大。結合中共的發展來看，毛澤東自創概念的能力特別強，很多東西也不是無源之水，但是他非常聰明，受到一點啟示就能觸類旁通。比如他讀蘇聯的《聯共黨史》，馬上想到中共黨史也可以如此編寫。過去，毛不被認為是理論家，但他能抓住幾個關鍵概念，再加以延伸、發揮和創新，看上去好像是非正統，跟馬列講的不完全一樣，但核心又差不多。毛講過幾句很有名的話：「馬克思主義的道理千條萬緒，歸根結底就是一句話，造反有理。」講得就很有道理，這是他對暴力革命的強調。有的人一輩子讀馬列，沒有行動，最多就是一個馬列專家，而他是變成行動，而且給造反充分的合理性解釋。他有很多這樣的詞語，都極具個性特色、針對性很強、能得到廣大農民出身的黨員認同。他的對立面，不知道什麼原因，書生氣都比較重。

問：毛不單創造能力強，而且有本事通俗化。

答：對，他有簡化、通俗化理論的能力。你跟那些大部分是文盲的黨員去講馬克思、斯大林，他聽不懂，但是講造反，講打天下，講共產，他能聽懂。所以在我看來，中共其他理論家沒有一個比得上毛的。陳伯達之所以以後能被毛看上，也是因為他會用中國的若干概念來匯通馬列的概念，所以毛一用他就用了幾十年。毛曾經表揚劉少奇，說「三天不學習，趕不上劉少奇」，那是客氣話。毛有領袖的地位和優勢，他可以有幾套語言系統，交替使用，而別的領導人由於身份限制，只能講一種話。他則可以根據不同的情況對黨內領導層用一套語言；對農民出身的高幹用一套語言；對知識分子黨員則另用一套語言；和國民黨搞統戰時再換一套語言系統，如此等等。在必要時，他也可以在領導層講「山寨」語言。那位「文藝革命的旗手」也非同小可，她也是沒一點書卷氣，在大上海的水銀燈前，她能快速入戲；在陝北的窯洞裏，她也能因地適宜，抄抄寫寫；她既會講「文藝復興」和《簡愛》，在文革期間也會當着重要領導人的面自稱「老娘」，訓斥黨政軍高幹。

問：1949年建立共和國以後，中國共產黨的「革命敍述」是否面臨新的轉變？

答：是的。建國初期，彭真和董必武都講過，共產黨就是靠運動吃飯的。不搞運動了，它就面臨轉型。革命的目的實現了，不能再永遠鬥爭，或者說鬥爭的方式要轉變了。這個轉型是非常困難的。

意識形態的國家化

問：談談建國以後吧，1949年以後，中國共產黨的「革命敍述」是怎樣一步步轉化為國家意識形態的？

答：共產黨領導的國家，其基本意識形態就是以馬克思列寧主義為指導的。奪取政權之初，中國共產黨在經濟領域並沒有立即推行社會主義改造，而是保留了私有經濟，但是，在意識形態領域，一開始就提出來要以馬列主義為指導。所以，在這一時期，雖然政治上有民主黨派和民族資產階級頭面人物參政，但是，在意識形態方面已經打碎民國時期的思想秩序，主要表現在兩個方面：「破」和「建」。

「破」就是嚴禁國民黨的黨化報刊或親西方的報刊的存在，同時對於一些原先持反蔣親共立場或中間派立場的民間報刊雜誌和出版單位，雖名義上允許，但實際上以各種手段迫使其「自動」關閉。最近，我的一位碩士生的畢業論文就是根據原始檔案，研究南京在1949年前後有關報業、廣播和出版業的變化。她發現，對於當時一些民辦報刊和出版社，新政權通過政治、經濟的各種措施，讓其難以為繼，終令其宣告關門。

《文匯報》是當時全國影響非常大的民辦報紙，在1949年以前是反蔣親共的。1949年以後，《文匯報》總編輯徐鑄成以為迎來了民間報紙的春天，但是，他錯了。《文匯報》不能編發任何國際通訊以及任何獨家的政治題材的通訊，只能轉載新華社的通訊，在出版自由和採訪方面的限制比民國時期嚴厲得多。其實，上級領導已經暗示過他，不存在民間報紙的發展空間，必須完全服從黨的領導。徐鑄成後來在1957年被劃為「右派」。

「建」的方面有很多措施，比如，甫一建國就要修改教科書，請來了葉聖陶、胡愈之、宋雲彬這樣的著名學者，但是，在思想方面由中宣部指導。中國共產黨在這方面有豐富的經驗，在革命根據地時期，都有專人管教育、管出版，有一套經驗，可以直接拿來用，無非是增加幾個新概念。其中，最重要的方式，是通過學習毛澤東的幾篇重要文章，猶以《新民主主義論》為主，對原先在國統區從事文化教育的人士開展初步改造。當時對中小學教師就是採取這種辦法，先接收下來，夏季舉辦培訓班，全部進行集訓，由負責人來作報告，然後討論，隨後用這些新概念來教書。實際上是將延安時期的話語，通過強大的國家機器，配合解放軍的勝利進軍而逐步推廣。推廣過程很順利，因為絕大部分知識分子既然選擇留在這裏，自然就願意配合。

不過，在推廣過程中也出現了一些問題，接受新概念一開始不是那麼順利，不像幾年之後，無論中央講了什麼話，底下都完全擁護服從。這時的質疑主要來自幾個方面，一是對社會發展階段的質疑，就是斯大林講的人類社會發展的「五階段論」，從原始社會、奴隸社會、封建社會到資本主義社會、共產主義社會。有些在國統區從事文教工作的人對此不能接受。二是很多人對「向蘇聯一邊倒」有抵觸。三是建國初期雖然沒有立即開始大規模的清理運動，但是已經有所觸動。有些知識分子就覺得是不是動作太快啊，很多人還是很好啊，一時誤入歧途啊，是不是可以「以德報怨」啊等等，有些知識分子就以所謂「資產階級人性論」來對抗當時正在開始的社會改造。這個過程大概持續到了1950年下半年。

1950年下半年，抗美援朝戰爭爆發，然後就是知識分子思想改造，針對許多中國知識分子長期以來對美國的好感，開始系統批判美國、頌揚蘇聯，這在一定程度上是把蘇聯在1947年至1948年搞的「反世界主義運動」搬到中國來了。這場運動提出，世界上最重要的科學發明都是俄羅斯人做出來的，美國的科技發明都是假的。當然，中美在朝鮮開戰，也是很重要的原因。五十年代初蘇聯有一個很著名的「哲學家」、以後駐中國的大使尤金博士，當時由斯大林派到中國為《毛選》的俄文版翻譯做顧問的，他在中國全國作巡迴演講，得到最高領袖的大力支持，一路上都由各級黨政領導陪同。他在南京做過報告，其中一個重要內容就是，美國沒文化，蘇聯有文化。當時中國著名大學裏的有不少曾經留學英美，特別是理工科的著名知識分子基本上都是留學英美的——這跟蘇聯不同，蘇聯跟西方的聯繫已經切斷幾十年了，最多是蘇聯自產的博士——中國這些知識分子，尤其是理工類知識分子聽到這個報告的內容都很吃驚，而且很不以為然，於是又針對這些人進行教育，最後使他們認同了「美國沒文化」的新概念。

這一過程的展開基於兩個重要事實：一是中國共產黨領導的革命勝利，這是巨大的現實存在；二是中國共產黨佔據了幾個制高點，即統一中國、結束內亂和關注底層，這讓絕大多數知識分子覺得中國共產黨可能是更進步的，願意承認自己錯了。這是建國以後「革命敍述」的建構的基本方式，簡言之，就是伴隨着思想批判和政治運動，新話語得以在全國普及，也就是「破字當頭，立在其中」吧。

問：這一意識形態到後來是否通過「反右」「文革」等大規模運動不斷強化？

答：到了「反右」「文革」的時候，意識形態的國家化早已定型了。意識形態國家化的關鍵階段是上世紀50年代初，後來繼續發動大規模運動是因為某些中央領導把意識形態問題看得過於敏感。

建國初期的思想改造運動，效果非常明顯。特別是1954–1955年有一個全國性的「向蘇聯學習」運動，非常深入，以至於劉少奇後來批評説1955年「無產階級教條主義」佔統治地位。當然，黨外知識分子接受新思想可能與外在壓力有關。建國初期，社會改造疾風驟雨，一些有嚴重歷史問題的知識分子甚至身陷囹圄，這對其他人都是一種震懾。後來，壓力稍有緩和，1956年，中央一度提倡「百花齊放」，一部分知識分子以為春天來了，又開始發出質疑之聲，這些質疑實際上是對於前幾年他們在外部壓力下噤聲的反彈。1957年的「反右」之後，基本不再有來自黨外知識階層的公開質疑了，以後有部分黨內知識分子，對今天看起來明顯過「左」的政策提出質疑，但限於黨內範圍。像1958年「大躍進」這種今天看來很荒唐的政策，幾乎沒有黨外知識分子公開質疑，因為說真話的教訓太深刻了。至於他們是不是心悅誠服，那只有天知道。

不過，領導者還要繼續開展階級鬥爭，先讓黨外知識分子「交心」，經過考驗和研究，採取區別對待的政策，吸收了一批高級知識分子入黨，這些人算是自己人了，吳晗先生就是其中特別醒目的一面「左派旗幟」。對於更大多數的黨外知識分子，乾脆給他們戴上一個緊箍，隨時可以念咒。

在1958年八大二次會議上，劉少奇代表中共中央宣佈黨外知識分子屬於資產階級，這樣就把知識分子問題徹底解決了。

問：此前知識分子被定性為什麼階層？

答：此前知識分子被定性為既可以為反動階級服務、又可以為革命階級服務的中間階層。這主要是看革命需要。建國初期，將近七成的黨員是文盲，甚至部隊中的一些高幹的文化程度都非常低，所以，建國初期有一個吸收年輕知識分子參軍的熱潮。以後，知識分子參軍需要很多政治條件，特別是要求家庭出身合格，但是，建國初期只要家庭不是特別有問題，都可以參軍，基本上都是在部隊做文化教育工作，甚至有些直系親屬在上世紀五十年代初期被鎮壓的知識分子還可以繼續在軍隊做文化教員。

不過，那些經歷延安整風、且認同灌輸給他們觀念的黨內知識分子，並不屬於「舊知識分子」。建國後，他們都是各地的「接收大員」，比如各地的文化廳長、教育廳長、大學校長或者黨委書記等等。原來他們是被批判者，現在，把自己經歷的批判和清理對國統區的知識分子再來一次，是批判別人的批判者。這是延安知識分子的雙重性。

到了1955年和1956年左右，新的「自己人」被培養起來，那些出身不好的知識分子就基本上都被清除出去了。特別是被清理出部隊，1956–1957年是一個分水嶺。以後，又提出，解放前培養的知識分子是「舊知識分子」，解放後培養的知識分子是「新知識分子」，是「勞動人民知識分子」。至於入了黨的知識分子當然更屬於無產階級知識分子了，這種情況一直維繫到1965年。在這以後，最高領袖在內部點名批評了幾位著名的老黨員知識分子，説他們其實是「老反共分子」，從此，即便入了黨也不保險了，到了「文革」發動，吳晗先生被選來開刀祭旗，在極「左」思想的大環境下，所有知識分子都被定性為「資產階級知識分子」了。

問：他對話語的重視是一以貫之的嗎？

答：是的。從延安時期，他就特別關注這個問題。1967年4月，江青在軍委擴大會議上講，她是最高統帥在思想文化領域的巡邏兵。這位「文化革命的旗手」與蘇聯那些著名政治家的夫人，例如赫魯曉夫夫人、勃列日涅夫夫人、安德羅波夫夫人等完全不一樣，任她們怎麼努力也成不了夫君的意識形態學顧問，而「旗手」則高度敏感，一首詩、一本小説、一部戲劇，一首寓言，都能從政治的角度嗅出某種東西。當然這個特點也不是她一人所獨有，更不是六十年代初突然產生的，其實早在建國前就是如此。包括那個時期革命領袖提拔了一批受他信任的人從事這方面工作，比如陸定一、胡喬木、周揚等，他們一般被認為是共產黨中間有文化，有學問的人士。陸定一從1945年做中宣部部長，一直到1966年文革爆發前夕下台，做了二十年，時間不謂不長。周揚是中宣部副部長，他們都是意識形態學專家。他們手下還有一批人，既是官員，也是學者。

毛還自己寫通訊，解放戰爭時期給新華社寫，建國以後，有關胡風、反右的幾篇社論，也都是他寫的。文革中不斷傳來最高指示，什麼「辦學習班是個好辦法」、「吐故納新」、「一個人有動脈靜脈」等等，講得通俗易懂。一直到自己不能動的時候，毛都親自看社論、加批語、定調子。

有時候也有前後調子截然相反的。比如建國初期有一個朗朗上口的概念：「對蘇一邊倒」，強調中蘇友好。在歷史上，中國人對俄國多抱有懷疑和警惕，主要是受俄國人欺負太深，但他就用這個詞，那時黨的威信那麼高，各級黨組織又強力推廣，甚至自上而下建立一個新的實體組織「中蘇友好協會」開展大規模的推廣和宣傳，居然改變了中國人的想法。兩三年以後，這個口號又不提了。但誰又會去問，為什麼不講「一邊倒」了？再比如講南斯拉夫，先說「鐵托是修正主義」，那個「九評」中專門又有一篇《南斯拉夫是社會主義國家嗎？》。後來在1974、1975年左右，又說，「鐵托是一塊鐵」，也不做解釋。文革進行到1974–75年，人們都有點「老油條」了，張嘴就是全國形勢一派大好，閉口就是世界革命大好形勢，沒有人會跟

「上面」較真，其他宣傳再跟上，時間過去也就過去了。文革爆發後，毛有所改變，他不用陸定一、周揚等了，他有兩個理論班子，一個是老一點的，像陳伯達等人，另一個是張春橋、姚文元等，可能毛認為陳伯達後來的理論創新能力弱了點，思想也保守了一些，他更欣賞張、姚。他還有一種新傾向，就是選一些「老粗」來管理這個工作。雖然中央一級是由張春橋他們定調子，控制《人民日報》、新華社等，但是很多次一級的高級部門的意識形態工作開始選用沒有文化的人，他們只要負責傳達就可以了。比如最高領袖經常說：「丘八管秀才。」因為他對黨內的意識形態專家不滿意，覺得這些人跟不上自己的思想，反而更欣賞那些文化不高、工農出身的同志，只要能領會、跟着做就行了。他之所以欣賞張春橋，一個重要原因在於張能嚴格地在他的框架下有所創新，很聰明地總結出「無產階級專政下的繼續革命的理論」，再加上張春橋辦事能力也很強，這肯定就是「難得的人才」了。

圖像的意識形態表達

問：除了詞語之外，圖像也是革命話語敘述中比較重要的部分吧？

答：對。我曾就藝術家張大力的「第二歷史」的展覽做過一個發言，專門講圖像之塑造。我認為，這是因為近代以來他們都想建構「英雄創世紀」的新敍述，為此去不斷修改、完善圖像。這背後的思想邏輯一種完美主義的世界觀，一種絕對論，也就是為了表現某一種概念、思想及其代表人物，認為他體現了人類的所有美德，所以必須將有關記憶或記敘反復修改或者刪改，使之符合現實的「完美」。所以「第二歷史」應是國家主義的文字影像再造工程的產物。

問：除了修改照片之外，還有一些其他的表現，比如懸掛領袖的頭像，這是從什麼時候開始的？

答：這也是從蘇聯來的。它是精神動員的一個重要組成部分。當然中國過去的歷史傳統裏也有，特別到了晚清以後，供奉皇帝、太后的牌位表達某種政治訴求，像保路運動時那樣。後來列寧去世，廣東開紀念大會，列寧的大畫像就掛在上面，孫中山的照片也有。這以後就成了慣例。中共一開始並不掛自己領導人頭像，都是掛馬恩列斯，或者有時是馬恩，有時是馬列。掛毛的頭像是到延安以後。但在1939年的延安，是掛所有政治局委員的像。當時張聞天對中央宣傳部還有一點影響力，這也是跟蘇聯學習的。蘇聯是雙重制，一方面掛斯大林，同時在五一和十月革命節的時候，掛所有政治局成員的像。而且蘇聯有個傳統，除了列寧格勒、斯大林格勒之外，還有一些像莫洛托夫格勒、伏羅希洛夫格勒、加里寧格勒之類的命名。在這方面，斯大林的心眼稍許大些，跟他混的人大多都有一個小「格勒」。

問：蘇聯也掛馬恩的像嗎？

答：掛。蘇聯掛得最多。中國在文革期間把毛看作中國和世界人民的紅太陽，但仍然是說「馬恩列斯毛」，當然掛毛的像更多。建國前和開國之初，大軍南下，為了壯大黨的聲勢和順應國統區人民對中共的認知，掛過朱毛像，但不掛政治局委員像。中共八大後，掛過常委像，以後就不掛了。但五一，十一，還是要在天安門廣場擺放馬恩列斯像和孫中山先生像的。唯一不同的是朝鮮，現在除了極個別時候才會掛馬克思和列寧的像，而且不擺正中，只擺側面。它還正式在黨章中宣佈取消馬列主義。它是共產黨國家，卻不宗奉馬列，看來是真正實現了「話語自主權」。金日成是非常注重建立以自己為本位的話語的，他養了一批理論家，像前年去世的黃長燁，就是一個「主體思想的理論家」，黃先生肉麻當有趣，為此還沾沾自喜，似乎只有他創造出的那套理論才是有價值的，其他人搞的都是假的。其實他憑什麼一直高官厚祿？還不就是因為金日成要搞自己的一套，而黃長燁能提出「主體思想」，既反親蘇的「教條主義」；又反親華的「事大主義」。其他比如越南，從沒有自己成體系的理論，沒有「胡志明思想」；東歐國家從四十年代中期到八十年代末垮台，更是一個都沒有。當然它們是在蘇聯的嚴密監控下。蘇聯牢牢抓住自己是馬列主義正宗的地位，嚴格監控任何可能與它不同的東西。就「自主性」而言，朝鮮可謂登峰造極。金日成特別重視實現對幹部、對人民完全的精神和思想佔領，而且源頭也不要(除了認其父母、祖父的源頭之外)，更徹底、更全面，好像橫空出世，天降祥瑞，直接從白頭山蹦出來的。

問：所以說，舉凡共產主義，都是重視解釋權的？

答：共產主義強調這個，是經歷了列寧的改裝。此前共產主義在歐洲儘管也有過工人運動、巴黎公社、第一國際、第二國際等等政治行動，但是經過列寧，才把馬克思主義變成一種大規模的社會政治行動，一種國家形式的空前規模的關於人類未來新社會的實驗。所以列寧的影響非常大，他不僅是特別注重意識形態的解釋權，而且特別強調行動。他是「行動中的馬克思主義」。如果不是行動，像英國、美國很多「學院派」，天天在研究馬克思主義，研究來研究去，有些就成了清談俱樂部。馬克思的墓誌銘上有句話，「不僅在於認識世界，更重要的是改造世界」，就是說不僅僅是發現新問題、關注新問題，更重要的還是行動。

在意識形態領域，馬克思的共產主義也不主張完全的一元化。列寧也曾說「要吸收人類一切優秀的遺產」，但他經常講的還是強調思想意識的一致性，強調打擊資產階級的「庸人」，人道的偽善等等。十月革命之後，曾有過短暫的多黨合作政權，幾個月時間之後，布爾什維克發動政變，把杜馬(國會)中的反對派全部逮捕，然後實行獨裁主義制度。所以共產主義有一個從馬克思主義到列寧主義轉變的過程。

斯大林主義與列寧主義在思想上是一脈相承的，但是區別在於：列寧在黨內鬥爭方面，雖然也有嚴厲的思想鬥爭，但從不主張進行肉體消滅；斯大林則是把對待黨外的方法也用在了黨內。他們都強調階級，強調工農，俄國布爾什維克黨最初也是知識分子黨，慢慢的知識分子被洗刷，到1937–1938年，黨的領導層中的大知識分子基本被消滅掉了，提拔上來的赫魯曉夫等都是實幹家，這些人都是工農出身，文化程度不高、有一定的專業知識，完全信奉斯大林理論。這是通過黨內清洗來保持黨的活力。

有限革命與無限革命

問：您之前提到兩個概念，有限革命和無限革命，怎麼解釋？

答：這不是我提出的，其他學者也談過這個說法。按照一般的理解，革命最重要的目標是改變束縛社會經濟發展的政治和經濟秩序。具體而言，有限革命是拿到政權就行了，革命不進入到最後的思想領域——雖然任何革命必然觸及到一定的思想層面。但是無限革命會螺旋式的不斷向更高層面發展，比如說，奪取政權以後，還要進行精神和靈魂領域的革命。中國革命領袖搞的就是無限革命。這就是你提到的革命與人性改造的問題。

人類歷史上有很多大規模的革命，近代意義上的革命就有英國革命、美國革命、法國革命等等，但是規模最大、震撼最大的是法國革命、後來的俄國革命，以及再後來的中國革命。這是歷史上幾次特別大的革命。前面幾次，美國革命推翻了殖民主義者，取得了獨立，革命也就結束了；英國光榮革命使各方互相妥協，大家也覺得可以了，可以相安無事了，有問題以後再逐步改善。但法國革命不一樣，它進入到「鍛造新人」的階段。所以英國革命很少見到創造了什麼特有的詞彙，但法國革命有，比如「公民」這個詞，它已經進入到價值觀和生活方式層面。

俄國革命也是具有創造性的，這場革命具有一種「救世情懷」，你去看金雁的文章，分析得很透徹。三十年代以後，俄國革命進入文化革命階段。過去我們對這場蘇聯文化革命的理解，就是劇院增加多少、圖書館增加多少、人民識字率增加多少，事實上這種認識是偏狹的。十月革命之後，俄國文化曾經一度出現多元的局面，音樂、電影、美術、文學領域都有體現，但二十年代後期三十年代初期就已經被「黨文化」給平面化了。到了1934年，斯大林在他人的幫助下，創造了一個新詞，「社會主義現實主義」，在文藝領域實現了一統天下，實現斯大林主義的絕對主導地位。但是這個過程很長，十月革命是1917年，(當然等全俄平定下來是1920年)到1934差不多有十幾年，文化革命才開始。這跟俄羅斯歷史文化的積澱深厚和領導人對俄羅斯文化某種程度上的喜愛有關。俄國革命畢竟是城市革命，一些高級領導人喜歡詩歌，喜歡看戲劇、看歌劇，跟純粹的農民不一樣，品味相對高雅。最近有一本書叫做《馴服的藝術》，是前蘇聯一個音樂家寫的，書裏提到，一些高級領導人，甚至克格勃(當時叫「格伯烏」)的高層，熱愛歌劇。當時除了高幹，其他人每天過着非常困苦的生活，但是莫斯科卻有幾家劇院裏的人就能享受到最尊貴的生活，不受影響，因為他們能給高層們提供原汁原味的精美的藝術。我們對比一下，中國革命的主體是農民，革命的主戰場在農村，毛澤東在革命勝利前的1942年就提出了「文藝為革命服務」的要求，而他們是在勝利之後的1934年才有「社會主義現實主義」。

這以後就順理成章出現了一個新概念，「蘇維埃人」，就是「新人」。這種「新人」的要求是，全新的思想，無限忠於領袖斯大林，用階級鬥爭的眼光看待一切，如果自己的父母親是敵人嫌疑，那就要大義滅親。前蘇聯在1932年樹立了一個不到13歲的少年兒童帕夫利克・莫羅佐夫作為全國學習的英雄模範，到處都有他的塑像。他的事蹟就是向蘇聯政治保衛局(即以後的克格勃)揭發了他身為村蘇維埃主席的父親，如何同情富農，還說反動話等等，其父隨即被抓，最終死於勞改營中。據蘇聯官方說，莫羅佐夫在森林中被其祖父和堂兄殺害了，然後政府處決了他的祖父、祖母等四人，然後號召全國向他學習：「向帕夫利克·莫羅佐夫看齊！」。這就是典型的「蘇維埃人」，學習他的浪潮到八十年代才慢慢下去。我的一個博士生的論文，就是考察中國的英模制度，其中寫到中國的英模制度一部分來自於蘇聯，就專門寫到了莫羅佐夫的個案。

所以，要培養新型的人，而不僅是一種新的制度。1958年，陳伯達奉毛澤東之命去人民公社的發端地河南的嵖岈山一帶考察，他回來寫了一篇文章，發表在《紅旗》雜誌上，叫《全新的社會，全新的人》。這就是改造人性。這種人性之改造就是無限革命，不斷改造，靈魂深處爆發革命，鬥私批修，以至於最後就是自我的全部否定，心中除了偉大領袖的教導之外別無雜念。

問：為什麼知識分子都能接受這個？

答：在中國做這些事情比較容易，因為它有幾個來源。五四之前，中國就有一種思想，「改造國民性」。大家覺得我們的國民性是存在嚴重問題的，梁啟超、魯迅就有這種思想。從魯迅的「改造國民性」到毛澤東的「改造思想」，這個過渡並不困難。再加上以後的知識分子思想改造運動，又和這個契合起來，很多知識分子覺得自己一無是處。

為什麼能接受自我改造？首先，中國的知識分子自五四以來，基本上都是愛國主義者，生長在這個環境下，感到外敵特別是日本帝國主義對中國的欺壓，痛徹心扉。許倬雲先生就跟我講「忘不了抗戰那一段」，回憶那時候自己身體不好，讓農民挑着，旁邊就走着毛驢，一路往西南逃難的艱辛。你看齊邦媛的《巨流河》，也看得出來抗戰對那一代人的影響有多深。到了1949年共產黨結束內戰，雖然許多知識分子對「對蘇一邊倒」有看法，但是基本上認同出現了一個統一的局面。他們思想內部有了這種變化，就像費孝通說的，「我們的時代已經過去了」。其次，中國的知識分子自五四以來都有民粹傾向，就像魯迅五四之後寫的《一件小事》，坐了黃包車，為自己感到慚愧，心裏同情窮人。類似的故事有很多，能否具體幫助窮人，不知道，但是對底層人民的困苦是有感覺的。當時知識分子覺得共產黨是代表窮人的黨，使窮人的地位得到提高，很多人轉而覺得自己什麼都不是，這就打開了思想改造的大門。

結束內戰、統一中國，以及窮人地位改善——使得知識分子開始懷疑，自己對社會建設的作用到底有多大呢？於是開始接受共產黨的若干新解釋。再加上諸如周恩來這樣的人現身說法，講述自己的改造經歷。連周恩來這樣的人都要思想改造，那他們能不改造嗎？

問：這種鬥爭的實際作用如何呢？比如您講整風運動，認為從黨的利益考慮，對後期奪取國家政權大有助力。

答：它首先是對黨起作用，把黨變成一個高度戰鬥性、紀律性的嚴密組織。另外，它提供了一個以後整合社會、特別是整合人的思想的基本方法。簡而概之，它最關鍵的是，鍛造了兼具戰鬥性和忠誠為一體的革命者，這就是一方面無限忠於領袖，聽組織的話；另一方面，又站穩階級立場，對敵鬥爭勇敢，敢於衝破舊中國傳統倫理秩序，必要時做大義滅親的革命先鋒。

當然，有時也有許多很現實的因素，不單純是為了主義和理論，很多時候也是出自權力、利益的考慮。1953年3月斯大林去世後，赫魯曉夫要搞掉貝利亞，說他違背斯大林的思想，是英國特務，就純粹是瞎扯。其實貝利亞是斯大林死後最早提出改革口號的人，他最先提議釋放勞改營無辜被關押者，赫魯曉夫聯合其他元老搞掉他，是因為貝利亞手中集中太多的權力，對領導層的多數人構成巨大的威脅。國民黨也有權力、利益爭鬥，但是它還想不到打理論的旗號，說什麼李宗仁、白崇禧、孫立人等歪曲了三民主義啊、反總裁的思想啊之類。關鍵是，在那個結構下，就是打這些招牌，也沒用。而共產黨非常重視「思想正確」，革命領袖特別強調師出有名，什麼事情都要先搞一個概念，他也具有創造概念的巨大能力。這次是右傾、下次是左傾，再下次是「小腳女人」、「形左實右」、「反黨分子」、「反革命修正主義者」、「黑幫」、「走資派」、「犯了走資派錯誤」、「右傾翻案風」、「投降派」等等……永遠有概念。當然這也有解釋啊，諸如：「樹欲靜而風不止」，「階級鬥爭不以人的意志而轉移」，從此「階級鬥爭」就可給任何鬥爭找到合理性的解釋了。

問：即便從執政者角度，如此高度一致的思想文化狀態，真的是正面作用更大嗎？不是太缺乏活力嗎？

答：這要從什麼角度看，與天鬥，與地鬥，與人鬥，樂在其中啊，只要「思不出其位」就可以了。具體而言，就是讀領袖的書，聽領袖的話，領袖指向哪兒就打倒哪兒，這永遠是根本。而且也可以根據新的狀況不斷進行調整啊。再則，我認為他們不會像你這樣想問題的。同時，他們也是極其成熟、老練的政治家，主觀上也希望把事情搞好，如果當事情走向完全的絕對化，也知道要回頭，比如到了文革後期，老百姓已對無休止的「鬥爭」產生了厭倦，就提出「安定團結」的口號，甚至還提出「可教育好子女」的概念。當然轉捩點是1971年林彪事件，如果不是這個，還能維持很久。掌握了無限的權力，包括創造詞語以及有使其社會化的權力，就達到領袖詩詞裏面講的「紅雨隨心翻作浪，青山着意化為橋」的理想境界了。

放鬆與轉換

問：文革後期「林彪事件」可以看作是這套話語體系開始放鬆的轉捩點嗎？

答：對，因為它把文革的合法性以震撼性的方式破壞了。文革本來是可以自圓其說的，以後各個概念就很難互相支持了。儘管我們現在知道林彪在文革期間不過問很多具體的工作，但是文革是跟林彪的名字緊密聯繫在一起的，沒有六十年代他營造的「新文化」即個人崇拜文化，是搞不了文革的。他這面牆一倒，整個文革的大廈就倒了。所以1971年以後，文革所謂向上的、進攻性的態勢弱了，變成保守性、捍衛性的運動，這時候提出的是「保衛文革成果」、「反擊右傾回潮」、「文化大革命就是好」，之所以說「就是好」，就是因為有人說不好嘛。

當然，如果沒有「林彪事件」，也很難說文革可以持續多久。「繼續革命」必須建立在幾個基礎上，第一是群眾和領袖持續的沸騰般的革命熱情，人們的激情、理想主義始終燃燒到沸點狀態。就像古巴的卡斯特羅，經常在群眾大會上演講四、五小時，走在哈瓦拉反美大遊行的最前列也不知疲倦。但像老卡這樣的國際共運領袖太少，和卡斯特羅形成鮮明對照的是勃列日涅夫，這位老先生經常會被自己感動地熱淚盈眶，卻嗜權如命，執政十八年，竟成了享受型生活的實踐者了(他狂熱喜愛西方好車和英雄、元帥的勳章)。而出身工人階級的赫魯曉夫雖然在政治上尊敬鐵托，但他很不喜歡鐵托的生活奢侈和對寶石鑽戒的愛好。誠然，勃列日涅夫和鐵托的私人愛好都是人類的基本弱點，這就是人會追求生活的改善或舒適生活，他們是領袖尚且如此，遑論一般群眾？所以，即使後一個運動接着前一個運動，把「不斷革命」的口號叫得震天響，也不能徹底改變人的這個特性，特別是當領導不能和群眾同甘苦時，把所有革命領袖請來做動員報告可能也不行，因為最後人們也會得「運動疲勞症」。第二是切斷一切中外文化聯繫的渠道，比如像1966年8月份全國圖書館就關門了，《人民文學》、《中國青年》、《中國婦女》等等很多雜誌也自動宣告關門。一定要建立在這樣的基礎上：整個的社會信息單一化，信息只來自於一個方向。這樣就可以通過「兩報一刊」和中央人民廣播電台，直接發佈最新最高指示，實現領袖對人民的直接引導。而全國各省市的報紙，完全是《人民日報》的翻版。

如果出現了異樣文化，就會產生一種潛流。所以即便對馬列，在那個年代也從不提倡大家都去廣泛閱讀，因為讀多了，有人就會產生自己對馬列的釋讀，而這種個人化的釋讀，有些是和文革新秩序嚴重對立的。比如楊小凱，他的《中國向何處去》就被認為是「離經叛道」的，當時就被抓起來。所以不要以為自己學馬列就可以了，就了不起了，學馬列必須在正確的指導下學，不能自己瞎學。標準型的學習是顧阿桃似的學習(可憐的顧媽媽沒這樣的原創性，完全是別人指點她，為她包裝的)，我到現在還記得她的那段名言：「舊社會我呢是棵草，新社會我呢是個寶」。還有南京郊區十月人民公社某大嫂的經典性的大會發言：「×××要復辟資本主義，我們貧下中農一千個不答應，一萬個不答應！」從批判劉少奇，再到批判林彪，又到批鄧，她以不變應萬變，都用這句「一千個不答應，一萬個不答應」口號來應對，從沒有哪位領導說她講得重複，在十多萬群眾大會上，她能做到面不改色心不跳，這種水平也是相當了得的，就些都是受到鼓勵的正確學習的典範。所以最高領袖那時就強調，「讀一點馬列」，「讀一點歷史」、「學一點哲學」等。革命戰爭時期，他多次批評「假馬克思主義者」，說「書讀多了也是壞事」。這種思想影響很大，在正確地反教條主義的同時又無形中和黨內長期存在的推崇、鼓勵農民文化以及大老粗的思想和作風融合一體，而那個時代人們正是以「我沒文化」，「我唯讀過小學」，「我是大老粗」為榮的。

林彪事件發生以後，全社會已經有懷疑和批評，最高領袖把閥門稍微開了一點點，這個時候才有內部書的較多出版。特別是中國進入聯合國之後，感覺到有這個需要，出版的書更多了，而內部書在文革前只有過少量出版。

問：1978年以後的改革開放是否意味着「革命敘述」的轉型？

答：我對改革沒有專門研究，但是確實有轉換。把「以階級鬥爭為綱」轉換為「以經濟建設為中心」，強調「實踐是檢驗真理的惟一標準」，這肯定是大轉換。從對所有人都要分「左中右」，到現在「以人為本」，這也是一個大轉換。但是，改革開放以後，主政者仍然要掌握對理論的解釋權，這個基本上沒變。

國家主義的文字、圖像的再造
——參觀張大力「第二歷史」展覽的發言[1]

張大力的「第二歷史」圖片展有很強的衝擊力，他把原始圖像稱為「第一歷史」，即原生狀態、未經修改的歷史；而把經過加工、修改的圖像所呈現的歷史，稱為「第二歷史」，這裏展出的都是我們曾經很熟悉的歷史照片，只是我們不知道它們已經過了修飾、刪改等。張大力如此分類是有他的思考的，其中，最重要的，是他並沒有將所謂「第二歷史」的圖片一筆勾銷，而是給其新的命名，以區別於「第一歷史」。

如何看待「第二歷史」，我只能提一些粗淺的看法。

一、在20世紀的中國，為了追求建立現代民族獨立國家，就要建構「英雄創世紀」的新的敍述，而文字和圖像是其中重要的組成部分，對之不斷進行修改和完善，是一常見的現象，革命政治家和藝術家自覺或不自覺地使其服從於現實政治的需要。

對文字和圖像的修改和再造，在20世紀不是罕見的現象，和19世紀相比，人們對文字和圖像重要性的認識已大大提高，就技術方面而言，教育發達使識字的人多了；照相術發明後迅速傳到了東方。

就中國而言，還有更重要的政治和社會背景，這就是在20世紀的中國，出現了爭取建立現代民族獨立國家的社會運

1　2010年3月27日下午於廣東美術館的發言。

動、政治運動和革命運動。為了反抗外敵侵略，建立一個現代國家，就要對人民進行思想動員，給他們簡明、生動的敍述，我將其稱之為「新國家敍述」，張大力先生的「第二歷史」展覽中提到的三個內容：領袖、英雄、群眾，恰是新國家敍述最重要的三個主題：

1. 領袖，是引導人民的先知或「燈塔」，孫中山、蔣介石、毛澤東，都曾被塑造為「民族救星」；
2. 英雄，是群眾的楷模，是領袖意志的體現者和帶領群眾的楷模；
3. 群眾，是有待教育、感化的大眾，而一經動員和革命理論的教育，就成為改造社會、推動歷史前進的基本力量。

為了教育、改造人民，政治家、革命家總要根據最新的政治變化，對自己的理論或敍述做出修改、完善和補充，在歷史上的某些時期，這甚至是常見的，文字的修改更是司空見慣。

這樣的刪改，包括文字的和圖像的，在當時是光明正大的，大家都習以為常。胡喬木說過，領袖要給群眾最好的精神食糧。在文革中，根據政治需要刪改歷史文獻，是大家可接受的，被認為是正常的。反之，則是奇怪的，在文革中，如果有關文獻保留了那些已被打倒的領導人的名字，還會遭到群眾的指責。文字可以修改，歷史歌曲的歌詞也可以修改，1970年重新發表了1930年代一組救亡歌曲供全國人民傳唱，絕大多數的歌詞已被修改，添加了歌頌毛和共產黨意識的內容。至於圖像則更被重視，因為對人民影響更大。

對毛的圖像，一向修改，張大力展覽中的許多照片都說明了這個現象。

對魯迅與他人的合照，也做某些技術方面的處理，不可以出現林語堂、伊羅生、李濟等的形象。

1972年美國總統尼克遜送訪華，冀朝鑄擔任周恩來翻譯，外國記者把照片和錄影傳遍了全世界，但是《人民日報》登出來的照片，站在周恩來總理旁邊的卻是王海蓉。

中國的這種做法或是傳統是否受了蘇聯的影響？直接證據還沒有，但心口相傳，耳濡目染，則是肯定的。

1933年，蘇共中央政治局分工，斯大林除了總負責，還分工管文化宣傳工作。斯大林不斷修改十月革命後的歷史，文字的，影像的，有關托洛茨基等的圖像全刪去。斯大林臉上有麻子，在照片上也都被隱去。斯大林等都要讓歷史，就是對過去的記敘，服從於現實政治的需要。他特別重視影像，通過電影《列寧在十月》、《列寧在1918》、《宣誓》等，美化、突出自己。

斯大林的好學生，「大清洗」的直接領導者葉若夫，本來其貌不揚，但是在油畫上，葉若夫被畫得「魁梧英俊，兩眼炯炯發光，神仙般的威嚴」[2]。

1935年，蘇聯舉辦第一屆工農業成就展，展覽會上「工農兵」雕像的形象，突顯了社會主義制度下工、農、兵堅毅、健康和美好，以後對中國和其他社會主義國家造型藝術影響很大。

二、背後的思想邏輯是什麼？我認為是一種完美主義的世界觀，背後是一種絕對論，也就是為了表現某一種概念、思想及其代表人物，認為他體現了人類的所有美德，而為了突

2　聞一：《蘇維埃文化現象隨筆》（南昌：江西人民出版社，2006），頁137。

顯這種美德，就必須將有關記憶或記敘反復修改或者刪改，使之符合現實的「完美」。

「完美」首先是「政治正確」，而達到「政治正確」則需要建制上的保障：

1. 例如，反映領袖國事活動的新聞記錄片有中央審看制度，文革期間主要由姚文元(政治局委員)負責審看，有時，周恩來、江青也參加審看。

2. 文革前，如有關回憶錄中出現有關領袖的敍述，則需報批。1957年，李六如為了寫他的《六十年的變遷》，特將有關涉及青年時期毛的革命活動的有關章節送中宣部檢查。

3. 拍攝者的自律。

為了達到「完美」，就要突出主要人物，突出英雄人物，突出主要英雄人物，簡言之就是突出領袖，這就是「三突出」的由來，以後就成為了一種指導原則。

「完美」也是要體現在「藝術完美」。七大開幕式上的毛的長頭髮的修改就是一例。毛的牙不好，照片上都被隱去。張春橋的牙也不好，照片中也都隱去。

正面人物，工農兵的形象是被固定化的，從源流上講，就是1935年蘇聯的工農業展覽館的工農兵的形象，簡言之，就是「高大全」式的。據中山大學馮原教授研究，1949年解放大軍南下，一些沒有學過延安毛澤東《在延安文藝座談會上講話》的廣東的藝術家，他們自發創作的有關毛和工農兵的作品是非常個性化的，但不符合國家主義的美學路線和完美主義的世界觀，於是很快都被淘汰了。

江青的一系列署名「峻嶺」、「大海」的攝影作品，就典型地反映了這種完美主義的藝術觀。

更突出的是，我們的東鄰友邦要求所有外國參觀者在參觀照相時只能照好看的地方，不許照不好的地方；為了突出完美主義的美學思想，還將所有殘疾人趕出首都；更厲害的是，把接待外賓的小朋友們都訓練成會隨時會假笑的一群－瞬間就笑起來，呈現出幸福歡快狀，這就達到了最高境界，完全控制了人們的喜怒哀樂，已不須藝術家再做二次修改，而是標準化了。也就是，照片是真實的，內容是不真實的。類似的情況，在70年代的台灣也有過：

1975年4月，蔣介石去世，台北民眾在街頭跪迎蔣的靈柩，場面頗震撼。但一位當事人，也是台灣一著名教授(蔣永敬)幾十年後回憶說，他的下跪，是不自願的，是在場的情治人員大喝一省：跪下，他的腿不由自主發軟，才跪下的。還有一位台南的大學教師對我說，他是在他的小學老師強迫下才下跪的。

這是「第一歷史」還是「第二歷史」呢？

三、何謂「第二歷史」？

看展品，回想歷史，有啟示，也有困惑，對什麼是「真實」疑問更多。我們通常講的「歷史」，有兩層含意：

1. 原來的事實；

2. 被表達的事實。

今天我們通常講的「歷史」，已很難說它是完全客觀的了，因為歷史事實一經表達，就主觀了，大凡我們稱之為的「歷史」，都是經由主觀才被反映和表達的。即如一位歷史學家所說：「今天我們所看到的一切歷史，都有其主觀性。」歷史不僅是指過去的事實本身，更是指人們對過去事實有意識、有選擇的紀錄。福柯也說：歷史是被塑造的。

所以我覺得更適合的概念應是：第二歷史應是國家主義的文字影像再造工程的產物。為什麼是「國家主義」的？

首先，它不是一種經由個人美學趣味支配或主導下的創作或修改的過程，而是國家意志的直接或間接的表達；其次，它是經由國家推動的方式加以傳播和擴散的。

我個人對「當代攝影」與真實的關係有一些悲觀，因為太多的事實說明，「電腦成像術」對「真實」起一種消解與顛覆的作用，以至於我對什麼是「真實」，都發生了疑惑。例如：記錄「影像」應是反映真實的，可是它又不盡是「真實」，它還是創作者的「作品」。這些都使得我們在這個高科技的時代對許多過去可以認知的現象發生困惑。因此我把這個疑問提給各位專家，不知能否獲得解答。

我為什麼研究延安整風
——《紅太陽是怎樣升起的：延安整風運動的來龍去脈》[1] 後記

這本書從醞釀到寫作經歷了一個漫長的過程，80年代初，我產生了寫這本書的念頭，但促使我對延安整風這一事件萌發興趣則是在更久遠的年代。

我第一次接觸到「延安整風」這個詞是在文革爆發前夕的 1966年春。記得有一位前輩學者曾說過，舊中國黑暗的現實，使中國的青少年比歐美國家的青少年，在政治上更趨於早熟。我想說的是不僅在舊中國情況如此，在毛澤東時代的新中國，情況亦是這樣。新中國層出不窮的政治鬥爭及其對社會的廣泛影響，使我不幸地過早地關注起自己不應該去關心的事情。

我讀書啟蒙的年代是六十年代初的南京，那是一個政治意識畸形發展的年代。從 1963年初開始，我對母親訂閱的《參考消息》發生了興趣，經常躲着她偷偷閱讀。我也從那時起，養成了每天讀江蘇省黨報《新華日報》的習慣。可是我對那時的社會狀況並不清楚——應該說，除了雷鋒、革命先烈、越南、紅軍長征的故事，那時我的頭腦中並沒有任何其他東西，但是到了1963年下半年後，情況發生了變化，我愈來愈注意《參考消息》和報紙上刊載的有關中蘇兩黨論戰的報導。1964年春夏之間，我從《人民日報》上看到蘇共中央

1　高華：《紅太陽是怎樣升起的：延安整風運動的來龍去脈》，香港中文大學出版社，2000 年出版。

書記蘇斯洛夫在蘇共二月全會上作的「反華報告」，第一次看到對毛澤東、對大躍進、人民公社的批評——這對於我是一個極大的震動(這份報告給我留下極為深刻的印象，以後我長期保留這份《人民日報》)。我開始思考蘇斯洛夫報告中所論及的一些詞彙：毛澤東是「左傾冒險主義」、「半托洛茨基主義」、「唯意志論」等等(七十年代，我從內部讀物才知道，蘇斯洛夫是一個頑固的教條主義者。近年出版的俄羅斯資料透露，1964年蘇共黨內的革新勢力利用與中共的論戰，削弱了斯大林主義者在蘇聯的陣地，一度遏止了保守勢力復辟的勢頭，正是在這樣的背景下，保守的蘇斯洛夫才在蘇共中央二月全會上作了這個報告)。對於這些話，當時我似懂非懂。我聯想自己的日常生活，幾年前那些饑餓的日子，我隨母親去南京郊外的勞改農場去探望因「右派」問題而被下放勞動的父親，1963年夏，我已被南京市外語學校錄取，卻因政審不通過而被拒之門外——我對當時的政策居然產生了一些疑惑。不久甚至連小學也講起「階級路線」，我因出身問題越來越感到壓力。在這種情況下，我迎來了文化大革命，也就是在這個時候，在學校的號召下，我通讀了《毛選》1至4卷，我多次閱讀了收入《毛選》中的《關於若干歷史問題的決議》以及毛的《改造我們的學習》、《反對黨八股》，於是我知道了「整風運動」這個詞。

緊接着文革爆發，我從每天讀的《新華日報》上發現，1966年5月初北京召開的歡迎阿爾巴尼亞黨政代表團的群眾大會上不見了彭真的名字，接下來我就讀小學的一些幹部子弟(我的小學鄰近南京軍區後勤部家屬大院和《新華日報》社家屬區)，手拎紅白相間的體操棒在操場上毆打一位「成份不好」的30多歲的余姓美術教師，校長兼支部書記則裝着什麼也沒看見。

南京1966年8月下旬的紅色恐怖給我留下了終身難忘的印象。我的家庭受到衝擊，有一天，我無意中聽到父母的談話，父親說，這一次可能躲不過去了，再不跑，可能會被活活打死。父親終於離家出逃，躲在山東農村老家那些純樸的鄉親中避難，不久，我家附近到處貼滿了父親單位捉拿他的「通緝令」。

在文革的血雨腥風中，我看到了多少景象！曾幾何時，那些在文革初期指揮揪鬥「死老虎」的當權派自己很快也被拉下了馬，「周揚四條漢子」、「彭羅陸楊」、「劉鄧陶」像走馬燈似地被「掃入歷史的垃圾堆」，真是「一頂頂皇冠落地」！從那時起，我就無師自通地學會了報紙上的「排名學」。1967年初，在南京大學的操場上，我親眼看見江蘇省委第一書記江渭清被批鬥，就在半年前，我的小學的校長還是滿口「江政委」喚個不停。不久我又去了省委辦公大樓，那裏正舉辦所謂「修正主義老爺腐朽生活」的展覽，那寬大的帶衛生間和休息室的書記辦公室，那嵌在舞廳天花板壁槽內的柔和燈光，以及用從緬甸進口的柚木製成的地板，無一不使我頭腦翻江倒海。

我的家庭背景使我不能參加這場革命，我在家庭中受的教育以及我從各種書籍中所獲得的精神營養也使我不會去欣賞那些在革命名義下所幹的種種淩虐人的暴行。在文革前，我家有一個區文化館圖書室的借書證，因此我讀過不少中外文學，歷史讀物。至今我還記得，在恐怖的1966年8月，我如何從母親的手中奪下她正準備燒掉的那套楊絳翻譯、勒薩日著的《吉爾·布拉斯》等十幾本書籍。在焚書烈火中被搶救下來的《吉爾·布拉斯》、範文瀾的《中國通史簡編》、《普希金詩選》、《唐詩三百首》等給了我多少溫暖，讓我在黑暗的隧道中看到遠外一簇光！

在文化大革命的狂風暴雨中，希望之光是黯淡和飄忽的。1967年初，我在家附近的長江路南北貨商店牆上看到一張「特大喜訊」的大字報，上面赫然寫着葉劍英元帥最近的一次講話，他說，我們偉大領袖身體非常健康，醫生說，毛主席可以活到150歲。看到這張大字報，我頭腦轟地一響，雖然有所懷疑，但當時的直覺是，這一下，我這一輩子都註定要生活在毛澤東的時代了。我馬上去找我的好友賀軍——他目前住在美國的波士頓，告訴他這個消息，我們一致認為，毛主席不可能活到150歲，因為這違反科學常識。

從這時起，我在心裏悄悄地對毛澤東有了疑問。我知道在中國，一切都憑他一個人說了算，其他人，即使劉少奇，雖然《歷史決議》對他評價極高，雖然在文革前到處都能看到毛、劉並列的領袖標準像，雖然劉少奇夫婦訪問東南亞是何等的熱烈和風光，但是如果毛澤東不喜歡，劉少奇馬上就被打倒。我又看到自己身邊發生的一些事，離我家不遠的一個小巷的破矮平房裏，住着與我同校但不同班的一對姐弟和他們的父母，他們的父親是「歷史反革命分子」，他們的媽媽是一個普通的勞動婦女。因為不能忍受歧視和侮辱，這位母親竟失去控制，將毛主席的畫像撕碎並呼喊「反動口號」，結果在1970年南京的「一打三反」運動中被槍斃。召開公判大會那一天，我的中學將所有學生拉到路邊，觀看行刑車隊通過，美其名曰「接受教育」，這姐弟兩人也被安排在人群中，親眼目睹他們的母親被五花大綁押赴刑場。車隊通過後，學校革委會副主任要求全校各班立即分組討論，於是所有同學都表態擁護「鎮壓反革命」——所有這一切都讓我對毛產生了看法。我知道這些看法絕不能和任何人講，甚至不能和自己的父母講，只能深埋在心中。

在那令人窒息的歲月裏，沒有希望，沒有綠色，除了從小在一起長大的賀軍，差不多也沒有任何可以與之交心的朋友(即使我們之間的談話也小心翼翼，絕不敢議論毛澤東)，但是，我的心中仍存有一線微弱的光。我的家附近有南京某中學留守處，這個中學已被勒令搬至農村，所有被封存的圖書都堆放在留守處的大倉庫裏，由一姜姓老先生看管(老人是山東人，年青時被國民黨拉去當兵，被解放軍俘虜後成為「解放」戰士)。至今我仍感激這位老先生，是他允許我每週進一次倉庫借一旅行袋的書，下周依時交換。正是在那裏，我翻檢到1958年的《文藝報》的《再批判》專輯，因而我第一次讀了王實味的《野百合花》和丁玲的《三八節有感》。在那幾年，我從這個倉庫借去大量的中外文學和歷史書籍，至今還記得，孟德斯鳩的《一個波斯人的信札》、羅曼·羅蘭的《約翰·克利斯朵夫》、惠特曼的《草葉集》、葉聖陶的《倪煥之》、老舍的《駱駝祥子》，就是在那個時候讀的。1971年後南京圖書館局部恢復開放，我又在每個休息日去那裏讀《魯迅全集》，將包括魯迅譯著在內的舊版《魯迅全集》全部通讀了一遍。正是這些作品支撐起我的人文主義的信念。

七十年代中期，國內的政治局勢更加險惡，我的一位熟人的弟弟，因憤恨江青的專橫，在1975年從其家中的閣樓上跳下自殺身亡。我的家也每天受到居民小組老太太的監視，只要家裏來一外人，她就站在門口探頭探腦，東張西望。1976年夏天的一個晚上，我與好友賀軍坐在長江路人行道的路邊，我背誦了魯迅的話：「地火在地下運行，奔突；岩漿一旦噴出，將燒盡一切野草，以及喬木，於是並且無可朽腐」(1995年8月底，我與賀軍在紐約第五大道的街心花園坐了半天，我們共同回憶起往昔歲月，我們都談到1976年夏在長江路邊的那次談話)。

在文革期間，我讀了許多毛的內部講話和有關「兩條路線鬥爭」的資料，這些資料真真假假，其中不少充斥着大量的歪曲和謊言，然而它們還是激起了我強烈的興趣。結合文革中所發生、暴露出的一切，以及自己的生活感受，我愈來愈有一種想探究中共革命歷史的願望，在這個過程中，我注意到了延安整風運動——這雖然是距那時以前幾十年的往事，但我還是隱約感到，眼下一切似乎都與它有聯繫。在大字報和各種文革材料中，我難道不是經常讀到毛和其他「中央首長」的講話嗎：什麼「×××最壞，在寧都會議上，他想槍斃我」，「劉少奇在抗戰期間勾結王明反對毛主席的獨立自主方針」，什麼「×××在延安審幹中查出是自首分子，因此對他控制使用」，還有「王明化名馬馬維奇在蘇聯惡毒攻擊偉大領袖毛主席」等等。

在那些年裏，我雖然是「生在新社會，長在紅旗下」，卻不知填了多少表格，從小學、中學到工作單位，每一次都要在「政治面貌」、「社會關係」欄內填寫老一套的內容。看看周圍的人，大家也一樣要填表。我工作單位的人事幹事是從老解放區來的，她說，這是黨的審幹的傳統，是從延安整風開始執行和推廣的，那麼延安整風運動又是怎麼一回事呢。帶着這些疑問，1978年秋，我以歷史系作為自己的第一選擇，考入了南京大學歷史系。

1979年後的中國大學教育開始發生一系列重大變化，我經歷了那幾年由思想解放運動而帶來的震撼並引發了更多的思考。在課堂上，我再次聽老師講延安整風運動，我也陸續看到一些談論「搶救」運動的材料，然而所有這些都在維持一個基本解釋：延安整風運動是一場偉大的馬克思主義的教育運動。1979年我還讀到周揚那篇有名的文章《三次偉大的思想解放運動》，周揚將延安整風與五四運動、七十年代末的思想解放運動相提並論，謂之為「思想解放運動」。在大學讀書的那幾年，我知道，雖然毛澤東晚年的錯誤已被批評，但毛的極左的一套仍根深蒂固，它已滲透到當代人思想意識的深處，成為某種習慣性思維，表現在中國現代史、中共黨史研究領域，就是官學甚行，為聖人避諱，或研究為某種權威著述作注腳，幾乎成為一種流行的風尚。當然我十分理解前輩學者的矛盾和苦衷，他們或被過去的極左搞怕了，或是因為年輕時受到的《聯共黨史》、《中國共產黨的三十年》的思想訓練太深，以至根本無法跳出官學的窠臼。

然而，我難以忘懷過去歲月留下的精神記憶，劉知幾云：治史要具史才、史學、史識，其最重要之處就是秉筆直書，「在齊太史簡，在晉董狐筆」。至今我還清楚記得1979年在課堂上聽老師講授司馬遷《報任安書》時內心所引起的激動，我也時時憶及範文瀾先生對史學後進的教誨：板凳甘坐十年冷，文章不寫一字空。所有這些都促使我跳出僵硬教條的束縛，努力發揮出自己的主體意識，讓思想真正自由起來。從那時起，我萌生一個願望，將來要寫一本真實反映延安整風的史書，為此我開始搜集資料。

由於延安整風在主流話語中是一個特殊的符號，有關史料的開放一直非常有限，這給研究者帶來極大的困難，但在80年代以後，中國也陸續披露了某些與延安整風運動相關的歷史資料，除了少量檔案、文件集外，也出版了不少回憶資料，這給研究者既帶來了便利，同時也帶來了新的問題，這就是如何分析、辨別、解釋這些材料。應該說，我在中國大陸長期的生活體驗以及我對有關史料的廣泛涉獵，加強了我閱讀資料的敏感性，我逐漸能夠判斷在那些話語後面所隱蔽的東西。

經過對多年搜集、積累資料的反復研究和體會，我頭腦中的延安整風的輪廓逐漸清晰起來，我開始發現散亂在各種零碎資料之間的有機聯繫。1991年8月中旬我開始動筆，到1992年下半年，我已完成初稿的三分之二。

從1993年始，我的寫作速度慢了下來，我感到自己需要對所論述的問題作進一步的思考，同時需要更廣泛地搜集、閱讀各種資料。

1995年夏至1996年秋，我有機會去設於美國首都華盛頓的約翰斯·霍普金斯大學高級國際問題研究院作訪問學者，我在美國的研究題目與延安整風無關，但我仍利用在華盛頓的機會，在國會圖書館工作了一個月。但是很遺憾，國會圖書館中文部雖然收藏十分豐富，但是幾乎找不到有關延安整風的材料。1996年10月我返國後，又重新開始寫作，到了1998年夏，全書已經完成。我又用半年時間對書稿作了3次修改補充，於1998年底，全書殺青。1999年初交稿後，在編輯校對階段，我接觸到若干新材料，對書中的個別內容再次做了充實，於1999年春夏之交，全書最後定稿。

我寫這本書在思想上一直以求真求實為依歸，在寫作過程中，始終遵循據事言理的治學方法。我以為，重要的是，首先應將延安整風的來龍去脈敍述清楚，這個問題之所以重要，乃是因為數十年意識形態的解釋學早將當年那場事件搞得雲環霧繞，面目不清。為此我作了大量的工作，對各種重要和非重要的資料進行點滴歸攏，爬梳鑒別，再對之反復研究體會，使之融匯貫通。這方面的工作用去我最多的時間和精力。

我不反對對延安整風這一重大現象進行嚴謹的理論分析，且認為，這個工作極為重要，但是我又擔心過度解釋而妨礙讀者自己的判斷。陳寅恪先生言，「大處着眼，小處着手」，「滴水觀滄海」，因此在本書中，我從實證研究的角度，以分析性論述的方式展開，這也與我個人比較重視歷史的個案研究有關。

在寫作此書的七年裏，我一直懷有深深的遺憾，這就是，我無法得到更重要的原始資料。眾所周知，有關延安整風期間的中共中央政治局、書記處、中社部、中組部的檔案文獻，除少量披露外，絕大部分迄今仍未公開。1992年，我看到一位負責人在中央檔案館的講話，他說，鑒於蘇東巨變的深刻的歷史教訓，應該加強對檔案工作重要性的認識。他指出，中共檔案資料的保管，關係到中國社會主義的前途和命運。我可以理解這位負責人的觀點，但是從學術研究的角度，卻為不能閱讀利用這些珍貴史料而感到無窮的遺憾。

由於這是一本站在民間立場的個人寫作，十多年來我從自己不多的工資裏擠出錢購買了大量的書籍資料，我從沒有以此選題申請國家、省級或大學的任何社科研究項目的資助，所以我的另一個遺憾是，我無法對一些當年參加過延安整風運動的人士進行口述採訪，如果我做了這樣的工作，一定會對本書的內容有所充實。

我還有一個遺憾是我沒有機會去莫斯科搜尋有關資料。九十年代後，莫斯科開禁歷史檔案，涉及四十年代蘇共與中共交往的文獻記錄也已開放。中國歷史學會的沈志華博士近年來為搜集這些史料作了大量工作，他並已將其中某些材料轉送北京研究者(沈博士告訴我，蘇共與中共在延安整風期間交往的史料很少)，因沈博士去美國，一時聯繫不上，這也使我深感遺憾。

伏案幾載，每天神游於當年的歷史景像之中，自然會對延安整風運動及其相關的史事與人物產生種種體會，這方面的體會與感受的絕大部分已化為書中的敍述，但是還有幾點需在此予以說明：

1. 予生也晚也，未能躬逢中共草創革命的年代。吾細讀歷史，站在二十世紀全局觀二十年代後中共革命之風起雲湧，心中自對中共革命抱持一種深切的同情和理解。吾將其看成是20世紀中國民族解放和社會改造運動的產物，認為在歷史上自有其重大正面價值和意義。

2. 從中共革命奪權、推翻國民黨統治的角度觀之，延安整風運動對於中共革命成功助力巨大，但是延安整風運動中的某些概念、範式以後又對中國的發展和進步產生若干消極作用，極左思想、權謀政治匯溪成流，終至釀成建國後思想領域一系列過左的政治運動直至文革慘禍，真所謂「成也蕭何，敗也蕭何」！所幸中共十一屆三中全會後，國家已逐步走出過去那種懷疑一切，無情鬥爭的極左道路，但舊習慣思維的清理仍需長期努力。吾期盼舊時極左的「以我劃線」、權謀政治永不再來，國家從此能步入民主、法治的軌道，如此，則國家幸甚，民族幸甚！

3. 本書涵蓋面頗寬，涉及中國現代史上許多著名人物，對於本書所論及的所有人物，我只將其看成歷史人物，不存任何既定的好惡偏見，主觀上力求客觀公允，「不虛美，不隱惡」。當然任何研究都不可能完全排除作者的價值關懷，陳衡哲先生曾說過，「若僅縷述某人某國於某年征服某地……那有什麼意思」，說的也是研究者的價值關懷問題，只是這種價值關懷不應妨害到敍述的中立和客觀。如果說本書敍述中有什麼價值傾向的話，那就是我至今還深以為然的五四以後的新價值：民主、自由、獨立、社會正義和人道主義。

在寫作此書的幾年裏，我得到了一些朋友的寶貴的支持和鼓勵，在本書即將出版之際，我謹向他們表示真摯的感謝。

上海師範大學的許紀霖教授多年來一直關心我研究的進展，他還熱情地為本書的出版提出許多好的建議。在與許教授的交往中，他的深厚的學養和對二十世紀中國歷史的卓越見解總是使我深獲教益。

我衷心感謝香港中文大學中國文化研究所的金觀濤教授和劉青峰教授。他們對本書的出版提供了熱情的幫助，在本書定稿過程中，他們提出一些富有啟迪性的建議和意見，對於本書臻於學術規範化的要求，有重要的作用。

我也向我的同事，南京大學歷史系顏世安教授和我的好友，現旅居美國的賀軍先生表達我的感激，他們的友誼和支持，對於我一直是一個激勵。

我曾與美國哈佛大學東亞系孔斐力教授(Philip Kuhn)和美國約翰斯·霍普金斯大學高級問題研究院「華盛頓—南京辦公室」主任甘安哲博士(Anthony Kane)有過多次關於三十至四十年代中共黨史問題的愉快的討論，他們的支持和鼓勵對於我的寫作是一種推動。

在寫作此書的幾年裏，我始終得到我過去的學生甘思德(Scott Kennedy)和唐山(Jeff Zuckerberg)、林志濤(Felex Lin)的關心和幫助，我的研究生郭洵澈對我幫助尤大，他不僅幫我用電腦輸入文字，還與我分享了討論的樂趣，在此我向他們表示深切的感謝。

我也向本書所引用文字的作者、編者表示我的謝意，我雖然在引述文字時都做有詳細的注釋，但沒有他們提供的資料基礎，我要完成這本書也是不可能的。

我要向本書的編輯鄭會欣博士表達我深深的謝意，鄭博士自己有大量的研究任務，但是他還是撥冗為本書做了許多瑣細的工作，他的慷慨支持和對本書的出版有重要的幫助。

1998年夏秋之際，我有機會前往香港中文大學中國文化研究所作訪問研究，在「大學服務中心」得到熊景明女士的熱情接待和幫助，在這個收藏豐富的史料中心，我為本書補充了若干新的資料，在此向熊景明女士和「大學服務中心」表示謝意。

南京大學歷史系資料室的老師們多年來在圖書資料方面給了我許多幫助，對他們的友好、善意和敬業精神，我深表感激。

最後，我要深深地感謝我的妻子劉韶洪和兒子高欣，我的妻子在每天工作之餘，承擔了大量的家務，使我可以專心致志進行研究，她還為書稿作了一部分的電腦輸入工作。為了寫作這本書，許多年我不能和妻子、孩子一同出外遊玩，也不能與孩子經常討論他的功課，沒有他們的支持、幫助和理解，我要完成此書是完全不可能的。

1999年6月於南京大學

行走在歷史的河流

——革命年代[1] (代自序)

如果說從進入大學的歷史系就算正式學習或研究歷史，我在史學領域已呆了二十多年，也在南京大學度過了自己從青年到中年的人生歲月。我和南京大學最初的淵源，是在文革那個特殊的年代結下的，卻是和大學原來的意義沒有任何關係。我雖然從小就對大學充滿想往，很早就讀過蘇聯作家特裏方諾夫的《一年級大學生》，但很清楚讀大學那是遙不可及的夢，文革前我就知道家庭成份不好，成績再好也考不上大學。在文革的最初幾年，一些著名大學都成了所在地區政治運動的「風暴眼」，它的大門向一切人敞開，文革爆發時，我是六年級的小學生，小學的正常教學已難以為繼，我就經常一人去離家不遠的南京大學看大字報。1966年10月，我在南大北園第一次看到來寧「串聯」的「首都三司」紅衛兵張貼的批評劉少奇的大字報。那時文革已進入到「批判資產階級反動路線」階段，校園裏大字報鋪天蓋地，其中有一張給我留下特別深刻的印象——「勒令狗崽子」：「只許左派造反，不許右派翻天」。自那以後，南大陪伴我從少年走到青年，又走到中年。

我的父母都不是知識分子，父親因家貧，十二歲就在電鍍廠做童工，被累得大吐血，是靠着做伙夫舅舅的撫養，才讀

1　高華：《革命年代》，廣東人民出版社，2010 年出版。

了小學和陸續讀完初中。父親愛看書，最愛讀的就是歷史書籍，諸如蔡東藩多卷本的《中國歷朝演義》。可能受他的影響，我在文革前的小學階段就讀了《紅旗飄飄》、《鋼鐵是怎樣煉成的》、《牛氓》、《三家巷》、《林海雪原》等等那個年代流行的革命書籍，也喜歡讀《紅樓夢》、《三國演義》、《水滸傳》以及範文瀾的《中國通史簡編》和五四以來老作家的作品。一個同學家的書櫥裏有一本豐子愷的《緣緣堂隨筆》，令我羨慕不已。

喜歡讀書，加上自己的家庭在文革中受到衝擊，很自然地就對學者受難有一份很深的同情，在南京大學北園「文革樓」(文革結束後恢復原名「教學樓」)的階梯教室裏，我親眼看到南大地理系主任任美鍔教授被批鬥，也看到「文革樓」底層櫥窗裏張貼的匡亞明校長手寫的「認罪書」和掛着牌子在校園低頭掃地的「反動學術權威」。

因為父親是「右派」，我被禁止參加慶祝國慶17周年的全市小學生遊行隊伍，我也沒能參加1966年的「大串聯」，但是心裏總有不甘，也想「經風雨，見世面」。1967年4月底的一個夜晚，我和兩個同學跑到南京的下關火車站的車場，爬上一輛敞篷貨車去上海，這是我平生第一次去上海。我們擔心到了上海後出不了車站，第二天上午就從南翔站下了貨車。在那兒我和兩個小伙伴分手，他們在上海都有親戚，我一人再坐車直奔南京路，要去親眼看看在書本上早就熟悉的這條有名的街道和當時中國最高的建築——24層樓高的「國際飯店」。那一天，我一直在南京路和外灘遊蕩，在外灘大樓的牆壁上，我看到了「炮轟韓先楚」的大標語，晚上我花了幾角錢找一家浴室住下。兩天後，我又一個人回到南翔，天空下着雨，沿着鐵軌走了很遠，在一個青年鐵路工人的指引下，爬上一輛將要開往南京的貨車，躲在蓬布裏，回到了南京。短短幾天的「經風雨，見世面」，鍛煉了我的毅力和勇氣。

成長在文革動盪的歲月，作為「黑五類」子弟，生活在社會的最底層，飽受白眼和歧視，高爾基的《在人間》和《我的大學》成了我精神上的嚮導，南京大學就是我少年時代的「大學」，我在那兒不僅看了無數的大字報，還見識了許多「新事物」。有一次我遊逛到北園的一排簡易平房，發現裏面住着一群來自安徽鳳陽的農民，男女老少都有，他們都持有所在公社大隊為他們提供的證明，上面寫着毛主席語錄：我們都是來自五湖四海......一切革命隊伍的人都要互相關心，互相愛護。然後是幾句話：某某某是貧下中農，因遭自然災害，外出要飯，請予幫助！

在那個年代，我生活在一個由舊書本構成的虛幻的世界中，雖然都是雜亂無章的讀書，卻渴望靈魂的自由。1966年深秋，我讀了一本魯迅的集子，裏面收有《無聲的中國》，驚奇魯迅幾十年前的話還是那麼有現實性。一本《中國分省地圖集》和一本《讀報手冊》幾乎被我翻爛了。我的一個同學的父親是「挑高籮」的(南京話，即「收廢品」的)，我經常去他家翻看他父親收購來的《參考消息》和《旅行家》等舊書刊。

在我的青少年時代，共產理想主義仍然渙發着強烈的思想魅力，1967年的秋的一天，在我家隔壁的南京市某汽車配件公司，我很偶然的看到一份《參考消息》，知道了格瓦拉在遙遠的玻利維亞被捕遇害的消息，也知道了中國不喜歡他的「遊擊中心主義」，但心中仍充滿對格瓦拉的崇敬。就在我讀《討瞿戰報》上刊載的瞿秋白的《多餘的話》的同時，

《瞿秋白文集》中的那首《赤潮曲》我已能一字不拉的全部背下，至今仍未忘記：

> 赤潮澎湃，曉霞飛湧，驚醒了五千餘年的沉夢。
> 遠東古國，四萬萬同胞，同聲歌頌神聖的勞動。
> 猛攻，猛攻，捶碎這帝國主義萬惡叢！
> 奮勇，奮勇，解放我殖民世界之勞工！
> 無論黑白黃，無複奴隸種，從今後，福音遍天下，文明只待共產大同。
> 看，光華萬丈湧！

七十年代初，我家搬到更差的房子，但是對於我而言，這間狹小、陰冷、潮濕的住房卻透着光亮，因為被搬到農村去的南京市某重點中學被封存圖書的留守處就離我的家不到十米，我的身邊竟有這樣的寶庫，讓我興奮不已！我通過看管圖書的老先生，讀了大量的中外著作，特別是俄蘇文學的作品。那些理想主義的英雄和共產革命的先驅：拉赫美托夫(車爾尼雪夫斯基小說《怎麼辦》中的主人公)、約翰．克里斯多夫、盧森堡、李卜克內西、李大釗、惲代英、劉伯堅、季米特洛夫、台爾曼、伊巴露麗，好像是一座座燈塔，在我心頭閃爍。說來非常矛盾，那時的我一方面憤怒於沙俄對中國領土的侵佔和斯大林對中國的霸權行徑，另一方面，又把「真正的社會主義」和已逝去的「中蘇友好」的歲月聯繫在一起。1969年9月胡志明逝世的時候，我正在讀瞿秋白的《餓鄉紀程》和《赤都心史》，看到胡主席遺囑中針對中蘇分裂所寫的那些沉痛的話，非常感動，甚至內心裏渴望重新回到「中蘇友好」的年代。

那時，有關蘇聯的消息，內容極為單一。1969年底，中國半公開大量發行了一本由香港三聯書店出版的書籍，這就是幾個日本留蘇學生寫的《蘇聯是社會主義國家嗎》，作者站在同情、擁護中國文革的角度，披露了一些蘇聯的現狀，我就是從這本書知道了在莫斯科還有一所專門吸收亞、非、拉國家學生的「盧蒙巴各族人民友好大學」。在文革初、中期，只能從蛛絲馬跡中捕獲更多一點蘇聯的信息，當時從正面的角度少量披露蘇聯和東歐情況的只有一個報刊，這就是由越南華僑協會主辦的中文週報《新越華報》，上面偶然會刊載一些有關蘇、越關係，越南和東歐、古巴關係的報導，我每週都會去市外文書店買一份《新越華報》，有時也會買一份《朝鮮》畫報，只因為那時的《朝鮮》畫報偶然也會有一些有關蘇朝關係的內容。

然而書本終究不能代替現實，我活在當下，這是一個堅硬無比的現實世界，隨處都見到赤裸裸的暴力和恐怖。1966年9月，我親眼目睹南京無線電工業學校的紅衛兵，押解着南京市近千名被潑了滿臉墨水，赤着腳的「牛鬼蛇神」在全市進行大遊街。在我家附近的街角口，有一個合作食堂的流動點，一對山東老夫婦每天早晨出攤賣煎餅裹油條，有一天我發現，正在攤面做煎餅的老漢的衣服的前襟上被縫上一塊白長條，上面寫着「國民黨兵痞」。

我從小就生活在南京，這兒的一磚一石，山山水水，都滲透着濃郁的歷史滄桑感。我的一個小學同學的父親是二十年代的共產黨員，我和他家也是鄰居，老人的經歷非常豐富，也喜歡看書，他是黃埔六期的學生，參加過北伐，大革命失敗後做過中共蘇南某縣的縣委書記，三十年代初和惲代英同在中共上海法南區委從事地下工作。老人認識許多著名的中共領袖人物，被國民黨逮捕後進過蘇州反省院，出來後脫黨，四十年代後期又回到革命隊伍，五十年代因「潘楊事件」被戴上「歷史反革命」的帽子。「林彪事件」發生後，老人被幾個軍人帶去北京審查一年多，要他交待和一些重要人物的關係。老人從北京回來後，我去看望他，老人說，有關人員一再要他談康生的歷史和對康生的看法，他因知道康生的厲害，始終都沒吐一字，所以才能平安回來。在那些年，我每隔幾天都會去和老人聊天，山南海北聽他聊中共早期的歷史，「顧順章事件」和「海棠村事件」就是他最先告訴我的。

然而我的生活卻和「歷史研究」無關，和任何「學術」無關，從16歲半起，我就成了一個工人，1971年後，大學重新恢復招生，在南京的街頭上經常可以看到戴着校徽的「工農兵學員」，可我知道，自己和他們是生活在不同的世界裏。

我雖然已工作，但讀書卻是我生活中最重要的內容，可以說這是我幾十年中讀書最認真，最勤勉，最有心得的階段。1971年林彪事件客觀上大大推動了國人思想的「脫魅」，但給我的思想震動卻不是太大，此前，我就已對社會的主流意識多有懷疑，特別是在中共九大上，林彪的接班人地位寫入黨章，林彪的部下大量進入政治局，軍隊影響遍及社會各個角落，我記得父親說了一句話：「物極必反」。在我的單位傳達批判《571工程記要》時，有一個同事，他是1963年的高中畢業生，因家庭問題而未被大學錄取，他就以半調侃的態度說：林禿子惡毒啊，竟然污蔑偉大領袖是B–52轟炸機，還攻擊我們是「封建社會主義」，真是死有餘辜啊！當他說完這番話後，不少同事競相視一笑，沒有任何憤怒情緒，而是皮裏陽秋地說：林禿子沒有良心啊！是白臉奸臣啊！反革命啊！大壞蛋啊！這一幕給我留下的印象終身難忘。以現在的眼光看，當年向全民公開《571工程記要》是大大失算了，作出這個決策，顯然太過於自信，也太看低了國人的智力。1973年後為「評法批儒」，居然毫無掩飾地鼓吹法家學說，在我細讀孟德斯鳩的《論法的精神》和《商君書》、《韓非子》等一批法家著作後，已清楚認識到被包裹在革命詞藻下的那個年代主流意識的新專制主義的本質。

在七十年代初中期，上海出版的幾份重要刊物，從《摘譯》，到《學習與批判》、《朝霞》，我基本每期都看，在這幾份刊物中，內部發行的《摘譯》最具信息量，成為我瞭解外邦思潮的重要窗口。那時內部已有許多關於蘇聯東歐國家的出版物，即所謂「灰皮書」，我對這些出版物特別有興趣，總是覺得中蘇兩國有許多相似性。我不僅讀過蘇聯官方理論家闡釋「發達社會主義」的論著，還認真讀了重點敘述斯大林死後蘇共領導層的內部鬥爭，由北京三聯書店編輯的《蘇聯國內資本主義復辟記事(1953–1973)》，甚至還讀過枯燥乏味的《蘇斯洛夫言論選》和金日成著作集。我非常懷念原江蘇省歌舞團資料室可敬的凌老師，我讀過的許多「灰皮書」的都是她借給我的。在那些年讀過的書籍中，給我留下最深印象的是威廉・夏伊勒的《第三帝國的興亡》和《赫魯曉夫回憶錄》。我甚至讀過克拉夫欽科的《我選擇了自由》，這是一本四十年代後期上海翻譯的老書，作者是叛逃到美國的蘇聯赴美外貿採購團成員，書中披露了斯大林大清洗的內幕，當時震動了西方世界。我因為早讀過安娜「路易士」斯特朗的《斯大林時代》、一位錫蘭共產黨員寫的《斯大林主義》和《赫魯曉夫回憶錄》等書籍，也讀過五十年代曾到過中國訪問，受到劉少奇接見的蘇聯女作家凱特林斯卡婭那本描寫共青團員們如何戰勝「托匪暗害分子」的破壞活動，在遠東的大森林中建設共青城的著名小說《勇敢》，已有了不少蘇聯歷史的「底子」，讀這本書時反而沒有太多的震動。

追求自由的靈魂，但生活在「階級鬥爭」的聲浪不斷升騰喧囂的嚴峻的世界裏，思想世界和現實世界交融在一起，生命反而張顯出張力，1971年以後，國內形勢有所變化，一些在文革初期關閉的圖書館又局部開放了，我在單位開了一份介紹信，在圖書館辦了一個集體借書證。當年圖書館的工作人員，階級鬥爭的警惕性非常高，我借的孟德斯鳩的《論法的精神》等一類書就引起了他們的注意，他們覺得一個工人，就應該聯繫本職工作而讀書，所以他們不久就打電話給我的單位，說這個人好像有點什麼問題。我單位的老書記為此還專門找我談話，她說你應該多讀《毛選》，多讀馬列著作等等，其實《毛選》我早就通讀過許多遍，《共產黨宣言》，《哥達綱領批判》、《國家與革命》等等我也都讀過。我看書從來也沒有影響到工作。領導雖然沒有多批評我，但還是有一些讓我感到很不舒服的地方。1971年夏，周恩來總理陪同羅馬尼亞的齊奧塞斯庫夫婦到南京訪問，我工作的那個單位在市中心臨着大街，雖然我當時只有17歲，我就不能參加革命群眾在馬路上的歡迎行列，而是把我和資本家，小業主，「國民黨反動軍官」一齊集中在小房間裏，讓我讀報紙給他們聽。柬埔寨的西哈努克親王到南京來訪問，我也不能作為「革命青年」去參加歡迎，可每一次公審反革命的大會都要我去參加，我覺得不公平，以後就請病假。

在那個時代，政治和日常生活是交融在一起的，可是即便在那時，也無法完全實現政治對日常生活空間的徹底的佔領(所以才有張春橋那篇「宏文」《論對資產階級的全面專政》)。文革後期，我認識一位非常善良的南大外文系的俄裔教授劉妮娜和她的先生，在六十年代初蘇僑紛紛回國之際，劉妮娜選擇和丈夫、孩子留在中國。我去看望她的時候，她都會拿出漂亮的俄羅斯茶具，請我喝茶。我們從不談政治，俄蘇文學是我們的話題，從托爾斯泰、普希金、屠格涅夫、萊蒙托夫，陀斯妥耶夫斯基到涅克拉索夫的《在俄羅斯誰能歡樂而自由》；從高爾基、愛倫堡、法捷耶夫、特瓦爾多夫斯基，到蕭洛霍夫的《一個人的遭遇》(我到今天還保留了1959年人民文學出版社出版的這本小開本的小說)，在她溫暖的家裏，我忘記了現實世界，沉浸在俄羅斯文學的河流裏，那種溫馨的氣氛至今還留存在我的腦海裏。

受到時代氛圍的深刻的影響，一個出身不好的普通工人，關心的都是自己不應去關心的事情。在我的頭腦中，共產革命的理想主義，俄蘇文學的人道主義、「灰皮書」的批判主義、孟德斯鳩的自由共和思想和當下正肆虐橫行的「四人幫」的極左專制主義，彼此交錯衝突，而它的交匯點就是對國家前途命運的擔憂。1976年1月8日，周恩來總理去世，我難過得留下眼淚，一個人幾次去梅園新村周恩來辦公處舊址去感受南京百姓對周總理的哀悼。1976年9月9日下午，我和同事們去區裏開大會，到了後又通知我們回單位去聽重要廣播，大家紛紛議論，多說是中蘇大戰打起來了，下午四點，收音機和新街口的大喇叭廣播毛澤東主席逝世的新聞，行人神情平靜，駐足聆聽，卻沒有天崩地裂的感覺，我知道，中國的一頁已翻了過去。

就這樣走進我的1978年，走入我的大學年代，蘇聯詩人葉夫圖申科說他和他的朋友是「二十大的產兒」，那麼，1977，1978，1979，這三屆大學生也可以稱為「三中全會的產兒」，這一代人和祖國的改革開放一起成長，也見證了這二十多年的風風雨雨。

1978年後，除去兩年的時間，我一直在南京大學歷史系，算起來也有四分之一的世紀了。我的研究的興趣集中在中國近現代史領域，先是參加做集體研究項目，以後決定走自己的路。這條路是頗為艱辛的，發表文章的空間很小，但是生逢歷史的轉折年代，還是順着自己的性情，行走在歷史的河流：從民國史，共產革命史，再延伸到當代史，這都是距今不遠的過去的歷史。

二十世紀的前半期，中國的史學家多研究古代史，許多歷史學研究者不認為近現代史是「歷史學」。六十餘年前，法國遭德國法西斯入侵，年鑒學派史學家馬克．布洛赫滿懷憂傷，開始着手寫他的那本傑出的《歷史學家的技藝》。他說，在他年輕時，他的高中老師曾對學生說過這樣一番話：「1830年以後已無歷史學可言，一切都是政治學。」布洛赫說，又過去許多年，人們還是說：「自1904年或1940年以後，已無歷史學可言」。馬克·布洛赫所說的上述看法，中外皆然，曹聚仁也有言，「二十年內無歷史」。如果站在一個長時段的角度來審視，這些話都不無道理，距今較近，治史者受到各種主客觀條件的限制，寫出「信史」的難度確實很大，況且對距當下不甚遠的過去，史家也需要一個沉澱思考的過程，所以我一般把自己研究的時限放在四、五十年前或更久遠的過去。但是，從另外一個角度看，「文章合為時而著」，古代、近代、現代、當代，又都是相對的時間的概念，它們構成了源源不斷，生生不息的歷史之流，治史者感時閱世，青燈黃卷，上下探究，所得所獲，用一定的規範和格式表達出來，即所謂「歷史學」或「歷史編纂學」。歸根到底，歷史學終究去不了敍述者的主觀性，所以歷史學乃人文學，非「社會科學」也。從這個意義上説，任何時代的任何一本史書，都只能是一家之言，完全真實的歷史可能永遠無法還原。米歇爾·福柯説過：「大寫的歷史的確是我們記憶之最博學、最警醒、最活躍、並且無疑是最擁擠的區域；大寫的歷史同樣是一個深底；所有存在物都是從這個深底開始存在，並且不確定地閃爍。」就筆者而言，本文集所收的這些文章都留有自己「閃爍記憶」的印記，正是個體生命和歷史的交融，才使我寫下了這些文章。我所希望自己的，就是盡量約束主觀性，力求做到客觀，盡最大的努力去追尋那段真實的歷史，而在這個過程中，個人所能做的其實十分有限，也就是把過往的歷史現象當成研究的對象，去敍述、分析它的生成和演化的過程，並提供一些個人的見解。我常想，我和我的一些朋友都屬於過渡年代裏過渡性的那類人，在我們的前面，有群星閃爍的先哲前輩，在我們的後面將會有更多受過西方社會科學方法訓練的青年才俊，也許未來張力一旦消失，我的這些文章就可歸類於「歷史考古學」了，這是我們那一代人的宿命，也是我的宿命，我會繼續走下去。

難忘吐露港畔的「學術家園」[1]

我聽説「大學服務中心」是八十年代初中期的事了，那時國門初開，有關海外中國研究的訊息開始傳入內地的高校，研究生都如飢似渴的讀着費正清的《美國與中國》一類書，在南京大學圖書館港台閱覽室海外贈送交換的書刊中，我第一次知道，在香港有一個叫「大學服務中心」的收藏研究機構，據説那是美國為收集大陸信息在六十年代創辦的，這時雖已是改革開放的年代了，但那些資料在介紹這個「中心」時，還多少有些意識形態的色彩，似乎「大學服務中心」不同尋常。

1993年，我對「大學服務中心」的印象突然生動具體起來了，我在南京大學「中美文化研究中心」的學生李比特(Pierre F. Landry)多次和我談起「大學服務中心」。李比特是法屬留尼旺人，當時是美國密西根大學的博士候選人，他在南大「中美中心」由我指導作「江蘇省幹部的結構和來源」的研究，他告訴我，為了完成這個題目，他去香港中文大學許多次，在那兒的「大學服務中心」收集資料，特別是地方誌資料，每次都要待三周甚至更多的時間，於是我知道「大學服務中心」已併入香港中大。李比特只要説起「大學服務中心」，都會向我提到，他在那裏得到一個叫 Jean 的學者的很大的幫助，她英文很好，非常瞭解學界的情況和學者的需要，

1 載《中國研究》2005年春季卷(總第1期)，社科文獻出版社，2005年出版。

他建議我以後如有機會去「大學服務中心」，也應認識Jean。

1998年秋，我第一次應邀來香港中文大學訪學，也是第一次來到「大學服務中心」，我發現這裏沒有任何神秘色彩，「中心」已進入一個新的發展階段，就是一個收藏豐富，服務周到的學術交流機構。在這裏，我結識了熊景明(她就是Jean)、關信基教授，還認識了郭小姐、Karen、Petty、阿梅、唐先生、芬妮、劉小姐等許多「中心」的朋友。在這以後我每年都會來「中心」，或者是應「中心」之邀來作研究，或是應中大其他單位的邀請訪問中大，不管是什麼名頭，只要我去香港或途徑香港，我都要來「中心」，無因它由，就是「中心」使我難忘，不僅在於它的豐富的收藏，更因為這裏的人——他們的熱情、周到、細心，使得來訪的學者有賓至如歸的感覺，這是一塊令學人流連忘返，真正屬於學者的「學術家園」。

「中心」的來訪學者來自世界各地的大學和研究機構，九十年代以來，「中心」加強了和內地學者和研究機構的聯繫。幾年前，「大學服務中心」也正式改名為「中國研究服務中心」。「中心」的負責人關教授、熊老師，以真誠、友善、熱情的態度對待造訪的每一個學者，不管他是學界享有盛譽的名人，還是初出茅廬的年輕後學，「中心」選擇來訪學者的唯一標準就是看他的研究是否在當代中國研究領域，他的研究是否有真知灼見，而絕非以頭銜和「名頭」見人待人。「中心」既邀請過秦暉、朱學勤、蕭功秦、何清漣、謝泳、金雁、曹錦清、沈志華、徐曉等知名學者；也請過民間研究者胡伯威、劉宗秀；後起的李永剛、葛新斌、陳輝等也曾應邀來做研究。

以後我知道，Jean一直有一個想法，這就是「中心」要盡量為那些在偏遠地區從事實證研究的學者提供學術交流的機會。正因為有了Jean的這個想法，我在「中心」見到了做「青海省貧困地區能源替代研究」的朱華女士，她是她所在的青海省貧困地區研究中心第一個有機會外出學術交流的學者；我也看到專門研究農村女童問題，來自安徽省淮北煤炭學院的青年女教師趙惠芳，顯然，如果沒有「中心」的支持，她們都難有機會前來香港中大研究。因為人們早已司空見慣了這種現象：國外、海外的學術機構一般只會把目光投注到少數大城市的名牌大學和研究單位以及知名學者的身上，唯有Jean和關教授別具眼光，「中心」把關心和支持投向內陸、把機會慷慨提供給那些卓有成就，或具有研究潛力而資源又比較缺乏的內陸中青年學者。

「中心」的重要意義在於給來訪的學者提供了一個廣泛交流、開放多元的平台，在午餐討論會上，來自相同學科和不同學科的學者聚集一堂，共同分享交流看法。只要能抽出時間，關教授都會主持討論會，他的謙和、善良和對學術的尊重使每一個見到他的人都倍感親切。在另一些情況下，Jean又會邀請在該領域有研究的來訪的學者做討論會的主持人，沈志華和我都曾忝例主持人之位。中大的陳方正、金觀濤、劉青峰、劉擎、蕭今、蘇基朗、葉漢民、鄭會欣等許多教授經常來參加討論會，香港其他大學的中外學者也會從不同的地方趕來參加討論會，在會場，我也每次都看到劉淳、小何等博士生。雖然與會者有時也會就某個問題發生頗為激烈的爭論，但在關教授和Jean的智慧幽默的話語中，爭論者都會「化干戈為玉帛」，因為大家都知道，發展學術的唯一途徑就在於相容並蓄。

在「中心」，討論和交流並不限於午餐討論會，Jean是「中心」討論的靈魂，當新來訪的學者到達「中心」後，她會把客人介紹給已在「中心」的研究同行，在她的影響下，「中心」的來訪學者們都會打破學科界限，自然而然的討論起各種學術問題，先來者也會自覺給新來者各種幫助。小葛——來自華南師大的葛新斌是Jean「任命」的今年春季來訪學人的「班長」，他除了熱情為大家服務，沒任何「特權」，每晚小葛率領我們一行11人沿着雅禮賓館去山下的大道，散步到吐露港的海邊，我們聽沈志華聊朝鮮戰爭，朱華談青海農村情況，「邱縣長」(江西師大的邱新友曾掛職江西某縣副縣長)說鄉民自治，王志筌(河南《法制世界》副主編，大學畢業後主動去西藏工作八年)說西藏和河南盧氏縣那個腐敗的杜二旦書記……我們每晚天南海北的神聊雖無主題，但每個人都真切的關心着國家的發展和我們社會的弱勢群體，都希望自己的研究能對社會進步多少有一點幫助，也都由衷的感謝「中心」給大家提供了這麼好的交流和彼此學習的機會，讓我們相聚在「中心」這個如此美妙的「學術共同體」。

「中心」創造的不僅是一種尊重學術的氣氛，它更是一塊提升人的心靈的人文淨土。今春SARS肆虐香江，最嚴重時中文大學宣佈停課，諾大的校園一片冷清，在關教授和Jean的帶領下，「中心」照常運轉，一切如常，來訪的學者們依然沉靜地在做着研究。就在這樣的日子裏，一個週末，Jean在「中心」安排了一次詩歌朗誦會，細心的她特別採摘了校園裏幾支怒放的野花擺放在桌上，來的人中，不僅有所有「中心」的訪問學者，還有香港樂施會的朋友，詩人鄭單衣和他的美國太太(也是詩人)、劉淳、小何等一些中大的博士生也來了。在王志筌朗讀了他詩選中的一篇「哀農夫」(他也是詩人，出過一本詩集)後，每一個參加者都朗誦了自己喜愛的詩歌，最後，Jean帶着大家唱起了岳飛的《滿江紅》，在人們精神低迷的日子裏，《滿江紅》激昂的旋律激勵起人們的信心和希望。

「中心」對人的關心和關懷體現在一切方面。當你來到「中心」，你不需為沒有港幣吃飯而擔憂，Jean早已想到，她會事先做好一切財務申請事宜，訪客到的當天，阿梅就會帶你去校財務處領取生活費的支票並陪你去銀行兑換成現金，她也會把涮洗乾淨的口杯送到你的研究室；當你為使用電腦的事操心時，脾氣特好的電腦專家唐先生會立即來幫助你，幾分鐘內就解決了難題；今春我在使用校園快照時出了麻煩，那機器吃下錢但不吐照片，我隨意和秘書郭小姐説起此事，郭小姐很快和快照公司取得聯繫，一周後我就收到了快照公司寄來的退還25元港幣的支票；幾年前我來訪時被「中心」安排住在「新研宿」的單人公寓，Jean想人之所難，到達的第一天，郭小姐就帶着阿梅給我搬來電視機、電話和一些生活用品；而Petty和Karen在任何時候都是那麼親切友善，她們永遠會不厭其煩的教我如何使用那台「高精尖」的影印機。在Jean的影響下，「中心」的工作人員都是那麼敬業，在他們的身上真正體現了「服務」的精神，而這一切又都是如此自然，看到「中心」一個個如此善良的好人，怎麼不讓我們這些生活在內地，看慣了衙門辦事人員冷臉的學者生出無限的感慨？

由Jean組織的「中心」每週六的郊遊活動也給來訪者留下美好難忘的印象。關教授特別買了一輛大的越野麵包車做為私用車，為的是為多載一些學者去郊遊；蕭今也是開一輛麵包車，多次專門來雅禮賓館來接我和其他學者。有一次我不慎扭傷了腳，傷不重還能走，於是Jean就安排當日的活動不去爬山而是去看海，那天我們一行二十多人，其中有來自武漢，現已六十多歲的胡伯威先生，也有來自北京對外經貿大學的年輕的董瑾，大夥兒三三兩兩，坐在海邊聽沈志華講朝鮮停戰問題，那種親切隨意而又充滿人與人友善的場景，至今還歷歷在目。

在「中心」，我又幾次見到我過去的學生李比特，他現在已改名叫「李磊」，已是耶魯大學的教授了，和過去一樣，李磊還是每年來「中心」，為他的新的研究查找資料。

自1998年我第一次來「中心」後，我個人的研究也從「中心」獲益很多，我利用「中心」所藏的豐富資料，修改補充了我的《紅太陽是怎樣升起的：延安整風運動的來龍去脈》一書的書稿，該書於2000年由香港中文大學出版社出版。以後，我又利用「中心」的資料，撰寫了有關「鞍鋼憲法和鞍鋼工人生活」，「饑荒和四清關係」等論文，並在「中心」開始了我的兩個新的研究：《階級出身問題研究》和《文革中的社會控制研究》。我在「中心」的體會和收穫是如此豐厚，我由衷地感謝「中心」，感謝「中心」的所有朋友，感謝在這裏相遇的每一位學友。

上個月中旬，我在從台北返回途中再次來到「中心」，景物依舊，只見又一批研究者正在孜孜埋頭研究，Jean還是那樣忙前忙後，她正在準備「中心」為配合中大成立四十周年而舉辦的歷史上最大的一次有關當代中國研究的國際研討會，屆時將有來自世界17個國家和地區的學者聚集「中心」，我為有事不能來參加會議而深感遺憾，在此預祝會議圓滿成功！在「中心」，我見到了老朋友、來自中國人民大學的張鳴，我停留時間較短，沒有機會聽張鳴的報告，請求Jean開一個特例，讓張鳴先講一次，Jean徵求他的意見，張鳴慷慨允諾，我這就和大家一起，愉快的分享了他的有關「義和團和民族主義」的新見解。

一撥學者回去了，另一撥學者又來了，這就是「中心」——一個新思想、新學術、新人生態度的孵化器，我難於想像，如果不是關教授和Jean在主持這個「中心」，「中心」的這種功用和人文氛圍是否還能維持下去？正是在這裏，我感受到一種新的學術和生活的方式，這是遠古"Academic"的聲音在現實世界的迴響，未曾料想，在紅塵萬丈、物欲功利橫流的當下，在關教授和Jean的辛勤耕耘下，在「中心」，我竟然能找到那種只有在典籍中才能體會的「學術家園」的感覺！

能不憶「中心」？

2003年12月30日於南京

附錄二

一本書的高華[1]

徐慶全

在中國社會進入到泛娛樂時代之後，浮躁之風彌漫於社會各個層面，連一向被認為寧靜的學界，也不例外，「量為先、質為次」的學風，也成為社會浮躁之風的助力，真正下潛的學者少得可憐。南京大學歷史系教授高華就是這「少得可憐」中的一個。

題目說「一本書的高華」，不是相對「量為先、質為次」的學風刻意抬高他，也不是說他只寫了一本書——與現在「著作等身」的學者比，他是著作「少得可憐」的一個，而只是指出一個事實：這個當今黨史學界最著名的專家之一，的的確確因為一本書奠定了他在學界的威名。

由書識人

初讀高華，是2001年元旦。首先讀到的是高華的《紅太陽是怎樣升起的——延安整風運動的來龍去脈》。讀罷，震撼無以言說，冷不丁冒出的是辛棄疾《西江月．遣興》的詞句：「近來始覺古人書，信著全無是處」。朱熹說：「讀書無疑者須教有疑，有疑者卻要無疑，到這裏方是長進。」高華這本書就是這句話最好的印證。

高華？我先後做編輯的《炎黃春秋》和《百年潮》都是刊

1　原載《經濟觀察報．書評增刊》，2011 年 2 月 17 日。

登中共黨史人物和事件的刊物，在這七八年的編輯生涯中，竟然不知道他是誰。後來與高華熟悉起來，談起當年的感受，他笑呵呵地說：也不能怪你，在「紅太陽」出版以前，我雖然發表過一系列的學術論文，但那都是在學術圈內的刊物上，在圈外還是沒有影響的。

從20世紀80年代走過來的人，大致保留着同樣的閱讀習慣：一旦一個作者走進你的視野，他就不會輕易走出去，日後他的作品就成了你尋找的目標。讀過「紅太陽」後，我經常搜尋署名為「高華」的文章來讀，尋找高華的有關信息。亦步亦趨之際，也瞭解到高華的研究領域：一路從民國到共和國，從左翼文化到領袖人物，從一個歷史事件的點，到一個歷史斷代的面。觸類旁通，他所做的不僅是象牙塔裏的學問，同時包含着對當下和未來的關照。

回到《炎黃春秋》雜誌社後，我幾次與高華聯繫，希望他能為我們寫點稿子，卻始終沒能與他通上話。2006年3月2日，我接到來自香港中文大學中國研究服務中心(以下簡稱「中心」)的邀請函，邀請我到中心作為期一個月的訪問學者。邀請人是中心的助理主任熊景明，她在給我的郵件中說，中心有許多學者來過，現在高華就在。我當即發郵件索取高華的E–mail。沒想到，第二天就收到了高華的郵件：「熊景明老師把你的信給我看了，我很希望你早點來香港中大中國研究服務中心，熊老師和我幾次談起你，我這學期在中大歷史系客座，平時就在中心看資料。」

漸漸熟悉起來後，他不僅允諾給我寫稿子(2006年3月20日即給我發來他為胡伯威《青春 · 北大》寫的序言：《「思想」的累與痛》一文)，還願意在我赴港的申請表上擔任「推薦學者」。2006年4月10日到港與他見面時，我們仿佛已經是老朋友了。

剛好高華和我都抽煙。在香港那個既禁煙又禁酒的地方，我們這個不良嗜好可謂眾矢之的。高華説，他住在雅禮賓館，公共場所不能吸煙，只能在宿舍抽，為了吸煙不妨礙他人，他用布條將宿舍的門堵上，可隔壁一名高鼻子的外國學者還是提出抗議，只不過抗議的方式有些特別：趁高華不在時，在他門上貼一字條：「如果你不吸煙，會更好。」高華説，這樣一來在宿舍也不好吸煙了。

在中心查閱資料時，煙癮上來我們倆就一同到樓下；參加學者聚會的飯局，就一同到餐廳外吞雲吐霧。我倒是慶幸自己與高華有同樣的嗜好，因為這樣的時間很多，與他的交談也大多是這個時候進行的。

交談的話題，首先是他的「紅太陽」一書。我説，從你書中的後記看，從文革期間你注意到「延安整風」這個詞，到2000年這本書出版，你是三十年磨一劍。高華説，人這一輩子所走的路，與年少時候的讀書有很大的關係。我在後記中追溯了自己的讀書歷程。古人説，讀書使人明智，那是指你會讀書的時候。年少時讀書，倒是讓人困惑的時候多。等你有機會或有能力弄懂的時候，這些困惑就會一個個冒出來。就以延安整風來説，我是「文革」期間讀到一些毛澤東的內部講話和一些「兩條路線鬥爭」的小冊子後，注意到延安整風運動的。1978年上大學後，開始關注這方面的材料。看的越多，困惑也越多。解開這個困惑就成為一個需求。這個過程又有十多年，直到1991年開始動筆。寫作過程又是七八年。

我問，你知道這本書在海內外的反響嗎？他答，知道一點，不過我不大關心。我倒更關心每年的版稅。因為我買房子的貸款，每年就靠這本書的版稅來支付。這回答讓我們倆開心大笑起來。高華很關心我的研究。我告訴他，我來香港主要想利用中心的資料，補充修改《丁玲陳企霞「反黨集團」案始末》一書。我說，你在「紅太陽」一書中，也談到了丁玲等文人在延安時的作為，對我啟發很大。

讓我沒有料到的是，高華對我的這個研究興趣盎然。他追溯了自己對丁玲命運關注的歷程：我知道丁玲的名字還是在文革前，一次偶然的機會，從一本舊雜誌上讀到姚文元一篇批判「大右派」丁玲的《莎菲女士日記》的長文。幾十年過去了，那篇文章給我留下的印象只有兩點，丁玲有一個「反動思想」叫做「一本書主義」，丁玲是從一個「靈魂腐朽的極端個人主義者」，最後「墮落為反黨大右派」。

自那以後，丁玲的名字就印在了我的腦海。不久文革爆發，在混亂和知識貧瘠的年代，我通過各種努力去尋找書本，我讀了包括丁玲的小說和散文在內的許多「五四」和三十年代的文學作品。1970年，我又從一本舊刊《文藝報》上讀到《再批判》和隨刊登載的王實味的《野百合花》和丁玲的《三八節有感》等，心靈受到強烈震撼。而此前讀到的造反派編印的《文藝戰線兩條路線鬥爭大事記》一類小冊子上明確寫道：《再批判》為毛澤東主席在1958年親筆所寫。

1978年，我考入大學，雖然學的是歷史，但對丁玲其人其事和20世紀中國左翼文化運動一直抱有興趣，我去中文系全程旁聽了「中國現代文學史」等課程，還長期訂閱一份《新文學史料》。丁玲復出後的新作如《「牛棚」小品》、

《杜晚香》、《魍魎世界》等，我幾乎都曾找來翻看，我還買了丁玲的文集、自傳、遊記和有關她的幾種傳記及研究論著，包括大陸、海外和國外學者寫的不同版本。

我關注丁玲和革命文藝史，都是出自思考的興趣，這就是丁玲和革命的關係，20世紀的中國革命文學和革命政治的關係等問題。當我讀了一大堆丁玲的作品後，我的困惑仍然沒有得到解答：丁玲分明是一個左翼作家，為什麼會被打成「反黨集團」的頭子和「大右派」？丁玲如此追求革命，可是為什麼「 革命」會和她一直「過不去」，一定要把她吞噬？丁玲蒙受了幾十年的苦難，為什麼在文革結束後，她不能像巴金等人那樣，對「革命」做出反思？等等。

若干年後我再看丁玲，竟然發現她的一生是如此具有張力、如此具有戲劇性，她的一生突顯了20世紀中國左翼知識分子歷史的幾個最重要的命題：革命與知識分子、革命與人性改造、革命與革命隊伍內部的鬥爭、革命政治的懲戒機制和知識分子的關係等等。

高華的一番話，讓我非常慚愧。我的書只是採取「紀事本末體」的方式，希望把事情的來龍去脈講清楚，根本沒有提升到丁玲和革命的關係，20世紀的中國革命文學和革命政治的關係上。我立即懇求他抽出時間看我的書稿，並像老師指導學生那樣給予教誨。

接下來的幾天時間，他一邊看一邊在吞雲吐霧的時候把他的意見提供給我。就這樣，在高華的指導下，我重新進行了修改。從香港回北京後，高華仍然通過郵件多次指導。當我覺得可以拿出來給他審閱時，我同時提出請他作序。一如既往，他爽快地答應了。

在書進入發排階段後，高華發來了一萬多字的序言《從丁玲的命運看革命文藝生態中的權力與政治》。他以丁玲的命運和革命與知識分子的關係為切口，尋找出「革命懲戒機制的內在邏輯」這一命題。

在高華看來，革命和知識分子的關係一直是一對難以解決的矛盾：知識分子傾向革命，這就和共產黨發生思想和組織的關聯；知識分子還要「民主」和「個性解放」，這就和共產黨的「思想一致性」和集體主義發生矛盾；中國革命的主力軍是「最具革命性」的農民，革命自要滿足他們的利益、心理、情感要求，知識分子卻不思改造自己，反而要去改造農民的所謂「落後」和「愚昧」；革命要前進，離不開思想和組織的高度一元化，更離不開革命的最高代表——革命領袖的思想和組織領導，知識分子卻喜歡高談「個性獨立」和「平等」，對敬仰和服從革命領袖的必要性缺乏起碼的認識，更不會像樸實的陝北農民那樣去歡呼「大救星」。

革命和知識分子的矛盾，註定了知識分子悲愴結局的命運。丁玲一生的經歷，她命運的起落沉浮，伴隨着高華冷峻的敍述，慢慢展露出帶着政治印痕的生命形態。這種生命形態成為解剖其他知識分子命運的參照。高華往往能從一個歷史事件本身的發展過程，揭示隱匿在其後的歷史普遍發展邏輯，從單一個體的命運的起伏，勾勒出一代人的生存軌跡。他的序言，就這樣地從丁玲個體的命運出發，勾勒出中共黨史大背景下一代文人的命運。

在書的後記中，我說：「南京大學歷史系教授高華老師得知我的研究後，以淵博的學識助我，以兄長般的寬厚鼓勵我，書稿完成後，他在百忙中通讀全書並作序為之添彩。」這是我的由衷之言。

《革命年代》

2009年，廣東人民出版社「新史學叢書」第二輯中，收錄了高華的論文集，書名為《革命年代》。儘管大多的文章以前看過，但在拿到書後還是一口氣讀完，並情不自禁地寫了書評。

《革命年代》收錄了高華近20年所寫的部分文章，最早的一篇寫於1988年，最近的一篇寫於2008年11月。全書共分五輯，前兩輯主要研究南京國民政府時期，後三輯主要研究延安和中華人民共和國時期。文章所論及的，無論是民國政府的南京十年，還是中共在延安的新話語體系，以及1950–60年代的社會變遷等等，看似都是一個個「點」，但細讀起來，都是歷史的橫斷面。「革命」成為這多個橫斷面的連接詞。

在高華看來，「這些問題發生在革命的大背景下。革命是破壞一切秩序，革命戰爭年代是一個極端的年代」。

他所做的只是對那個遠去的革命年代的思考與追索。這種思考和追索，最後串成20世紀中國歷史的兩大主線：一條是中國共產黨領導的共產主義革命，這是激進的面向社會底層的社會改造路徑；一條是國民黨領導的「國民革命」，這是主要面向社會中間階層的漸進改造的路徑。兩條路徑差異甚大，目標卻是共同的，就是追求建立一個現代化民族獨立的國家。

同樣的目標，同樣是「以革命的名義」，國共兩黨的結局大相徑庭。高華的思考，把讀者帶入歷史深處的隧道。在《在革命詞語的高地上》一文中，高華從20世紀五六十年代這個被稱之為「火紅的年代」的話語體系入手，上溯至蘇聯革命話語體系與毛澤東革命話語體系的關聯，考察毛澤東所領導的中共話語體系的構建過程；而伴隨着這套革命話語體系的建立，中共「面對底層群眾和精英分子，創造出一套新意識形態，這是一個整體性的、無所不包的新解釋體系，為革命黨人提供了意義和價值，佔據了近代中國的道德制高點」。中國共產主義革命在1949年取得勝利，毛澤東從延安的權威話語成為新中國的權威話語，以及此後的「繼續革命」，種種歷史現象，都可以從這種思考中得到啟迪。

從一定意義上說，高華這一代人也是「革命年代」的產兒，是吮吸着革命的紅色血液畸形成長的一代人。有論者評說，當大多數人都只在通過當下去體驗生活時，真正的思考者卻能超脱自身的不幸與苦難，在知識積累和命運變遷中形成對歷史的看法，從而具備現實洞見力與穿透力。從這個意義而言，高華提供的是一種深刻的認知。同時，他無功利的回望姿態也突顯出了當下日益稀缺的「知識分子的責任」。

站在「歷史的風陵渡口」，高華說自己一直是「行走在歷史的河流」中，並試圖引導讀者與其一起游走。河流水面如鏡時，是蒙太奇般糾結着的歷史與現實的幕布；水面波濤洶湧時，是「水能載舟，亦能覆舟」的鑒往知今。

如此，「革命」一詞，順理成章地由歷史走入當下並和未來聯繫在一起。不論是毛澤東的「革命不是請客吃飯」的告誡，還是加繆的「美麗不能創造革命，然而總有一天，革命將需要美麗」的嚮往，「以革命的名義」總是與血淚、痛苦、死亡和激情與理想相伴隨。與李澤厚式的「告別革命」的吶喊相比，高華仍如流水般的平和：「這本集子既不是對革命的吶喊，也不是對革命的批駁與詰難，而是我對生活其中的那個已經遠去的革命年代的一份思索和紀念。」

天不公

2007年4月25日，我接到熊景明的郵件：「高華懷疑肝癌，有幸在例行體檢時發現，他今天就往上海中山醫院求診。」我感到震驚。此後，朋友間的郵件，高華的病情成為必說的話題。蕭功秦教授寫於2007年4月30日的一封郵件，在朋友中廣為流傳，他不但為朋友傳遞了高華的病情，更傳達了學界對高華的一片心聲。為此，我把這封郵件轉錄如下：

各位朋友：

今天晚上去中山醫院三號樓探視高華。我騎摩托到那裏也只有十五分鐘。他昨天剛動手術。有點疲倦，臉色有潮紅。有點熱度，是手術後的自然現象，相信幾天後會好一點。他家人中沒有患過癌症的，父母七八十了，都健在，他九二年患過幾個月的乙型肝炎。這可能是致癌的最重要原因，可能嗜煙也有一定關係。他說從此要把煙真正地戒了。他沒有任何關於患病的自我感覺，這說明還處於亞臨床期。

查了一下網上資料，肝癌被稱為癌王，一旦進入臨床期，那就只有兩個月了(孫中山就是如此)，好在他自己警惕性高，及早查了出來。我前天在電話裏對他說，你得好好保重，中國不能沒有你，我是從民族利益來跟你談這個問題，他笑了，笑得與過去我們聽到的一樣，也許是這幾天他的第一次笑。今天小劉(高華的夫人)告訴我說，他為了我的這句話很感謝我。小劉送我出來時，我對小劉說，這是我的真心話，中國沒有人比高華把中共歷史人物看得如此透徹。他有一種特殊的第三感覺，他能從歷史中剝離出埋於歷史深處的真實來。我説，這方面他絕對是天才，小劉説我過獎了，我説我三十年來見到過多少教授，但我從來沒有稱別人是天才過。其實，他有時與我談的看法中，有許多比「紅太陽」裏寫的更精彩，我總是提醒他讓學生把他的話錄下來，他都沒有足夠重視，真擔心這些精彩的東西很可能有許多不再能變成鉛字了，一想這些，心裏就很難過，不過我不會在他面前談這些。他仍然充滿自信，反復地説，發現得早，入院得早，手術進行得早，而且是全國最好的醫院，最好的醫生，他還告訴我，黃菊就是在這個醫院做介入法的。我不知道他真實的想法，他也可能要求不高，只希望上天給他五年時間，當然更長也更好，這是我的判斷，因為我説你寫東西五年後再説吧，他聽了後沒有回答，也許他覺得五年對於他來説是一個遙遠的未來。談話中，他起身要去方便，手裏提着瓶子，樣子很精神，一副大義凜然的樣子，他這個姿態語言也許無意中表明他進入人生戰鬥的決心。談了四十分鐘左右，我發現他想睡了，就起身告辭。

2007年，高華的病還是「疑似」階段，但朋友們都揪心。我的朋友李喬(著名學者，《北京日報》理論部主任)是肝癌患者，經過治療後，恢復得非常好，朋友們都為他慶幸。我特意讓李喬給高華電話，讓倆人在電話中交流治療的經驗。李喬很熱情地建議高華，到北京武警總醫院來治療，並允諾願意利用一切關係為高華來京治療提供幫助。李喬與高華素未謀面，他這樣傾心，自然懷有與蕭功秦「中國不能沒有你」一樣的心態。

8月20日，高華給我發來郵件「我在4月下旬到5月上旬，6月上旬到中旬，都在上海作介入治療，7月中，我又去上海中山醫院，經CT檢查，發現腫瘤已被封包住，醫生又說不需再做，待這月底去複查，幾次檢查，驗血都是正常的，問題在CT，請向李喬問好！北京武警總醫院肯定是最好的，但醫生要我先不考慮，先看我複查和康復的情況再說，現在我的身體還比較穩定，從外表上看不出有什麼異樣，前不久全家還應朋友之邀去雲南避暑一陣，由頭就是慶賀熊老師榮休。」

高華病情穩定的消息，令人驚喜。更驚喜的是，他11月29日竟然到北京來了。在來京之前，他給我郵件，告知了這次北京之行的原因。11月30日，我趕到他所下榻的國賓酒店。從外表上看不出他的病。他依然關心學界、關心思想界的事情。他告訴我，想利用在北京這段時間見見朋友。我說，你想見誰，我幫你通知，我當司機，飯局也由我安排。

從那時到現在，兩年多的時間過去了。高華的病情時好時壞，一直牽動着朋友們的心。很多人都與蕭功秦教授一樣，希望能夠把高華比「紅太陽」更精彩的看法留下來。2010年12月15日，我和熊景明一起到四川大邑參加《看歷史》雜誌的一個活動。本來，高華也擔任這次活動的評委，也應該蒞臨會議。他沒有來，他的病情成為朋友們關心的一個話題。景明在主持會議時，特意向大家報告了有關高華兩個消息：1.高華病情穩定；2.「紅太陽」一書即將由香港中文大學出簡體字版。

高華先生印象記[1]

左中甫、劉握宇

「高華老師到底屬於哪一派，新左還是自由主義？」

我曾不止一次聽人這樣説起高華老師。老實説，他並不是那種容易歸類的人。去年我曾選修了他的《當代中國史研究》，直到學期結束，還是沒能搞清楚他的「類別」。按他的研究生小謝的説法，他應該算個「比較溫和的中間派。」

説高老師「溫和」，這從他的廣泛交遊中可見一斑。他的朋友中，包括大陸的許多著名知識分子和學者，他與香港、台灣、美國、日本等國和地區的許多同行也多有聯繫，與香港中文大學的一些學者長期保持着親密、坦誠的友誼。去年冬天，楊東平來南京開會，被高老師以私人名義請過來，還為我們開了一次講座，談的居然是城市環保的話題。似乎更能説明問題的還有兩個細節。其一，前兩年楊振寧先生來南大，指名要見兩個人，其中就有高華老師；其二，前不久中央文獻研究室在山西召開小型研討會，特意請了他去參加。人們常講，「物以類聚，人以群分」，對於高老師來説，其實不盡然。

高老師的溫和，還體現在他的講課上。我聽過他一年的課，從未見他開懷大笑過。有時候，當他説起一些趣事，台

1 《南京大學研究生》，2003 年 11 月 26 日/《南大青年報》，2002 年 3 月 21 日。

下一片哄鬧，他也只是淡然一笑，旋即作嚴肅狀，繼續他的講課。當然，高老師的課也並非一派古板。他在引證各種史料進行條分縷析的同時，經常也把一些鮮為人知的「細節」信手拈來，這使得他的課既中規中矩又厚實生動。從他的課上，我第一次知道了李南央有個高度意識形態化了的媽媽，也知道了一代名記者范長江在「三反」運動中鮮為人知的另一面，當時的驚訝之情自不待言。歷史是一門敍事的藝術，高老師在敍述往事的時候，語言很乾淨，極少疾言厲色。這同他寫文章時的風格是一致的。

我曾讀過他的那篇發在《二十一世紀》雜誌上考證食品增量法和代食品的文字，以及刊載於《南方週末》上的《初讀〈楊尚昆日記〉》，文章寫得不溫不火，語氣很有節制，措辭也特別考究。他寫的論文，所提出的論點，都是建立在大量資料基礎之上的。要做到這一點，説似簡單，做起來卻非易事。中國近現代史的史料浩如煙海，要想窮盡，雖耗畢生精力猶恐力不能逮，高華老師非常重視收集各種史料，他在史料運用上的嚴謹態度和扎實功力，尤為可貴。他平時極重閱讀，大量的閱讀，使他不僅積累了雄厚的「史料資本」，也能及時掌握學術研究的最新動向。正因為他對史料了然於胸，運用起來方能調動自如；正因為他隨時關注學界動向，他的研究能始終保持着勃勃生機，讓人常看常新。

歷史在後人看來，就是一樣樣的史料。同樣的材料擺在那兒，有的人只能看到東西本身，有的人卻能從中還原出歷史來。治史者，不光要有爬梳史料的耐心，更需有感覺歷史的「惠心」。無此「惠心」，至多只能在文字的平面上打轉，哪能參透歷史人物形形色色的複雜心態，又何以悟會林林總總欲説還休的歷史記錄？有了這顆「惠心」，治史者便能深入歷史的立體空間，游刃於黑白文字經意或不經意的記載之中，體察各色人物的心靈悸動，與歷史的脈搏齊跳躍，寫出有血有肉亦有情的史來，為後人揭示出一幅幅雖舊還新的歷史景象。這「惠心」即是對人情的練達，對世事的洞察，這既是人生閱歷的積累，又是天賦的一種靈性。用此「惠心」來觸摸歷史，即便未親歷其事，寫出來的史，亦能處處透着身逢其時的「感覺」，令當事者讀了心有戚戚焉。

這內外兼修的「功」，成就了高華老師的「史」。他實證主義的嚴謹、樸實的學風，得到海內外諸多學者的讚賞；他的研究成果，在學界、知識界引起廣泛關注；高老師是如此卓有成就的一位歷史學家，可你如果把他想像成個大學究，那就錯了。

在生活中，高老師大約也稱得上一個溫和的性情中人。和他有過近距離接觸的學生，往往會提到他的坦率與真誠。聽人説，高老師治學之餘閱讀面頗寬，也常看電視劇，甚至連一些樣板化的東西和肥皂劇也看得津津有味。前不久，全國各地熱播《激情燃燒的歲月》，他嫌不過癮，竟然去街上買回整套碟子，一家人連夜突擊，至凌晨兩三點鐘方罷。

不過，僅用「溫和」一詞還遠遠不能概括高老師。據我觀察，高老師其實又是一個異常冷峻的人。他的冷峻潛藏在溫和的表像下，那是一種無法言傳的純粹個人化的體驗，即便坐在教室的後排，我也能清晰的捕捉到這種早春般的感覺。有意思的是，在課下的閒聊中，居然就有同學向我説起過大致相同的感受。按我的理解，他的冷峻，一方面源於史學工作者的職業素養，另一方面可能也與他的個人經歷有關。一般說來，治史的人本來就有一種理性的嚴峻，更何況他治的又是二十世紀的中國史。眾所周知，這一段歷史，無比豐富卻又異常沉重，輕輕翻開哪一頁，都會給人以特定的暗示和無形的塑造。他長期浸淫其間，不經意間冷峻自然就會隨之而生。無論是在課堂上還是在閒聊中，歷史的蒼涼與無情，人生的悲喜與無常，全都消融在他平靜的聲調中，讓人隨他的描述遐思邇想，不經意間就生出許多滄桑之感。進南大後，我還不止一次聽人說起過高老師的家世。他父親是地下黨老幹部，對中國革命曾有過特殊貢獻，但後來的經歷卻頗為曲折；他本人十六歲起即去工廠作了八年工人，直到恢復高考才重返課堂。這些在今天看來不無苦澀的人生際遇和波折，對他的思想形成不能說沒有影響。因此，無論是河南信陽慘絕人寰的「人禍」，還是文革中曠古未有的「封建」迷信，在他的表述中都有一種無以言表的冰涼和冷峻；而對近二十多年來的社會變遷，他又總是加以充分的肯定，儘管他在肯定的時候也同樣保持着低調。

這種冷峻也使高老師在眾多的史學工作者裏顯得相當獨特。在一個有着幾千年注疏傳統的國度，研究近代以來的中國歷史，本來就有一些約定俗成的思維和路徑，但他卻堅持以史料說話，力圖迴避種種非學術化的研究傾向(比如「宏大敍事」)。平心而論，這種學術範式其實是一種自討苦吃的選擇，他註定要為此付出一些代價；而在當下的語境中試圖複製出歷史的現場感，他又要時時注意自己的表達方式，力圖將話語打磨得平滑圓潤，以照顧到不同視聽者的口味和習慣。他在此類「修辭」上所下的功夫，相信細心的讀者和聽眾不難體會到。

高華老師的代表作被人譽為「傳世之作」，是高老師「在廚房裏寫了改，改了寫，整整耗時十年才完成的」，至今鄰居還記起他當年穿着棉襖伏案疾書的情景。十年磨一劍，拿出來的東西當然是精品。在該書後記中，他曾提及自己寫作中的種種感觸，諸如資料匱乏，項目不便申報等等，讀來令人為之動容。按他的朋友朱學勤的說法，中國是一個磨練人類耐性的好地方。高華老師既然主動選擇了這種獨特的治學方式，他當然理應接受這些因致力於複製「歷史真實」而伴生的「現實真實」。「溫和」也許是他的天性，但更可能是他與四際互動的特有方式。

今秋重見高老師，我驚訝的發現他竟然已滿頭華髮。據說，高老師是「少年白」，以往他一直染髮，至今方輟。在我看來，正值中年的他頂着滿頭霜雪揮灑於講台，穿行於街市，似乎更為本色。歷史是一種容易讓人早生華髮的學問，中國又是一個特別容易讓人動情的地方，有一點白髮又有何妨呢？為此，我常常在離講台很遠的地方默默凝視他，凝視他完全復原了的滿頭白髮。在那裏，歷史的溫和與冰涼，生命的色澤和重量，都因真實而顯得無比冷峻。

ISBN 978-0-19-944537-0
9 780199 445370

歷史筆記(全兩卷)